Arne Stollberg (Hg.)
Erich Wolfgang Korngold

Arne Stollberg (Hg.)

Erich Wolfgang Korngold

Wunderkind der Moderne
oder letzter Romantiker?

Bericht über das internationale
Symposion Bern 2007

edition text + kritik

Publiziert mit Unterstützung des Österreichischen Kulturforums Bern, der Alfred und Ilse Stammer-Mayer-Stiftung sowie der Mittelbauvereinigung der Universität Bern.

Bibliografische Information Der Deutschen Bibliothek
Die Deutsche Bibliothek verzeichnet diese Publikation in der Deutschen Nationalbibliografie; detaillierte bibliografische Daten sind im Internet über http://dnb.ddb.de abrufbar.

ISBN 978-3-88377-954-6

© edition text + kritik
in RICHARD BOORBERG VERLAG GmbH & Co KG
Levelingstr. 6a
81673 München
www.etk-muenchen.de

Das Werk einschließlich aller seiner Teile ist urheberrechtlich geschützt. Jede Verwertung, die nicht ausdrücklich vom Urheberrechtsgesetz zugelassen ist, bedarf der vorherigen Zustimmung des Verlages. Dies gilt insbesondere für Vervielfältigungen, Bearbeitungen, Übersetzungen, Mikroverfilmungen und die Einspeicherung und Verarbeitung in elektronischen Systemen.

Umschlagentwurf: Thomas Scheer
Umschlagabbildungen: Erich Wolfgang Korngold. Korngold Estate, Library of Congress, Washington.
Mit freundlicher Genehmigung von Kathrin Korngold Hubbard.

Satz: Dörr + Schiller GmbH, Stuttgart
Druck und Verarbeitung: Druckhaus »Thomas Müntzer« GmbH, Neustädter Straße 1-4, 99947 Bad Langensalza

Inhaltsverzeichnis

Vorwort... 9

Theo Hirsbrunner
»Im Treibhaus«
Wien um 1900 15

Arne Stollberg
Der »Ismus des Genies«
Erich Wolfgang Korngolds musikgeschichtliche Sendung 25

Hans-Joachim Hinrichsen
»Melancholie des Vermögens«
Strukturelle Virtuosität in Korngolds Klaviersonaten 43

Michael Kube
Zwischen Intensität und Wirkung
Korngolds Kammermusik 63

Giselher Schubert
Die Sinfonie in Fis
Korngold und das Problem des Sinfonischen in der Orchestermusik
seiner Zeit 87

Arne Stollberg
»... das Muster und Vorbild meiner jungen Jahre«
Korngolds frühe Klavier- und Kammermusik als Reflex auf den
Unterricht bei Alexander Zemlinsky 101

Ivana Rentsch
Symmetrie als Prozess
Korngolds spätes Liedschaffen im Spiegel seiner frühen Werke 121

Inhaltsverzeichnis

Klaus Pietschmann
Ein »Ausweg aus der Sackgasse des zeitgenössischen Opernschaffens«?
Korngolds *Ring des Polykrates* dies- und jenseits der Wunderkind-Euphorie 137

Janine Ortiz
Violanta
Korngolds Aufbruch in die Moderne 153

Harald Haslmayr
»... es träumt sich zurück ...«
Die tote Stadt im Licht der österreichischen Nachkriegskrisen 173

Dirk Wegner
Liebestod oder Apotheose?
Überlegungen zur authentischen Textgestalt von Erich Wolfgang Korngolds Oper *Das Wunder der Heliane* 187

Jens Malte Fischer
Das befremdende Hauptwerk
Erich Wolfgang Korngolds *Das Wunder der Heliane* 199

Till Gerrit Waidelich
Kalkulierte Volkstümlichkeit in Korngolds *Die Kathrin* 213

Kevin Clarke
»Der Walzer erwacht – die Neger entfliehen«
Korngolds Operetten(bearbeitungen) von *Eine Nacht in Venedig* 1923 bis zur *Stummen Serenade* 1954 235

Antje Tumat
Zwischen Oper und Filmmusik
Erich Wolfgang Korngolds Schauspielmusiken zu William Shakespeares *Viel Lärmen um Nichts* und Hans Müllers *Der Vampir oder die Gejagten* 261

Christoph Henzel
Korngold und die Geschichte der Filmmusik..................... 287

Brendan G. Carroll
Warum *The Last Prodigy*?
Zur Bewertung von Erich Wolfgang Korngold als möglicherweise größtes komponierendes Wunderkind aller Zeiten 303

Nachweise der gedruckten Notenbeispiele 315

Autorinnen und Autoren 319

Register 325

PHILOSOPHIE DER NEUEN MUSIK

VON

THEODOR W. ADORNO

1949

J. C. B. MOHR (PAUL SIEBECK) TÜBINGEN

Handschriftliche Widmung Theodor W. Adornos an Erich Wolfgang Korngold in einem Exemplar der Erstausgabe der *Philosophie der neuen Musik* (Privatbesitz von Christopher Hailey, Princeton)

Vorwort

Für Erich Wolfgang Korngold
mit den freundlichsten Empfehlungen
Th. W. Adorno
Santa Monica, Juli 1953

Man glaubt, nicht recht zu lesen: Mit höflicher und vor allem eigenhändiger Widmung des Autors empfing Erich Wolfgang Korngold 1953 Adornos *Philosophie der neuen Musik*, in der von ihm zwar nicht die Rede ist, die er aber nur als weiteren Beweis für seine hoffnungslose Situation wahrnehmen konnte. Ob er Adorno blanken Zynismus unterstellte und die ›freundlichsten Empfehlungen‹ dahingehend verstand, dass ihm ironisch nahegelegt wurde, dem unaufhaltsamen Fortgang der Musikgeschichte zu weichen, lässt sich kaum mehr sagen. Das Widmungsexemplar jedenfalls hat Korngold aus der Hand gegeben: Es befindet sich nicht im Nachlass, sondern tauchte erst Ende der 1980er Jahre in einem Buchantiquariat in Los Angeles wieder auf.[1]

Korngold hatte aus seiner Perspektive zweifellos gute Gründe, sich von einer Schrift zu trennen, die das ästhetische Todesurteil über ihn sprach und deren Verfasser schon zu Wiener Zeiten – etwa als Autor für das Journal *23* unter dem Pseudonym Hektor Rottweiler oder als Mitarbeiter der *Musikblätter des Anbruch* – nicht eben zu den Freunden des Komponisten zählte. In einer Rezension für *Die Musik* war Adorno im April 1932 zu dem Schluss gekommen: »Wenn Korngold nicht den ganzen Aufputz dieser Musikfassaden radikal erkennt und schlechterdings von vorn anfängt, ist er für die Musik, die heute Existenzrecht hat, verloren.«[2] Harte, auch erschreckend anmaßende

---

[1] Christopher Hailey (Princeton), der das Buch entdeckt hat und in dessen Besitz es sich heute befindet, sei herzlich für den Hinweis darauf sowie für die Erlaubnis zum Abdruck der Titelseite gedankt.
[2] Theodor W. Adorno, »E. W. Korngold: *Drei Lieder für Sopran und Klavier*, op. 22. – *Suite für 2 Violinen, Violoncell* [sic!] *und Klavier* (linke Hand), op. 23. Verlag: B. Schotts Söhne, Mainz«, in: *Die Musik* 24 (1931/32), S. 542–543, hier S. 543. Wiederabdruck in: Adorno, »Kompositionskritiken«, in: ders., *Musikalische Schriften VI*, hrsg. von Rolf Tiedemann, Frankfurt am Main 1984 (= Gesammelte Schriften 19), S. 281–340, hier S. 323–324; Zitat S. 324.

Worte, die kaum dazu geeignet gewesen sein dürften, Korngold 1953 Lust auf die Lektüre des ihm gewidmeten Exemplars der *Philosophie der neuen Musik* zu machen.

Der Einfluss, den Adorno nach 1950 ausüben sollte und der eine ganze Reihe von Komponisten ins musikgeschichtliche Abseits verbannte, ist bekannt:[3] Mit Ausnahme Alexander Zemlinskys, der dem »Umkreis der Wiener Schule« zugerechnet werden konnte und dadurch nie ganz aus dem Blickfeld einer fortschrittlich gesinnten Musikgeschichtsschreibung verschwand,[4] galten Komponisten, die der Tonalität treu geblieben waren, bloß noch als nutzloses, ja hemmendes Treibholz im Strom einer Entwicklung, die zwingend der »geschichtlichen Tendenz der musikalischen Mittel«, dem »objektive[n] Geist des Materials« folgen müsse.[5] Doch die »unbotmäßige Geschichte«, die schon Richard Wagner den Gehorsam verweigert und es gegen sein ausdrückliches Dekret zugelassen hatte, dass nach Beethoven weiterhin Sinfonien komponiert wurden,[6] erwies sich auch dieses Mal als renitent: Trotz zwei Jahrzehnten weitgehender Vergessenheit erschienen die Werke Korngolds ab den 1970er und verstärkt ab den 1990er Jahren wieder auf Opern- und Konzertspielplänen, mit einer Intensität und vor allem Nachhaltigkeit, die selbst optimistische Betrachter überraschte. *Die tote Stadt* hat sich mittlerweile, trotz der immensen Anforderungen an Sänger und Orchester, zum Repertoirestück entwickelt; vom Violinkonzert op. 35 sind aktuell nicht weniger als zehn verschiedene Einspielungen auf CD erhältlich;[7] eine DVD berichtet von *The Adventures of a Wunderkind*,[8] und Ausstellungen – zunächst 2004 in Salzburg[9] und dann 2007/08 im Jüdischen Museum Wien[10] – machten die Biografie des Komponisten für ein breites Publikum erlebbar.

---

3 Vgl. hierzu auch Giselher Schubert, »Die Sinfonie in Fis. Korngold und das Problem des Sinfonischen in der Orchestermusik seiner Zeit«, S. 87–100 des vorliegenden Bandes.
4 Vgl. *Alexander Zemlinsky. Tradition im Umkreis der Wiener Schule*, hrsg. von Otto Kolleritsch, Graz 1976 (= Studien zur Wertungsforschung 7).
5 Theodor W. Adorno, *Philosophie der neuen Musik* [1949], hrsg. von Rolf Tiedemann, Frankfurt am Main 1975 (= Gesammelte Schriften 12), S. 38, 39.
6 Vgl. Klaus Kropfinger, *Wagner und Beethoven. Untersuchungen zur Beethoven-Rezeption Richard Wagners*, Regensburg 1975 (= Studien zur Musikgeschichte des 19. Jahrhunderts 29), S. 279–285, hier S. 279.
7 Quelle: www.jpc.de (Stand vom 4. April 2007).
8 *Erich Wolfgang Korngold – The Adventures of a Wunderkind. A Portrait and Concert*, Arthaus Musik 2001.
9 *Erich Wolfgang Korngold. Gefeiert – vertrieben – wiederentdeckt*. Eine Ausstellung im Orpheus-Foyer des Kleinen Festspielhauses Salzburg, 24. Juli bis 30. August 2004 (Konzept: Kurt Arrer, Ulrich Müller, Siegrid Schmidt).
10 *Die Korngolds – Klischee, Kritik und Komposition*. Ausstellung im Jüdischen Museum Wien, 28. November 2007 bis 18. Mai 2008 (Kuratoren: Michaela Feurstein-Prasser und Michael Haas; wissenschaftliche Beratung: Brendan G. Carroll). Katalog hrsg. von Michaela Feurstein-Prasser und Michael Haas, Wien 2007.

Die Realität der Musikgeschichte und ihr wissenschaftlicher Nachvollzug sind freilich zweierlei. Im Forschungsdiskurs hatte es Korngold lange Zeit sehr viel schwerer als etwa Alexander Zemlinsky oder Franz Schreker, ganz zu schweigen von Gustav Mahler. Die Gründe hierfür sind vielfältig und ergäben genug Stoff, um ein eigenes Kapitel Wissenschaftsgeschichte zu schreiben. Da ist zunächst Korngolds Arbeit für die ›Kulturindustrie‹ Hollywoods, die seiner Reputation in Europa ernsthaften Schaden zufügte, was insofern doppelt tragisch anmutet, als seine Filmmusik ihm selbst wohl künstlerisch minderwertig erschien.[11] Hinzu kommt der ›Makel‹ eines Vaters, dessen vehement antimodernen und antiintellektuellen, hasserfüllt gegen alles Neue geifernden Musikkritiken noch heute schwer zu ertragen sind und natürlicherweise auf den Ruf des Sohnes abfärben mussten. Erich Wolfgang Korngold ist nicht ohne Julius Korngold zu haben, so differenziert man das Verhältnis zwischen beiden auch betrachten mag,[12] und die daraus resultierende ideologische Stigmatisierung seines Œuvres als ›unreflektiert‹ und ›naiv‹ stand einer wissenschaftlichen Rezeption, die über den notwendigen ersten (und zwangsläufig oft zur Hagiografie tendierenden) Schritt der Rehabilitierung hinauszugehen vermochte, bis vor kurzem im Wege. Dieser Schwierigkeit konnte jedoch durch die – wesentlich von Carl Dahlhaus methodisch vorbereitete – Erkenntnis begegnet werden, dass sich ›Modernität‹ in der Musik eben nicht zwangsläufig am ›Stand des Materials‹ messen lässt.[13] Arnold Schönbergs Erwartung, Franz Schrekers Der ferne Klang und Erich Wolfgang Korngolds Die tote Stadt partizipieren auf je eigene Weise an bestimmten Tendenzen der (Wiener) Moderne und gehören daher als Ausprägungen ein und derselben Grundtendenz zusammen, so unterschiedlich ihre Tonsprache auch sein mag.[14] Einer Musikgeschichtsschreibung, die sich allein auf das ›Material‹ kaprizierte, mussten solche Zusammenhänge und damit wesentliche Verlaufslinien zwangsläufig entgehen.

Vielleicht aber – und damit sei nochmals auf die eingangs zitierten, nicht zufällig in Santa Monica verfassten Widmungszeilen hingewiesen – waren die Protagonisten der Geschichte in diesem Punkt klüger als jene, die später über sie schreiben sollten. Das Exil machte als verbunden erkennbar, was in Europa durch kaum zu überwindende ideologische Gräben, ja durch einen

---

11 Vgl. Christoph Henzel, »Korngold und die Geschichte der Filmmusik«, S. 287–302 des vorliegenden Bandes.
12 Vgl. Arne Stollberg, »Der ›Ismus des Genies‹. Erich Wolfgang Korngolds musikgeschichtliche Sendung«, S. 25–41 des vorliegenden Bandes.
13 Vgl. Carl Dahlhaus, Die Musik des 19. Jahrhunderts, Laaber 1980 (= Neues Handbuch der Musikwissenschaft 6), S. 279–282.
14 Vgl. Ulrike Kienzle, Das Trauma hinter dem Traum. Franz Schrekers Oper »Der ferne Klang« und die Wiener Moderne, Schliengen 1998 (= Sonus. Schriften zur Musik 3) sowie Arne Stollberg, Durch den Traum zum Leben. Erich Wolfgang Korngolds Oper »Die tote Stadt«, Mainz 2003, ²2004 (= Musik im Kanon der Künste 1).

regelrechten ›Musikkrieg‹ voneinander getrennt schien:[15] Korngold und Schönberg pflegten in Kalifornien einen persönlichen, fast familiär zu nennenden, jedenfalls durch einige hübsche Anekdoten dokumentierten Kontakt,[16] in den sogar Vater Julius einbezogen wurde, auch wenn dessen im Exil abgeschlossene Memoiren keinerlei Altersmilde verraten.[17] Dass Korngold und Thomas Mann sich kannten und Letzterer die Ehefrau des Komponisten sogar einmal über die Arbeitsgewohnheiten ihres Mannes befragte, um etwas für seinen *Doktor Faustus* zu lernen,[18] zeugt ebenfalls davon, wie eng die aus Europa Verstoßenen über alle weltanschaulichen Differenzen hinweg in den USA zusammenrückten. Insofern könnten Adornos ›freundlichste Empfehlungen‹ auch Ausdruck einer ehrlichen Verbundenheit gewesen sein, die man auf der anderen Seite des Atlantiks kaum öffentlich zu machen wagte, da sie dem ›offiziellen‹ Geschichtsbild widersprochen hätte. Vor der gemeinsamen biografischen Erfahrung des Nazi-Terrors dürften Fragen des tonalen oder atonalen Komponierens jedenfalls in den Hintergrund getreten sein und stattdessen die Erkenntnis an Gewicht gewonnen haben, welch kultureller Reichtum, welch einmaliges Nebeneinander verschiedenster Stilrichtungen und künstlerischer Tendenzen – gerade im Wien der ersten 38 Jahre des 20. Jahrhunderts – an die Barbarei der braunen Horden verloren gegangen war. Dass es nach 1945 viel Zeit brauchte, um einen ähnlichen Reichtum wieder neu entstehen zu lassen, sicher auch unter dem Vorzeichen der sogenannten ›Postmoderne‹, sollte dann wiederum – bittere Ironie der Geschichte – zu großen Teilen Adorno und seinem Konzept des ›Materialfortschritts‹ zu verdanken sein. Dies und vieles andere gehört zu den Eigentümlichkeiten der Korngold-Rezeption, über die es sich nachzudenken lohnt.

***

Der vorliegende Band versammelt die Referate des ersten Symposions, das ganz der Komponistenpersönlichkeit Erich Wolfgang Korngolds gewidmet war und vom 13. bis 16. September 2007 in Bern unter Federführung des Instituts für Musikwissenschaft der Universität Bern als Gemeinschaftsprojekt mit der Berner Hochschule der Künste (Fachbereich Musik) und der Schweizerischen Musikforschenden Gesellschaft stattfand. Den Autorinnen und Au-

---

15 Vgl. Arne Stollberg, »Im Pulverdampf. Erich Wolfgang Korngold und der ›Musikkrieg‹ des 20. Jahrhunderts«, in: *Österreichische Musikzeitschrift* 62 (2007), H. 7, S. 5–14.
16 Vgl. Brendan G. Carroll, *The Last Prodigy. A Biography of Erich Wolfgang Korngold*, Portland/Oregon 1997, S. 291–293.
17 Julius Korngold, *Postludien in Dur und Moll* [Typoskript, 1944]. Veröffentlicht unter dem Titel: *Die Korngolds in Wien. Der Musikkritiker und das Wunderkind – Aufzeichnungen von Julius Korngold*, Zürich – St. Gallen 1991.
18 Luzi Korngold, *Erich Wolfgang Korngold. Ein Lebensbild*, Wien 1967 (= Österreichische Komponisten des 20. Jahrhunderts 10), S. 58.

toren wurde es jeweils freigestellt, ihre Texte in einer ›mündlichen‹ Form zu belassen oder sie mit Blick auf die Publikation zu überarbeiten bzw. zu erweitern. Allen sei an dieser Stelle nochmals ganz herzlich für die Bereitschaft gedankt, über vier Tage hinweg und anschließend im Zuge der Vorbereitung des Symposionsberichtes weiter unermüdlich über Korngold und sein Werk zu diskutieren – das Ergebnis entschädigt sicherlich für alle Mühen. In den Dank eingeschlossen sind dabei auch Christopher Hailey (Princeton), Alain Perroux (Grand Théâtre de Genève), Bernhard Pfau (Schott Music, Mainz) und Bernd O. Rachold (Archiv der Erich Wolfgang Korngold Society, Hamburg), durch deren Teilnahme das Roundtable-Gespräch am Ende des Symposions weitere Perspektiven zu eröffnen vermochte.

Die Quellen und Materialien vieler Beiträge dieses Bandes hätten nicht ohne die tatkräftige Unterstützung und das stets hilfsbereite Engagement von Bernd O. Rachold zusammengetragen werden können. Dafür – im Namen aller Autorinnen und Autoren – ein großes Dankeschön! Auf das von ihm kenntnisreich betreute Archiv der Erich Wolfgang Korngold Society wird in den Fußnoten der einzelnen Aufsätze jeweils mit dem Vermerk »Korngold-Archiv, Hamburg« hingewiesen.

Kathrin Korngold Hubbard danke ich für die freundliche Genehmigung zum Abdruck von Dokumenten aus dem Nachlass des Komponisten, der in der Library of Congress, Washington, aufbewahrt wird;[19] die Reproduktion gedruckter Notenausgaben erfolgt mit Erlaubnis der jeweiligen Verlage, denen für ihr Entgegenkommen ebenfalls bestens gedankt sei.[20]

Die Finanzierung des Buches wäre nicht möglich gewesen ohne die großzügige Unterstützung durch das Österreichische Kulturforum Bern, die Alfred und Ilse Stammer-Mayer-Stiftung sowie durch die Mittelbauvereinigung der Universität Bern. Der hierfür auszusprechende Dank sei noch erweitert auf jene Geldgeber, deren Zuwendungen vollständig in die Organisation des Symposions geflossen sind: den Schweizerischen Nationalfonds zur Förderung der wissenschaftlichen Forschung sowie den Max und Elsa Beer-Brawand-Fonds.

Für Unterstützung und hervorragende Kooperation bei der Vorbereitung und Durchführung des Symposions danke ich Anselm Gerhard und Marianne König Rhyn vom Institut für Musikwissenschaft der Universität Bern sowie Roman Brotbeck, Carsten Eckert, Rita Weber und Claudio Bacciagaluppi von der Berner Hochschule der Künste. Das Eröffnungskonzert und der Liederabend wären nicht möglich gewesen ohne den Enthusiasmus aller Mitwir-

---

19 In den folgenden Aufsätzen werden die RISM-Bibliothekssigel verwendet; siehe auch die entsprechenden Verzeichnisse in: *Die Musik in Geschichte und Gegenwart. Allgemeine Enzyklopädie der Musik*. Zweite, neubearbeitete Ausgabe, hrsg. von Ludwig Finscher, Sachteil, Bd. 1, Kassel u.a. 1994, S. XIX–XLIX; Personenteil, Bd. 1, Kassel u.a. 1999, S. XX–LXVIII.
20 Siehe die »Nachweise der gedruckten Notenbeispiele« am Ende des vorliegenden Bandes.

kenden, deren Namen hier nochmals aufgezählt seien: Florian Altwegg, Michelle Bennet, Alessandra Boër, Roger Bucher, Anna de Capitani, Nadia Catania, Barbara Doll, Gregory Finch, Christian Kofmel, Roland Krüger, Monika Nagy, Martin Rummel, Marysol Schalit, Amanda Schweri und Monika Urbaniak. Die Planung des Liederabends erfolgte in enger Zusammenarbeit mit Marianne Kohler und Hans Peter Blochwitz, denen ebenfalls mein herzlichster Dank gilt.

Dass der vorliegende Band in der edition text + kritik erscheint, ist der Initiative von Johannes Fenner zu verdanken, der in allen das Buch betreffenden Fragen stets ein verlässlicher und kompetenter Ansprechpartner war. Aus den Reihen der Mitarbeiterinnen und Mitarbeiter des Instituts für Musikwissenschaft der Universität Bern seien abschließend noch genannt: Reto Schürch und Thomas Schibli, mit großem Dank für die Erstellung diverser Notenbeispiele sowie für Unterstützung in technischen Belangen, und *last but not least* Stefan Bucher, der sowohl während des Symposions als auch im Zuge der Endredaktion dieser Seiten wertvolle Hilfe geleistet hat.

Bern, im April 2008   Arne Stollberg

Theo Hirsbrunner

»Im Treibhaus«

Wien um 1900

Will man die Jahre um 1900 im Al fresco-Stil beschreiben, so fällt zuerst eine verdächtige Mischung aus Bibliophilie und Ästhetentum auf, dann Synästhesien zwischen Farbe und Klang, zwischen Klangfarben und Farbklängen, unter deren Wirkung die Musik und die bildenden Künste miteinander verschmelzen.[1] Das war die Moderne, die sogenannte Wiener Moderne. Denn die Zeit um 1900 stellte ganz besonders in Wien das glanzvolle Ende der großen Kunstepoche dar, die mit Haydn und Mozart begann und bis zu Gustav Mahler reichte. Wien hatte die Kraft, sich auch die Norddeutschen Beethoven und Brahms zu assimilieren. Mit Brahms begann das zweite Zeitalter der Sinfonie, das sich in Bruckner und Mahler fortsetzte.[2] Daneben stand der Miniaturist Hugo Wolf, dessen nervös zerfasernde Harmonik das Klavierlied, das dank Schubert in den Vorstädten Wiens entstanden war, zu einem letzten Höhepunkt führte.

Zeitgleich mit der großen Kunstepoche endet auch das Kaiserreich der Habsburger, die in Ostmitteleuropa noch länger regiert hatten als die Familie der Paleólogo in Byzanz. Der Niedergang und Zerfall hatte allerdings lange vor 1900 eingesetzt. Dennoch: In der Treibhausatmosphäre einer allem Schönen zugetanen bürgerlichen und aristokratischen Gesellschaft gedieh noch einmal die große Kunst. Abgeschottet von der Außenwelt, der Verwesung anheimgegeben, wuchsen die seltsam schönen Blüten der verschiedenen Künste noch einmal zu voller, ja übervoller Größe. Deshalb besteht aller Grund, hier an Richard Wagners Wesendonck-Lied *Im Treibhaus* zu denken, dessen Text die Existenz von kostbaren Blumen in einem abgeschlossenen Raum evoziert. Hinzuweisen wäre auch auf die viel später entstandenen Gedichte *Serres chaudes* von Maurice Maeterlinck, die zum Teil von Ernest Chausson vertont worden sind und auch eine Endzeit – diesmal in Paris – beschwören.

1 *Traum und Wirklichkeit. Wien 1870–1930.* Katalog der 93. Sonderausstellung des Historischen Museums der Stadt Wien im Künstlerhaus, 28. März bis 6. Oktober 1985, Wien 1985.
2 Carl Dahlhaus, *Gesammelte Schriften in 10 Bänden,* hrsg. von Hermann Danuser, Bd. 5: 19. Jahrhundert II. Theorie/Ästhetik/Geschichte: Monographien, Laaber 2003, S. 259–270.

Das ihrem Wachstum extrem günstige Klima in Wien förderte aber nicht eine einheitliche Tendenz der verschiedenen Künste – ganz im Gegenteil: Sie divergierten in ihrer vollen Ausprägung auf die deutlichste Art und Weise.

Die Architekten Otto Wagner und Adolf Loos verfolgten verschiedene Ziele: Die dem einen wichtige Kultur des Ornaments, der Verzierung mit goldenen Ranken, wurde von dem anderen verworfen. Loos' Haus am Michaelerplatz gegenüber der Hofburg wurde zwar in den kostbarsten Materialien gearbeitet, zeigt aber ein betont schlichtes Äußeres, während Wagners Bauten den profanen Anlass ihrer Entstehung, als Bahnhof zum Beispiel, mit Formen und Farben umspielen und verklären.

Dasselbe gilt für die Malerei, die in Gustav Klimt und Oskar Kokoschka ihre wichtigsten Vertreter fand. Dem einen – Klimt – merkt man noch in seinen sezessionistischen Bildern an, dass seine Anfänge bei der Makart'schen Salonmalerei zu suchen sind. In seinen Beiträgen zur Ausschmückung des Stiegenaufgangs im Burgtheater herrscht geglättete Eleganz, die in der berühmten *Goldenen Adele*, dem Bildnis Adele Bloch-Bauers, nur zum Teil verschwindet. In den leider zu wenig bekannten, seltenen pointillistischen Landschaftsmalereien erreicht Klimt aber eine nicht anders als atemberaubend zu nennende, singuläre Verschmelzung von geheimnisvollen Farben und Formen. Kokoschka jedoch verließ schon früh den wohlbehüteten Garten, das Treibhaus, und stellte mit wilden Pinselstrichen eine aufgewühlte Welt von Gefühlen und Leidenschaften dar.[3] Jeder Versuch, diese Welt zu verniedlichen und zu beschönigen, fehlt bei Kokoschka, dem nur Egon Schiele und Richard Gerstl an die Seite zu stellen wären. Durch diese drei Maler – Kokoschka, Schiele, Gerstl – hatte Wien die schonungslose Darstellung seiner im Untergrund lebendigen, zerstörerischen Triebkräfte gefunden. Die anmutige, elegante Oberfläche der Wiener Gesellschaft erhielt einen Riss, das rokokohafte Maskentreiben ausgesuchter Höflichkeitsformen fand ein Ende.

Die Entlarvung einer längst morsch gewordenen Welt wurde auch durch drei Literaten befördert: einerseits durch Robert Musil, der in seinem Roman *Der Mann ohne Eigenschaften* der Welt Kakaniens ihren Spiegel vorhielt; dann durch Sigmund Freud, der in seinem ausgerechnet 1900 erschienenen Buch *Die Traumdeutung* neue Möglichkeiten der Interpretation von Gefühlen und Gedankenassoziationen eröffnete; und schließlich durch Karl Kraus, ohne dessen Zeitschrift *Die Fackel* eine warnende Stimme in dem zu gefährlichen Illusionen neigenden Treiben der Wiener Öffentlichkeit gefehlt hätte.

In der Musik aber finden wir die im Reich der Habsburger herrschende Diskrepanz zwischen Sich-gehen-Lassen und strengster Disziplin auf die vollkommenste Weise ausgeprägt. Auf der einen Seite standen Arnold Schön-

---

3 Carl E. Schorske, *Wien. Geist und Gesellschaft im Fin de siècle*. Deutsch von Horst Günther, Frankfurt am Main 1982, S. 305–346.

berg und seine Schüler, die um 1908 zur Atonalität übergingen und sich dem breiten Publikum immer mehr entfremdeten. Auf der anderen Seite stand die Operettenseligkeit, die nach einer goldenen Periode zu einer silbernen und zuletzt einer blechernen überging, ohne dass diese Dekadenz und das Schwinden der Kräfte im Geringsten ihre heitere Laune gestört hätten. Wenn Anton Webern in seinen am Anfang der 1930er Jahre in einem Wiener Privathaus gehaltenen Vorträgen jene Zeit um 1908 beschrieb als eine, in der das Licht erloschen sei,[4] so schien die breite Öffentlichkeit von dieser Katastrophe nichts zu merken und ihrer Vorliebe für das Leichte und Leichtsinnige weiter zu frönen. Einzig Alexander Zemlinsky hatte wohl oder übel in beiden Welten zu Hause zu sein, da er gezwungen war, Operetten zu dirigieren; gleichzeitig wurde er als Schwager Schönbergs aber doch mit den neuesten Tendenzen vertraut.[5]

Bei allen Divergenzen und grellen Kontrasten kannten sich die kulturell führenden Persönlichkeiten; ihre Wege kreuzten sich, sei es im Salon eines Mäzens oder einer Mäzenin, sei es im Kaffeehaus. Wien war nicht zu groß, um ein Gefühl der Zusammengehörigkeit aller am Geistesleben Beteiligten zu kreieren. Wie ich oft feststellen konnte, dauert diese einzigartige Situation bis heute an. Einer oder eine kann mit der größten Selbstsicherheit für alle sprechen – das wäre in Paris nicht möglich: Paris ist für eine solche Haltung viel zu groß, und seine kulturell wichtigen Persönlichkeiten sind viel zu skeptisch. Wien war und ist überblickbar. Obgleich man in Ottakring ein anderes Deutsch spricht als im ersten Bezirk, haben alle das sichere Gefühl, im selben Boot zu sitzen. Gerade deshalb muss 1912 der Untergang des Luxusdampfers *Titanic* ein so starkes Echo in der *Fackel* gefunden haben; Kraus zitiert dort seitenlang aus den aufgeregten Zeitungskommentaren zu diesem Ereignis. Ähnlich hält er es zwei Jahre später mit den enthusiastischen Erklärungen zum Ausbruch des Weltkriegs. Zitate statt Parodien, das war Kraus' Strategie, mit der er die Verblendung seiner mit Lust in den Untergang treibenden Zeit brandmarkte.[6] Noch einmal glühte Wien auf in herbstlichen Farben – die überall anzutreffende Dekadenz barg aber auch die Keime für alles Neue und Zukunftsträchtige –, bevor mit dem Ende des Weltkriegs das Vielvölkerreich der Habsburger von einem Tag auf den anderen auseinanderbrach in einzelne, sich gegenseitig gering schätzende Nationalstaaten.

***

---

4 Anton Webern, *Der Weg zur Neuen Musik,* hrsg. von Willi Reich, Wien 1960, S. 58.
5 Alexander Zemlinsky, *Briefwechsel mit Arnold Schönberg, Anton Webern, Alban Berg und Franz Schreker,* hrsg. von Horst Weber, Darmstadt 1995 (= Briefwechsel der Wiener Schule 1), passim.
6 *Die Fackel,* 27. April 1912, S. 1–6; 5. Dezember 1914, S. 1–17; 23. Februar 1915, S. 1–5.

Außer im mehr oder weniger öffentlichen Leben der Kultur, der Philosophie und der Wissenschaften lässt sich Wiens Treibhausatmosphäre am besten in der Privatheit einzelner Familien oder in geschlossenen Zirkeln entdecken, in denen exzeptionelle Talente heranreiften: Wunderkinder, gefördert, behütet und verwöhnt von einer kleinen Schar Eingeweihter und von Experten ihres Faches. Um diese Wunderkinder herrschte eine Stimmung von fast religiöser Andacht und Exklusivität. Der Maler Ferdinand Hodler hat diesen Ausnahmezustand in seinem Bild mit dem Titel *Der Auserwählte* von 1894 festgehalten: Ein kleiner Junge kniet mit gefalteten Händen in der Mitte des Bildes am Boden, umgeben von ernsten Frauengestalten in langen, blauen Gewändern. Ihre bloßen Füße berühren den Boden nicht – wie Genien schweben diese Frauen schwerelos und schirmen das ihnen anvertraute menschliche Wesen von der Umwelt ab. In jener Zeit hat dieser Zustand der Verwöhnung und der sorgfältigen Erziehung in Wien um drei junge menschliche Wesen geherrscht: um Hugo von Hofmannsthal, Ludwig Wittgenstein und Erich Wolfgang Korngold. Sie repräsentieren exemplarisch die Jahre vor dem Weltkrieg, den Zustand der Dichtung, der Philosophie und der Musik in einem hoffnungsvollen Werden, dessen Elan die ganze Welt anstecken sollte.

Hofmannsthal war noch im knabenhaften Alter von fünfzehn Jahren, als seine ersten Gedichte unter dem Pseudonym Loris zusammen mit Arthur Schnitzlers *Anatol* erschienen und die begeisterte Neugier einer gut mit neuer Literatur vertrauten Leserschaft erregten. Er gehörte schon bald im weitesten Sinne zu der Bewegung »Jung-Wien«, die sich im Café Griensteidl traf und den Aufbruch in neue Formen des lyrischen Ausdrucks erprobte. Angeregt von Hermann Bahr wurden dort die Gedichte von Paul Verlaine bekannt mit ihrem kindlichen Ton, dem Fliehenden, bald Verlöschenden einer flüchtigen Existenz ohne festen Halt im bürgerlichen Leben.

Es ist wichtig zu wissen, dass sämtliche Gedichte und kleinen Dramen Hofmannsthals während der 1890er Jahre entstanden; sie sind das Produkt einer jugendlichen Genialität, die nicht ins Erwachsenenalter hinübergerettet werden konnte. Schon das erste Gedicht, 1892 geschrieben, gibt den Ton an, unter dessen Herrschaft auch die folgenden Jahre stehen sollten. Es trägt den nicht anders als programmatisch zu nennenden Titel *Vorfrühling* und beginnt mit den Versen:

> Es läuft der Frühlingswind
> Durch kahle Alleen,
> Seltsame Dinge sind
> In seinem Wehn.[7]

---

[7] Hugo von Hofmannsthal, *Gedichte und lyrische Dramen*, hrsg. von Herbert Steiner, Stockholm 1952, S. 7–8.

Aufbruch und Neubeginn sind die Themen, die einen großen Teil der musikalisch klingenden Werkchen bestimmen. Mit Wortmusik wird die gerade entdeckte Welt in Besitz genommen. Hofmannsthal schien über ein geheimnisvolles Vorwissen all jener Ereignisse zu verfügen, die seiner im kommenden Leben harrten. Altklug darf man das nicht nennen, vielmehr steht dahinter eine intuitive Kenntnis der Dinge, die seine Zeit von der Zukunft erwartete. In einem Gedicht von 1894 spricht Hofmannsthal von der schon erfüllten Erwartung, die seine Generation hegte. Unter dem Titel *Weltgeheimnis* hebt es an mit den sechs Versen:

> Der tiefe Brunnen weiß es wohl,
> Einst waren alle tief und stumm,
> Und alle wußten drum.
>
> Wie Zauberworte, nachgelallt
> Und nicht begriffen in den Grund,
> So geht es jetzt von Mund zu Mund.[8]

Ein Traum von großer Magie – so lautet der Titel eines anderen Gedichtes aus jener Zeit – kann aber Hofmannsthal nicht darüber hinwegtäuschen, dass nicht alle Menschen seines auserwählten Zustandes teilhaftig sind, was fatalistisch akzeptiert wird mit den Worten:

> Manche freilich müssen drunten sterben,
> Wo die schweren Ruder der Schiffe streifen,
> Andre wohnen bei dem Steuer droben,
> Kennen Vogelflug und die Länder der Sterne.[9]

Erstaunlich ist die Souveränität, mit der dieser heranreifende Mann über alles Wissen zu verfügen scheint. Doch trotz der Kenntnis der letzten Dinge in den kleinen Dramen *Der Tod des Tizian* und *Der Tor und der Tod*, trotz kostbarem Renaissance- und Empire-Dekor, in dem diese Stücke gespielt werden sollen, melden sich Zweifel an der Gültigkeit eines solchen Dichterlebens. Vor allem im zweiten der erwähnten Dramen – *Der Tor und der Tod* – wird der Überdruss am Dasein im ewigen, träumenden Spiel laut. Den Protagonisten Claudio drängt es fort aus seiner ästhetizistischen Haltung, fort ins reale Leben. Doch vom »Lebenstraum« wacht er »im Fühlensübermaß« bloß auf »im Todeswachen«. Mit dieser paradoxen Wendung stirbt Claudio, und es bleibt dem Tod nur noch zu sagen:

---

8 Ebenda, S. 15.
9 Ebenda, S. 19.

> Wie wundervoll sind diese Wesen,
> Die, was nicht deutbar, dennoch deuten,
> Was nie geschrieben wurde, lesen,
> Verworrenes beherrschend binden
> Und Wege noch im Ewig-Dunkeln finden.[10]

Das klingt fast versöhnlich – der Tod scheint sich dem Menschenleben liebevoll zu nähern. Doch ist die Distanz zu jenem allwissenden Träumen, das Hofmannsthals erste Gedichte so anziehend machte, unüberhörbar geworden. Das Verstummen als Lyriker am Ende des 19. Jahrhunderts resultierte nicht aus Unvermögen, sondern aus dem Bedürfnis, in der Welt etwas zu bewirken, was in der intimen Form einiger Gedichte nicht zu realisieren war. Deshalb wurde Hofmannsthal zum Autor von Dramen und erreichte in der Zusammenarbeit mit Richard Strauss ein breiteres Publikum, das ihm – wie die Aufführungszahlen der Opern ab *Elektra* und *Der Rosenkavalier* beweisen – treu geblieben ist. Obwohl Strauss Hofmannsthals Absichten oft vergröberte, wurde aus der Verbindung von Text und Musik eine neue Form geschaffen. Eine Mésalliance darf man sie nicht nennen, sondern eher einen Übergang vom bloß geträumten, antizipierten Leben des Jünglings Hofmannsthal ins ›richtige Leben‹.

Nicht gerade ein Wunderkind wie Hofmannsthal, aber doch ein in kostbar behüteter Atmosphäre aufwachsender Junge mit dem unstillbaren Drang zu einem einfachen, ungekünstelten Dasein war Ludwig Wittgenstein.[11] Wie seine acht Geschwister erhielt er Privatunterricht bis zum fünfzehnten Jahr. Der Vater Karl Wittgenstein war der mächtigste Stahlmagnat in Österreich-Ungarn und verwendete sein märchenhaftes Vermögen zur Pflege der Künste, vor allem der Musik, und zur Ausbildung seiner Kinder, für die er nur das Beste gut genug fand. Auch Ludwig liebte die Musik, obwohl er sie nicht professionell ausübte. Er hatte Gelegenheit, im Salon seiner Eltern Joseph Joachim, Johannes Brahms, Gustav Mahler, Bruno Walter und Pablo Casals ein- und ausgehen zu sehen. Sein Bruder Paul wurde Pianist. Er verlor im Ersten Weltkrieg seinen rechten Arm, was ihn jedoch nicht daran hinderte, seinen linken Arm auszubilden und Kompositionsaufträge für die linke Hand an Richard Strauss, Sergej Prokofjew, Paul Hindemith, Maurice Ravel und auch an Erich Wolfgang Korngold zu vergeben. Darin zeigt sich die strenge, protestantische Arbeitsmoral des Vaters und auch die Gefährdung, der seine Kinder ausgesetzt waren: Drei Brüder von Ludwig begingen in relativ jungem Alter Selbstmord, da sie glaubten, den ihnen aufoktroyierten ethischen Vorstellungen nicht genügen zu können.

---

10 Ebenda, S. 220.
11 Allan Janik und Stephen Toulmin, *Wittgensteins Wien*. Aus dem Amerikanischen übersetzt und bearbeitet von Reinhard Merkel, München 1984, S. 230–234. Alle hier wiedergegebenen biografischen Angaben sind in freier Form in den Text eingegangen.

Ludwig, das jüngste Kind der Familie Wittgenstein, studierte zuerst Ingenieur in Linz, wandte sich dann aber der Philosophie zu und wurde 1921 mit dem *Tractatus logico-philosophicus* berühmt. Am King's College in Cambridge traf er auf die philosophische Elite Englands, behielt aber trotz des gekünstelten Tons seiner Kollegen und der überzüchteten Atmosphäre der Kolloquien seine einfache Lebensart bei und erschien zumeist gekleidet in eine Windjacke und mit groben Schuhen an den Füßen zu den Zusammenkünften. Unstillbar blieb selbst in einer der Arbeit günstigen Umgebung Wittgensteins Sehnsucht nach dem gewöhnlichen Leben: Er versuchte sich als Volksschullehrer, hatte aber bald Schwierigkeiten mit den Schülern und deren Eltern. Er dachte auch daran, Gärtner zu werden, um seine idealen Vorstellungen im Kontakt mit der Natur, im Hegen und Pflegen von Pflanzen, in die Tat umzusetzen – und im Grunde genommen die pädagogischen Prinzipien seines Vaters weiter zu kultivieren: Statt junger Menschen sollten nun Blumen und Bäume als Versuchsobjekte in einem hochfliegenden Experiment dienen. Alles schien dem jungen Denker möglich, man musste es nur klar und konsequent konzipieren und planmäßig in die Tat umsetzen. So entwarf er 1926 auch für seine Schwester Margarete, die durch Heirat zur vornehmen Lady Stonborough geworden war, ein Stadthaus in Wien, das heutige Bulgarische Kulturinstitut, als ob zwischen dem Denkgebäude des *Tractatus* und der Architektur eine Analogie bestünde. Wie gesagt: Ludwig Wittgenstein war kein Wunderkind, aber doch ein Ausnahmemensch, der seine phänomenale Begabung unter vorzüglichen Bedingungen ausbilden und ausüben konnte.

Doch nun zu Erich Wolfgang Korngold, einem veritablen Wunderkind, das die musikalische Welt seiner Zeit in Aufregung versetzte. Wo sonst als im Wien der Zwischenkriegszeit finden wir einen Komponisten seriöser Musik, der, kaum 25-jährig, mit einer Biografie bedacht wurde? Rudolf Stefan Hoffmann veröffentlichte im Jahre 1922 im Carl Stephenson Verlag seine Arbeit über Korngold, dessen Vater Julius schon 1910 bei der Universal Edition einige Stücke seines Sohnes im Privatdruck publiziert hatte: die Pantomime *Der Schneemann*, sechs Charakterstücke zu *Don Quixote* und eine dreisätzige Klaviersonate – alles Werke mit den Daten 1908 und 1909. Obwohl diese Publikation in nummerierten Exemplaren nur einem kleinen Kreis von Kennern und Liebhabern zugänglich war, verbreitete sich Erich Wolfgangs Ruhm »lauffeuerartig«, wie Hoffmann erklärt – nicht nur in Österreich, sondern auch in Deutschland.[12]

Die bedeutendsten Persönlichkeiten spendeten ihr Lob: Hermann Kretzschmar, Richard Strauss, Karl Goldmark, Arthur Nikisch und Engelbert Humperdinck. Was aber Hoffmann nur ganz am Rande erwähnt, ist der von vielen gehegte Verdacht, dass des Jungen Lehrer Alexander Zemlinsky oder

---

12 Rudolf Stefan Hoffmann, *Erich Wolfgang Korngold*, Wien 1922, S. 9–23. Alle hier wiedergegebenen biografischen Angaben sind in freier Form in den Text eingegangen.

sogar der Vater ihre Hände im Spiel hatten und einen großen Teil der Musik komponierten. Vor allem auf den Vater Julius konzentrierten sich nicht ganz zu Unrecht die vom Erscheinen des Frühreifen ausgelösten Polemiken. Julius Korngold war bei der einflussreichen *Neuen Freien Presse* seit 1903 der Nachfolger von Eduard Hanslick[13] und verfolgte in seinen Musikkritiken eine äußerst konservative Linie, was in dieser Epoche des Umbruchs für Aufsehen sorgte. Bis ans Ende seiner Laufbahn in Wien hielt Julius Korngold unerschütterlich am Glauben fest, dass die Atonalität ein »Volapük« – eine künstlich geschaffene Plansprache – sei. Er bezeichnete die Atomisierung der Melodie zu »motivischen Brocken« als schädlich und wollte nicht, dass das Singen in der Oper zu bloßer Rezitation werde.[14] Man darf diesen Autor jedoch nicht unterschätzen; er war im Allgemeinen gut informiert über die zu besprechenden Werke, auch wenn er Debussys *Pelléas et Mélisande* und Janáčeks *Jenůfa* negativ beurteilte.[15] Im Falle von Richard Strauss' *Salome*, die er zweimal, 1907 und 1918, besprach, war er sogar zu einem sachten Lernprozess fähig.[16]

Niemand bezweifelte Julius Korngolds Ehrlichkeit und Kompetenz – er war um 1910 noch nicht als »Onkel Korngold« zum Gespött der jungen Avantgardisten geworden wie später in den 1930er Jahren.[17] Doch man vermutete des Vaters Einfluss hinter dem plötzlichen Ruhm des Sohnes. Wie zwischen Leopold und Wolfgang Amadeus Mozart bestand zwischen Julius und Erich Wolfgang Korngold eine starke Abhängigkeit. In beiden Fällen war der Jüngere während der Adoleszenz wohl oder übel auf den Älteren angewiesen. Dieser aber sonnte sich im Ruhm einer musikalischen Begabung, die er selbst nicht in gleich starkem Maße sein Eigen nennen durfte.

Man könnte erwarten, dass sich die gegenseitige Bindung zwischen Vater und Sohn mit dem im Jahr 1920 gleichzeitig in Köln und Hamburg uraufgeführten Werk des kaum über 20-jährigen – der Oper *Die tote Stadt* – lockern oder sogar auflösen würde. Doch nichts von alledem: Erich Wolfgang blieb das Wunderkind in der wohlbehüteten Treibhausatmosphäre, fähig zu Meisterwerken wie der von Paul Wittgenstein bestellten *Suite* op. 23 für Klavier linkshändig, zwei Violinen und Violoncello oder den Shakespeare-Liedern op. 29, *Songs of the Clown*. Allerdings machte er die schneidenden Veränderungen der 1920er Jahre nicht mit. Höchstens in parodistischer Absicht imitierte er den Stil Strawinskys oder Hindemiths. Er blieb gefangen in dem

---

13 Julius Korngold, *Postludien in Dur und Moll* [Typoskript, 1944]. Veröffentlicht unter dem Titel: *Die Korngolds in Wien. Der Musikkritiker und das Wunderkind – Aufzeichnungen von Julius Korngold*, Zürich – St. Gallen 1991, passim.
14 Julius Korngold, *Deutsches Opernschaffen der Gegenwart. Kritische Aufsätze*, Leipzig – Wien 1921, S. V.
15 Julius Korngold, *Die romanische Oper der Gegenwart. Kritische Aufsätze*, Wien u. a. 1922, S. 188–191, 233–240.
16 J. Korngold, *Deutsches Opernschaffen der Gegenwart* (Anm. 14), S. 136–142, 179–184.
17 *23 – Eine Wiener Musikzeitschrift*. Reprint, hrsg. von Willi Reich, Wien 1971, Nr. 1, S. 6–7, 14.

Kokon, der ihm vom Wiener *fin de siècle* fein gesponnen worden war. Selbst als er in Hollywood während der Nazi-Zeit Filmmusiken schrieb, verleugnete er seine Eigenart nicht. Es wäre gewaltsam, hinter dieser Wendung etwas mit Hofmannsthals Arbeiten für Richard Strauss Vergleichbares zu sehen. Denn auch in Südkalifornien herrschte künstlerisch und klimatisch eine Atmosphäre, die sich vom nordischen Alltag in Europa oder New York abhob. Zwar boten die Filmstudios in Hollywood und der Luxus von Beverly Hills keinen Ersatz für die Wiener Salons – sie waren aber doch eine Welt *sui generis*, wieder eine Art Treibhaus, in dem die kühnsten Pläne der Tycoons und Regisseure reiften.

Mit seiner breit ausladenden, das große sinfonische Orchester einsetzenden Musik zu Filmen wie *The Adventures of Robin Hood* (1938) und *The Sea Wolf* nach Jack London (1941) schuf Erich Wolfgang Korngold im Detail minutiös gearbeitete Partituren, die flexibel auf die visuell abrollende Handlung eingingen und doch ihre Autonomie bewahrten. Das Niveau der Musik garantierte einen Beitrag eigenen Rechts, eine Vertiefung der dramatischen Spannung des filmischen Geschehens. Nur so konnte Korngold seine Würde als Komponist retten und blieb einer Welt virtuos erweiterter Tonalität treu, die auch heute noch die Zuhörenden bald mit Charme, bald mit Pathos fasziniert. Mit etwas Mut zur Übertreibung darf man die neuerdings wieder auf CD greifbaren Filmmusiken als Sinfonische Dichtungen bezeichnen. Einzelne melodische Einfälle gingen in der Folge auch in das Violinkonzert und die Sinfonie in Fis ein. Doch der Erfolg von früher wollte sich nicht mehr einstellen. Der Zauber, der um das Kind und den Frühreifen gewirkt hatte, war gebrochen. Erich Wolfgang Korngolds Ruhm überdauerte als der eines Wunderkindes, dem das reife Alter versagt blieb und das gerade auf diese Weise das Staunen der Nachwelt herausfordert.

Arne Stollberg

Der »Ismus des Genies«

Erich Wolfgang Korngolds musikgeschichtliche Sendung

I

Dass ausgerechnet Julius Korngold, Nachfolger Eduard Hanslicks bei der *Neuen Freien Presse* und einer der mächtigsten, gerade deshalb aber auch umstrittensten Musikkritiker im Wien seiner Zeit, Vater eines komponierenden Wunderkindes war, lässt sich wohl als Ironie des Schicksals bezeichnen. Noch präziser wäre es vielleicht, von einer tragischen Ironie zu sprechen, denn die spezifische Konstellation im Hause Korngold bildete letztlich eine Verstrickung, aus der sich Erich Wolfgang Korngold niemals ganz zu lösen vermochte. Ernst Krenek, dem man allerdings keine übertriebene Sympathie für Julius Korngold nachsagen kann, ging sogar so weit, ihm die »Zerstörung« der »echten, reichen Begabung« seines Sohnes anzulasten, und zwar aus zweierlei Gründen: Zum einen, weil er »überall Mißtrauen gegen das weckte, was [...] der junge Mann leistete, da niemand jemals genau wußte, ob er es aus eigener Kraft hervorgebracht hatte oder ob es ein Resultat des Drängens und Zerrens, der Bestechungen und Erpressungen mittels der väterlichen Feder war«; zum anderen aufgrund von Julius Korngolds Bestreben, dem Sohn seinen »persönlichen musikalischen Geschmack [...] zur Nachahmung« aufzuzwingen.[1] Erich Wolfgang Korngold, so diagnostiziert Krenek, war es »nie erlaubt, einen eigenen Kompositionsstil auszubilden«, da er vom Vater ein für allemal auf das Idiom der Frühwerke – »eine Art substraussischen, überschwenglichen Gesprudels« – festgelegt worden sei.[2]

Was den ersten der von Ernst Krenek genannten Anklagepunkte betrifft, Julius Korngolds angeblichen Machtmissbrauch zugunsten Erich Wolfgangs, der diesem freilich eher zum Nachteil gereicht habe, so sind die Anekdoten Legion, die über Machenschaften des einflussreichen Kritikers zu berichten wissen (oder zu wissen vorgeben), über unablässige Versuche, Interpreten, Konzertveranstalter und Theaterleiter durch publizistische Druckmittel gefü-

---

1 Ernst Krenek, *Im Atem der Zeit. Erinnerungen an die Moderne.* Aus dem amerikanischen Englisch von Friedrich Saathen. Revidierte Übersetzung von Sabine Schulte, Hamburg ²1998, S. 742, 741.
2 Ebenda, S. 742.

gig zu machen. Schon 1910 spießte Karl Kraus den Sachverhalt ironisch auf, indem er – unter Anspielung auf Erich Wolfgangs zweiten Vornamen – schrieb, der »junge Pseudo-Korngold des achtzehnten Jahrhunderts«, nämlich Wolfgang Amadeus Mozart, schneide beim Vergleich mit dem neuen Wunderkind schlecht ab, da er »zwar auch mit Talent, aber ohne Presse auf die Welt« gekommen sei: »Man mag sich fragen, was aus diesem andern Wolfgang hätte werden können, wenn sein Vater so die Hand im göttlichen Spiel gehabt hätte wie der alte Korngold.«[3] Julius Korngold wandte in seinen Memoiren alle rhetorische Kunst auf, um den Vorwurf der Korruption zurückzuweisen und sich selbst als wahren Märtyrer, als »Pater Dolorosus« zu stilisieren, den eine unerbittliche Gegnerschaft – bestehend aus bösartigen Kritikerkollegen und verschlagen intrigierenden Musikern – permanent mit »Ausstreuungen, Legenden, Lügen« gequält, aber in seiner Standhaftigkeit niemals bezwungen habe.[4] Es wäre müßig, heute über das Verhalten des Musikjournalisten und Komponistenvaters ein Urteil fällen zu wollen. Dass ihm im Wiener Intrigensumpf manches zur Last gelegt wurde, was nicht der Wahrheit entsprach, lässt sich getrost annehmen. Doch ebenso wird man Ernst Kreneks nachsichtiger Beurteilung zustimmen können, dass Julius Korngold »ein moralischer Herkules« hätte sein müssen, »um der Versuchung zu widerstehen«, das Gewicht seiner Position als Kritiker für die Interessen Erich Wolfgangs in die Waagschale zu legen.[5] Auch subtile Methoden müssen dabei in Rechnung gestellt werden, und sei es der einfache Umstand, dass Julius Korngold bei Geschäftskorrespondenz in Angelegenheiten seines Sohnes das Briefpapier der *Neuen Freien Presse* zu benutzen pflegte, was Künstler oder Verlage durchaus als Wink mit dem Zaunpfahl verstanden haben dürften.[6]

Von diesem Aspekt nicht zu trennen, aber doch als Problem eigenständig und in seinem Wahrheitsgehalt vielleicht noch schwieriger zu ergründen, ist Ernst Kreneks zweiter Vorwurf an die Adresse Julius Korngolds: dass er die eigenen musikalischen Vorstellungen dem Sohn aufgezwungen und ihn an der Entfaltung einer individuellen schöpferischen Persönlichkeit gehindert habe. Ob Letzteres zutrifft, wird immer ungewiss bleiben, da die Geschichte – auch die Geschichte eines Individuums – keinen Konjunktiv kennt. Es ist, mit anderen Worten, sinnlos, darüber zu spekulieren, wie sich Erich Wolf-

---

3 Karl Kraus, »Der kleine Korngold«, in: *Die Fackel* 12 (1910/11), Nr. 313–314 (31. Dezember 1910), S. 1–4, hier S. 2.
4 Julius Korngold, *Postludien in Dur und Moll* [Typoskript, 1944]. Veröffentlicht unter dem Titel: *Die Korngolds in Wien. Der Musikkritiker und das Wunderkind – Aufzeichnungen von Julius Korngold*, Zürich – St. Gallen 1991, S. 152, 148.
5 Krenek, *Im Atem der Zeit* (Anm. 1), S. 741.
6 Selbst eine Julius Korngold äußerst wohlgesinnte Untersuchung, in der ansonsten die Existenz jeglicher Beweise für eine Protektion Erich Wolfgangs bestritten wird, lässt dies immerhin vorsichtig als Verdachtsmoment gelten; vgl. Franz Endler, *Julius Korngold und die »Neue Freie Presse«*, Diss. Universität Wien 1981 [masch.], S. 113–114.

gang entwickelt hätte, wenn sein Nachname nicht »Korngold« gewesen wäre. Gleichwohl bleibt zu untersuchen, in welchem Maße Julius Korngold auf das kompositorische Denken seines Sohnes Einfluss nahm, denn dies war nicht nur eine Frage des persönlichen Geschmacks, sondern berührte für den erzkonservativen Kritiker das Grundproblem der Musikgeschichte im 20. Jahrhundert überhaupt. Mit der Person und dem Schaffen Erich Wolfgang Korngolds sollte der Nachweis erbracht werden, dass die »Ismen, stets mehr Kinder der Reflexion als der zeugenden Phantasie, [...] wieder hinter jenem allein gültigen Ismus zurückstehen müssen, den die schöpferische Individualität einsam aus sich selber gebiert und einsam vertritt«: dem »Ismus des Genies«.[7]

II

Die eben zitierten, zunächst etwas rätselhaften Bemerkungen finden sich am Ende jenes Buches, mit dem Julius Korngold 1938 das Resümee seiner kritischen Tätigkeit oder besser: seines »vieljährigen Kampf[es] gegen die Ausschreitungen der ›Neu- und Zeitmusik‹« zu ziehen gedachte.[8] *Atonale Götzendämmerung. Kritische Beiträge zur Geschichte der Neumusik-Ismen* – so lautet der sprechende Titel des Bandes, dessen Erscheinen buchstäblich in letzter Minute durch den ›Anschluss‹ Österreichs verhindert wurde und der seitdem als verloren galt, bis 2002 im Wiener Verlagshaus Doblinger unvermutet ein Korrekturexemplar mit handschriftlichen Eintragungen des Autors ans Licht kam.[9] Unter ›Neumusik-Ismen‹ sind dabei alle Spielarten der musikalischen Moderne zu verstehen, gegen die Julius Korngold ins Feld gezogen war und denen er – bewusst undifferenziert – das Epitheton ›atonal‹ beigefügt hatte: Arnold Schönbergs ›Emanzipation der Dissonanz‹ nicht anders als die Dodekaphonie, aber auch bitonale und polytonale Experimente sowie lineare Techniken, ›Neue Sachlichkeit‹, ›Neoklassizismus‹ und ›Gebrauchsmusik‹, letztlich sogar der Einfluss des Jazz. Samt und sonders sah der Kritiker in diesen Tendenzen bloße ›Ismen‹, kurzlebige Modeströmungen, jeweils mit »Schlagworten und Parteilosungen« etikettiert,[10] ideologisch doktrinär verkündet und auf den einschlägigen Musikfesten der Avantgarde zum Dogma

---

7 Julius Korngold, *Atonale Götzendämmerung. Kritische Beiträge zur Geschichte der Neumusik-Ismen*, Wien [1938], S. 281.
8 *Die Korngolds in Wien* (Anm. 4), S. 274.
9 Vgl. Oswald Panagl, »Die Korngolds und das Jahr 1938. Julius Korngold: ›Atonale Götzendämmerung‹ – Erich Wolfgang Korngold: ›Die Kathrin‹«, in: *Das (Musik-)Theater in Exil und Diktatur. Vorträge und Gespräche des Salzburger Symposions 2003*, hrsg. von Peter Csobádi u. a., Anif/Salzburg 2005 (= Wort und Musik. Salzburger Akademische Beiträge 58), S. 407–417, bes. S. 411–412. Mein ganz besonderer Dank gilt Prof. Dr. Oswald Panagl, der mir eine Kopie des betreffenden Exemplars zur Verfügung gestellt hat.
10 J. Korngold, *Atonale Götzendämmerung* (Anm. 7), S. 150.

erhoben, aber langfristig eine Art von musikgeschichtlicher Totgeburt, da den ewigen Gesetzen der Tonkunst widersprechend: »Das atonale Wirrsal tastet Macht und Heiligkeit der Natur an. Die Natur wird sich triumphal zur Wehre [sic!] setzen.«[11]

Wie der an Friedrich Nietzsches *Götzen-Dämmerung* angelehnte Titel seiner Aufsatz- und Kritikensammlung zeigt, hatte sich diese Prognose für Julius Korngold im Jahr 1938 offenbar erfüllt. Mit Erschrecken nimmt man es heute als Symptom eines schier unglaublichen Realitätsverlustes zur Kenntnis, dass er dabei die Entwicklung im nationalsozialistischen Deutschland, die Stigmatisierung und Eliminierung ›entarteter Kunst‹, aus ästhetischen Gründen in Kauf zu nehmen, wenn nicht gar zu begrüßen scheint[12] und sich etwa dazu hinreißen lässt, über Schönberg zu schreiben, dieser habe »in Berlin sein ideales Drittes Reich der Tonkunst zu befestigen gesucht«, bis er »aus dem sehr real gewordenen Dritten Reiche emigrieren mußte«.[13] Dass in *Atonale Götzendämmerung* zudem wörtlich von einer »Vergasung mit [...] Unmusik« die Rede ist, macht Julius Korngolds blinden Eifer noch weniger erträglich, auch wenn es sich auf die Gasbomben des Ersten Weltkriegs bezieht.[14] Die Absicht, einen Satz wie den folgenden, der die Metapher der ›Vergasung‹ nochmals aufgreift, im Jahr 1938 veröffentlichen zu wollen, zeugt jedenfalls von schwer verständlichen, maßlosen Hassgefühlen gegenüber der Neuen Musik: »Beruhigt sich dagegen nicht in eben dieser Zeit die Tonkunst nach einem Musikkrieg von Jahrzehnten in tonalem Frieden? Sie rüstet ab, macht der Vergasung mit Mißklängen ein Ende.«[15] Und man kann es nur als bittere Ironie bezeichnen, dass Julius Korngold sich dabei auch der Sprache jener befleißigte, die ihn ins Exil treiben sollten, etwa wenn er wiederholt von einer – speziell in Wien beheimateten – »musikalische[n] Volksgesundheit« schwadronierte, die der »unfruchtbaren Sache internationaler Intellektuellenmusik« und »gewissen bolschewistischen Kunstlehren« ein Ende bereiten werde.[16] Der ›Musikkrieg‹, den der Kritiker führte, scheint ihm noch 1938 den Blick dafür getrübt zu haben, auf wessen Seite er sich mit seinen Invektiven schlug.

---

11 Ebenda, S. 259.
12 Zu einer ähnlichen Diagnose kommt bereits Panagl, »Die Korngolds und das Jahr 1938« (Anm. 9), S. 414: »Sollte der Autor hier auch ästhetische Entwicklungen auf seiner Habenseite buchen, wie sie in Italien, besonders aber in Deutschland unter dem Druck von faschistischer Politik und national-sozialistischem Oktroi in den dreißiger Jahren zu einer Umwertung künstlerischer Kategorien und einer verordneten Doktrin des musikalischen Geschmacks geführt haben?«
13 *Die Korngolds in Wien* (Anm. 4), S. 279.
14 J. Korngold, *Atonale Götzendämmerung* (Anm. 7), S. 152.
15 Ebenda, S. 276.
16 Ebenda, S. 191, 221, 220.

III

Die Gegenüberstellung von ›musikalischer Volksgesundheit‹ und ›unfruchtbarer Intellektuellenmusik‹, so problematisch sie auch anmutet, verweist auf jenes ästhetische Axiom, das den Polemiken Julius Korngolds zugrunde lag. Was der Kritiker – nicht nur mit Blick auf die Zwölftontechnik – als »Flucht zur Konstruktion« bezeichnete, war für ihn letztlich ein Symptom jener »allgemeine[n] Zeitkrankheit«, aus der die »Grippen und Hautausschläge« hervorgegangen seien, »welche die Gesamtbezeichnung ›Neue Musik‹ erhalten haben«, das Symptom nämlich einer grassierenden »Sterilität der musikalischen Phantasie« und der damit zusammenhängenden »Verkümmerung des melodischen Vermögens«.[17] Auch hier flößt der manifeste Antiintellektualismus von Julius Korngolds Musikverständnis mit seiner Irrationalität der ästhetischen Anschauungen dem heutigen Leser Unbehagen ein, etwa wenn ganz ernsthaft davon die Rede ist, dass die Donaumetropole Wien in ihrer »unbeirrbare[n] Musikgesundheit« und ihrem »elementare[n], gefühlsmäßige[n] Musikempfinden« den Ansturm der Avantgarde besser habe abwehren können als das von »verstandesmäßigem Kunstauffassen« angekränkelte Berlin.[18]

Hinter solchen Formulierungen lässt sich eine im Kern romantisch fundierte Inspirationsästhetik orten, die mit derjenigen Hans Pfitzners vergleichbar ist, und dies nicht nur wegen der sexuellen Metaphorik rund um das Begriffspaar Potenz/Impotenz.[19] »Neuerlich sagen wir uns«, so heißt es in *Atonale Götzendämmerung* über die zukünftigen Möglichkeiten der Tonalität, »daß wir erst an den Anfängen dieser Ausschöpfarbeit stehen – allerdings für wahrhaft schöpferische Potenzen, nicht für ungeduldige Sterilität, die nicht sich selbst, sondern dem Kunstmittel die Schuld an ihrem Unvermögen gibt.«[20] Den Einwand, dass die »Sprachmittel der Musik in ihrer bisherigen tonalen Entwicklung erschöpft seien«, kann Julius Korngold denn auch mit einer denkbar lapidaren Bemerkung vom Tisch wischen: »ein Argument der Erschöpften«.[21] Alles, was an neuen Techniken aufgeboten werde, diene nur dem Zweck, »der musikalischen Impotenz« abzuhelfen und ein »Surrogat für die Erfindung echter, origineller melodischer Folgen« zu liefern.[22]

---

17 Ebenda, S. 272, 222, 238, 239.
18 Ebenda, S. 280, 150.
19 Vgl. Hans Pfitzner, »Die neue Ästhetik der musikalischen Impotenz – ein Verwesungssymptom?« [1920]. Vorwort zur dritten Auflage [1926], in: ders., *Gesammelte Schriften*, Bd. 2, Augsburg 1926, S. 103–131, hier S. 122: »Je reicher einer innerlich ist, je mehr in der ›Gnade‹ des Schaffens, desto weniger werden ihm Neuerungstheorien der Elemente seiner Kunst das Gehirn belasten. Umsturzgelüste haben nur die, die nicht zu den Besitzenden gehören.« Siehe auch Reinhard Ermen, *Musik als Einfall. Hans Pfitzners Position im ästhetischen Diskurs nach Wagner*, Aachen 1986, bes. S. 58–62.
20 J. Korngold, *Atonale Götzendämmerung* (Anm. 7), S. 110.
21 Ebenda, S. 190.
22 Ebenda, S. 111, 261.

Mit dieser Denkfigur verbunden ist bei Julius Korngold die in zahlreichen Varianten ausformulierte Gegenüberstellung zweier Arten des musikalischen Schaffens: einer verquälten, problematisch-vergrübelten, die bloß intellektueller Berechnung folgt, und einer instinkthaft-naiven, charakterisiert als »musikantische Potenz«, als Fähigkeit »des melodischen Erfindens, des Singenkönnens und Singenmüssens«.[23] Die »Spekulation der Halb- und Unmusikalischen«, wie Julius Korngold das angeblich rein intellektuelle Komponieren abfällig nennt, lastet er 1923 in einem Bericht über das Salzburger Kammermusikfest der »Internationalen Gesellschaft für Neue Musik« (IGNM) auf diffuse Weise der Krisenstimmung nach dem Ende des Ersten Weltkriegs an, ohne dass der polemisch behauptete Zusammenhang näher erläutert würde: »Die wüste Umsturz-, die krampfhafte Fortschrittswut, deren Zeugen wir sind, enthüllt nur ein Unnatürliches, Absichtsvolles. Sinnt man der Erscheinung und ihren Ursprüngen nach, so kommt man auf den erheblichen Anteil, der neben und inmitten der aus dem Gleichgewicht gebrachten Nachkriegsjugend-Mentalität dem Herrschendwerden zerebraler Geistigkeit über Phantasie und Gefühl überhaupt zufällt. Es gibt ein unbeschäftigtes, unbefriedigtes Nachkriegsintellektuellentum, das geradeso auf ästhetische Abenteuer ausgeht wie das wirtschaftliche Schiebertum auf finanzielle.«[24] Diese von Unsicherheit, Neuerungssucht und dem Fluch des Intellektualismus geprägte Situation, so diagnostiziert Julius Korngold, habe auf dem Gebiet der Musik einen verwirrenden Wechsel sich widersprechender Methoden, Strömungen und Tendenzen gezeitigt, denen nur eines gemeinsam sei: »die Mißachtung des ›Unproblematischen‹, [...] alles Ur- und Nurmusikalischen, auf der Grundlage der Natur und des Kunstgewordenen Fortbauenden, sei es auch Inspirierten und Gekonnten«.[25]

Die Frage, wen hier die ›Missachtung‹ getroffen haben soll, wer überhaupt das – verschwiegene – Gegenbild zur Neuen Musik verkörpert, beantwortet sich gleichsam von selbst, kann doch kein Zweifel daran bestehen, dass den geheimen Fluchtpunkt aller Ausführungen Julius Korngolds die Person und das Schaffen seines Sohnes bilden. In den Memoiren wird Vater Korngold deutlicher, wenn er schreibt, die feindliche »Richtung« habe zwar um das komponierende Wunderkind, das zur »Vorkämpferschaft berufen« schien, geworben, doch sei ihr der »Vollblutmusiker« dank seiner »gesunden Instinkte« entschlüpft.[26] Nur wenige Sätze später kehrt diese – mit ihrer Konfrontation von ›gesundem Instinkt‹ und ›krankem‹ Intellekt einmal mehr höchst problematische – Metaphorik wieder, als Julius Korngold das »Gegenfest« thematisiert, das 1923 unmittelbar im Anschluss an die ersten offiziellen Kammermusikfestspiele der IGNM in Salzburg stattfand und an dem neben

---

23 Ebenda, S. 197, 157.
24 Ebenda, S. 195.
25 Ebenda, S. 174.
26 *Die Korngolds in Wien* (Anm. 4), S. 284.

Erich Wolfgang Korngold eine Reihe österreichischer Komponisten beteiligt war, darunter Wilhelm Grosz, Karl Weigl, Egon Kornauth, Hans Gál und Joseph Marx.[27] Wörtlich lautet Julius Korngolds Rückblick: »Gleichwohl begab es sich von selbst, daß das gesunde österreichische Hervorbringen sich von den Gequältheiten der neuen Musik abhob und wie ein Reinigen der Salzburger Musikluft wirkte.«[28]

Dass Julius Korngold auch hier wieder – wohlgemerkt: nach der Vertreibung ins amerikanische Exil – die erschreckende Konvergenz seines Musikverständnisses mit demjenigen der Nationalsozialisten übersieht, ausblendet oder verdrängt, ist offensichtlich und wäre ein weites Feld für psychologische Spekulationen. Im Folgenden soll es jedoch um etwas anderes gehen, um die Frage nämlich, inwieweit Erich Wolfgang Korngold – zugespitzt formuliert – ein Produkt dieses väterlichen Musikverständnisses war, und zwar in doppelter Weise: einmal bezüglich des Bildes, das die Öffentlichkeit sich von ihm machte (und machen sollte), zum anderen mit Blick auf das kompositorische Schaffen selbst.

IV

Der erste dieser beiden Punkte, gleichsam die Außenperspektive, ist ebenso rasch erörtert, wie sich die Quellensituation als eindeutig präsentiert. Seit den Anfängen der Karriere Erich Wolfgang Korngolds ließen die ihm wohlgesinnten – oder vom Vater entsprechend eingeschworenen – Publizisten keine Gelegenheit aus, gerade dasjenige zu betonen, was Julius Korngolds Ansichten entsprach und was hervorzuheben für ihn gleichsam eine ›musikpolitische‹ Notwendigkeit darstellte. So heißt es etwa in der frühen, 1922 veröffentlichten Biografie Rudolf Stefan Hoffmanns: »Und so ist Korngold durch und durch lauterster Optimist. Ein Dur-Komponist, möchte man sagen. Ein Gefühl des Gesundseins, einer ganz merkwürdigen inneren Selbstgewißheit (nicht Selbstgenügsamkeit) und Sicherheit, besonders auffallend in einer Zeit allgemeiner Gärung, Begriffsverwirrtheit und krankhafter Ueberfeinerung der Nerven (reizbare Schwäche heißt der medizinische Ausdruck), in der die Aestheten als Propheten der Zukunft ihre Gegenwart verlieren, gibt die feste Gewähr, daß hier einer den Weg geht, der ihn zu seinen Zielen führt, der sich nicht in Sackgassen und Spekulationen verliert, weil er seinem unterbewußten Instinkte folgt, dem ›dämonischen Geist seines Genies‹ (wie ihn Goethe in Mozart recht erfaßt hat), auf der [sic!] sich der echte Künstler besser verlassen darf als unsereins auf den berühmten Menschenverstand.«[29]

---

27 Anton Haefeli, *Die Internationale Gesellschaft für Neue Musik (IGNM). Ihre Geschichte von 1922 bis zur Gegenwart*, Zürich 1982, S. 69.
28 *Die Korngolds in Wien* (Anm. 4), S. 284.
29 Rudolf Stefan Hoffmann, *Erich Wolfgang Korngold*, Wien 1922, S. 129.

Das klingt, als wäre es Hoffmann von Julius Korngold direkt in die Feder diktiert worden. Alles Wesentliche ist vorhanden: Das ›Gefühl des Gesundseins‹ im Gegensatz zur krankhaften ›Begriffsverwirrtheit‹ jener ›Propheten der Zukunft‹, als die sich die Vertreter der Neuen Musik angesprochen fühlen dürfen; vor allem aber der um Probleme ganz unbekümmerte ›Optimismus‹, einem ›unterbewussten Instinkt‹ zu verdanken, dem fruchtlose ›Spekulationen‹ fremd sind.

Wenn Julius Korngold in *Atonale Götzendämmerung* der Gegenseite unterstellt, sie würde eine aggressive »Propaganda des Intellekts« betreiben,[30] so muss man die von Rudolf Stefan Hoffmann in völliger Übereinstimmung mit dem Komponistenvater, wenn nicht gar unter dessen Anleitung verfasste Passage wohl als ›Propaganda des Antiintellektualismus‹ bezeichnen. Und genau hier beginnt eine Schwierigkeit, an der die Korngold-Rezeption zum Teil bis heute laboriert, die Schwierigkeit nämlich, dass das ideologisch gefärbte Bild von Erich Wolfgang Korngold, wie es dessen Apologeten unter der Federführung des Vaters zeichneten, kaum je ernsthaft hinterfragt, sondern in der Regel für bare Münze genommen wurde. Das Klischee des genialen, aber unreflektierten Komponisten, aus dessen kindlichem Gemüt eine Melodie nach der anderen hervorsprudelt, ohne die Instanz kritischen Nachdenkens passieren zu müssen – dieses Klischee konnte sich um so länger halten, als es genau dem entsprach, was Julius Korngold propagieren wollte und publizistisch verbreiten ließ. Sein Sohn sollte der Welt beweisen, dass die Neue Musik ein Irrweg ist, dass eine Zeit kommen müsse – und ausgerechnet Ende der 1930er Jahre sah er diese Zeit offenbar gekommen –, die dem »naiv schaffende[n] Musiker [...] wieder das Wort« geben werde.[31] Dass Arnold Schönberg »Zündstoff [...] in die Musikentwicklung geworfen« und damit »Brand und Explosion« erzeugt habe, nennt Julius Korngold in *Atonale Götzendämmerung* einmal dessen musikgeschichtliche »Sendung«,[32] und man kann mutmaßen, dass er Erich Wolfgang dazu erzog, die genau entgegengesetzte ›Sendung‹ zu erfüllen, nämlich mit der Tonalität die abendländische Tonkunst überhaupt vor der drohenden Vernichtung durch die Neue Musik zu retten. Diese Perspektive scheint zunächst völlig verzerrt, doch lässt sich das hypertrophe ›Sendungsbewusstsein‹ kaum anders erklären, mit dem Julius Korngold am 14. Februar 1928 einem der Leiter des Schott-Verlags, Ludwig Strecker, die historische Rolle seines Sohnes klarzumachen suchte: »Denn Sie wissen so gut wie ich – und die ganze Partei richtet ihre Taktik der Ranküne und Niederhaltung danach ein – daß nicht die d'Albert, Reznicek, Gräner, Brandt-Buys, Bittner etc. etc. den Opernerzeugnissen der ›Neuen Musik‹ im Wege stehen, – nicht einmal die ›ägyptische Helena‹, sondern nur

---

30 J. Korngold, *Atonale Götzendämmerung* (Anm. 7), S. 196.
31 Ebenda, S. 281.
32 Ebenda, S. 107.

E. W. Korngold [...].«[33] Was selbst Richard Strauss mit der *Ägyptischen Helena* nicht gelang, wird hier dem Schaffen Erich Wolfgang Korngolds aufgebürdet – von einer Rettung der abendländischen Tonkunst zu sprechen, scheint keineswegs zu hoch gegriffen.

Legt man sich nun die Frage vor, bis zu welchem Grad Erich Wolfgang Korngold selbst von diesem ›Sendungsbewusstsein‹ erfüllt war, so muss man berücksichtigen, dass die Indoktrination durch den Vater in ihrem Ausmaß kaum zu überschätzen sein dürfte. Einen klaren Eindruck hiervon vermittelt etwa Julius Korngolds provozierend offenherzige Bemerkung, dass das komponierende Wunderkind »unselbständig und fügsam bis zur Willenlosigkeit« gewesen sei, dass sein »erster unbegleiteter Gang auf die Straße [...] buchstäblich der in die Kaserne« war.[34] Nicht weniger deutlich ist der von Luzi Korngold überlieferte Ausspruch ihres Mannes, er habe als Kind »ja gar nicht komponieren« wollen, sondern »es nur für den Vater getan«.[35] Dem um Relativierung bemühten Kommentar Luzi Korngolds, dass »diese Äußerung [...] keineswegs wörtlich zu nehmen« sei, kann man durchaus Glauben schenken, doch lässt sich der schale Beigeschmack väterlichen Druckes damit nicht beseitigen.[36] Mag Erich Wolfgang Korngold auch – wie seine Frau betont – aus eigenem Antrieb komponiert haben, so fühlte er doch »das kritische Damoklesschwert des Vaters [...] immer über sich schweben«.[37]

Diese und andere Erinnerungen von Zeitzeugen sowie manche Briefe des Vaters an den Sohn lassen erahnen, dass die Beziehung zwischen Julius und Erich Wolfgang Korngold bis in die letzten Jahre von einem fast manisch zu nennenden Kontrollbedürfnis Julius Korngolds belastet war.[38] Doch ist es für die genauere Einschätzung des Sachverhaltes nicht unbedingt notwendig, sich auf das schwierige Terrain psychologischer Spekulationen zu begeben, wie Helmut Pöllmann es tut, der unter Rückgriff auf Alice Millers Buch *The Drama of the Gifted Child* (1979) die Ferndiagnose einer »narzißtische[n] Besetzung durch den Vater« riskiert.[39] Es genügt, sich vor Augen zu führen, welche musikgeschichtliche ›Mission‹ Julius Korngold seinem Sohn zugedacht hatte, um ermessen zu können, wie groß der Druck war, unter dem Erich Wolfgang Korngold stand, und was für Spuren dies in seiner Psyche hinterlassen musste – Spuren, die zum Teil auf den Versuch einer Emanzipation vom

---

33 Brief Julius Korngolds an Ludwig Strecker vom 14. Februar 1928 (Korngold-Archiv, Hamburg). Besonderer Dank geht an Dr. Kurt Arrer für die Entzifferung der nahezu unlesbaren Handschrift Julius Korngolds.
34 *Die Korngolds in Wien* (Anm. 4), S. 126.
35 Luzi Korngold, *Erich Wolfgang Korngold. Ein Lebensbild*, Wien 1967 (= Österreichische Komponisten des 20. Jahrhunderts 10), S. 10.
36 Ebenda.
37 Ebenda.
38 Vgl. Brendan G. Carroll, *The Last Prodigy. A Biography of Erich Wolfgang Korngold*, Portland/Oregon 1997, S. 301–302.
39 Helmut Pöllmann, *Erich Wolfgang Korngold. Aspekte seines Schaffens*, Mainz u. a. 1998, S. 11–19, hier S. 15.

Vater hindeuten, zum Teil aber auch, mit Sigmund Freud gesprochen, die Macht des ›Über-Ichs‹ bezeugen. Bemerkenswert ist hierbei, dass die Äußerungen Erich Wolfgang Korngolds gerade nach 1945 immer stärker den galligen, von Hass und Missgunst triefenden Tonfall des Vaters anklingen lassen, als habe ausgerechnet die Verbitterung über das in Europa, besonders in Wien zur Schau getragene Desinteresse an seiner Musik – und damit der verletzte Stolz – eine Schärfung des anerzogenen ›Sendungsbewusstseins‹ zur Folge gehabt. Mit aller Drastik geht dies aus einem Brief vom 21. Dezember 1950 an Egon Hilbert hervor, den Leiter der österreichischen Bundestheaterverwaltung, dem Korngold trotzig prophezeite, dass Melodien und »Volksgesänge«, wie seine *Kathrin* sie enthalte, »noch leben werden, wenn alle heutigen Opernexperimente der Impotenten und Perversen längst versunken und vergessen« sind.[40] Knapp zwei Jahre später, am 21. August 1952, teilte der Komponist einem Verehrer namens Hermann Lewandowsky voller Selbstbewusstsein mit, die »soeben vollendete Symphonie« werde »der Welt beweisen [...], dass Misstönigkeit und ›Modernismus‹ [...] nicht das [...] Heil der Musik darstellen müssen«.[41]

Dass seine Werke den Beweis für die Zukunftsfähigkeit tonalen Komponierens anzutreten hätten, dürfte Erich Wolfgang Korngold vom Vater eingeschärft worden sein, und offenbar mit Erfolg. In der musikgeschichtlichen Situation des Jahres 1952 verstärkte dies freilich nur die persönliche Tragik des Komponisten, der sich einerseits vergessen glaubte und andererseits, wie es scheint, mehr denn je von seiner höheren Berufung überzeugt war. Daher ist es dringend geboten, sich den Blick auf Erich Wolfgang Korngolds Musik nicht durch das fatale ideologische Beiwerk versperren zu lassen. Im Gegenteil: Gerade dort sollte man misstrauisch sein, wo allzu ostentativ – sei es vom Komponisten selbst, sei es von seinem Vater – das irrationale Moment des musikalischen Schaffens hervorgehoben wird. Nimmt man *Die tote Stadt* als Beispiel, so ist deren herausragende Qualität eben keineswegs nur auf den unbestreitbaren Reiz der melodischen Einfälle zurückzuführen, sondern auch und besonders auf jene ›intellektuelle‹ Dimension, die Vater und Sohn Korngold in ihren begleitenden Kommentaren bewusst verschweigen, um das Bild des ›naiv‹ schaffenden Genies nicht zu beeinträchtigen, nämlich auf die ebenso präzise wie subtile, bis ins letzte Detail genau kalkulierte Ausrichtung von Text, Szene und Musik an der psychoanalytischen Theorie Sigmund

---

40 Brief Erich Wolfgang Korngolds an Egon Hilbert vom 21. Dezember 1950 (Korngold-Archiv, Hamburg); vgl. hierzu Arne Stollberg, »Erich Wolfgang Korngold: ›Die Kathrin‹. Schicksalswege einer ›unpolitischen‹ Oper zwischen 1932 und 1950«, in: *Das (Musik-)Theater in Exil und Diktatur* (Anm. 9), S. 392–406, bes. S. 405–406.
41 Brief Erich Wolfgang Korngolds an Hermann Lewandowsky vom 21. August 1952 (Korngold-Archiv, Hamburg). Eine freie englische Übersetzung dieses Briefes, der leider nur als stellenweise unlesbare Kopie vorliegt, findet sich bei Carroll, *The Last Prodigy* (Anm. 38), S. 348.

Freuds.⁴² Gerade um Erich Wolfgang Korngold gerecht werden zu können, muss man ihn manchmal gegen sich selbst und gegen seinen Vater verteidigen.

V

Gilt es also einerseits, die ideologischen Verlautbarungen Julius Korngolds in ihrer Aussagekraft für die Musik des Sohnes zu relativieren, so darf andererseits der Einfluss nicht unterschätzt werden, den der Kritiker auf die Tonsprache Erich Wolfgang Korngolds ausübte. Will man deren spezifisches Profil beschreiben und Merkmale festhalten, die für das Œuvre des Komponisten durch alle Schaffensphasen hindurch prägend geblieben sind, lassen sich Julius Korngolds Texte als Hilfsmittel kaum entbehren, auch wenn natürlich andere Faktoren – ganz besonders der mehrjährige Unterricht Erich Wolfgang Korngolds bei Alexander Zemlinsky – ebenfalls in Rechnung gestellt werden müssen.

Julius Korngolds Ästhetik, in seinen Rezensionen eher skizzenhaft angedeutet als breit entfaltet, dafür aber umso besser aus den wütenden Verrissen missliebiger Werke herauszulesen, verbindet die oben dargestellte, im Kern romantische Denkfigur der Irrationalität melodischen Erfindens mit einer klassizistischen Idee von musikalischer Form, als deren Bezugspunkt unschwer Eduard Hanslick auszumachen ist, Julius Korngolds Vorgänger im Amt des ersten Musikkritikers bei der Wiener *Neuen Freien Presse*. Nicht zu Unrecht warf Paul Bekker seinem Intimfeind in einem offenen Brief vor, er würde alle Musik bei der Beurteilung über einen »Schönheitsleisten« schlagen: »Sei es nun Beethoven oder Schreker, Brahms oder Schönberg, Bach oder Strawinsky, Hindemith, Křenek – alles muß über diesen Leisten, denn er ist das Urgesetz, die wahre, einzige und ewige Korngold-Schönheit.«⁴³ Das wichtigste Merkmal der ironisch apostrophierten ›Korngold-Schönheit‹ bildet ein normatives Verständnis von Melodie, das als solche überhaupt nur gelten lassen will, was sich Hanslicks Definition eines »Rhythmus im Großen« fügt,⁴⁴ also bestimmt ist durch »gegliederte Periode, Vorder- und Nachsatz, Symmetrien und Parallelismen«.⁴⁵ Musikalische Form vermochte sich Julius Korngold dementsprechend nur als symmetrisch ausbalancierte Gruppierung von Abschnitten innerhalb einer tonal gefügten Architektur vorzustellen. Die Mög-

---

42 Vgl. hierzu ausführlich Arne Stollberg, *Durch den Traum zum Leben. Erich Wolfgang Korngolds Oper »Die tote Stadt«*, Mainz 2003, ²2004 (= Musik im Kanon der Künste 1).
43 Paul Bekker, »Brief an Julius Korngold«, in: *Musikblätter des Anbruch* 6 (1924), S. 379–380, hier S. 380.
44 Eduard Hanslick, *Vom Musikalisch-Schönen. Ein Beitrag zur Revision der Ästhetik der Tonkunst* [1854], Wiesbaden ²¹1989, S. 58; vgl. auch Carl Dahlhaus, »Rhythmus im Großen«, in: *Melos/Neue Zeitschrift für Musik* 1 (1975), S. 439–441.
45 J. Korngold, *Atonale Götzendämmerung* (Anm. 7), S. 135.

lichkeit, Zusammenhang allein durch motivische Ableitungsprozesse zu stiften, durch ›entwickelnde Variation‹ in ›musikalischer Prosa‹, ließ er schlechterdings nicht gelten, hielt unnachgiebig am Primat der Korrespondenzmelodik fest und beeinflusste das »melodische Denken« seines Sohnes – laut eigenem Bericht – mit der »stete[n] Mahnung«, jede »begonnene [...] Phrase ausatmen, wie auf eine Frage eine Antwort, auf eine Vorderperiode auch eine Nachperiode folgen zu lassen«.[46] Das Resultat dieser Lehre ist den Werken Erich Wolfgang Korngolds von den frühesten bis zu den spätesten Beispielen deutlich abzulesen, favorisierte der Komponist doch zeitlebens, mit Ausnahmen natürlich, achttaktige oder zumindest aus Zwei- und Viertaktphrasen gebildete Themen sowie einfache tektonische Formen. Dass die ›quadratische‹ Syntax geschlossener Periodenstrukturen vorherrschend bleibt, während andererseits eine an Alexander Zemlinsky geschulte Satztechnik das genau gegenläufige Moment dynamischer Prozessualität und ›entwickelnder Variation‹ ausprägt,[47] ist keineswegs ein Zeichen ungenügender Reflexion, wie Helmut Pöllmann meint,[48] sondern die wohlüberlegte Anwendung väterlicher Doktrin.

Das Korrelat solcher Vorstellungen von Syntax und Form bildet eine Tonalität, die zwar bis zur Unkenntlichkeit mit Farbdissonanzen überzogen oder verfremdet sein kann, aber nicht etwa chromatische Auflösungstendenzen zeigt, sondern im Gegenteil desto fester auf dem Boden der Dreiklangs- und Kadenzharmonik steht, je avancierter sie sich nach außen gibt. Ein Beispiel hierfür liefert der Beginn des langsamen dritten Satzes (»Largo. Con dolore«) der 1910 entstandenen Klaviersonate Nr. 2 in E-Dur op. 2 – laut Rudolf Stefan Hoffmann »das Unbegreiflichste, was je aus dem Hirn eines Dreizehnjährigen gesprungen ist« (Notenbeispiel 1).[49]

Führt man die ersten vier Takte des Themas (T. 3–6) auf ihren Kern zurück, so ergibt sich eine vom Grundton zur Quinte des c-Moll-Dreiklangs emporsteigende und wieder zurücksinkende Phrase auf den Fundamentschritten der authentischen Kadenz: Tonika (T. 3) – Subdominante (T. 4) – Dominante (T. 5) – Tonika (T. 6). Jede dieser vier Hauptstufen wird nun aber gleichsam verschleiert oder durch eine ›extravagantere‹ Harmonie ersetzt: Die Tonika c-Moll vermischt sich mit h-Moll und d-Moll zu einem prismatischen Farbklang (T. 3 und T. 6); anstelle der Subdominante f-Moll erscheint – ohne Grundton und daher harmonisch doppeldeutig[50] – die Moll-Variante

---

46 *Die Korngolds in Wien* (Anm. 4), S. 137.
47 Vgl. hierzu Arne Stollberg, »›... das Muster und Vorbild meiner jungen Jahre‹. Korngolds frühe Klavier- und Kammermusik als Reflex auf den Unterricht bei Alexander Zemlinsky«, S. 101–120 des vorliegenden Bandes.
48 Vgl. Pöllmann, *Erich Wolfgang Korngold* (Anm. 39), S. 42–47.
49 Hoffmann, *Erich Wolfgang Korngold* (Anm. 29), S. 29.
50 Denkbar wäre es auch, den betreffenden Klang *ces – es – f* funktional als Derivat des verselbständigten Neapolitaners Des-Dur zu erklären (großer Nonakkord ohne Grundton und Quinte).

Der »Ismus des Genies«

Notenbeispiel 1: Korngold, Klaviersonate Nr. 2 in E-Dur op. 2, 3. Satz, T. 1–14

der Subdominantparallele, nämlich as-Moll mit *sixte ajoutée* (T. 4); dem ›gewöhnlichen‹ Dominantseptakkord sind aufgelöste und unaufgelöste Vorhaltsbildungen sowie das orgelpunktartig über alle vier Takte festgehaltene c im Bass beigefügt. Obwohl im Grunde auf einfacher harmonischer Basis ruhend, wirkt der Tonsatz bis zum Zerreißen gespannt, ehe das Thema nach zwölf Takten mit einer zur Tonika c-Moll führenden, nunmehr ganz unverzerrten Kadenz abgerundet wird (T. 14).

Diese Methode, die Tonalität an der Oberfläche zu verfremden, ohne sie in ihrer formbildenden Funktion für eine eher schlicht gehaltene, zumeist geradtaktige Syntax anzutasten, lässt sich bei Korngold immer wieder als Charakteristikum feststellen. So entfaltet etwa das abschließende Unisono des Duetts von Laura und Wilhelm aus dem *Ring des Polykrates* eine symmetrisch gefügte, konventionell achttaktige Periode, die jedoch das Gerüst höchst artifizieller, fast manieriert zu nennender Harmoniefortschreitungen bildet (Notenbeispiel 2).

Notenbeispiel 2: Korngold, *Der Ring des Polykrates*, 2. Szene (Schluss)

Die Musik gleitet von e-Moll und G-Dur, durch Vorhaltsbildungen verzögert, chromatisch über einen Cis-Dur-Septakkord nach D-Dur (T. 1–4), berührt im Nachsatz (T. 5–8) zunächst Gis[7] und A-Dur und lenkt erst ganz am Ende in die vorgezeichnete Grundtonart As-Dur ein. Doch selbst der dominantische Es-Dur-Nonakkord, dessen Septime (des) aus enharmonischer Umdeutung der Terz des vorausgehenden A-Dur-Akkordes (cis) gewonnen wird, führt nicht direkt zur Tonika, sondern nimmt, wiederum chromatisch, den Umweg über Fes[7], was die angesteuerte V-I-Kadenz zur mediantischen Schlusswendung verformt (T. 7–8). Die vagierende Harmonik wird hier einerseits durch liedhafte Syntax zusammengehalten, wie sie andererseits, trotz aller überraschenden Wendungen, die Gruppierung je zweitaktiger Phrasen bekräftigt.

Abschließend sei noch auf den ersten der *Drei Gesänge* op. 18 aus dem Jahr 1924 verwiesen, sicherlich eine der avanciertesten Kompositionen aus Korngolds Feder überhaupt (*In meine innige Nacht*, Beginn siehe Notenbeispiel 3).

»Geheimnisvoll, wie ein Hauch, stets nur ›Farbe‹« – was am Anfang des Klavierparts als Vortragsanweisung über die changierenden, auf keinen Grundton mehr beziehbaren »atmospheric chords«[51] der rechten Hand gesagt wird, ist gewissermaßen Programm, denn die linke Hand breitet unterhalb des ›Farbenhauchs‹ ein stabiles Gefüge von Harmoniefortschreitungen in zumeist einfachen Dreiklängen aus, das dem variierten Strophenlied jederzeit sicheren tonalen Halt verleiht (lediglich die ersten drei Takte verharren im Schwebezustand zwischen Ges-Dur und es-Moll, bevor im vierten Takt die Entscheidung zugunsten der Moll-Variante fällt).

Formteil	Strophe	Takte	Harmonischer Verlauf (linke Hand des Klavierparts)
A	1. Strophe	T. 1–8	es-Moll → A-Dur
B	2. Strophe	T. 9–16	d-Moll → Cis-Dur (= Des-Dur)
A'	3. Strophe	T. 17–22	Ges-Dur → C-Dur
B'	4. Strophe	T. 23–31	F-Dur → E[7]
A	5. Strophe	T. 32–40	es-Moll → es-Moll
Coda		T. 41–43	es-Moll

In seinem klanglichen Effekt tatsächlich an der Grenze zum Atonalen angesiedelt und nicht mehr auf simple Kadenzharmonik gegründet,[52] ist dieses

---

51 So die Bezeichnung von Randel R. Wagner, *Wunderkinder Lieder: A Study of the Songs of Erich Wolfgang Korngold*, D. M. A. University of Nebraska, Lincoln 1993, S. 87.
52 Erich Wolfgang Korngold selbst äußerte: »In meinen Kaltneker-Liedern [op. 18] sind Stellen, die man geradezu als atonal bezeichnen könnte.« Zitiert nach: »›Das Wunder der Heliane‹. Korngold über seine neue Oper«, in: *Neues Wiener Tagblatt*, 23. Mai 1926 (Korngold-Archiv, Hamburg).

Notenbeispiel 3: Korngold, *Drei Gesänge* op. 18, Nr. 1: *In meine innige Nacht* (Beginn)

Lied gleichwohl deutlich zu unterscheiden von einem Experiment wie »Farben« aus Arnold Schönbergs *Fünf Orchesterstücken* op. 16. Dem Tonsatz liegt der Wechsel zweier melodisch und harmonisch abweichender Formteile (A und B) zugrunde, die bei der dritten und vierten Strophe von der jeweiligen Dur-Parallele ihren Ausgang nehmen (Ges-Dur und F-Dur, anfangs es-Moll und d-Moll), bevor die Reprise des A-Teils mit anschließender Coda zur vorgezeichneten Grundtonart es-Moll zurückführt. Die tonale, in elementaren Dreiklangsfolgen entfaltete Harmonik bleibt somit für den Formaufbau des Liedes – für seine ›Architektur‹ – konstitutiv, mag sie auch wie hinter einem Farbschleier verschwinden.

***

Noch heute, so kann man zusammenfassend festhalten, lässt sich das Schaffen Erich Wolfgang Korngolds nicht gänzlich von der doktrinären Ästhetik des Vaters trennen. Zu eindeutig hat Julius Korngold den hochbegabten Sohn auf eine bestimmte Rolle im Kampf gegen die ›Neumusik-Ismen‹ festgelegt, zu offen treten die Spuren seines Einflusses in dessen Werken zutage. Doch wäre es umgekehrt eine empfindliche Vereinfachung, den Komponisten bloß als ›Erfüllungsgehilfen‹ eines fanatisierten Kritikers zu betrachten. Von Anhängern wie von Gegnern der Avantgarde aus ideologischen Gründen zum Inbegriff unbekümmerten Musikantentums gestempelt, also hinter ein und demselben Klischee für Freund und Feind verborgen, ging Erich Wolfgang Korngold mit der ihm gestellten Aufgabe, das Potenzial traditioneller musikalischer Formen innerhalb der Tonalität auszuloten, auf eine höchst reflektierte Weise um, die das immer noch kolportierte Bild des naiven Instinktmusikers Lügen straft. Die Formel vom Komponisten, »der nie erwachsen wurde«, mag ihre Berechtigung haben, sofern sie eine lebenslange Prägung durch den Vater meint.[53] Doch wenn sie darauf zielt, Korngolds Musik als einfältig zu denunzieren, ist ihr entschieden zu widersprechen.

---

53 Reinhard Gerlach, *Musik und Jugendstil der Wiener Schule 1900–1908*, Laaber 1985, S. 99.

Hans-Joachim Hinrichsen

»Melancholie des Vermögens«

Strukturelle Virtuosität in Korngolds Klaviersonaten

I

Die merkwürdige Formulierung »Melancholie des Vermögens« stammt von Paul Hindemith. In seiner Hamburger Festrede zum 200. Todestag Johann Sebastian Bachs sah Hindemith diese Melancholie als den Preis, den der gealterte Komponist beim Blick auf die unbegreifliche Vollkommenheit des eigenen Spätwerks zu zahlen gehabt habe: »die Melancholie, die Trauer, alle früheren Unvollkommenheiten verloren zu haben und mit ihnen die Möglichkeit weiteren Voranschreitens«.[1] Bekanntlich kehrt Hindemith hier das maliziöse, auf Johannes Brahms gemünzte Diktum Friedrich Nietzsches von der »Melancholie des Unvermögens«[2] um und gewinnt daraus eine in ihrer Paradoxie wunderbar pointierte Denkfigur, die das musikgeschichtlich singuläre Zusammenfallen eines individuellen Spätwerks mit einer stilgeschichtlichen Endzeit tiefsinnig auf den Punkt bringt. Man muss um den geradezu existenziellen Ernst wissen, den Hindemith seiner Bach-Deutung zulegt, um den scheinbaren Frevel zu ermessen, den ich begehe, wenn ich nun dieses Paradoxon einer ›Melancholie des Vermögens‹ heuristisch nicht etwa auf die ehrwürdige Summe an Erfahrung am Ende eines ganzen Komponistenlebens, sondern im Gegenteil auf den Beginn einer Komponistenkarriere anzuwenden versuche. Zwangsläufig kommt nämlich, wenn ich im Folgenden von Erich Wolfgang Korngold spreche, bereits die Produktion eines Kindes in den Blick. Hier stellt sich die geschichtsphilosophische Konstellation also radikal anders dar als in Hindemiths Bach-Rede. Korngold als das letzte Wunderkind (»the last prodigy«[3]), wie es die Formulierung seines Biografen Brendan G.

---

1 Paul Hindemith, *Johann Sebastian Bach. Ein verpflichtendes Erbe*, Frankfurt am Main 1954 (= Insel-Bücherei 575), S. 37.
2 Friedrich Nietzsche, »Der Fall Wagner«, in: ders., *Sämtliche Werke. Kritische Studienausgabe in 15 Bänden*, hrsg. von Giorgio Colli und Mazzino Montinari, München u. a. ²1988, Bd. 6, S. 47. – Im Satzzusammenhang lautet das Brahms-Verdikt wie folgt (Hervorhebungen original): »Er hat die Melancholie des Unvermögens; er schafft *nicht* aus der Fülle, er *durstet* nach der Fülle.«
3 So der bezeichnende Titel der Korngold-Biografie von Brendan G. Carroll, *The Last Prodigy. A Biography of Erich Wolfgang Korngold*, Portland/Oregon 1997.

Carroll will, ist in seiner Instrumentalmusik zwar ebenfalls Zeitgenosse einer kompositionsgeschichtlichen Spätzeit, aber diese fällt nicht mit seinem eigenen Altersstil, sondern im Gegenteil mit seinen eigenen allerersten Anfängen zusammen, die zeigen, dass er ihre Erbschaft von Anbeginn mit einer so unbegreiflichen Perfektion anzutreten in der Lage war, dass die von Hindemith für den späten Bach angezweifelte ›Möglichkeit weiteren Voranschreitens‹ bei Korngold nicht erst am Schluss, sondern schon am Beginn der Laufbahn radikal in Frage stand. Den Beweis dafür liefern die beiden ersten Klaviersonaten, von denen meine Überlegungen daher auch ihren Ausgang nehmen, und es sei von vornherein klargestellt, dass all diese Überlegungen lediglich für den Instrumentalmusik-Komponisten Korngold, keineswegs für den Lyriker und Musikdramatiker Geltung beanspruchen wollen.

Wunderkinder stellen für eine rationale Weltanschauung eine gewisse Provokation dar. Ein prominentes Beispiel hierfür bietet Georg Wilhelm Friedrich Hegel, der aus der Überzeugung vom überproportional häufigen Auftreten dieses Phänomens gerade in der Musik – im Hintergrund steht natürlich das Modell Mozart – ohne zu zögern ein Argument für die systematische Inferiorität der Musik gewinnt, in der viel leichter als in anderen Künsten der Mangel an geistigem Gehalt zu kaschieren sei: Angesichts ihrer zwangsläufigen Konzentration nämlich »auf die rein musikalische Struktur« könne, so heißt es im zweiten Band von Hegels *Ästhetik*, »die musikalische Produktion leicht etwas sehr Gedanken- und Empfindungsloses werden«. Und nichts beweise diese Problematik laut Hegel so deutlich wie die Phänomenologie des musikalischen Wunderkindes: »Wir sehen dieser Stoffleerheit wegen die Gabe der Komposition sich nicht nur häufig bereits im zartesten Alter entwickeln, sondern talentreiche Komponisten bleiben oft auch ihr ganzes Leben lang die unbewußtesten, stoffärmsten Menschen.«[4]

Korngold war sicherlich nicht das ›letzte Wunderkind‹, wie es die eigenwillige Titelformulierung seines Biografen will, aber gewiss eines der bemerkenswertesten. Dieses Wunderkind legte, gerade am Ende des heutigen Grundschulalters angelangt, mit seinen ersten beiden Klaviersonaten Staunen erregende Beweise eines virtuosen konstruktiven Vermögens vor: vollkommene Beherrschung der Tonsprache der Epoche, absolute Beherrschung der tradierten Formenwelt und souveräne Beherrschung des pianistischen Metiers.[5] Natürlich hat man leicht den Eindruck – zumal im Wissen um das Alter des Autors –, dass da etwas nicht geheuer ist. Zudem ist nicht alles über

---

4 Georg Wilhelm Friedrich Hegel, *Ästhetik*. Nach der zweiten Ausgabe Heinrich Gustav Hothos (1842) redigiert und hrsg. von Friedrich Bassenge, Berlin – Weimar 1976, Bd. 2, S. 322.
5 Das gilt unabhängig von der partiellen Kritik Glenn Goulds an der ›Überinstrumentierung‹ der zweiten Klaviersonate (Glenn Gould, »Korngold und die Krise der Klaviersonate« [1974], in: ders., *Von Bach bis Boulez. Schriften zur Musik I*. Aus dem Amerikanischen von Hans-Joachim Metzger, hrsg. und eingeleitet von Tim Page, München – Zürich ²1987, S. 291–295).

jeden Zweifel erhaben. Die Heterogenität der Satzcharaktere in der ersten Sonate ist enorm, und vor allem das Fehlen eines introspektiven langsamen Satzes stellt, wiewohl bei einem Zehnjährigen verständlich, eine auffällige Lücke dar. Andererseits nimmt man umso weniger ausgerechnet diesem langsamen Satz, den es in der folgenden Sonate dann ja gibt, die Expressivität des »con dolore« (so die Ausführungsvorschrift) wirklich ab, auch deshalb, weil sie sicherlich weniger der subjektiven Intention als vielmehr der dem hochchromatischen Material geschichtlich zugewachsenen Bedeutung zu verdanken ist, über die der junge Komponist freilich in einem bewunderungswürdigen Maße verfügt.[6] Man versteht Hegels grundsätzliche Irritation über die nur der Musik gegebene Möglichkeit einer frühreifen Beherrschung der bloßen Technik und ist geneigt, seine daraus resultierende prinzipielle Skepsis gegen den Mangel an Objektivität im Gehalt dieser eigenartigen Kunst zumindest nicht vorschnell zurückzuweisen.

II

Korngold hat drei Klaviersonaten publiziert, die sich höchst ungleichmäßig über sein Œuvre verteilen: Die erste, in d-Moll, wurde, noch ohne Opuszahl, in einem Privatdruck verbreitet; die zweite, in E-Dur, zählt ebenfalls zu den allerersten gedruckten Werken und erhielt die Opuszahl 2; die dritte schließlich, in C-Dur, ist über 20 Jahre später, als ein repräsentatives Werk der mittleren Schaffensphase, als Opus 25 veröffentlicht worden. Es sind die zwei frühen Sonaten, die ihrem Autor in erster Linie den Ruf des komponierenden Wunderkindes eingetragen haben. Beide zeigen, wie Arne Stollberg schlüssig nachgewiesen hat, deutliche Spuren einer Orientierung an Korngolds Kompositionslehrer Alexander Zemlinsky.[7] Jedoch ist nur die erste Sonate unter den Augen des Lehrers entstanden; mit der zweiten dagegen wurde Zemlinsky, so jedenfalls lautet Korngolds eigener glaubwürdiger Bericht, erst durch die Druckausgabe konfrontiert. Wenn also zwar beide Werke, über deren meisterliche Formbehandlung man Erhellendes bei Stollberg nachlesen kann, gleichermaßen Zeugnisse für eine Art frühreifer und virtuoser Konstruktivität

---

6 Ein schönes Beispiel für Korngolds souveränes Spiel mit geschichtlich gewachsener musikalischer Bedeutung stellt jene Kadenzformel nach Ziffer 331a der *Toten Stadt* dar, die »durch Richard Wagner als musikalischer Erlösungstopos etabliert wurde« (Arne Stollberg, *Durch den Traum zum Leben. Erich Wolfgang Korngolds Oper »Die tote Stadt«*, Mainz 2003 [= Musik im Kanon der Künste 1], S. 285 sowie ebenda, S. 286, die zugehörigen Notenbeispiele), ebenso die Planmäßigkeit, mit der er die historisch ankristalisierte Bedeutung bestimmter Tonarten dramaturgisch ausnutzt (zum Einsatz von Des-Dur etwa in der *Toten Stadt* vgl. Stollberg, *Durch den Traum zum Leben*, S. 105, 121, 134, 149, 263 und 283).

7 Vgl. hierzu Arne Stollberg, »›... das Muster und Vorbild meiner jungen Jahre‹. Korngolds frühe Klavier- und Kammermusik als Reflex auf den Unterricht bei Alexander Zemlinsky«, S. 101–120 des vorliegenden Bandes.

sind, so kann streng genommen doch nur die zweite Sonate als genuin selbständige Leistung des dreizehnjährigen Knaben gewertet werden. Es bietet sich daher an, diese praktisch ohne Aufsicht komponierte E-Dur-Sonate zum Ausgangspunkt der folgenden Betrachtung zu machen. Doch möchte ich zuvor einen knappen vergleichenden Blick auf die Anfänge dieser beiden Jugendwerke werfen, um einen Aspekt zu verdeutlichen, der für die folgenden Überlegungen grundlegend sein wird.

Das Hauptthema der ersten Sonate beginnt und endet mit einem klaren und eindeutigen d-Moll (Notenbeispiel 1). Zwischen diese Eckpfeiler eingespannt ist aber eine Tonsprache von geradezu exzessiver Chromatik, die sich

Notenbeispiel 1: Korngold, Klaviersonate Nr. 1 in d-Moll, 1. Satz, Beginn

nicht einer ausdifferenzierten Linearität, sondern einem Phänomen verdankt, das Hans Ferdinand Redlich und, in Anlehnung an Redlich, Theodor W. Adorno als Ausstufung des Chromas bezeichnet haben.[8] Mit Adornos Charakterisierung jener Tendenzen nachwagnerscher Chromatik, die er freilich nur *sub specie* ihrer Vorläuferschaft zur Dodekaphonie wahrnimmt, wäre die Harmonik des Korngold'schen Frühwerks – wenn auch gegen Adornos geschichtsphilosophische Intention – gar nicht schlecht bezeichnet: »Erst die fortschreitende Verfeinerung des Intervallbewußtseins hat über das romantische Chroma hinausgeführt; aber nicht zur Restauration der Diatonik, sondern zu einem Ausstufen, Selbständigwerden der zwölf Töne kraft des ganzen Reichtums der zwischen ihnen möglichen Intervallbeziehungen.«[9] Chromatisierung einer Grundtonart durch ein Äußerstmögliches an Stufenreichtum – mit dieser Idiomatik ist Korngold an einer Ausprägung von Modernität beteiligt, die sowohl für den Richard Strauss[10] als auch für den Arnold Schönberg jener Jahre[11] charakteristisch und durchaus nicht auf die von Adorno unterstellte historisch notwendige Weiterentwicklung zur Dodekaphonie verpflichtet ist, sondern, wie noch zu zeigen sein wird, sehr wohl als Stufenreichtum und damit als konsequent gedachter Modus einer Diatonik auftreten kann, die eben nicht nur die von Adorno abgewertete historische Perspektive der ›Restauration‹ kennt.

Dasselbe gilt auch für den Beginn der E-Dur-Sonate, der nur auf den ersten Blick diatonischer erscheint, in Wirklichkeit aber das gleiche Programm verfolgt (Notenbeispiel 2). Der markante viertaktige Hauptthemenkopf – in vierfachem Oktav-Unisono vorgetragen – exponiert nämlich, bezogen auf die Grundtonart, ebenso viele skalenfremde wie leitereigene Töne (jeweils vier). Es wird sich freilich zeigen, dass damit auf sehr hintersinnige Weise das kompositorisch-konstruktive Programm der gesamten Sonate vorgestellt worden ist.

---

8   Hans Ferdinand Redlich, »Schönbergs Tonalität«, in: *Pult und Taktstock* 4 (1927), S. 22–24; dort erscheint der Begriff »ausstufende Chromatik« (S. 23). Vgl. zur Übernahme dieses Gedankens den Brief Theodor W. Adornos an Ernst Krenek vom 9. April 1929, in: Theodor W. Adorno und Ernst Krenek, *Briefwechsel*, hrsg. von Wolfgang Rogge, Frankfurt am Main 1974, S. 16. Erwähnt wird hier »die praktische und theoretische Entdeckung der Nebenstufen in ihrer Bereicherung durch das Chroma«; der Verweis auf Redlich erfolgt kurz darauf (S. 17).
9   Theodor W. Adorno, »Klangfiguren (Musikalische Schriften I)«, in: ders., *Musikalische Schriften I–III*, hrsg. von Rolf Tiedemann, Frankfurt am Main 1978 (= Gesammelte Schriften 16), S. 142.
10 Für Phänomenologie und Deutung der Harmonik bei Richard Strauss auf dem Stand von *Salome* und *Elektra* immer noch maßstäblich: Ernst Kurth, *Romantische Harmonik und ihre Krise in Wagners »Tristan«*, Bern 1920 (spätere Auflagen: Berlin 1922 ff.).
11 Zum besonderen Modus der harmonischen Modernität beim frühen Schönberg vgl. Hans-Joachim Hinrichsen, »›Eines der dankbarsten Mittel zur Erzielung musikalischer Formwirkung‹. Tonalität und formbildende Harmonik im Frühwerk Arnold Schönbergs«, in: *Archiv für Musikwissenschaft* 57 (2000), S. 340–361.

Notenbeispiel 2: Korngold, Klaviersonate Nr. 2 in E-Dur op. 2, 1. Satz, Beginn

Die ungelöste Spannung zwischen Chromatik und Diatonik ist nicht etwa der Jugendlichkeit des Komponisten geschuldet. Sie dürfte sich vielmehr dem kompositorischen Genre und der mit ihm verbundenen ästhetischen Intention verdanken. Es handelt sich um Instrumentalmusik, nicht um die später so sicher beherrschte Musikdramatik, und die Notwendigkeiten autonomer Formbildung (die hier wie stets auch später in Korngolds Instrumentalmusik in geradezu klassischen Bahnen verläuft) erzwingen bzw. ermöglichen eine Wendung dieser Spannung zwischen Chromatik und Diatonik ins Produktive. Anhand der E-Dur-Sonate sei das an einigen entscheidenden Stellen gezeigt. Arne Stollberg hat bereits plausibel gemacht, dass man das unablässige Transformationsverfahren, dem dieses eben zitierte Motiv ausgesetzt wird, und die darin aufscheinende Auffassung von ›entwickelnder Variation‹ als Resultat des Unterrichts bei Alexander Zemlinsky betrachten kann. Mehr noch aber scheint mir dieses Verfahren konstruktive Absichten in einer Dimension anzuzeigen, die man bei Korngolds Lehrer Zemlinsky so nicht findet: der harmonischen. Dass die Harmonik hier nämlich, anders als bei Zemlinsky, dezidiert zur Formbildung eingesetzt wird, würde man angesichts ihres exzessiv chromatischen Zuschnitts zunächst gar nicht vermuten. Aber gerade darauf kommt es an.

Ich habe schon angedeutet, dass man im Eröffnungsmotiv des ersten Satzes das kompositorisch-konstruktive Programm der gesamten Sonate auf sehr hintersinnige Weise vorgestellt sehen kann: Nicht genug damit, dass nur vier leitereigene Töne der Haupttonart gegenüber vier skalenfremden erscheinen – es stellt sich überhaupt die Frage, wie weit diese Haupttonart nicht hier bereits von E-Dur fort in dominantische Richtung verschoben wird. Die Antwort kann, beim Blick auf den ganzen Satz, nur lauten: In geradezu programmatischer Weise sind nicht nur beide Parameter der Tonsprache (Diatonik und Chromatik), sondern auch beide für den Satz konstitutive Tonstufen (Tonika und Dominante) in diesem Themenkopf angesprochen. Der Widerspruch wird im Satzverlauf nicht aufgelöst, sondern nur weiter entfaltet; diese Entfaltung aber ist identisch mit der Entstehung der Form.

Im Zuge der Fortsetzung des Hauptthemas wird das Initialmotiv rhythmisch vergrößert und harmonisch vereindeutigt; ihm folgt in der Bassregion eine Imitationsstimme, und der gesamte Tonsatz steht nun klar – über einem langen Orgelpunkt – in E-Dur. Zugleich enthält die Fortspinnung des Themas (T. 11–12 am Ende der untersten Akkolade von Notenbeispiel 2) bereits den motivischen Kern des späteren Seitenthemas.

Eben wegen seiner harmonisch-funktionalen Mehrdeutigkeit kann dieses Hauptmotiv auch einen verblüffenden Repriseneintritt gestalten. Mitten im Durchführungsprozess erscheint es auf seiner originalen Tonhöhe, ohne indessen eindeutig eine Entscheidung zugunsten dominantischer oder tonikaler Situation zu erzwingen: Unter tonalem Aspekt lässt sich der Reprisenbeginn bereits hier, in Takt 77, ansetzen (Notenbeispiel 3a). Der eigentliche Eintritt des Hauptthemas erfolgt dann aber, rhythmisch augmentiert und in Ganztonakkorden harmonisiert, statt wie üblich am Beginn vielmehr erst am Ende dieses Formteils in den Takten 90–93 (Notenbeispiel 3b). Diese gleichsam invertierte Reprise des Hauptthemas, die sich durch die komplette Permutation aller Formbestandteile der Exposition auszeichnet, erstreckt sich

Notenbeispiel 3a: Korngold, Klaviersonate Nr. 2 in E-Dur op. 2, 1. Satz, T. 78–79

Notenbeispiel 3b: Korngold, Klaviersonate Nr. 2 in E-Dur op. 2, 1. Satz, T. 90–94

dennoch – offenbar zur Wahrung der Proportionen – über fast genau die gleiche Distanz von gut 25 Takten wie in der Exposition. Für die Formauffassung bieten sich aufgrund dieser raffinierten Verwicklung von Motivik und Harmonik mehrere Deutungen an: Entweder geht man von einer Umkehrung der exponierten Reihenfolge aus, an deren Ende (statt am Beginn) dann das Hauptmotiv in triumphaler dynamischer, harmonischer und rhythmischer Vergrößerung erscheint. Oder man nimmt, als Radikalisierung eines Vorgangs, den man schon beim späten Bruckner und beim späten Brahms beobachten kann, eine Behandlung der Grenze zwischen Durchführung und Reprise an, bei der Markierung und Verwischung nicht mehr trennscharf zu unterscheiden sind. In jedem Fall ist – gerade angesichts von Korngolds jugendlichem Alter – mit Nachdruck zu betonen, dass hier keineswegs formale Undeutlichkeit aus technischem Ungeschick, sondern planvoll erzeugte Mehrdeutigkeit auf der Basis einer immensen Souveränität im Umgang mit der formbildenden Funktion der Harmonik vorliegt (was implizit übrigens ein klares, auskomponiertes Bekenntnis zur Tonalität darstellt). Mehrdeutigkeit also nicht etwa als inferiore Unklarheit, sondern im Gegenteil als erheblicher ästhetischer Mehrwert: Bei einem Dreizehnjährigen ist diese Raffinesse als Beherrschung des Metiers in einem Ausmaß erstaunlich, das die geläufige Formel vom komponierenden Wunderkind als kaum übertrieben erscheinen lässt.

Am Ende der Exposition, also in der Schlussphase des H-Dur-Seitensatzes, erscheint das Hauptmotiv in unveränderter Form in der Bassregion – untrügliches Kennzeichen einer harmonischen Irritation, die das Ende der Exposition stetig ins Subdominantische tendieren lässt (diese Subdominante des dominantischen Seitensatzes ist natürlich identisch mit der Werktonika E-Dur). Spätestens hier wird deutlich, dass der Komponist aus der harmonisch-

Notenbeispiel 4: Korngold, Klaviersonate Nr. 2 in E-Dur op. 2, 1. Satz, T. 37–44

funktionalen Zweideutigkeit des Hauptmotivs konstruktives Kapital zu schlagen gedenkt. In der letzten Akkolade der Exposition wird die Situation eher gewaltsam als wirklich argumentativ begründet zugunsten von H-Dur entschieden, wie es sich gehört; Indiz dafür ist der Vorhalt der Oberstimme, der sich nicht weniger als viermal vom *cis* ins *h* senkt. Beim ersten Mal wird dieser Fixierungsvorgang noch, wie zur Verdeutlichung der Motivableitung, vom Hauptmotiv im Bass begleitet. Die Simultaneität besagt indessen Folgendes: Während der Tonschritt *h* – *cis* am Beginn des Hauptmotivs den Entwicklungsprozess von E-Dur nach H-Dur eröffnet (siehe den Beginn von Notenbeispiel 2), wird Letzterer durch die Krebsgängigkeit desselben Tonschritts (also *cis* – *h*) eindeutig beschlossen (siehe das Ende von Notenbeispiel 4).

Umso verblüffender ist der Blick auf die letzten beiden Akkoladen des gesamten Satzes, also auf die Schlussstrecke der Coda (Notenbeispiel 5): Hier wird scheinbar derselbe Vorgang wiederholt, nur eben mit dem Unterschied, dass die Situation eindeutig wieder nach E-Dur gehört. In der Oberstimme erscheint daher, als nun schlusskräftige Verlängerung des Hauptmotivs, der in die Tonika sinkende Vorhalt *fis – e*, aber in der Mittelstimme bleibt bis zuletzt der bekannte konkurrierende Tonschritt *cis – h* erhalten, der nun natürlich als Vorhalt vor der Quinte der Tonika fungiert.

Notenbeispiel 5: Korngold, Klaviersonate Nr. 2 in E-Dur op. 2, 1. Satz, Schluss

Wenn man den gesamten Formbildungsvorgang überschaut, dann muss man eine Strategie unterstellen, die die konventionelle Tonika-Dominant-Relation des Sonatensatzes zum Gegenstand eines raffiniert auskomponierten Verwirrspiels macht. Benutzt wird dafür ein kleines, harmonisch zweideutiges Motiv (bzw. eine seiner Abspaltungen), das sich wie ein Joker in verschiedene Formzusammenhänge einsetzen lässt. Mit der wechselseitigen Abstützung von harmonischem Verlauf und formalem Ort hat der jugendliche Komponist, eben durch den raffinierten Einsatz der kontextuell mehrfach verwendbaren Motivformel, die gefährliche Not der tonalen Undeutlichkeit erfolgreich in die gewichtige Tugend einer ästhetischen Ambivalenz umgemünzt. Neu und für den Entwicklungsstand der Sonatenform bezeichnend ist also, dass hier nicht mehr die Harmonik die Form ermöglicht, sondern umgekehrt die (konventionelle) Form das harmonische Experiment legitimiert.

Wenn der Kopfsatz der E-Dur-Sonate also mit der Umkehrung jenes Tonschritts *h – cis* endet, mit dem er begonnen hatte, und sich dieser zugleich je nach Kontext als diatonischer Vorhalt vor der Tonikaquinte oder dem Dominantgrundton erweist, dann sind in dieser Maßnahme alle konstruktiven Überlegungen wie in einem Brennspiegel eingefangen. Ihr Gegenstand aber sind, vor dem Hintergrund einer geradezu exzessiv chromatischen Tonsprache, dezidiert diatonische Beziehungen: Quintrelationen und Großsekundvorhalte, die einander wechselseitig erklären und legitimieren.

III

Wenn in der zweiten Klaviersonate weniger die elaborierten Motivtransformationsverfahren das eigentlich Bemerkenswerte sind, sondern vielmehr deren Einsatz zur harmonischen Konstruktion der Form, dann überrascht die Konsequenz, mit der beide Dimensionen in der 20 Jahre später entstandenen dritten Klaviersonate synthetisiert werden. Einige wenige Stationen dieses Vorgangs seien hier exemplarisch beleuchtet.

Es ist nun das gleichsam nackte, abstrakte und von vornherein konsequent diatonische Material, mit dem Korngold in den Ecksätzen dieses bezeichnenderweise in ›reinem‹ C-Dur stehenden Werkes arbeitet: Dreiklangsbrechung und Skalenausschnitt. Das Hauptthema der C-Dur-Sonate, genau wie jenes der frühen E-Dur-Sonate planvoll im Unisono exponiert, stellt dieses Prinzip in geradezu didaktischer Klarheit vor (Notenbeispiel 6a): Es beginnt und endet mit dem Weg über den Leitton, der am Beginn sogar einen motivisch relevanten Triller erhält; dazwischen erklingt der Dreiklang von C-Dur.

Notenbeispiel 6a: Korngold, Klaviersonate Nr. 3 in C-Dur op. 25, 1. Satz, Hauptthema

Diese motivisch-harmonische Kombination von Leitton und Dreiklang durchzieht nun den gesamten Satz; sie bildet die Scharnierstelle an allen wichtigen Formstationen: sogleich bei der Themenfortsetzung, dann bei der Überleitung zum Seitensatz, schließlich im Seitensatz selbst (der hier in A-Dur beginnt, Notenbeispiel 6b) und zuletzt in der Schlussgruppe, die nach E-Dur moduliert (Notenbeispiel 6c). Dass dann auch die Durchführung mit ihr bestritten wird, versteht sich fast von selbst.

Interessant ist ein Blick auf den Schluss des Kopfsatzes (Notenbeispiel 6d), weil hier wie im Brennglas ein Inventar der Formbildungsverfahren versammelt ist. Die Schlussapotheose des Hauptthemas ist sinnfällig genug und

Notenbeispiel 6b: Korngold, Klaviersonate Nr. 3 in C-Dur op. 25, 1. Satz, Beginn des Seitensatzes

Notenbeispiel 6c: Korngold, Klaviersonate Nr. 3 in C-Dur op. 25, 1. Satz, Beginn der Schlussgruppe

braucht nicht näher kommentiert zu werden. Auffällig ist aber, dass sie aus einer in As-Dur ansetzenden Coda (»Molto meno, un poco grave«) hervorgeht. Dieses die Satzform bestimmende Spiel mit der kleinen und der großen Unterterz (man erinnere sich: der Seitensatz begann in A-Dur, die Exposition hingegen endete in E-Dur) zeigt, wie Korngold das vormals, also in den Jugendwerken *primäre* Moment der Chromatik nun vielmehr als *sekundäre* Schicht aus der formbestimmenden Diatonik heraus gewinnt. Das indizieren auch die Formeln der Überleitung zur Schlussgruppe (oben auf der Seite mit der Anweisung »Nicht schleppen!«, Notenbeispiel 6d), deren motivisches Material (Dreiklang plus angehängter Leitton) einerseits natürlich vertraut ist. Interessant ist andererseits aber ihre chromatische Verschiebung auf den Stufen *D* und *Des* (in der Exposition waren es *Fis* und *F*). Es überrascht wahrscheinlich nun nicht mehr, dass man diesem Hauptthemenmotiv im Satzverlauf, nimmt man alle modulierenden Partien und vor allem die Durchführung

Notenbeispiel 6d: Korngold, Klaviersonate Nr. 3 in C-Dur op. 25, 1. Satz, Schluss

hinzu, auf elf der zwölf Stufen des chromatischen Totals begegnet. Welche ist die ausgesparte zwölfte? Eben jenes As-Dur, das dafür aber seinen prominenten Schlussauftritt mit dem Hauptthemenkopf am Beginn der Coda erhält.

Schließlich aber weist die so harmlos aussehende Figur im ersten Takt der Seite (Notenbeispiel 6d), ein Motivrest aus dem Seitensatz, auch noch auf das Hauptthema des Finales voraus (Notenbeispiel 7a). War im Kopfsatz das diatonische C-Dur-Material strikt um den Leitton herum zentriert, so glänzt nun das Motivmaterial des Finales gerade durch die – solchermaßen höchst beredte – *Abwesenheit* des Leittons. Das Hauptthema (und ebenso seine Begleitung) bewegt sich strikt im Raum der fünf Skalentöne zwischen Grundton und Quinte und moduliert dann rasch zur Dominante; nur zu seiner Einleitung erklingt jeweils, vom Dominantton aus startend, die furios aufwärtsfahrende *ganze* C-Dur-Leiter, die wegen ihrer Komplettheit naturgemäß jeweils als Septole erscheint.

Notenbeispiel 7a: Korngold, Klaviersonate Nr. 3 in C-Dur op. 25, Finale, Hauptthema

Erst am Satzschluss, der wie in der zweiten Sonate natürlich auch als emphatisches Ende des gesamten Zyklus fungiert, kommt der Leitton gleichsam als Erinnerung an den Kopfsatz zurück und schließt den förmlichen Kreis (Notenbeispiel 7b).

Stand im Hauptthema des Kopfsatzes der Leitton jeweils am Ende der Dreiklangsdurchschreitung, so markiert er am Ende des ganzen Werkes, infolge leichter metrischer Verschiebung, deren Beginn. In den Akkordballungen der Schlusskadenz mag man dann, weil die Abstraktheit des Materials diese Deutung zumindest nicht verwehrt, den zusammenfassenden Rückgriff auf die Anfänge von Kopfsatz und Finale sehen, ähnlich der triumphalen Geste, die in der E-Dur-Sonate das Hauptthema des ersten Satzes als Bilanz des Ganzen zitieren konnte.

So gehen in dieser C-Dur-Sonate, auf der größtmöglichen Reduktionsstufe des musikalischen Materials, Motivtransformation und harmonische Formbildungsfunktion eine nicht auflösbare Verbindung ein, und man kann den souveränen Ton heiterer Gelassenheit nicht genug hervorheben, der – bei Zugrundelegung derselben Kompositionsverfahren – die angespannte, aber verdächtige Expressivität der chromatischen Jugendwerke abgelöst hat. Es passt zu dieser geradezu programmatisch vorgetragenen Diatonik der Ecksätze, dass der Auslöser für die Sonate ein zunächst separat komponiertes, stilisiertes Tanzsätzchen war, dessen Überschrift eine ganze Traditionsreihe

Strukturelle Virtuosität in Korngolds Klaviersonaten

Notenbeispiel 7b: Korngold, Klaviersonate Nr. 3 in C-Dur op. 25, Finale, Schluss

von Beethovens Opus 49 bis zu Mahlers vierter Sinfonie aufruft (Notenbeispiel 8).

Seine Raffinesse entfaltet sich in vielen Details, von denen hier nur wenige genannt seien: Das eigentümliche metrische Stolpern am Ende des Themas (der achte Takt ist um ein Viertel verkürzt) wird am Ende seiner Wiederholung, damit nachträglich umso auffälliger gemacht, wieder korrigiert; diese Begradigung bildet aber gleichsam den roten Teppich für das anschließende Selbstzitat aus dem Scherzosatz des ersten Streichquartetts: den Septimenaufschwung mit anschließendem Terzfall, ein Korngold'sches Lieblingsmotiv. Der Wille zur Intertextualität durch Selbstzitierung jedoch ist, wie ich nahezulegen versucht habe, in einem weiteren Sinne für die gesamte Sonate programmatisch: Die Konstruktion ihrer Ecksätze und damit des zyklischen Gesamtverlaufs stellt nichts Geringeres dar als eine gattungsinterne Abrechnung mit der eigenen zweiten Klaviersonate, einen auskomponierten Rückblick über zwei Jahrzehnte hinweg.

Notenbeispiel 8: Korngold, Klaviersonate Nr. 3 in C-Dur op. 25, 3. Satz, Beginn

IV

In dem Maße, in dem der junge Korngold das musikalische Idiom seiner Epoche, exzessive Chromatik und zugespitzte Alterationsharmonik, bereits als Jugendlicher mit einer stupenden Souveränität beherrschte und in seiner Musikdramatik auch für subtilste Ausdrucks- und Bedeutungsnuancen weiterentwickelte, konnte er sich bis in die 1920er Jahre als Vertreter einer besonderen Ausformung der Moderne empfinden. Doch ließ sich diese Moderne offenbar nicht beliebig auf jedem Gebiet weiter ausbauen, und so sieht man den Komponisten bezeichnenderweise in seiner Instrumentalmusik einen anderen Weg einschlagen. Die Konsequenz dieses Weges, die sich nicht nur in der Abfolge der drei Klaviersonaten, sondern ebenso in derjenigen der drei

Streichquartette zeigt, zeugt von tiefer Einsicht in das eigene Vermögen und beruht insofern auf gattungsinterner Selbsterkenntnis. Als Konstrukteur – nämlich in seiner Instrumentalmusik, also dort, wo qualitativ andere Formbildungsverfahren gefragt sind als auf dem Theater – ist Korngold Diatoniker reinsten Wassers, und zwar von Anfang an. Die vorläufige Kulmination dieser Selbstfindung ereignet sich in den kurz vor der Emigration entstandenen Werken wie dem zweiten Streichquartett oder der dritten Klaviersonate. Der danach noch erfolgende Entwicklungsschritt zu einer neuerlichen Chromatisierung der Musiksprache auf der Basis einer stimmigen Linearität betrifft naturgemäß nur die Gattung des Streichquartetts (Streichquartett Nr. 3, 1945) und findet in der Klaviersonate keinen Austragungsort.

Dabei spielt es durchaus eine Rolle, dass die formkonstitutiven Tonartenbeziehungen innerhalb der Sonatensätze überwiegend konventionell sind, wie ein Blick auf Tabelle 1 lehrt. Immerhin gibt es innerhalb dieses Kosmos aus Quint- und Terzverwandtschaften zwei geradezu abenteuerliche Ausnahmen: im Finale der E-Dur-Sonate und im Kopfsatz des ersten Streichquartetts. Bezeichnenderweise entstammen diese ›exzentrischen‹ Relationen jedoch der frühen Schaffensphase; der Fortgang der Entwicklung zeigt in dieser Hinsicht keine Systematik. Umso erstaunlicher freilich ist der Blick auf die Tonartenrelationen innerhalb der Zyklen selbst. Hier fällt auf, dass bei fortschreitender Diatonisierung der Tonsprache *innerhalb* der Sätze die Beziehungen der Sätze *untereinander* zunehmend an Konventionalität verlieren (Tabelle 2). Man betrachte aus dieser Perspektive etwa die dritte Klaviersonate (C – Des – D – C), die Mittelsätze des zweiten Streichquartetts (C – Cis) oder das dritte Quartett insgesamt (D – c – es): Wie zur Kompensation entschwindet die Chromatik aus der satzinternen Konstruktion und weicht auf die Strukturierung des Zyklus aus.

Die nach den ersten Jugendsonaten entstandenen Kammermusik- und Klavierwerke, vor allem das zweite Quartett und die dritte Sonate, spielen auffällig häufig auf traditionelle Satztypen wie den Walzer, den Ländler oder das Menuett an. Es wäre noch zu diskutieren, ob diese Maßnahmen zu den am europäischen ›Neoklassizismus‹ der 1920er Jahre inzwischen erkannten und akzeptierten Verfremdungsverfahren gehören oder ob sie nicht vielmehr jenes nostalgische Arbeiten mit musikalischen Charakteren fortführen, das für Mahler so typisch ist. Sie liegen jedenfalls in der werkimmanenten Konsequenz der eigenen Entwicklung und stellen einen Fortschritt durch scheinbare Simplifizierung der Musiksprache dar – eine Entwicklung also, die keineswegs eine Folge der Wendung zur Filmmusik ist, sondern im Gegenteil dieser als eine Bedingung ihrer Möglichkeit vorausgeht. Wer allerdings in reifen Jahren lediglich die Konsequenz aus dem eigenen furiosen Start zu ziehen braucht, ohne damit noch eine Steigerung der früheren konstruktiven Virtuosität zu erreichen, korrigiert sich eher und definiert sich neu, als dass er sich spektakulär weiterentwickeln würde. Die Beherrschung des Metiers wird eingesetzt zur demonstrativen Rettung der Tonalität – dies ist, wie Arne Stollberg plausibel gemacht hat, die dem jungen Korngold von seinem Vater zugedachte Aufgabe von musikpolitischer Relevanz.[12] Aber dasselbe Verfahren kann man auch als melancholische Einsicht in das eigene, zwar schier unendlich variierbare, aber nicht eigentlich mehr erweiterungsfähige Vermögen hören. Korngolds kreativer Umgang mit dieser Einsicht allerdings, und das nimmt der sublimen Heiterkeit der um 1930 entstandenen Werke ihre scheinbare Harmlosigkeit, ist immerhin eine der intelligentesten Arten musikalischer Vermögensverwaltung, die sich denken lässt.

Klaviersonate Nr. 1 d-Moll (1909)
1. Satz:	Exposition		Reprise	
	HS: d-Moll	SS: F-Dur	HS: d-Moll	SS: D-Dur

Klaviersonate Nr. 2 E-Dur (1910)
1. Satz:	Exposition		Reprise	
	HS: E-Dur	SS: H-Dur	HS: E-Dur	SS: E-Dur
4. Satz:	Exposition		Reprise	
	HS: E-Dur	SS: Fis-Dur	HS: E-Dur	SS: E-Dur

Klaviersonate Nr. 3 C-Dur (1929–1931)
1. Satz:	Exposition		Reprise	
	HS: C-Dur	SS: A-Dur/E-Dur	HS: C-Dur	SS: F-Dur/C-Dur

Streichquartett Nr. 1 A-Dur (1922/23)
1. Satz:	Exposition		Reprise	
	HS: A-Dur	SS: As-Dur	HS: A-Dur	SS: A-Dur
4. Satz:	Exposition		Reprise	
	HS: A-Dur	SS: E-Dur	HS: A-Dur	SS: A-Dur

Streichquartett Nr. 2 Es-Dur (1933)
1. Satz:	Exposition		Reprise	
	HS: Es-Dur	SS: B-Dur/Ges-Dur	HS: Es-Dur	SS: Es-Dur
4. Satz:	Exposition		Reprise	
	HS: Es-Dur	SS: B-Dur	HS: Es-Dur	SS: B-Dur

Streichquartett Nr. 3 D-Dur (1945)
1. Satz:	Exposition		Reprise	
	HS: D-Dur	SS: H-Dur	HS: D-Dur	SS: D-Dur

Tabelle 1: Tonartenverhältnisse in den Sonatensätzen der Klaviersonaten und der Streichquartette

---

[12] Vgl. dazu Arne Stollberg, »Im Pulverdampf. Erich Wolfgang Korngold und der ›Musikkrieg‹ des 20. Jahrhunderts«, in: *Österreichische Musikzeitschrift* 62 (2007), H. 7, S. 5–14 sowie ders., »Der ›Ismus des Genies‹. Erich Wolfgang Korngolds musikgeschichtliche Sendung«, S. 25–41 des vorliegenden Bandes.

Klaviersonate Nr. 1
1) d-Moll   2) D-Dur   3) d-Moll

Klaviersonate Nr. 2
1) E-Dur   2) G-Dur   3) c-Moll   4) E-Dur

Klaviersonate Nr. 3
1) C-Dur   2) Des-Dur   3) D-Dur   4) C-Dur

Streichquartett Nr. 1
1) A-Dur   2) C-Dur   3) B-Dur   4) A-Dur

Streichquartett Nr. 2
1) Es-Dur   2) C-Dur   3) Cis-Dur   4) Es-Dur

Streichquartett Nr. 3
1) D-Dur   2) c-Moll   3) es-Moll   4) D-Dur

Tabelle 2: Satztonarten der Klaviersonaten und der Streichquartette

Michael Kube

Zwischen Intensität und Wirkung

Korngolds Kammermusik

I

Obwohl Werke mit kammermusikalischer Besetzung in seinem Schaffen schon rein quantitativ einen beträchtlichen Raum einnehmen, wurde und wird Erich Wolfgang Korngold in erster Linie als Bühnenkomponist wahrgenommen. Dies ist zweifelsfrei dem großartigen Erfolg der Oper *Die tote Stadt* (1920) zu verdanken, die bis Ende 1926 auf nicht weniger als 47 Bühnen herausgebracht wurde,[1] der aber noch in Korngolds ›Wunderkind-Phase‹ die positive Aufnahme der Ballettpantomime *Der Schneemann* (1910) an der Wiener Hofoper vorausgegangen war. Gemeinsam mit den beiden Einaktern *Der Ring des Polykrates* und *Violanta* (1916) sorgten diese Werke dank ihrer musikalischen Suggestivkraft dafür, dass Korngolds kompositorische Begabung relativ rasch auf das Genre ›Oper‹ festgelegt wurde.[2] Unbeabsichtigt, doch entscheidend für die weitere Rezeption, hatte dies die fatale Konsequenz, dass nahezu alle Kompositionen der 1920er Jahre (insbesondere diejenigen für instrumentales Ensemble) als Nebenwerke erscheinen mussten. Die am Beginn von Korngolds Schaffen stehenden Klaviersonaten gerieten, nachdem sie zunächst Sensation gemacht hatten, versehen mit dem Makel des scheinbar Unfertigen, ganz aus dem Blickfeld – darauf deutet auch ein Kommentar von Robert Teichmüller hin, der in seinem 1927 publizierten, einschlägigen Standardwerk über *Internationale moderne Klaviermusik* die Sonate op. 2 (1910) nach dem Zeitpunkt ihrer Entstehung als ein »von R. Strauß [sic!] und dem französischen Impressionismus beeinflußtes, außerordentlich begabtes Jugendwerk« charakterisiert.[3] Eine ähnlich differenzierende Zurückhaltung findet man auch bei Artur Schnabel – freilich nicht auf eben diese Klaviersonate bezogen, die er selbst zur Uraufführung gebracht und in zahlreiche Pro-

---

1 Richard Specht, »Erich Wolfgang Korngold«, in: *Die Musik* 19 (1926/27), S. 327.
2 So auch von Korngold gewissermaßen selbst bezeugt in einem Einführungstext zur *Toten Stadt*, veröffentlicht in den *Blättern des Opernthaters* 1 (1921), H. 9, S. 3–6 (zitiert bei Rudolf Stefan Hoffmann, *Erich Wolfgang Korngold*, Wien 1922): »Nach meinen beiden einaktigen Opern stürzte eine wahre Flut von Opernbüchern über mich herein.«
3 Robert Teichmüller und Kurt Herrmann, *Internationale moderne Klaviermusik. Ein Wegweiser und Berater*, Leipzig u. a. 1927, S. 82.

gramme aufgenommen hatte, sondern die Violinsonate op. 6 (1913) betreffend. An das gemeinsam mit Carl Flesch aus der Taufe gehobene Werk erinnerte sich Schnabel aus der Distanz von 30 Jahren während seiner 1945 in Chicago gehaltenen Vorlesungen gleichwohl mit Respekt: »Es war ein wirklich erstaunliches Werk; natürlich ist dieses Urteil relativ, denn unwillkürlich beurteilt man das Werk eines zwölfjährigen Jungen anders als das eines Sechzigjährigen. Doch auch heute noch halte ich es, wenn man es unter diesem Aspekt zu betrachten versteht, für ein höchst erstaunliches Stück.«[4]

Unausgesprochen steht hinter dieser fraglos wohlwollenden, aber auch ein wenig sentimental gestimmten Einschätzung das für Korngolds frühe Werke grundlegende Dilemma zwischen kompositionstechnischem, also handwerklichem Vermögen und dem Anspruch, vor dem Hintergrund zahlreicher überkommener Traditionen und Standards den musikalischen Verlauf auf einem entsprechenden Reflexionsniveau originell zu gestalten – wobei offenbar der in so jungen Jahren nach außen hin perfekt beherrschte technische Aspekt die Messlatte hinsichtlich des musikalischen Gehalts in Höhen führte, die wohl kaum beabsichtigt waren und auch nie (will man allein den Zeitgenossen Glauben schenken) erreicht wurden. Entsprechend konnte der Rezensent der *Allgemeinen Musik-Zeitung* nach der Uraufführung des Klaviertrios op. 1 am 4. November 1910 in München seine Eindrücke auf das »Wiener Wunderkind« fokussieren, »dessen gewiß höchst erstaunlicher technischer Frühreife naturgemäß noch jeglicher geistiger Untergrund fehlt«.[5] Noch genauer und zudem auf die mit einzelnen biografischen Stationen einhergehende innere wie äußere Entwicklung bezogen ist dies in einer Besprechung der Uraufführung formuliert, die in den *Signalen für die musikalische Welt* erschien: »Bei erstaunlicher Frühreife fühlt man doch zu sehr das Bestreben, als ›Wunderkind‹ etwa da anfangen zu wollen, wo unserere [sic!] modernen Franzosen, Italiener und Deutschen jetzt stehen. Die Dissonanzen sind oft doch falsch klingende Noten ohne Resonanz der Seele; ein 12jähriger kann eben noch keine Dissonanzen erlebt haben, ebenso wenig wie ein Modernisierter, wie Klein-Erich sich schon gibt, so glatt weg vom Himmel fallen kann.«[6] Zu dem hier in Anschlag gebrachten, auch (und gerade) eine so große schöpferische Begabung betreffenden Ungleichgewicht zwischen handwerklicher Brillanz und schöpferischem Vermögen auf der einen Seite sowie der Ausbildung eines eigenen charakteristischen Stils und der Vertiefung des musikalischen Ausdrucks auf der anderen trat schließlich noch die von außen herangetragene Last eines bloß betrachtenden Auditoriums, eines

---

4 Artur Schnabel, *Aus dir wird nie ein Pianist*, Hofheim 1991, S. 91.
5 Eugen Schmitz, »Musik-Briefe (München)«, in: *Allgemeine Musik-Zeitung* 38 (1911), S. 14.
6 Friedrich Keyfel, »Musikbriefe (München)«, in: *Signale für die musikalische Welt* 68 (1910), S. 1957.

– wie ein aufmerksamer Beobachter schrieb – »sinnlosen Beifall« zollenden »sensationslustigen Publikums«.[7]

Wurde dieses rasch zu einem Topos erstarrte Rezeptionsphänomen bis hin zur Premiere der beiden Einakter *Der Ring des Polykrates* und *Violanta* (oder biografisch gefasst: bis zur Zeit des Wehrdienstes und der damit endgültig vollzogenen Metamorphose vom ›Wunderkind‹ zum ›wirklichen‹ Komponisten) anhand von Korngolds Instrumentalkompositionen geprägt, so veränderte sich der Blick nach dem durchschlagenden Erfolg des Dreiakters *Die tote Stadt* dahingehend, dass nunmehr eine generelle Zurückhaltung gegenüber Korngolds Instrumentalmusik einsetzte – offenbar eine Folge der nach Sinnlichkeit strebenden und stark psychologisierenden Tonsprache der Opernpartitur und der mit ihr verbundenen Bilder.[8] Ablesbar ist dies an zwei Publikationen, die sich 1922 mit dem Durchbruch einer jungen, nach neuen kompositorischen Mitteln und Ausdrucksbereichen strebenden Generation auseinandersetzten und in denen Korngold als vermeintlicher ›Romantiker‹ nur mit Blick auf die Bühnenwerke zu Ehren kommt, während seiner Instrumentalmusik eine untergeordnete Rolle zugewiesen wird. So erwähnt Karl Storck diese in seiner *Musik der Gegenwart* überhaupt nur lapidar in Zusammenhang mit dem Schaffen des um fünfzehn Jahre älteren Joseph Marx: »Marx ›interessiert‹ auch als Instrumentalkomponist mehr, als daß er, ohne Zweifel ein geistvoller Kopf, auf die Dauer auch zu fesseln vermöchte. Das gleiche kann von Korngold gelten.«[9] Schärfer formulierte Adolf Weißmann seine Vorbehalte in der unter Zeitgenossen viel beachteten Studie *Die Musik in der Weltkrise*: Er nennt Korngold, auf die Oper bezogen, zwar einen »ganz außergewöhnlichen Musiker«, bei dem »Musikantentum und Theaterblut sich sehr glücklich mischen«, zieht am Ende aber klare Grenzen zwischen den Genres und konstatiert: »Um so schneller kann man über Korngolds Kammer- und sinfonische Musik hinweggehen, die oft an Aufgedunsenheit leidet, immer aber eine lebendige Phantasie bezeugt.«[10]

Die hier vorgenommene qualitative Abstufung zwischen Oper und Instrumentalmusik sollte sich tatsächlich rasch zu einem Merkmal der Korngold-Rezeption entwickeln, das bis heute in der Biografik nachwirkt. Stellt diese Bühnenwerk-Fixierung angesichts des Gewichtes der Partituren (wie auch bei anderen Komponisten unterschiedlicher Epochen) nichts Außergewöhnliches dar, so besteht der entscheidende Unterschied bei Korngold da-

---

7 H. W. Draber, »Aus Berlin (Rosé Quartett)«, in: *Signale für die musikalische Welt* 69 (1911), S. 435. – Der äußere Eindruck einer Sensation wurde dadurch verstärkt, dass nach kurzfristiger Absage von Bruno Walter der junge Korngold selbst den Klavierpart übernahm.
8 Zu diesem Werk vgl. die grundlegende Analyse von Arne Stollberg, *Durch den Traum zum Leben. Erich Wolfgang Korngolds Oper »Die tote Stadt«*, Mainz 2003 (= Musik im Kanon der Künste 1).
9 Karl Storck, *Die Musik der Gegenwart*, Stuttgart ²1922, S. 154.
10 Adolf Weißmann, *Die Musik in der Weltkrise*, Stuttgart – Berlin 1922, S. 222–223.

rin, dass ausgerechnet seine Kammermusik (also weder die Klavierwerke noch das sinfonische Œuvre) dem Opernschaffen und später auch der Filmmusik als Spiegelbild gegenübergestellt wurde. Dieses schon früh exponierte Denkmodell hat Susanne Rode-Breymann in einer Studie über die Streicherkammermusik aufgegriffen, konsequent durchgeführt und in einer Übersicht einzelne Werke paarweise zueinander in konsekutive Beziehung gesetzt: Der Ballettpantomime *Der Schneemann* folgt demnach das Klaviertrio op. 1, dem Einakter *Der Ring des Polykrates* reihen sich die beiden ersten Sätze sowie der *Violanta* die beiden letzten Sätze des Streichsextetts op. 10 an; *Die tote Stadt* zieht das Klavierquintett op. 15 und das Streichquartett op. 16 nach sich, der Operettenbearbeitung *Die geschiedene Frau* folgt das Streichquartett op. 26 und schließlich den achtzehn Filmmusiken das Streichquartett op. 34.[11]

Doch die genauere Betrachtung dieser Darstellung wirft Fragen auf, zunächst hinsichtlich der zeitlichen Divergenzen, da Rode-Breymann statt des Entstehungszeitraums die Uraufführungsdaten angibt. Damit aber verschieben sich die in Anschlag gebrachten Bezugspunkte. Denn das Klaviertrio wurde erst acht Monate nach der Vollendung der Pantomime begonnen, die Ausarbeitung des Streichquartetts op. 16 nahm fast drei Jahre in Anspruch, das Klavierquintett op. 15 wurde von Korngold in diesem Fall sogar ›zwischengeschoben‹. Auch das Streichquartett op. 26 lässt sich nicht unmittelbar auf die Bearbeitung von Leo Falls *Die geschiedene Frau* beziehen. Des Weiteren ist die Frage nach dem herangezogenen Repertoire zu stellen: In der Tat entstand das Streichquartett op. 34 (1944/45) nach der Komposition von achtzehn Filmmusiken in zehn Jahren; dann aber wären entsprechend für das Streichquartett op. 26 wenigstens die sechs Operettenbearbeitungen aus den Jahren 1928 bis 1932 zu nennen und nicht allein die vorerst letzte. Auch sind bei Rode-Breymann nicht alle Werke aufgeführt: Auf der einen Seite findet sich kein Gegenstück zur Opernpartitur von *Das Wunder der Heliane*, auf der anderen bleiben sowohl die Violinsonate op. 6 wie auch die (freilich als Auftragswerk entstandene) Suite op. 23 ohne Bezugspunkt. Hinsichtlich der Chronologie mag man einen direkten schöpferischen Bezug allein für das Streichsextett op. 10 in Erwägung ziehen, vor allem unter Berücksichtigung eines Briefes von Korngold selbst, der am 28. Dezember 1914 einem unbekannten Empfänger mitteilte, er »arbeite jetzt an einem Streichsextett«, damit er »nicht ganz dem Dramatischen verfalle«.[12] Die feine Ironie dieser Bemerkung ist aber ebenso wenig zu übersehen wie die Tatsache, dass Korngold zu diesem Zeitpunkt bereits die Arbeit an *Violanta* aufgenommen hatte. Nimmt

---

11 Vgl. dazu auch die Übersicht bei Susanne Rode-Breymann, »Erich Wolfgang Korngold: Between Two Worlds? Oder über die Streicherkammermusik eines Opern- und Filmkomponisten«, in: *Kammermusik zwischen den Weltkriegen. Symposion 1994*, hrsg. von Carmen Ottner, Wien – München 1995 (= Studien zu Franz Schmidt 11), S. 198–212, hier S. 207.
12 Zitiert nach ebenda, S. 198.

man die Bemerkung aber wörtlich, würde einem vielfach zitierten Aperçu des Vaters zu viel Gewicht beigemessen, nach dem bezeichnenderweise das Streichsextett eines jener Kammermusikwerke gewesen sei, mit denen sich sein Sohn »nach jeder Oper ›reinigen‹ zu wollen erklärte«.[13]

Ob Julius Korngold damit freilich bewusst die »Dignität von Kammermusik für die Gesamt-Beurteilung des Œuvres seines Sohnes« nutzbar machen wollte,[14] erscheint fraglich. Beispielsweise findet sich in den gedruckt vorliegenden Erinnerungen des Vaters kaum eine substanzielle Bemerkung zu diesem Werkkorpus. Liest man aber seine Formulierung als den Versuch einer Rechtfertigung vor dem Gattungskanon und den damit verbundenen Gattungshierarchien (und dies wiederum vor dem Hintergrund der in Wien in besonderer Weise bewahrten kammermusikalischen Traditionen), so wäre nicht nur zu fragen, von *was* sich Korngold zu ›reinigen‹ hatte, sondern *ob* und *wie* dies vermeintlich geschah. Denn sollte die Nobilitierung des frühen Schaffens tatsächlich beabsichtigt gewesen sein, so geschah dies mit dem Klaviertrio, der Violinsonate und dem Streichsextett in Gattungen und Besetzungen, die zwar eingeführt waren, aber als Gesellenstücke unter kompositionstechnischen Aspekten bei weitem nicht den Rang eines Streichquartetts erlangen konnten. An ihnen stellt sich vielmehr die Frage nach dem erweiterten Gattungskontext und, damit verbunden, auch nach der den Werken zugrunde liegenden Satztechnik – und eben nicht nach dem bloß formalen Gerüst oder einer sich farbig gebärdenden Harmonik. Diese Überlegungen, die die Betrachtung werkimmanenter Details in einen größeren Bezugsrahmen einbinden, ermöglichen es überhaupt erst, die Position der einzelnen Werke in gleich mehrfacher Weise zu bestimmen: in Korngolds kompositorischer Entwicklung, in seinem vergleichsweise überschaubaren Œuvre als Gesamtheit und im jeweiligen zeitgenössischen Kontext.

II

Betrachtet man zudem Korngolds Schaffen bis 1933 in einer nach Bühnenwerken, Orchestermusik, Kammermusik und Arrangements gegliederten Übersicht (siehe Tabelle, S. 68–69), so wird man trotz einer gewissen Varianz rasch den Eindruck einer durchaus ausgewogenen Verteilung auf alle Genres gewinnen. Der oftmals thematisierte Wechsel zwischen den Gattungen erweist sich somit als ein Vorgang, der wohl im Schaffen nahezu aller Komponisten begegnet.

---

13 Julius Korngold, *Postludien in Dur und Moll* [Typoskript, 1944]. Veröffentlicht unter dem Titel: *Die Korngolds in Wien. Der Musikkritiker und das Wunderkind – Aufzeichnungen von Julius Korngold*, Zürich – St. Gallen 1991, S. 252.
14 Rode-Breymann, »Erich Wolfgang Korngold: Between Two Worlds?« (Anm. 11), S. 199.

Jahr	Bühnenwerke	Orchestermusik	Kammermusik	Arrangements
1909	Der Schneemann *(Dezember 1908 – April 1909)*		Klaviertrio op. 1 *(Dezember 1909 – Mai 1910)*	
1910			Klaviersonate Nr. 2 op. 2 *(Juli – Dezember 1910)* Sieben Märchenbilder op. 3 *(Juni – Dezember 1910)*	
1911		Schauspiel-Ouvertüre op. 4 *(Juli – September 1911)*		
1912		Sinfonietta op. 5 *(April 1911 – September 1913)*		
1913			Violinsonate op. 6 *(1912 – August 1913)*	
1914	Der Ring des Polykrates op. 7 *(1913/14)*			
1915	Violanta op. 8 *(1914/15)*			
1916			Streichsextett op. 10 *(Sommer 1914 – Dezember 1916)*	
1917				
1918	Viel Lärmen um Nichts op. 11 *(Sommer 1918 – 1919)*			
1919		Sursum Corda op. 13 *(Sommer 1919)*		
1920	Die tote Stadt op. 12 *(1916 – 1920)*			

Jahr	Bühnenwerke	Orchestermusik	Kammermusik	Arrangements
1921			Klavierquintett op. 15 (1921/22)	
1922	Der Vampir (1922)			
1923		Klavierkonzert op. 17 (Sommer 1923)	Streichquartett Nr. 1 op. 16 (Dezember 1920 – Frühjahr 1923)	Eine Nacht in Venedig (Frühjahr/Sommer 1923)
1924				
1925				
1926	Das Wunder der Heliane op. 20 (1923 – 1927)		Vier kleine Karikaturen für Kinder op. 19 (Ende 1926)	Cagliostro in Wien (Herbst 1926 – Frühjahr 1927)
1927			Geschichten von Strauß op. 21 (1927)	
1928		Baby-Serenade op. 24 (1928/29)		Rosen aus Florida (Sommer 1928)
1929				Die Fledermaus (Frühjahr 1929)
1930			Suite op. 23 (1930)	Walzer aus Wien (Frühjahr/Sommer 1930)
1931			Klaviersonate Nr. 3 op. 25 (Sommer 1931)	Die schöne Helena (Frühjahr 1931) Das Lied der Liebe (Sommer 1931)
1932				Die geschiedene Frau (Sommer 1932)
1933			Streichquartett Nr. 2 op. 26 (1933)	

Tabelle: Übersicht über Korngolds Schaffen 1909 bis 1933 (Auswahl)

Michael Kube

Trotz der vielfachen Versuche, einen zwingenden Unterschied zwischen Korngold als Opernkomponist auf der einen und als Schöpfer von Kammermusik auf der anderen Seite zu konstruieren, vermerkte schon der Vater für die von ihm so genannten »Kindheitswerke« das »sich [...] in Klavier- und Kammerstreichsatz äußernde Orchesterwesen«.[15] In diese Richtung ist wohl auch die bekannte Anekdote zu deuten, die Korngold selbst von der ersten Begegnung mit seinem alternden Lehrer Robert Fuchs zu erzählen wusste: »Ich setzte mich ans Klavier und spielte ihm einige meiner Kompositionen vor. Plötzlich verfinsterte sich sein Gesicht, er nahm meine Hände von den Tasten und sagte: ›Aber! So etwas macht man doch nicht!‹«[16]

Mit der sich in den frühen Werken (und auch weit darüber hinaus) offenbarenden Klangvorstellung in Korngolds musikalischem Denken geht indes eine Indifferenz gegenüber dem anzuschlagenden Ton, der satztechnisch zu realisierenden Stilhöhe und den verbindlich erscheinenden Gattungskonventionen einher, die in der zeitgenössischen Rezeption für nachhaltige Aufregung und eine Polarisierung der Standpunkte sorgte. Wohl eher unbeabsichtigt stellte etwa Rudolf Stefan Hoffmann in seiner eigentümlich zwischen Apologetik und kritischer Distanz changierenden Biografie aus dem Jahre 1922 für den Kopfsatz der Violinsonate op. 6 einen musikdramatischen Bezug her: »Ihr oktavengesegneter, vollgriffiger Klavierpart dominiert besonders im ersten Satz zu sehr und die fast nur gesangliche Ausbreitung erhitzt sich zu einem Überschwang, der einer Liebesszene adaequater als dem Kammerstil ist.«[17] Mit verändertem Vorzeichen hieß es hingegen in einem Bericht über die Berliner Uraufführung, das Werk sei »echter und rechter Musikmost, der sich absurd geberdet«;[18] einem Dresdner Rezensenten erschien die Sonate gar als ein »ebensowenig pianistisch wie violinistisch geschriebenes Ungeheuer«, als »künstlerisch unecht« und »gespreizt«, aber auch als »unjung«.[19] Mit Blick auf die ersten beiden Sätze des Streichsextetts op. 10 bemerkte Hoffmann, sie seien »nicht frei von symphonisch dramatischen Ergüssen, die nicht mehr ganz kammermusikmäßig sind«.[20] Den zweiten Satz aus dem Streichquartett op. 16, in das Hoffmann noch während der Entstehung Einsicht nehmen konnte, charakterisierte er als »ganz sinfonisch, unfähig, sich mit vier Stimmen zu begnügen, oft in Doppelgriffen, also achtstimmig, oft in breiten Streicherakkorden sich auslebend«.[21] In ähnlicher Weise äußerte sich

---

15 *Die Korngolds in Wien* (Anm. 13), S. 138.
16 Zitiert nach Luzi Korngold, *Erich Wolfgang Korngold. Ein Lebensbild*, Wien 1967 (= Österreichische Komponisten des 20. Jahrhunderts 10), S. 10.
17 Hoffmann, *Erich Wolfgang Korngold* (Anm. 2), S. 36.
18 Siegmund Pisling, »Aus Berlin«, in: *Signale für die musikalische Welt* 71 (1913), S. 1608.
19 F. A. Geißler, »Dresden« [Musikbericht], in: *Die Musik* 14 (1914/15), H. 13, S. 46.
20 Hoffmann, *Erich Wolfgang Korngold* (Anm. 2), S. 39.
21 Ebenda, S. 43. Nahezu wörtlich wiederholt Hoffmann diese Einschätzung anlässlich einer Werkeinführung beim Musikfest der IGNM in Venedig 1925; vgl. *Musikblätter des Anbruch* 7 (1925), S. 424: »Ein Adagio quasi fantasia C dur, breit ausschwingend und

auch später noch Henry Prunières nach der Aufführung des Werkes beim Kammermusikfest der »Internationalen Gesellschaft für Neue Musik« (IGNM) in Venedig 1925: »Mais que dire de Korngold? [...] Son éclectisme même le sert dans le genre dramatique, mais il devient insupportable dans la musique de chambre.«²²

Will man sich aber bei einer dringend gebotenen Neubewertung des kammermusikalischen Œuvres nicht bloß auf diese oder vergleichbare Äußerungen zurückziehen, sondern die heute gegebene historische Distanz für einen Wechsel der Perspektive auf die Kompositionen und die mit ihnen verbundenen Aspekte nutzen, so wird auch deutlich, was Korngolds Zeitgenossen, offenbar gefangen in der tagesaktuellen Berichterstattung, nachgerade konsequent übersahen. Denn spiegeln sich noch in den ersten Werken alle erdenklichen, heute kaum mehr konkret nachweisbaren musikalischen Eindrücke des Knaben wider, so ist die in den frühen Jahren erarbeitete musikalische Grammatik aus den Kompositionen der 1920er Jahre in Form stilistischer Eigentümlichkeiten nicht mehr wegzudenken. Die Herausforderung, Korngolds kammermusikalisches Schaffen adäquat zu fassen, ist daher eine doppelte: sowohl hinsichtlich der Beschreibung ihrer Voraussetzungen wie auch hinsichtlich ihrer Individualität.

III

Diese grundsätzlichen Überlegungen betreffen insbesondere das Klaviertrio D-Dur op. 1. Mit ihm debütierte Korngold als Komponist zwar nicht öffentlich (dies geschah mit der von Alexander Zemlinsky instrumentierten Ballettpantomime *Der Schneemann*), doch erschien es mit der ein gültiges Gesamtschaffen signalartig eröffnenden Zählung als ›Opus 1‹ im Druck und verkörpert damit einen quasi richtungsweisenden kompositorischen Anspruch.

Dieser Umstand wiegt gleich in dreifacher Hinsicht schwer. Zum einen betrifft er das Verhältnis zwischen Lehrer und Schüler. So hatte Korngold das Trio im entscheidenden Stadium des Werdens Zemlinsky offenbar *nicht* zur Durchsicht vorgelegt. Denn im Gegensatz zu Luzi Korngold, die sich erinnert, ihr späterer Mann habe irgendwann gleichsam *aufgehört*, dem Lehrer und väterlichen Freund eigene Kompositionen vorzuspielen, und damit einen all-

---

klangsatt, geradezu sinfonisch, unfähig[,] sich mit vier Stimmen zu begnügen, oft in Doppelgriffen achtstimmig, oft in vollen Streicherakkorden sich auslebend, so daß es fast wie ein kleines Orchester wirkt. Fahle Dämmerstimmungen, chromatisch in kleinen Sekunden absinkend, sind wie Traumreflexe aus der Mystik der ›Toten Stadt‹ Brügge.«

22 Henry Prunières, »Le troisième Festival de la SIMC, Venise«, in: *La revue musicale* 6 (1924/25), S. 254. Zitiert nach Anton Haefeli, *Die Internationale Gesellschaft für Neue Musik (IGNM). Ihre Geschichte von 1922 bis zur Gegenwart*, Zürich 1982, S. 384, Anm. 187.

mählichen Distanzierungsprozess beschreibt,[23] notierte Korngold 1922, mithin noch relativ zeitnah, in einer persönlichen Stellungnahme: »Zemlinsky fragte nicht nach meinen Kompositionen und ich zeigte sie ihm nicht.«[24]

Zum anderen erscheint es auf den ersten Blick erstaunlich, dass Korngold sich ausgerechnet mit einem Klaviertrio präsentierte, kommt doch dieser gemischten Besetzung innerhalb der Gattungshierarchie bei weitem nicht der mit einem Streichquartett verbundene ästhetische Rang und kompositionstechnische Abstraktionsgrad zu. Gleichwohl konnte Korngold für sein ›Opus 1‹ hinsichtlich der Wahl der Besetzung auf eine nahezu im Verborgenen lebendig gebliebene Tradition und Vorbilder verweisen, vor allem den jungen Beethoven, dann aber auch auf César Franck (1843) oder Komponisten, deren Namen heute weithin vergessen sind, wie etwa ein gewisser M. G. Brand (1846), Hans von Bronsart (1856) und Christian Barnekow (1868) – um an dieser Stelle nur beispielhaft den Beginn des Alphabets anzuführen. Fraglich ist allerdings, ob das eigene Werk für Korngold tatsächlich den Rang eines Gesellenstücks eingenommen hat. Denn vom Aufführungsort her zunächst an den bürgerlichen Salon und weniger an das öffentliche Konzert gebunden,[25] erlangte das Klaviertrio als Gattung nie eine dem Streichquartett vergleichbare ästhetische oder auch literarische Nobilitierung.

Zum dritten darf nicht vergessen werden, dass Korngold schon in ganz jungen Jahren mit dem Klavier vertraut war und ihm das Tasteninstrument zu jener Zeit alle Möglichkeiten bot, sich sowohl die wesentlichen Werke der Musikgeschichte und die tagesaktuelle Produktion anzueignen,[26] als auch seine eigenen Vorstellungen zum Klingen zu bringen. Dass er gerade ein Klaviertrio für sein erstes (gezähltes) Opus wählte, dürfte ein gewichtiges Indiz dafür sein, dass er mit der Besetzung und den mit dieser Gattung verbundenen gesellschaftlichen Orten vertraut war, es sich bei dem Werk mithin um die schöpferische Reflexion des eigenen musikalischen Umfeldes und der eigenen musikalischen Sozialisation handelt,[27] so wie dies auch Julius Korngold

---

23 L. Korngold, *Erich Wolfgang Korngold* (Anm. 16), S. 11, mit Bezug auf das Klaviertrio: »Aber auch Erich verbarg seine Kompositionen vor dem gestrengen Lehrer.«
24 So Erich Wolfgang Korngold in einer Zemlinsky gewidmeten Folge von Statements, in: *Musikblätter des Anbruch* 4 (1922), H. 5–6, S. 78 (»Der Lehrer«).
25 Vgl. dazu auch exemplarisch Michael Kube, »Im nordischen Salon. Zur Geschichte des Klaviertrios in Skandinavien«, in: *A due. Festschrift for John D. Bergsagel and Heinrich W. Schwab*, hrsg. von Ole Kongsted u. a., Kopenhagen 2008, S. 453–473.
26 Es darf nicht übersehen werden, dass noch im frühen 20. Jahrhundert nicht nur Opern und Oratorien, sondern auch Sinfonien und Streichquartette meist in vierhändigen Klavierauszügen vorlagen; vgl. hierzu auch den aus dem Jahr 1933 stammenden, kulturgeschichtlich geprägten Essay von Theodor W. Adorno, »Vierhändig, noch einmal«, in: ders., *Musikalische Schriften IV*, hrsg. von Rolf Tiedemann, Frankfurt am Main 1982 (= Gesammelte Schriften 17), S. 303–306.
27 Mit Blick darauf sei an den noch jugendlichen Paul Hindemith erinnert, der in eben jenen Jahren gemeinsam mit seinen beiden Geschwistern als *Frankfurter Kindertrio* auftrat und die gesammelten Erfahrungen, Jahre vor der ersten geregelten Unterrichts-

in seinen Erinnerungen beschreibt: »Er kannte überhaupt wenig Musik, hauptsächlich nur das, was ihm zu Hause zuflog. Noch bis zum dreizehnten Lebensjahr hatte er keine Konzerte gehört [...], hatte vielleicht keine fünf Opernvorstellungen mitgemacht.«[28] Wie sehr Korngold vom Klavier her dachte und seine frühen Werke konzipierte, belegt nicht nur ein Blick auf das Werkverzeichnis, sondern auch ein in höchstem Maße aufschlussreicher Bericht über ein Leipziger Konzert aus dem Jahre 1911. Korngold spielte vor geladenen Gästen neben dem Kopfsatz des Klaviertrios (im Arrangement für Klavier allein![29]) auch seine Klaviersonate op. 2 und stellte ferner einige Stücke aus den *Märchenbildern* vor: »Eins wurde unwiderleglich klar dabei: Korngold schafft, wie er muss: das Verständnis des Gedruckten ist nur manchmal dadurch erschwert, dass er die Notenwerte sehr oft nicht so schreibt, wie er sie meint, und spielt. [...] Auch die enorme Vorliebe für Nebenseptimenakkorde wirkt, wie alles an ihm[,] völlig spontan erfunden.« Die beiden letzten Sätze der Sonate seien zudem »mit stürmender Technik und unglaublicher rhythmischer Freiheit (nicht Willkür) vorgetragen« worden.[30]

Vor diesem Hintergrund gewinnen auch in der originalen Trio-Besetzung die ersten Takte des Kopfsatzes eine vollkommen neue Dimension (Notenbeispiel 1). Neben dem Aufschwung des Hauptthemas in die Quinte und der unmittelbar vorhergehenden doppeldominantischen Ausweichung ($E^{5>/9}$) wäre der von weiten Akkordgriffen getragene und mit flirrenden Arpeggien aufgefüllte Begleitsatz als ein dem strengen Metrum enthobenes *quasi una fantasia* zu interpretieren – entsprechend markieren die beiden Streicher allein den doppelt sequenzierten Höhepunkt (T. 2 und T. 4). Auch in den folgenden Takten (etwa bei Z. 1) erscheint aufgrund des homophon gedachten, jedoch in den einzelnen Stimmen unabhängig gestalteten Verlaufs eine gewisse rhythmische Freiheit möglich, wenn nicht gar nötig. Bemerkenswert ist aber ebenso die auf die Form zurückwirkende Faktur des Satzes, zum Beispiel durch die zunächst bloß additive Verwendung der beiden Streichinstrumente. Sie verdichten zwar ab Takt 9 den Satz imitatorisch (Violine, dann Violoncello), lösen aber lediglich die vorher der rechten Hand zugewiesene Oberstimme heraus und verleihen ihr eine neue Farbqualität. Dies bestätigt auch der für die beiden Streichinstrumente unkomponiert bleibende Über-

---

stunde in Kontrapunkt und Komposition, in einem auf 1910 datierten Werk – freilich auf entsprechendem satztechnischen Niveau – verarbeitete. Zum *Frankfurter Kindertrio* vgl. auch Andres Briner, Dieter Rexroth und Giselher Schubert, *Paul Hindemith. Leben und Werk in Bild und Text*, Zürich 1988, S. 21 sowie die Abbildung auf S. 23; das Manuskript des 1910 entstandenen Klaviertrios befindet sich heute im Hindemith-Institut, Frankfurt am Main.

28 *Die Korngolds in Wien* (Anm. 13), S. 138.
29 Bei der Universal Edition erschien neben dem originalen Klaviertrio auch eine Bearbeitung für Klavier zu vier Händen.
30 Max Steinitzer, »Musikbrief aus Leipzig«, in: *Signale für die musikalische Welt* 69 (1911), S. 1810.

Notenbeispiel 1: Korngold, Klaviertrio in D-Dur op. 1, 1. Satz, T. 1–22

gang zur folgenden Steigerungsstrecke – die Stimmen laufen in Takt 13–14 einfach aus –, deren Akkordfolge allein dem Klavier anvertraut ist. Der Satzbeginn steht daher hinsichtlich seiner Anlage und Faktur geradezu beispielhaft für das von Julius Korngold beschriebene Kompositionsverfahren eines »Festhalten[s] an melodischem Bilden, zumal auch an stets plastischer, mit Vorliebe schwungvollem, feurigem, ekstatischem Ausdruck ergebener Rhythmik«. Und weiter: »Nach den ersten exponierenden Takten der Hauptthemen pflegte er fast regelmäßig schon an die Kulminationspunkte zu denken, [die] an den Steigerungen vor der Reprise und vollends vor Schluß zu formen [sind]. [...] Kündigte sich in dieser Eigentümlichkeit bereits der Dramatiker an?«[31] Zu Recht verweist Julius Korngold auch auf »Sprachelemente des fran-

---

31 Die Korngolds in Wien (Anm. 13), S. 137.

Notenbeispiel 1 (Seite 2)

zösischen Impressionismus sowie manche Vokabeln der [sic!] Strauss und Reger«;[32] allerdings wären diese Hinweise, so schlaglichtartig sie erscheinen mögen, noch durch die Namen von Johannes Brahms und Edvard Grieg (mit Blick auf das Repetitionsmotiv in den letzten Takten der Exposition) zu ergänzen.

Gewichtiger als derartige Verweise auf einzelne Namen und mehr gefühlte als konkret benannte Anverwandlungen dürften im Kontext der frühen Kompositionen Korngolds freilich jene von Werk zu Werk sich verändernden satztechnischen Konstellationen sein, in denen sich der jeweilige Gattungszusammenhang widerspiegelt.[33] Im Klaviertrio betrifft dies etwa die zahlreichen, knapp gefassten imitatorisch angelegten Scherzo-Passagen, vor allem auf die beiden Streicherstimmen bezogen, aber auch zwischen Klavier und Streichinstrumenten. Auch die jeweils paarweise Führung der Stimmen im Unisono (auf der einen Seite Violine und Violoncello, auf der anderen linke und rechte Hand des Klaviers) deutet auf eine besetzungsspezifisch ausgelotete Faktur, der freilich die kleingliedrige Motivik entgegenkommt. Ein stärker verwobenes Stimmengeflecht entwickelt sich hingegen im ersten Teil des Larghetto, das den vielfach überraschend ausweichenden harmonischen Fortschreitungen überhaupt erst den nötigen Halt bietet. Ein grundsätzliches Problem wirft aber das Finale auf, bei dem die klanglich wie rhythmisch avancierte Einleitung (»Allegro molto e energico«, Notenbeispiel 2) keine adäquate Fortsetzung im »Allegretto amabile e giocoso« findet (Notenbeispiel 3). Kaum vermittelt Korngold etwa zwischen dem in den ersten Takten angeschlagenen, klanglich gespreizten Tonfall der Wiener Moderne und einer ästhetischen Banalität, wie sie sich in der tonal geordneten Unisono-Seligkeit des Allegretto-Themas realisiert.

So treffen in diesem Werk ein der zeitgenössischen Musik abgelauschter kompositorischer Anspruch (nicht zuletzt durch die zyklische Verzahnung der wichtigsten Themen am Ende des Finales), ein dem gesellschaftlichen Ort des Klaviertrios verpflichteter melodischer Gestus und schließlich die schöpferische Originalität des jungen Korngold auf engstem Raum in wahrlich unbekümmerter Weise aufeinander. Entsprechend polarisierte das Werk in den Rezensionen. Hielt man es in Hamburg rundweg für ein »prächtiges Klaviertrio«, vermochte eine Aufführung in St. Petersburg »nur Kuriositäteninteresse auszulösen«.[34] In dem stilistischen Konflikt der Partitur fokussiert sich nicht nur die Verankerung des Klaviertrios im bürgerlichen Salon, sondern auch die

---

32 Ebenda.
33 Ein Vergleich mit dem Trio für Klarinette, Violoncello und Klavier op. 3 (1897) von Alexander Zemlinsky erscheint mit Blick auf die unterschiedliche Besetzung wie auch auf dessen ganz in der Brahms-Nachfolge stehende musikalische Sprache kaum angemessen.
34 Rudolf Birgfeld, »Musikbrief aus Hamburg«, in: *Signale für die musikalische Welt* 70 (1912), S. 508; Jacques Handschin, »Musikbrief aus St. Petersburg«, in: ebenda, S. 191.

Notenbeispiel 2: Korngold, Klaviertrio in D-Dur op. 1, 4. Satz, T. 1–15

Orchestralisierung der Klavierkammermusik zur Jahrhundertwende – ein Dilemma, mit dem der erst später im 20. Jahrhundert einsetzende Abgesang der Gattung vorweggenommen wird.[35]

---

35 Vgl. hierzu auch Michael Kube, »Abgesang durch Kontinuität? Zur Klavierkammermusik im frühen 20. Jahrhundert«, in: *Musik, Wissenschaft und ihre Vermittlung. Bericht über die Internationale Musikwissenschaftliche Tagung Hannover 2001*, hrsg. von Arnfried Edler u. a., Augsburg 2002 (= Publikationen der Hochschule für Musik und Theater Hannover 12), S. 271–275.

Notenbeispiel 3: Korngold, Klaviertrio in D-Dur op. 1, 4. Satz, T. 33–52

IV

Dass sich Korngold im Umfeld der beiden Einakter *Der Ring des Polykrates* und *Violanta* in den Jahren 1914 bis 1916 der Komposition eines Streichsextetts zuwandte, kann mit Blick auf die satztechnischen Freiheiten und klanglichen Möglichkeiten dieser Besetzung nicht überraschen. Angesichts der zu diesem Zeitpunkt noch aktuellen Tendenz, Kammermusik (einschließlich des Streichquartetts) der thematischen Erfindung und Ausarbeitung wie auch der formalen zyklischen Disposition nach in größeren, wenn nicht gar orchestralen Dimensionen zu denken,[36] bedarf es für Korngolds Sextett op. 10 nicht zwangsläufig eines Vergleichs mit Arnold Schönbergs *Verklärter Nacht* op. 4, um den Verzicht auf jene kammermusikalische Intimität zu rechtfertigen, die man etwa bei Brahms finden mag (op. 18 und op. 36).[37] Der bereits zitierte Einwand Hoffmanns, das Werk sei »nicht frei von symphonisch dramatischen Ergüssen, die nicht mehr ganz kammermusikmäßig sind«,[38] beschreibt deshalb eher eine allgemeine musikgeschichtliche Gegebenheit, die sich nicht allein in Korngolds op. 10, sondern auch in einer ganzen Reihe von Werken anderer Komponisten manifestiert.[39] Bezeichnenderweise bleibt dieser vermeintliche Topos bei Ferdinand Scherbers recht ausführlicher Besprechung der Uraufführung zugunsten einer mehr am Ausdruckscharakter der Musik interessierten Wertung außen vor: So springen die ersten Takte des Kopfsatzes laut Scherber »mit Temperament« hervor, die »Gewandtheit im Satz« wird mit Achtung genannt und das Finale gar als »Meisterstück« gerühmt. Nur im Intermezzo würde der angestimmte wienerische Dialekt »künstlich« klingen, das Adagio enthalte gar »mehr Geist als Musik«.[40] Doch auch bei dieser Sichtweise steht die äußere Wirkung vor der inneren Intensität. Unbeachtet bleibt, wie Korngold im langsamen Satz versucht, sich von vertrauten Modellen zu lösen, und einen Verlauf entwirft, der von der fahlen Abstraktion des Ein-

---

36 Erinnert sei etwa an das Streichquartett d-Moll op. 74 (1904) von Max Reger.
37 So jedoch Rudolf Stefan Hoffmann in seiner Rezension der Uraufführung (Wien am 2. Mai 1917 durch das erweiterte Rosé-Quartett), in: *Neue Musik-Zeitung* 38 (1917), S. 311: Es sei »nach den großen Theatererfolgen das erste Zurückgreifen auf die beschränkten Mittel der Kammermusik. Nun, die Kammer hat sich in der neuen Produktion schon oft zum Prunksaal erweitert, und wie Schönbergs wirklich ›verklärtes‹ Sextett das Tristanorchester dem Kammerspiel gewann, so tut [es] hier Korngold mit dem schweren Renaissanceprunk seiner ›Violanta‹.«
38 Hoffmann, *Erich Wolfgang Korngold* (Anm. 2), S. 39.
39 Vgl. dazu Ludwig Finscher, »Streichsextett«, in: *Die Musik in Geschichte und Gegenwart. Allgemeine Enzyklopädie der Musik.* Zweite, neubearbeitete Ausgabe, hrsg. von Ludwig Finscher, Sachteil, Bd. 8, Kassel u.a. 1998, Sp. 2005–2009 sowie Michael Kube, »Brahms' Streichsextette und ihr gattungsgeschichtlicher Kontext«, in: *Die Kammermusik von Johannes Brahms – Tradition und Innovation*, hrsg. von Gernot Gruber, Laaber 2001 (= Schriften zur musikalischen Hermeneutik 8), S. 149–174, insbesondere die Übersicht auf S. 173–174.
40 Ferdinand Scherber, »Wiener Musikleben«, in: *Signale für die musikalische Welt* 70 (1917), S. 491–492.

gangsmotivs zum glühenden Wehen der Höhepunkte fortschreitet und mit einer verklärten Szene schließt. Zweifelsohne erinnern die gezupften Akkorde des Violoncellos ebenso an die *Verklärte Nacht* wie die weit ausgezogenen Linien und das sich plötzlich einstellende Leuchten eines Dreiklangs. Doch ist es vor allem der sich oft nur für einen kurzen Moment Bahn bre-

Notenbeispiel 4: Korngold, Streichsextett in D-Dur op. 10, 2. Satz, T. 31–43

chende Impetus eines melodischen Aufschwungs, der die Eigenheiten von Korngolds musikalischer Sprache klar hervortreten lässt (Notenbeispiel 4).

Das 1921/22 entstandene Klavierquintett op. 15 als Reflex auf die Komposition der *Toten Stadt* zu verstehen, trifft insofern zu, als Korngold hier die in der Opernpartitur gewonnenen klanglichen Erfahrungen und harmoni-

Notenbeispiel 4 (Seite 2)

schen Konstellationen auf die Instrumentalmusik übertrug. Mit der schon in seinen frühesten Schöpfungen präsenten Affinität zum dramatisch empfundenen Gestus und der melancholisch gefärbten kantablen Linie gelang ihm dabei ein Werk von bemerkenswerter Ausdrucksintensität und motivischer Dichte. Der Hang zum Vokalen spiegelt sich dabei nicht nur im häufigen Hervortreten einzelner Stimmen wider (vor allem des Violoncellos in Tenorlage), sondern auch in der Gestaltung des Adagio als – wie es in der Partitur heißt – »freie Variationen über die ›Lieder des Abschieds‹, Op. 14«.[41] Der bisweilen sinfonische Anspruch der Komposition stellt freilich im Bereich des Klavierquintetts keinen Sonderweg dar; vielmehr favorisierten auch zahlreiche andere Komponisten in den Jahrzehnten um 1900 genau aus diesem Grund das Klavierquintett, bei dem man dem Tasteninstrument ein veritables Streichquartett *en bloc* gegenüberstellen konnte. Auf die daraus erwachsenden satztechnischen Verfahren verwies schon Wilhelm Altmann, dem zufolge in der Klavierkammermusik generell »das herrschsüchtige Tasteninstrument die Mitspieler, wenn sie sich nicht überhaupt mit der Begleitung begnügen wollen, dazu zwingt, sich gleichfalls zu Gruppen zusammenzugliedern«.[42] Nur so ist es wohl auch zu verstehen, dass Altmann als versierter Kenner nahezu des gesamten historischen wie zeitgenössischen Kammermusikrepertoires von Korngolds op. 15 geradezu fasziniert war – und dies, obwohl seine musikalischen Vorlieben erklärtermaßen bei Schumann und Brahms lagen. Er bemerkte »unter dem äußerlich so krausen Bilde doch herrlich melodische Eingebungen [...]. Daß es auch sehr klangvoll ist und dabei auch hochinteressant, ja wertvoll in seiner Harmonik, ist auch schon bei dem ersten Versuch, es zum Erklingen zu bringen, wahrzunehmen. Es kann für den Konzertsaal gar nicht warm genug empfohlen werden, freilich nur ausgezeichneten Virtuosen.«[43]

V

Als markantestes Zeichen für Korngolds Position im Musikleben der 1920er Jahre (abseits der Oper) muss die Präsenz seines instrumentalen Œuvres auf den Programmen der ästhetisch und organisatorisch höchst unterschiedlich ausgerichteten Musikfeste angesehen werden.[44] Es ist davon auszugehen, dass dabei nicht allein die Bewertung von Originalität und Qualität seiner musikalischen Schöpfungen entscheidend war, sondern auch manches den alles Neuartige ablehnenden Ansichten des Vaters geschuldet gewesen sein mag,

---

41 Erich Wolfgang Korngold, *Quintett für 2 Violinen, Viola, Violoncello und Klavier opus 15 (E-Dur)*, Mainz o. J. [Copyright Schott Musik International GmbH & Co. KG 1924], S. 23.
42 Wilhelm Altmann, *Handbuch für Streichquartettspieler*, Berlin 1928, Bd. 1, S. 7.
43 Wilhelm Altmann, *Handbuch für Klavierquintettspieler*, Berlin 1936, S. 168–169.
44 Vgl. hierzu Martin Thrun, *Neue Musik im deutschen Musikleben bis 1933*, Bonn 1995 (= Orpheus-Schriftenreihe 76).

von denen sich Korngold nie distanzierte und die unter den Zeitgenossen zwangsläufig für eine Polarisierung sorgten.⁴⁵ Allein dadurch ist es vermutlich zu verstehen, dass Korngold bei den Musikfesten der »Internationalen Gesellschaft für Neue Musik« (IGNM) nur ein einziges Mal zum Zuge kam: mit dem Streichquartett A-Dur op. 16 in Venedig 1925. Nicht zufällig erscheint allerdings die Wahl des Werkes, wenn man das Gewicht der Gattung sowohl bei

45 Vgl. hierzu beispielhaft eine Äußerung Paul Hindemiths in einem Brief an den Schott-Verlag, Ende Februar 1922, zitiert nach: *Paul Hindemith. Briefe*, hrsg. von Dieter Rexroth, Frankfurt am Main 1982, S. 104: »In Wien hat sich Korngolds Papa, da er an der Musik [gemeint sind die Tanzsätze aus der Oper *Das Nusch-Nuschi*] nichts als das ›Groteske‹ und den straffen Rhythmus zu monieren fand, über den Text aufgeregt (der ihn doch in diesem Falle gar nichts angeht!). Ich hielte es für angebracht, wenn er sein Wohlwollen für sich behielte; er ist um kein Haar besser als all die anderen Zeitungs-Schlamenpeizger [sic!], wovon ich mich in der letzten Zeit hinlänglich überzeugt habe. Kein Wunder, daß er meine Musik nicht mag, wenn er die seines Sohnes schätzt. (Seien Sie nicht bös, in diesem Punkte werden wir wohl nie einig werden.)« – Während Hindemiths letzter, die Übersiedlung vorbereitender USA-Reise kam es zu einer persönlichen Begegnung mit Julius Korngold, über die Hindemith in der für ihn typischen, launig-komisch-ernsten Art in einem Brief an seine Frau Gertrud vom 27. März 1939 berichtet (zitiert nach: *Paul Hindemith. »Das private Logbuch«. Briefe an seine Frau Gertrud*, hrsg. von Friederike Becker und Giselher Schubert, Mainz – München 1995, S. 355–356): »Ein Erlebnis eigener Art ist noch nachzutragen. Nach dem zweiten Konzert (es fand Nachmittags statt) erschien hinter der Bühne eine etwas schüttere (gelinde gesagt) Gestalt, ein Stück kleiner als ich, alt, mit sauerkrauthaftem Vollbart und quäkender Stimme. Er war sehr begeistert und redete heftig auf mich ein. Der Hauptinhalt seiner Rede war, daß er ein alter Gegner von mir sei. Mich interessierte das gar nicht sehr und ich sagte, ich hätte deren viele und das sei nichts Besonderes. Ja, aber er sei ein ganz richtiger und ernsthafter und ich solle raten, wer er ist. Auch das wäre mir egal, sagte ich, und als ich mich schon gar nicht weiter mit ihm befassen wollte, demaskierte er sich, indem er sagte, er sei der alte Korngold. Auf das war ich allerdings nicht gefaßt gewesen und ich schlug eine laute Lache auf. Ich bewunderte seinen Mut, denn nach alledem, was er über mich von sich gegeben hatte, konnte er doch kaum ganz sicher sein, ob er mit heiler Haut wieder von der Bühne herunterkäme. Er sagte, er hätte das gewußt, er kenne mich. Ich hätte mich nicht so bedingungslos auf die Gutmütigkeit anderer verlassen und ihm gewünscht, daß er so viel Weisheit und Voraussicht früher bei seinen Kritiken gezeigt hätte. Er schluckte alles, was ich ihm versetzte, mit quäkender Heiterkeit, und da ich die Situation so komisch fand und ihm unter ständigem Lachen die größten Gemeinheiten versetzte, versicherte er immer wieder, daß es ja ganz natürlich sei, wenn ich jetzt meine Vorteile gegen ihn alte Ruine ausspiele. Na, ich sollte [recte: wollte] keine Vorteile ausspielen und lud ihn ein, ein Glas auf unsere altbewährte und dauerhafte Feindschaft mit mir zu trinken, was er dann auch begeistert tat. Klemperers kamen noch dazu und der Alte bekam noch einiges zu hören. Er ist aber wirklich keine heroische Natur und er gab nur blödes Zeug von sich. Als er auf sein Steckenpferd, die fest zusammenhaltende Partei der heimtückischen modernen Komponisten zu reden kam, und ich ihn aus Gesundheitsgründen warnte, das bisher noch nicht restlos verspritzte Gift nicht gerade hier im Kaffeehaus von sich zu geben, und als er überdies nicht einmal vier dieser zusammengehörigen eisernen Garde nennen konnte, schlossen wir die Sitzung. Er empfahl mir noch, seinen Äärich anzurufen, der leider nicht ins Konzert hätte kommen können, moviehalber. Darauf empfahl ich ihm, daß sein Äärich mich anrufen könne, und er empfahl sich.«

den Kammermusikfesten in Donaueschingen und Baden-Baden als auch bei den Musikfesten der IGNM in diesen Jahren bedenkt.[46] Der avancierte Tonfall der Komposition überraschte jedenfalls auch die konservative Kritik, repräsentiert durch Adolf Weißmann, der feststellte, dass das Werk sich »keineswegs im Unterhaltenden erschöpft, sondern seine Zugehörigkeit zur Musik der Zeit laut bekennt«.[47] Weit zurückhaltender fielen die Rezensionen der 1924 bei Schott erschienenen Taschenpartitur aus, die nicht mehr im Bann einer Aufführung standen. So käme der Klang »gerade bis an die Sinne, weiter nicht«.[48] Karl Thiessen hingegen richtete den Blick auf die Faktur und konstatierte zwar für die Ecksätze »kraftvolle Energie und glutvolle Leidenschaft«, die aber »mitunter durch Überladung im Satz [...] fast schon den kammermusikalischen Rahmen« sprengen würden.[49] Dass Korngolds Komposition tatsächlich eher als konventionell denn als avantgardistisch empfunden wurde, geht auch aus der Übernahme des Werkes in das Repertoire einschlägiger Streichquartettformationen hervor. Während das mit Korngold ohnehin freundschaftlich verbundene Rosé-Quartett ankündigen ließ, es werde das Quartett nach der erfolgten Uraufführung nun auch »auf seiner gegenwärtigen Tournée durch Deutschland und Holland, sowie im Februar in Paris« zur Aufführung bringen,[50] stand es beim Amar-Quartett (mit Paul Hindemith am Bratschenpult), das sich besonders für zeitgenössische Kompositionen einsetzte, nur ein einziges Mal auf dem Programm: am 27. Januar 1926 in Mainz (möglicherweise auf Wunsch des dort ansässigen Verlages).[51] Dass sich Korngold offenbar auch – gewollt oder ungewollt – kulturpolitisch instrumentalisieren ließ, ist dem Umstand zu entnehmen, dass sein Klavierquintett op. 15 im Rahmen einer 1923 vom konservativ ausgerichteten Kulturbund in Salzburg organisierten Konzertreihe erklang, die dem Kammermusikfest der IGNM als explizite Gegenveranstaltung unmittelbar folgte.[52]

---

46 Vgl. dazu die tabellarische Übersicht bei Michael Kube, »Innovation und Repertoire – Das Streichquartett der 1920er Jahre im Spiegel der Musikfeste«, in: *Das Streichquartett in der ersten Hälfte des 20. Jahrhunderts,* hrsg. von Beat A. Föllmi u. a., Tutzing 2004 (= Schriftenreihe der Othmar Schoeck-Gesellschaft 4), S. 141–152, hier S. 149–152.
47 Adolf Weißmann, »Das internationale Kammermusikfest in Venedig«, in: *Die Musik* 18 (1925/26), S. 136.
48 Rudolf Bilke, »[Notenrezension]«, in: *Die Musik* 18 (1925/26), S. 377.
49 Karl Thiessen, »[Notenrezension]«, in: *Signale für die musikalische Welt* 86 (1928), S. 1232.
50 »Kleinere Mitteilungen«, in: *Signale für die musikalische Welt* 82 (1924), S. 143.
51 Vgl. hierzu Michael Kube, »Am Quartettpult. Paul Hindemith im Rebner- und Amar-Quartett. Dokumentation«, in: *Hindemith-Jahrbuch* 20 (1991), S. 203–230 (Teil I); *Hindemith-Jahrbuch* 21 (1992), S. 163–251 (Teil II); *Hindemith-Jahrbuch* 22 (1993), S. 200–237 (Teil III).
52 Vgl. die beiden Programme, abgedruckt in: *Musikblätter des Anbruch* 5 (1923), S. 212. Zum Charakter der Konzertreihe als ›musikpolitischer‹ Reaktion auf das Kammermusikfest der IGNM siehe auch Haefeli, *Die Internationale Gesellschaft für Neue Musik* (Anm. 22), S. 69.

VI

Korngolds offensichtlich ebenso unbefangene wie erstaunlich erfrischende Abneigung gegenüber gattungsästhetischen und satztechnischen Vorgaben – aber auch gegenüber einem radikal zu vollziehenden Bruch – macht es schwer, sein Œuvre im zeitgeschichtlichen Kontext sicher zu bewerten. So kommt es vor allem auf die Perspektive des Betrachters und seine Argumentation an. Susanne Kogler etwa sieht als gewichtigen Aspekt die »Vermittlung zwischen symphonischer, also ›ernster‹, und unterhaltender Musik« und bezeichnet Korngolds Position als »letztlich eine zwischen mehreren Stühlen«.[53] Hier wird bereits die Dichotomisierung der Kunst und die aus ihr abgeleitete Ästhetik einer »mittleren Musik« mitgedacht – ein in seiner ganzen Reichweite als problematisch anzusehender Begriff, der in der Diskussion gerne immer dann in Anschlag gebracht wird, wenn eine Komposition, ein Werkkorpus oder auch eine originelle musikalische Sprache sich im präformierten System ästhetischer Wertkategorien einer eindeutigen Verortung entzieht.[54] Noch schwieriger und unübersichtlicher wird es, wenn man, wie dies Helmut Pöllmann versucht hat, Korngolds Schaffen als Ausdruck einer »Vermittlung von mittlerer und hoher Musik« fassen will und sogleich konstatiert, dass dies ein »Ansinnen [sei], dessen Realisierung sich als unmöglich herausstellt und dessen Scheitern von Korngolds Musik illustriert wird«.[55] Die Gefahr eines *circulus vitiosus* ist bei dieser Art der Argumentation evident.

Korngold freilich kam es offenbar zu keinem Zeitpunkt auf eine wie auch immer geartete ›Vermittlung‹ divergierender Stilhöhen und -sphären an. Vielmehr realisierte sich sein eigener, aus unterschiedlichen Wurzeln gewachsener, alle Kategorien in sich aufnehmender Stil gleichermaßen in verschiedenen Gattungen – nur eben mit jeweils anderen Vorzeichen: Für die Oper erschien er konform, in der Filmmusik wirkte er innovativ und stilbildend, in der Sinfonie konnte er die Sinnlichkeit des Klanges zelebrieren – in der Kammermusik der 1920er Jahre aber erwies er sich vielfach als gattungssprengend.

---

53 Susanne Kogler, »Erich Wolfgang Korngold. Aspekte zur Wertung seines Schaffens«, in: *Österreichische Musikzeitschrift* 60 (2005), H. 8, S. 13.
54 Vgl. auch Michael Struck, »Berthold Goldschmidt, Paul Hindemith und das Problem ›mittlerer Musik‹«, in: *Hindemith-Jahrbuch* 30 (2001), S. 148–202, hier S. 152–164.
55 Helmut Pöllmann, *Erich Wolfgang Korngold. Aspekte seines Schaffens*, Mainz u. a. 1998, S. 47.

Giselher Schubert

Die Sinfonie in Fis

Korngold und das Problem des Sinfonischen in der Orchestermusik seiner Zeit

Im Mai 1949 reiste Korngold zusammen mit seiner Frau und seinem Sohn George hoffnungsvoll und zuversichtlich erstmals nach elf Jahren aus den Vereinigten Staaten nach Europa, das in fast jeder Hinsicht verwüstet worden war. Im Gepäck führte er gewichtige, wohl aufgeführte, aber noch unveröffentlichte Werke, mit denen er sich unverkennbar in Europa auch als Komponist von Instrumentalwerken in Erinnerung bringen und aufs Neue etablieren wollte: das Violinkonzert, das Cellokonzert sowie das dritte Streichquartett, die er von Basel aus seinem alten Verlag Schott in Mainz zukommen ließ. Er erwartete nicht nur die alsbaldige Übernahme dieser Werke in das Verlagsprogramm, sondern auch die möglichst umgehende Herstellung von Partituren und Aufführungsmaterial. Zudem knüpfte er Kontakte mit Interpreten: Am 7. August 1949 etwa hörte er sich in Salzburg offenbar eine Matinee-Aufführung der Sinfonie op. 46 von Hans Pfitzner und der achten Sinfonie von Anton Bruckner durch die Wiener Philharmoniker unter Wilhelm Furtwängler an, mit dem er am Nachmittag zu einem Gespräch zusammentraf;[1] und in Wien versuchte er, Erika Morini für das Violinkonzert zu interessieren. Doch in einem Brief vom 27. November 1949 an den Schott-Verlag, in dem er sich nach dem Stand der Herstellung der Partituren der beiden genannten Konzerte erkundigte, fügte er desillusioniert im Tonfall von grenzenloser Enttäuschung, Verbitterung und zugleich von Trotz und Selbstbewusstsein hinzu: »Zum Schluss noch eine Mitteilung, die Sie sicherlich so erstaunen wird, wie ich selber darüber verwundert bin: nach all den Kränkungen und Hintansetzungen, nach all dem Ekel über den gegenwärtigen Stand aller Musikdinge bin ich mitten in der Komposition einer – – Symphonie!«

Mit der Komposition einer Sinfonie wollte Korngold offensichtlich die Reihe seiner Instrumentalwerke in der repräsentativsten Gattung der Orchestermusik kulminieren lassen und zugleich die Enttäuschungen demonstrativ durch ein gewichtiges Werk verdrängen, mit dem er dem (nach seiner Ein-

---

[1] Angaben nach den Mitteilungen Korngolds in einem Brief vom 23. Juni 1949 an den Schott-Verlag. – Die unveröffentlichten Briefe Korngolds an Schott werden stets nach den Originalen zitiert, die mir freundlicherweise der Verlag zugänglich machte.

schätzung) zeitgenössischen kompositorischen Verfall etwas entgegenzusetzen oder doch ihm standzuhalten trachtete.[2] Diese Haltung, in der sich eine Verpflichtung zum Widerstehen und das Gefühl von Vergeblichkeit dieses Widerstehens mischen, teilte Korngold freilich mit zahlreichen anderen Komponisten der Zeit. Der Verlag hat denn auch auf die Ankündigung einer Sinfonie-Komposition ebenso wenig reagiert wie auf die weiteren brieflichen Hinweise Korngolds auf dieses Werk. Am 19. August 1952 meldete er aus Hollywood nach Mainz, dass er dabei sei, »die Instrumentierung seiner fertiggestellten Symphonie zu vollenden«. Und zehn Monate später heißt es in einem Brief vom 3. Juli 1953: »Ich hatte gesundheitlich keinen sehr guten Winter. Lichtblicke waren die Vollendung meiner Symphonie, ein triumphaler Erfolg Heifetz' mit meinem Violinkonzert in Los Angeles [...].«

Kaum weniger frustrierend gestaltete sich die Uraufführung der Sinfonie. Da sie sich in den Vereinigten Staaten nicht durchsetzen ließ, fand sie schließlich als Veranstaltung von Radio Wien am 17. Oktober 1954 mit den Wiener Symphonikern unter Harold Byrns in Wien innerhalb eines ausschließlich den Werken Korngolds gewidmeten Konzertes statt. Ursprünglich standen drei seiner Werke auf dem Programm, doch wurde die auf dem Programmzettel noch genannte Aufführung der *Schauspiel-Ouvertüre* op. 4 (1911) gestrichen. Aufgeführt wurden schließlich in einer fragwürdigen Programmzusammenstellung drei Klavierlieder mit Hilde Rössel-Majdan und dem Komponisten am Klavier, darunter, ebenfalls als Uraufführung, das *Sonett für Wien* op. 41,[3] sowie die mangelhaft geprobte Sinfonie, so dass Korngold das Konzert eigentlich absagen oder doch verschieben wollte.[4] Der Programmzettel druckt noch eine wohl knappe, doch erhellende Einführung in die Sinfonie ab, ohne ihren Verfasser zu nennen.[5] Sie stammt von Korngold selbst, der sie später dann noch ergänzte und überarbeitete.[6] Über diese Uraufführung, deren Mitschnitt durch den Rundfunk er gelöscht wissen wollte,[7]

---

2 Vgl. hierzu Korngolds Brief vom 21. August 1952 an Hermann Lewandowsky: »I believe that my newly completed symphony will show the world that atonality and ugly dissonance at the price of giving up inspiration, form, expression, melody and beauty will result in ultimate disaster for the art of music.« Zitiert nach der englischen Übersetzung in: Jessica Duchen, *Erich Wolfgang Korngold*, London 1996 (= 20th-Century Composers), S. 211.

3 Die beiden anderen Lieder waren: *Glückwunsch* op. 38 Nr. 1 sowie *Alt-spanisch* op. 38 Nr. 3.

4 Luzi Korngold, *Erich Wolfgang Korngold. Ein Lebensbild*, Wien 1967 (= Österreichische Komponisten des 20. Jahrhunderts 10), S. 97.

5 Programmzettel und -hefte sowie Rezensionen zu Aufführungen und Einspielungen der Sinfonie machte mir freundlicherweise der Schott-Verlag (Christopher Peter, Mainz) zugänglich.

6 Ein Faksimile dieser späteren Überarbeitung des Einführungstextes findet sich im Programmheft zu einer Aufführung der Sinfonie durch die Sächsische Staatskapelle Dresden unter der Leitung von André Previn vom 28. Mai 1995, o. P.

7 L. Korngold, *Erich Wolfgang Korngold* (Anm. 4), S. 97.

schrieb Korngold am 26. Oktober 1954 dem Schott-Verlag: »Die Wiener Uraufführung meiner neuen Symphonie [...] hat den stärksten Eindruck auf die Zuhörerschaft ausgeübt, der sich auch in den beiliegenden Pressestimmen unverkennbar spiegelt. Die Aufführung, die sich weniger durch Schmiss als durch Schmisse auszeichnete, fand allerdings unter denkbar ungünstigen Umständen statt: unzureichende Probenzeit mit einem totmüden, überlasteten Orchester (zudem vorwiegend ›Substituten‹) unter einem enthusiastischen, aber doch leider zweitrangigen Dirigenten. Trotzdem ehrliche Begeisterung bei melodiefreudigen wie fortschrittlichen [sic!] Gesinnten! Vielleicht ist sogar eine Bresche in die Situation meines gegenwärtig so verkannten und vernachlässigten Schaffens geschlagen: es zeigen sich bereits Symptome: spontane Radiovorträge über meine neue ›Periode‹, ja sogar ein Antrag eines ersten deutschen Verlagshauses.«[8] Freilich hatte der Schott-Verlag Kritiken der Uraufführung auch von einem Mitarbeiter (Buchwald) der Universal Edition, Wien, mit einem Begleitschreiben zugeschickt bekommen, in welchem es heißt: »Ich gebe zu bedenken, dass es keineswegs ein schlechtes, ein wenig eklektisches Werk ist, das – besonders im ersten Satz – sich nicht ohne Erfolg um eine moderne Haltung bemüht. Das Stück könnte einem grösseren Publikum gefallen, wenn man es ihm vorsetzt. Zu den übersandten Kritiken ist allerdings zu bemerken, dass bei fast allen ein übertriebener Lokal-Patriotismus abgezogen werden muss; zu der überschwänglichen Kritik im ›Neuen Österreich‹ sei bemerkt, dass der Kritiker ›Y‹ ein bis zum Lächerlichen fanatischer Gegner der modernen Musik ist, – und Korngold ist also für ihn eine Offenbarung, nämlich, dass man heutzutage noch solche Musik schreibt.«[9]

---

8 Faksimile dieses handschriftlichen Briefes von Korngold im Programmheft zum Konzert der Sächsischen Staatskapelle Dresden (Anm. 6), o. P.
9 Begleitschreiben und Rezensionen werden im Schott-Verlag aufbewahrt. Einige Ausschnitte aus diesen Rezensionen: Joseph Marx meinte in der *Wiener Zeitung* vom 24. Oktober 1954: »Genug an Detailschilderung und intimer Werkbetrachtung; die größte und beste Überraschung war der hochbegabte Künstler [gemeint ist Korngold] selbst, der trotz erfolgreichem Können im Film, in der amerikanischen Jazzluft nichts von diesen gefährlichen Elementen ins ernstere Musikgebiet übernahm, jeden Takt sorgfältig durcharbeitet, jeder äußerlichen Effektgeste aus dem Weg ging. Wir begrüßen dieses wertvolle, vorbildlich gestaltete Werk und seinen Schöpfer aufs wärmste und herzlichste! Dem hervorragenden Dirigenten Harold Byrns, der das Werk mit wenigen (vermutlich zu wenigen) Proben übernommen hatte und mit den ausgezeichneten Wiener Symphonikern zu wärmstem Erfolg führte, Dank und volle Anerkennung.« In *Die Furche*, Wien, vom 6. November 1954 verkündete ein ungenannter Kritiker: »Das großangelegte Werk zeigt den Komponisten [...] auf neuen Wegen. Freilich nicht auf so gefährlichen, wie sie manche Altersgenossen Korngolds eingeschlagen haben, etwa der um zwei Jahre ältere J. N. David oder der drei Jahre jüngere Ernst Krenek. Immerhin hat sich Korngold, besonders im ersten Satz mit seinen heftigen, harten Schlägen und der ostinaten rhythmischen Begleitfigur, einige Elemente der moderneren Tonsprache assimiliert. Hier und im Scherzo ist die Nähe Gustav Mahlers spürbar, während das Adagio im vorzüglich instrumentierten Bläsersatz Brucknersche Töne anschlägt. Das Finale beginnt mit einem grotesken Marsch und mündet in Reminiszenzen an die vorausgegangenen Teile. Nach nur

Tatsächlich scheint der durch das aufgeführte *Sonett für Wien* gewiss stimulierte, lokalpatriotische, eher fragwürdige Wiener Uraufführungserfolg der Sinfonie auf ihrer Rezeption zunächst gelastet zu haben; denn zu Korngolds Lebzeiten wurde das Werk nur noch 1955 in Graz und München für den Rundfunk (ohne öffentliche Aufführung) produziert;[10] und alle Versuche Korngolds, es in den Vereinigten Staaten aufführen zu lassen, scheiterten. Auch die erste Wiederaufführung der Sinfonie mit einer Schallplatteneinspielung, die Rudolf Kempe mit den Münchner Philharmonikern achtzehn Jahre nach ihrer Uraufführung am 27. November 1972 in München betreute, erwies sich für die Durchsetzung des Werkes eher als hemmend. Die Sinfonie, deren Aufführung im Programmheft fälschlicherweise als »Konzerturaufführung« angekündigt wurde, fungierte als Schlussnummer eines Konzertes mit Ottmar Gersters Ouvertüre zur Oper *Enoch Arden* und Ermanno Wolf-Ferraris Violinkonzert, das als erstes Sonderkonzert der Reihe *Vergessene Werke* veranstaltet wurde. Korngolds Sinfonie musste auf diese Weise den paradoxen Charakter eines Werkes annehmen, welches bereits vor seiner Uraufführung ›vergessen‹ worden war. Entsprechend negativ fiel der Tenor der Aufführungs-, dann aber auch der Schallplattenkritik aus; das vernichtende Urteil von Karl Schumann, des wohl namhaftesten Münchner Kritikers jener Zeit, lautete: »Der Drang zum Monumentalen, ein Hauptübel der dreißiger Jahre, fand um 1950 in den USA ein beklagenswertes Opfer, den vor nun fünfzehn Jahren dahingegangenen Erich Wolfgang Korngold. [...] Als er zu seinem vermeintlichen Hauptwerk ansetzte, zur überdimensionalen Symphonie in Fis, schlug Hollywood grausam zurück und verdarb ihm das Konzept. Ein verkrampfter Zug ins Gigantische, der Korngold nicht entsprach, geht durch die lange, laute Partitur, ihre zerfaserte Thematik, ihr blechernes Pathos und ihre Anläufe, sich für ›moderner‹ auszugeben, als sie ist. Eines jener einst so beliebten Panoramen und Dioramen wird gebaut, aber aus Pappdeckeln. Tragödie eines sich selbst entfremdeten Musikertalents. Heftiger Beifall. Ausdruck des

---

zwei Proben leitete der amerikanische Dirigent Harold Byrns das recht komplizierte Werk mit bemerkenswerter Sicherheit, die denjenigen freilich nicht erstaunte, der weiß, daß Byrns ein vorzüglicher Mahler-Dirigent ist und auch als Interpret von Alban Berg und Bartók Hervorragendes leistet.« In der Rezension des im angeführten Begleitschreiben erwähnten Kritikers »Y« in *Neues Österreich*, Wien, vom 20. Oktober 1954 hieß es: »Wer den stupenden Aufstieg Erich W. Korngolds vom vielbestaunten Wunderkind zum reifen Meister [...] miterlebt hat, wird lebhaft bedauern, daß dieser wahrhaft österreichische Musiker, der mit allen Fasern im Wiener Heimatboden wurzelte, eine unserer stärksten schöpferischen und melodischen Potenzen, dauernd an Amerika verlorengegangen ist und nur selten den Weg in die Heimat zurückfindet. [...] Seine unbeugsame Ablehnung des Atonalismus zog ihm die Gegnerschaft dieser an Zahl geringen, aber einflußreichen und von starken Machtgruppen gestützten Leute zu. Nun bringt der Rundfunk eine Studioaufführung seiner jüngsten Symphonie in Fis, eines bedeutenden, ungemein schwierigen, mit außerordentlichem Können und meisterlicher Beherrschung eines riesigen Apparats geschriebenen Werkes.«

10 Dirigenten waren Alois Melichar bzw. Jan Koetsier.

Mitgefühls?«[11] Die Kempe-Aufführung und -Einspielung des Werkes schienen sein Schicksal endgültig besiegelt zu haben. In Deutschland wurde es erst 1988 wieder aufgeführt, doch auch auf Tonträgern eingespielt, in den USA erstmals 1977, in England 1982.[12]

Erst mit den 1990er Jahren mehrten sich Aufführungen und Einspielungen der Sinfonie auf Tonträgern, und seit 1995 hat sie sich offenbar endgültig mit regelmäßigen Aufführungen im Musikleben durchgesetzt. Dieser um immerhin 40 Jahre verspätete Erfolg des Werkes beruht weniger auf einer veränderten Einsicht und Erkenntnis seiner Faktur, als vielmehr auf einer veränderten Einschätzung und Bewertung dieser Faktur: Der einstmals peinliche ›Makel‹ seines Konservativismus', seines demonstrativen Festhaltens an Tonalität, seines stilistischen Eklektizismus', seines Pathos', seiner filmmusikalischen Anklänge verkehrte sich in einen schätzenswert-grandiosen ›Postmodernismus‹ *avant la lettre*.[13] Eine erste Wende in der Einschätzung wird in

---

11 Rezension in der *Süddeutschen Zeitung* vom 29. November 1972. – Helmut Lohmüller meldete im *Münchner Merkur* vom 29. November 1972: »[...] vergessene Werke: Nicht gerade ein kassefüllendes Motto, aber doch gut gemeint. Rettungsversuche an betont konservativen Stücken aus den Dreißiger und Vierziger Jahren erwecken allerdings kaum Hoffnungen auf erfolgreiche Wiederbelebung. Immerhin, gegen das Experiment ist nichts einzuwenden, auch wenn das Resultat wenig Positives zu bieten hat. [...] Großes Finale im Stil von Breitwand-Technicolor. Daß Erich Wolfgang Korngold zwölf Jahre lang Filmmusiken für Warner Brothers geschrieben hat, merkt man seiner Symphonie in Fis nur allzu deutlich an. Eine Musik, die in Erinnerung an einen unsäglich tragischen Hollywood-Film komponiert zu sein scheint, so penetrant leidvoll und kompakt heroisierend, daß zum Abreagieren eigentlich nur die Zuflucht zu verschämten Kinoträumen übrig bleibt.« Karl-Robert Danler urteilte in der *tz*, München, vom 29. November 1972: »Korngolds Symphonie in Fis op. 40 steckt voll von Originalität, zu Peinlichkeiten kommt es nur im Adagio, in dem Bruckner und Puccini Händchen halten.« Die Schallplatten-Einspielung rezensierte Gottfried Kraus in *Fono Forum*, Heft 12, Dezember 1974 mit den Worten: »Der Hörer ist zwischen Aufhorchen – etwa gleich am Beginn des ersten Satzes oder im Adagio – und den seichten Eindrücken einer ›Gebrauchsmusik‹ (bei denen man ›Warner Brothers‹ zu hören vermeint) hin- und hergerissen. Das viersätzige Werk folgt dem klassischen Schema, ist zweifellos mit viel Raffinement gemacht, vor allem in der Beherrschung des Orchesters, in dem alle Register eines überdimensioniert romantischen Apparates gezogen sind. Die Münchner Aufnahme unter Rudolf Kempe nutzt diese Effekte weidlich aus, ist energisch und engagiert und klanglich expansiv, was von der Technik glänzend vermittelt wird. Was möglicherweise fehlt, ist noch ein Mehr an Raffinement; da merkt man dann doch, daß die Münchner Philharmoniker kein allererstes, sondern nur ein gutes Orchester sind, und daß auch Kempe ›nur‹ ein hervorragender Kapellmeister, kein ›Klangmagier‹ ist; gerade weil es sich um Musik aus zweiter Hand handelt, fällt das, was sonst nicht unbedingt ein Manko sein muß, hier auf.«
12 Die Angaben folgen einer Aufführungsstatistik, die Bernd O. Rachold (Korngold-Archiv, Hamburg) erstellte und mir freundlicherweise zugänglich machte.
13 Zur mittlerweile auch wieder verblassenden Postmoderne-Diskussion vgl. Jürgen Habermas, *Die postnationale Konstellation. Politische Essays*, Frankfurt am Main 1998, S. 217–218: »An den heilsamen Einfluß des Postmodernismus auf die gegenwärtigen Debatten habe ich keinen Zweifel. Die Kritik an einer Vernunft, die dem Ganzen der Geschichte eine Teleologie unterschiebt, ist ebenso überzeugend wie die Kritik an der

einer Rezension der englischen Erstaufführung von 1982 spürbar, in der es heißt: »Some of the scoring is superb: What's wrong with the occasional echo of Laramie and the wide open spaces? Those who condemned Korngold for his Hollywood connection, and left him to die a bitter man, must now themselves stand arraigned.«[14] 1997 kann schließlich ein »erstarktes Interesse« an Korngold konstatiert werden, und seine Filmmusik etwa, deren Wert gerade wegen ihres Erfolges in Hollywood als besonders fragwürdig galt, wird nun in einer gewiss abenteuerlichen, aber doch symptomatischen Deutung als seine auf »Vorrat angelegte Materialsammlung für später, für das Schaffen nach dem Exil« eingeschätzt: »Im Selbstverständnis des Komponisten war es nur konsequent, daß er in fast allen seinen in rascher Folge entstandenen Nachkriegswerken Themen und Motive seiner Filmmusiken verarbeitete, die er mit einer Fülle neuer Gedanken verknüpfte. Beides – Film und Originalmaterial – verschmolz nahtlos und ohne Stilbruch zu einem organischen Ganzen.«[15] Das ist wohl gut gemeint, doch erschreckend uninformiert; denn gerade der auffällige Stilbruch galt als Indiz von authentischer ›Postmoderne‹, und solche ›postmoderne‹ Auffassung der Korngold'schen Sinfonie bringt dann 2000 Christoph Becher auf den Begriff: »Schließlich spiegelt sich in der Geringschätzung Korngolds [...] Europas Hochnäsigkeit gegenüber der US-amerikanischen Popkultur, deren Siegeszug über Europa gleichwohl unaufhaltsam war und weiterhin sein wird. Kein Wunder, dass erst die Postmoderne mit ihrem Sinn für die am Wegrand Zurückgelassenen[16] und mit ihrer Unbekümmertheit in Fragen der Gattung, des Stils und des Gedankens Korngold Gerechtigkeit widerfahren ließ.«[17]

Die neue ›postmoderne‹ Wertschätzung der Sinfonie bleibt freilich fragwürdig genug; denn solche Wertschätzung weist nun gerade die Kriterien, durch welche diese Wertschätzung begründet, getragen und fundiert werden soll, als substanziell beliebig und zufällig aus; und wie lässt sich, so wäre zu fragen, ein Ort ausfindig machen, von dem aus einer stilistisch ›zufälligen‹,

---

lächerlichen Prätention, aller gesellschaftlichen Entfremdung ein Ende zu bereiten. Die Betonung von Fragmentierung, Riß und Marginalisierung, von Andersheit, Differenz und Nicht-Identischem sowie der Blick für die Besonderheiten des Lokalen und des Einzelnen erneuern Motive der älteren Kritischen Theorie, vor allem Benjamins.«

14 Rex Bawden in *The Liverpool Daily Post* vom 2. März 1982.
15 Olaf Kiener im Programmheft zu einer Aufführung der Sinfonie vom 8. Juni 1997 in Frankfurt am Main mit dem Deutschen Symphonie Orchester Berlin unter der Leitung von Vladimir Ashkenazy, o. P.
16 Zur richtigen Einschätzung dieser Aussage wäre zu bemerken, dass Korngolds Filmmusik ein größeres Publikum erreichte als die Musik aller Komponisten zusammengenommen, die den ›Hauptstrom‹ der kompositorischen Entwicklung trugen; Bechers Bemerkung macht nur aus ›geschichtsphilosophischer‹ Perspektive einen Sinn, aber nicht vor dem Hintergrund der sich faktisch vollziehenden, ›wirklichen‹ Musikgeschichte.
17 In: Programmheft zu einer Aufführung der Sinfonie vom 9./10. Juli 2000 in Hamburg mit dem Philharmonischen Staatsorchester Hamburg unter der Leitung von Ingo Metzmacher, o. P.

›zurückgelassenen‹ Kunst Gerechtigkeit widerfahren zu lassen wäre? Eine Sinfonie aus den Jahren 1949 bis 1952, nach dem Ensemble der Kritiker-Meinungen von Beethoven, Schubert, Bruckner, Mahler, Strauss, Tschaikowsky, Rachmaninow, Schostakowitsch, Puccini, Prokofjew, Strawinsky, Bartók, Britten, Bernstein und dem ›Hollywood-Gesang‹ zugleich beeinflusst, deren Thematik teilweise bereits 1919 skizziert, teilweise von der Kanadischen Bergwelt inspiriert worden sein soll und aus vier verschiedenen Filmen stammt,[18] eine Sinfonie, die dem Andenken an Franklin Delano Roosevelt gewidmet[19] und trotz des aus ihr herauszuspürenden Terrors und Schreckens der Jahre 1933 bis 1945 absolut-musikalisch konzipiert ist,[20] besitzt nun einmal, wie es genannt wurde, einen »stilistisch und geografisch exterritorialen Standort«.[21] Der historische Entwicklungssinn des Werkes bleibt schlechterdings unbestimmbar; deshalb wäre, einem grundsätzlichen Vorschlag von Norbert Bolz folgend, nach Konstellationen zu suchen, mit deren Hilfe das rätselhafte ästhetisch-stilistische Chaos des Werkes zu strukturieren wäre.[22]

***

18 Vgl. Brendan G. Carroll, *The Last Prodigy. A Biography of Erich Wolfgang Korngold*, Portland/Oregon 1997, S. 347–348 sowie Robbert van der Lek, »Concert Music as Reused Film Music. E. W. Korngold's Self-arrangements«, in: *Acta Musicologica* 66 (1994), S. 78–112.
19 In der Ausgabe der Sinfonie durch die Edition Eulenburg No. 8048 fehlt leider die Widmung: »Dedicated to the Memory of Franklin Delano Roosevelt«.
20 So Korngold selbst in einer Notiz zu einer geplanten Aufführung der Sinfonie in den USA, zitiert nach Carroll, *The Last Prodigy* (Anm. 18), S. 348: »The composer characterizes his new symphony as a work of pure, absolute music with no program whatsoever, in spite of his experience that many people – after the first hearing – read into the first movement the terror and horrors of the years 1933–1945, and into the Adagio the sorrows and sufferings of the victims of that time.«
21 So Albrecht Dümling in seiner Rezension einer Aufführung der Sinfonie vom 6./7. Juni 1997 in Berlin mit dem Deutschen Symphonie Orchester unter der Leitung von Vladimir Ashkenazy (*Tagesspiegel*, 9. Juni 1997).
22 Vgl. Norbert Bolz, *Auszug aus der entzauberten Welt*, München 1989, S. 9. – Auf Bolz' historiografisch bedeutsamen Hinweis machte bereits Rudolf Stephan aufmerksam: »Überlegungen zur Symphonik im beginnenden zwanzigsten Jahrhundert«, in: *Musikwissenschaft als Kulturwissenschaft. Festschrift zum 65. Geburtstag von Hans-Peter Reinecke*, hrsg. von Klaus-Ernst Behne u. a., Regensburg 1991 (= Perspektiven zur Musikpädagogik und Musikwissenschaft 15), S. 33.

1. Korngold zählt mit Komponisten wie Mahler, Schreker, Franz Schmidt, Zemlinsky oder Schönberg zur musikalischen »Moderne«[23] in ihrer spezifisch wienerischen Ausprägung, die er bis in die frühen 1920er Jahre entscheidend mitgeprägt hat, obwohl er einer wesentlich jüngeren Generation angehört. Diese Moderne ist vom Neoklassizismus und der Neuen Sachlichkeit in den 1920er Jahren nach der Katastrophe des Ersten Weltkriegs und der verheerenden Inflationszeit als »Spätromantik« in eine Vergangenheit zurückgestoßen worden,[24] mit der radikal zu brechen war.[25] Als drastischer Beleg des ›Endes‹ dieser Epoche galt den Neoklassizisten vor allem das Werk Anton Weberns; Hans Mersmann resümierte 1928 über Weberns *Fünf Stücke für Orchester* op. 10: »Hier geht ein Weg zu Ende. Wir stehen dem Ende der Musik gegenüber, dem absoluten Endpunkt [...].«[26] Und Schönberg wurde 1931 in einer Rundfunkdiskussion mit Eberhardt Preussner und Heinrich Strobel als einem »Romantiker« jedwede Zeitgenossenschaft abgesprochen.[27] Seit Ende der 1940er Jahre wurde jedoch die Musik der Schönberg-Schule als kompositionstechnisches Paradigma einer emphatisch Neuen Musik schlechthin durchgesetzt, deren Anfänge nun auf die großen »heroischen Zeiten« der Jahre »um 1910« datiert wurden,[28] die nicht mehr als ›Ende‹, sondern als Aufbruch galten. Verlor die Musik der Schönberg-Schule darüber ihre spezifisch wienerischen Züge, so blieben Mahler, Schreker, Zemlinsky oder Korngold weiterhin ausgegrenzte ›Spätromantiker‹. Korngolds Sinfonie musste demnach zur Zeit ihrer Entstehung stilistisch doppelt regressiv anmuten: sowohl gegenüber dem Neoklassizismus als auch gegenüber der Neuen Musik. Umgekehrt sind dann über die Renaissance der Wiener Moderne, die auch auf Luchino Viscontis Film *Tod in Venedig* (1971) zurückgeht,[29] der Mahlers dritte

---

23 Die »Moderne« als musikhistorische Epoche hat maßgeblich Carl Dahlhaus durchgesetzt; vgl. Carl Dahlhaus, »Die Musik des 19. Jahrhunderts«, in: ders., *Gesammelte Schriften in 10 Bänden*, hrsg. von Hermann Danuser, Bd. 5: 19. Jahrhundert II. Theorie/Ästhetik/Geschichte: Monographien, Laaber 2003, S. 320ff.
24 Formulierung nach Carl Dahlhaus, *Vom Musikdrama zur Literaturoper. Aufsätze zur neueren Operngeschichte*, München – Salzburg 1983, S. 158. – Die dort von Dahlhaus vorgetragene Argumentation zur Rezeption der Wiener Moderne (bei Dahlhaus: Franz Schreker) wird hier übernommen.
25 So etwa die Meinung des einflussreichsten Musikkritikers der Zeit, Paul Bekker, in seiner 1919 erschienenen Broschüre »Neue Musik«, in: ders., *Neue Musik*, Stuttgart – Berlin 1923 (= Gesammelte Schriften 3), S. 97.
26 Hans Mersmann, *Die moderne Musik seit der Romantik*, Potsdam 1928, S. 144.
27 »Diskussion im Berliner Rundfunk«, in: Arnold Schönberg, *Stil und Gedanke. Aufsätze zur Musik*, hrsg. von Ivan Vojtěch, Frankfurt am Main 1976, S. 280.
28 So vor allem Adorno; vgl. den Aufsatz »Jene zwanziger Jahre« aus »Eingriffe. Neun kritische Modelle«, in: ders., *Kulturkritik und Gesellschaft II*, hrsg. von Rolf Tiedemann, Frankfurt am Main 1977 (= Gesammelte Schriften 10/2), S. 499–506, hier S. 499.
29 Bereits 1974 zog Ken Russell mit seinem Film *Mahler* nach (mit Musik von Wagner und Mahler).

und fünfte Sinfonie als Filmmusik nutzte und populär machte,[30] der Musik der Schönberg-Schule ihre Züge der Wiener Moderne zurückgegeben worden, die nun jedoch weitgehend eben mit ihr, ihrer Entwicklung und den ihr nahestehenden Komponisten identifiziert wurden, aber zunächst nicht mehr mit einem Komponisten wie Korngold. Kaum anders als Schreker war Korngold das »Opfer der Rettung Schönbergs für eine Neue Musik jenseits der Moderne«.[31]

2. Sinfonisches Komponieren ist im Verlauf des 19. Jahrhunderts stets mehr als ein synthetisierendes Komponieren aufgefasst worden, das komplementär eklektisch fundiert ist. Synthetisiert wurden nicht nur ältere und neuere Kompositionstechniken,[32] Instrumental- und Vokalmusik,[33] orchestrale und konzertante Musik,[34] sondern es wurde in Sinfonien auch auf Opern-,[35] Ballett-[36] oder Kammermusik[37] zurückgegriffen. Entweder galt es, das Genre der Sinfonie zu erweitern, zu erneuern oder gar ›aufzubrechen‹, oder aber die jeweils aufgegriffene Musik bzw. das sinfonische Gestalten womöglich zu nobilitieren. Schwierigkeiten bereiteten weniger die zu entwi-

---

30 Vgl. dazu Kurt von Fischer, »Gustav Mahlers Adagietto und Luchino Viscontis Film ›Morte a Venezia‹«, in: *Verlust und Ursprung. Festschrift für Werner Weber*, hrsg. von Angelika Maass und Bernhard Heinser, Zürich 1989, S. 44: »Luchino Viscontis 1970/71 entstandener Film ›Morte a Venezia‹ spielt in der Rezeptionsgeschichte von Gustav Mahlers Musik eine bedeutsame Rolle, wurde doch mit diesem Werk des großen italienischen Regisseurs das ohnehin schon bekannte Adagietto aus Mahlers 5. Symphonie in einer bisher, jedenfalls im Hinblick auf die Musik Mahlers, nie dagewesenen Weise popularisiert.« – Hansjörg Pauli beobachtet (»Zum Verhältnis von Vertikale und Horizontale in der Filmmusik«, in: *Zwischen Aufklärung & Kulturindustrie. Festschrift für Georg Knepler zum 85. Geburtstag*, hrsg. von Hanns-Werner Heister, Karin Heister-Grech und Gerhard Scheit, Bd. 2: Musik/Theater, Hamburg 1993, S. 261): »Ein vielgeschmähtes Beispiel zum ersten: ›Death in Venice‹ von Luchino Visconti, mit dem Adagietto aus Mahlers 5. Sinfonie. Das Stück setzt ein mit Beginn des Films. Wer es nicht kennt, mag es mit Filmmusik verwechseln, wofern er zum Stichwort Filmmusik einigermassen [sic!] zwanghaft assoziiert, was in Hollywoods Studio-Ära diesbezüglich produziert wurde. Wohllaut, Streicherklang, hauptstimmenorientierter Satz, spätromantischgefühlvolle Melodik, klar tonale harmonische Verhältnisse: das alles paßt ins Bild, das man sich so macht. Wer es dagegen kennt, weiß nicht recht, was er sich denken soll.«
31 Dahlhaus, *Vom Musikdrama zur Literaturoper* (Anm. 24), S. 158.
32 Vgl. etwa die vierte Sinfonie von Brahms mit ihren ungemein modernen Verfahren der »thematischen Vermittlung«, der Verwendung modaler Leitern oder der Anlage des Finalsatzes als Passacaglia; hierzu Christian Martin Schmidt, *Verfahren der motivisch-thematischen Vermittlung in der Musik von Johannes Brahms dargestellt an der Klarinettensonate f-Moll op. 120/1*, München 1971 (= Berliner musikwissenschaftliche Arbeiten 2).
33 Gemeint sind selbstverständlich die Sinfonien ›nach‹ Beethovens neunter Sinfonie bis hin zu den entsprechenden Sinfonien von Mahler, Schostakowitsch, Hartmann oder Henze.
34 So das Paradigma der Sinfonie *Harold en Italie* op. 16 von Hector Berlioz.
35 Zum Beispiel Sinfonien von Prokofjew oder Hindemith.
36 Etwa Prokofjews vierte Sinfonie in ihren beiden Fassungen.
37 Das Paradigma schlechthin wäre Pfitzners Sinfonie op. 36a nach dem Streichquartett op. 36

ckelnden synthetisierenden kompositionstechnischen Verfahren,[38] die eher die kompositorische Fantasie stimulierten oder ihr Grenzen setzten, als vielmehr das ästhetische Problem der Lösung und Verselbständigung der unterschiedlichen Genres von und aus ihren ursprünglichen Funktionen. Drei Argumentationen lassen sich unterscheiden: Mahlers Überzeugung, dass die Sinfonie wie eine Welt sei und »alles« umfassen müsse,[39] Busonis Vorstellung einer »Einheit der Musik«, vor der musikalische Wertunterschiede zwischen Gattungen oder Genres völlig verblassen,[40] und Hindemiths Idee einer Vergleichgültigung des musikalischen Materials, soweit die jeweils komponierte Musik zu überzeugen, also zu wirken vermag.[41] Korngolds filmmusikalische Erweiterung seiner Sinfonie und ihre eklektischen Züge bedürfen also keiner Rechtfertigung oder Begründung, und die entsprechende Kritik, welche sie in den 1970er Jahren auf sich zog, ist in letzter Instanz auf die Gattung, weniger auf das Werk zu beziehen. Sie kann musikhistorisch weder begründet noch widerlegt werden; denn: »Die wirkliche Geschichte«, so heißt es bei Spengler, »fällt ihr Urteil nicht, indem sie den Theoretiker widerlegt, sondern indem sie ihn samt seinen Gedanken sich selbst überläßt.«[42]

3. Korngold bestätigt in seiner knappen Konzerteinführung in die Sinfonie[43] die gänzlich traditionelle Formanlage mit den vier konventionellen Sät-

---

38 Das ›synthetisierende‹ Komponieren geht offenbar in letzter Instanz auf den harmonisch-thematischen Antagonismus in jenen Sätzen zurück, welche die Sonatenhauptsatzform tragen. Ein Paradigma sinfonischer Synthese, die weit über diesen Antagonismus hinausgeht, bildet dann ein Werk wie die erste Sinfonie op. 68 von Brahms, die eine ursprünglich textierte Alphornweise, einen imaginären Choral, ein Anklingen an einen bestimmten Choral sowie Reminiszenzen an ›klassische‹ Werke eint.
39 So Mahler zu Sibelius, zitiert nach Kurt Blaukopf, *Mahler. Sein Leben, sein Werk und seine Welt in zeitgenössischen Bildern und Texten*, Wien 1976, S. 254.
40 Ferruccio Busoni, »Die Einheit der Musik und die Möglichkeiten der Oper«, in: ders., *Wesen und Einheit der Musik*, hrsg. von Joachim Herrmann, Berlin-Halensee – Wunsiedel 1956 (= Max Hesses Handbücher der Musik 76), S. 10.
41 Paul Hindemith, »Komposition und Kompositionsunterricht«, in: ders., *Aufsätze, Vorträge, Reden*, hrsg. von Giselher Schubert, Zürich 1994, S. 59.
42 Zitiert nach Hans Barth, *Wahrheit und Ideologie*, Frankfurt am Main 1974, S. 13.
43 Die Einführung lautet: »Diese Symphonie wurde im Jahre 1952 fertiggestellt. Einzelne Gedanken und Keime dazu, namentlich für den ersten Satz, liegen jedoch weit zurück. 1. Satz Moderato ma energico. Zu einer Begleitfigur von 3 Tönen, die rhythmisch verschoben werden, erklingt in Klarinetten das Hauptthema, das in ununterbrochener symphonischer Steigerung erst nach 50 Takten den Höhepunkt und die Haupttonart erreicht. Ein lyrisches Seitenthema, das Wiederaufklingen des Hauptgedankens und eine selbstständige Schlußepisode runden die Exposition ab. Einer knappen Durchführung folgt eine ziemlich getreue Reprise. 2. Satz Scherzo. Ein atemberaubend dahinhuschendes Orchesterstück, unterbrochen durch einen Mittelsatz mit heroischem Hörnerklang und durch ein ruhiges, gesangvolles Trio der Art eines Wiegenliedes. 3. Satz Adagio. Ein vierzehn Minuten langes Gesangsstück, das sich in steter Entwicklung zu symphonischen Gipfeln aufschwingt; zum Schluß ein extatischer [sic!] Abgesang. 4. Satz Finale. Das Schlußstück der Symphonie bildet ein lustiges, pikantes Marschfi-

zen eines Kopfsatzes in der Sonatenhauptsatzform, eines Scherzos mit zwei Themen sowie mit kontrastierendem Trio, eines lyrisch-kantablen, ausdrucksvollen langsamen Satzes mit einer Coda sowie eines Finalsatzes in der Rondoform mit Zitaten aus dem Kopfsatz in Couplet-Teilen. Tatsächlich wirkt diese konventionelle Formdisposition übernommen oder zitiert; jedenfalls ist eine Formfantasie, welche Formen erfindet oder markant überformt, nicht erkennbar. Freilich kann auch nicht von einer den formalen Schematismus ausgleichenden, besonders originellen thematischen Erfindung die Rede sein: Themen des zweiten, dritten und vierten Satzes hat Korngold ohnehin aus Filmmusiken übernommen (*Juárez, The Private Lives of Elizabeth and Essex, Captain Blood* und *Anthony Adverse*), und die neuen Themen wirken geradezu formelhaft – bis hin zum Anklingen an den Refrain aus einem der bekanntesten Songs von George M. Cohan aus dem Ersten Weltkrieg: *Over There* (Fagott, Kontrafagott, Celli und Bässe im vierten Satz bei Ziffer 122).

Korngold beschränkt thematisch fundierte Vorgänge fast ausschließlich auf solche der Themenmetamorphose, die wohl den Themen ihre diastematische Substanz belassen, sie jedoch charakterlich völlig verändern. Es geht Korngold demnach um thematisch konzentrierte Ausdrucksgebärden, Affekte, Charaktere, Gesten, deren charakterlich differenzierende Veränderungen, Entwicklungen oder Wiederholungen er über Themenmetamorphosen denkbar plastisch hervortreten lässt und die als solche gewissermaßen den ›Gegenstand‹ der kompositorischen Gestaltung abgeben. Das verleiht der Sinfonie eine ungemein intensive, geradezu illustrative Prägnanz ihrer Einzelheiten, die ein formales Verständnis kaum mehr herausfordert und nun vollends in einer Zeit auf Befremden stieß, für die sich der Wert, Sinn und Gehalt einer Musik als Inbegriff möglichst komplexer kompositionstechnischer Maßnahmen erschloss.

4. Die affektive Prägnanz der Sinfonie weist sie als ein Werk aus, das der ›Inhaltsästhetik‹ verpflichtet ist. Dieser gilt die Form wohl als ein »sekun-

nale, dessen Hauptthema der Schlußepisode aus der Exposition des ersten Satzes entnommen ist.«

däres Moment«, welches durchaus schematisch gehalten sein kann,[44] doch lässt sie gleichwohl erst durch Gestaltung die Musik sich von einem bloßen Gefühlserguss abheben. Und tatsächlich wirkt sich die ungemein kunstvolle, regelmäßig übersehene[45] motivisch-thematische Gestaltung der Sinfonie vor allem subthematisch, gleichsam hinter den Gesten des emotionalen Überschwanges im Sinne anspruchsvollster »thematischer Vermittlung« aus,[46] nach welcher nahezu alle thematischen Ereignisse zusammenhängen oder auseinander hervorgehen. Das Hauptthema des Kopfsatzes besitzt, wie in den Sinfonien von Brahms, eine doppelthematische Struktur, deren Diastematik – ein Dreitonmotiv mit steigender Sekunde und fallender Terz

sowie ein Ausschnitt aus der chromatischen Leiter –

in allen Sätzen wiederkehrt. Das Intervall der Quarte vereinheitlicht das Seitenthema

und das Schlussgruppenthema, das sich zugleich auch auf die Chromatik des Doppelthemas zurückbezieht:

44 Vgl. Hugo Riemann, *Katechismus der Musik-Ästhetik*, Leipzig o. J., S. 31.
45 Helmut Pöllmann (*Erich Wolfgang Korngold. Aspekte seines Schaffens*, Mainz u. a. 1998, S. 156) dokumentiert sein völliges Unverständnis formaler Vorgänge in der Sinfonie, wenn er meint, Korngold hoffe, durch die Zitate aus dem ersten Satz im Finalsatz »die Sinfonie möglichst ohne viel Mühe und Aufwand zu Ende bringen zu können«, weil er sich in den vorangehenden Sätzen »offenbar verausgabt« habe. Noch naiver lässt sich kaum mehr ›analysieren‹.
46 Begriff von Schmidt, *Verfahren der motivisch-thematischen Vermittlung in der Musik von Johannes Brahms* (Anm. 32).

Das genannte Dreitonmotiv kehrt in seinen Krebs- und Krebsumkehrungsformen jeweils als Schlusswendung in den Phrasen des ersten Scherzo-Themas wieder,

während das zweite Scherzo-Thema sowohl das charakteristische Intervall der Quarte als auch das Dreitonmotiv aufgreift:

Das Trio-Thema des Scherzos bezieht sich wiederum auf die Chromatik des Doppelthemas zurück:

Quarte, Dreitonmotiv und Chromatik prägen auch die wichtigsten Themen des langsamen Satzes, während sich der Finalsatz durch die Metamorphose des Schlussgruppenthemas aus der Exposition des ersten Satzes zum Hauptthema des Finalsatzes

sowie durch Zitate direkt auf den ersten Satz zurückbezieht.

Diese thematische Integrierung der Sätze zählt seit Beethoven zu den fast schon selbstverständlichen Voraussetzungen anspruchsvollen zyklischen Gestaltens; Brahms hat sie nach Mendelssohn und Schumann einem neuen Höhepunkt zugeführt, in Frankreich ist sie von Vincent d'Indy als Theorie der ›sonate cyclique‹ kodifiziert worden, und Schönberg identifizierte sie sogar mit musikalischer Logik schlechthin. Bei Korngold gleicht sie einerseits die Lockerung und Dehnung der harmonisch-tonalen Zusammenhänge aus[47] und lässt andererseits einen musikalischen Zusammenhang der illustrativ-prägnanten Gesten und Gebärden spürbar werden, ohne ihre unmittelbare Wirkung zu beeinträchtigen.

5. Korngolds Sinfonie mag – gemessen an der gleichzeitigen Etablierung der emphatisch Neuen Musik und der Ausbildung der seriellen Musik – ein ›exterritoriales‹ Werk sein, doch wären dann Werke wie Fortners Sinfonie (1947), Messiaens *Turangalîla*-Sinfonie (1948), Brittens *Spring Symphony* (1949), Honeggers fünfte Sinfonie (1950), Milhauds fünfte Sinfonie (1950), Hindemiths Sinfonie *Die Harmonie der Welt* (1951), Prokofjews siebte Sinfonie (1952), Schostakowitschs zehnte Sinfonie (1953) – die Liste ließe sich fast schon beliebig verlängern – ebenfalls als ›exterritorial‹ zu charakterisieren, so sehr sie ihren unverwechselbaren Ort in der Kompositionsgeschichte ihrer jeweiligen Schöpfer besitzen.[48] Als ›exterritorial‹ sind sie in den 1950er bis 1970er Jahren durch eine ›geschichtsphilosophisch‹ motivierte Musikauffassung ausgegrenzt und marginalisiert worden, welche der Musikgeschichte eine zwingende Teleologie unterschob und das ästhetisch Stimmige mit dem historisch Angemessenen identifizierte. Der hybride Fundamentalismus dieser Auffassung ist wohl längst durchschaut worden,[49] und komplementär schrumpfte sie – zusammen mit den seriellen Arbeiten – zum Dokument in den Museen für Moderne Kunst, die Odo Marquardt »Altersheime für Avantgarden« nannte.[50] Doch belehrt die Auseinandersetzung mit der Sinfonie Korngolds, dass es immer noch nicht gelungen ist, die Wirklichkeit der Musikgeschichte ästhetisch überzeugend einzuholen.

---

47 Vgl. dazu die allerdings revisionsbedürftigen Analysen bei Pöllmann, *Erich Wolfgang Korngold* (Anm. 45), S. 152 ff.
48 Vgl. Rudolf Stephan, »Überlegungen zur Symphonik im beginnenden zwanzigsten Jahrhundert« (Anm. 22), S. 32 ff.
49 Vgl. dazu etwa Hermann Lübbe, »Der verkürzte Aufenthalt in der Gegenwart. Wandlungen des Geschichtsverständnisses«, in: *»Postmoderne« oder Der Kampf um die Zukunft*, hrsg. von Peter Kemper, Frankfurt am Main 1988, S. 164: »Jeder Versuch, den Geschichtsablauf als theoriekonsequenten Verlauf zu erweisen, macht bekanntlich geschichtsblind.« Nach Alfred Schmidt (*Die Kritische Theorie als Geschichtsphilosophie*, München u. a. 1976, S. 8 mit Anm. 1) hat gerade die »Kritische Theorie«, die durch Adorno die Historiografie der Musik des 20. Jahrhunderts weithin dominiert, »letztlich auf materiale Geschichte als Gegenstand von Erkenntnis verzichtet«.
50 Odo Marquardt, *Philosophie des Stattdessen. Studien*, Stuttgart 2000, S. 52.

Arne Stollberg

»... das Muster und Vorbild meiner jungen Jahre«

Korngolds frühe Klavier- und Kammermusik als Reflex auf den Unterricht bei Alexander Zemlinsky[1]

Julius Korngold berichtet in seinen Memoiren, er habe im Juni 1906 mit Sohn Erich Wolfgang bei Gustav Mahler vorgesprochen, da er sich von dem Hofoperndirektor ein Urteil über die Begabung des Neunjährigen erhoffte, der bereits auf eine Reihe kleinerer Kompositionen zurückblicken konnte und seit kurzer Zeit von Robert Fuchs systematisch in Musiktheorie unterwiesen wurde.[2] Mahler zeigte sich vom Talent des Knaben beeindruckt und empfahl, ihn der künstlerischen Obhut Alexander Zemlinskys anzuvertrauen: »Nur ja kein Konservatorium, keinen Drill! Von Zemlinsky wird er in freiem Unterricht alles lernen, was er braucht!«[3] Anfangs zögerte Julius Korngold jedoch, die-

---

1 Der vorliegende Beitrag basiert auf einem Referat, das am 16. Mai 1998 im Rahmen des Symposions »Wiener Schulen um Alexander Zemlinsky und Franz Schreker« an der Hochschule für Musik und darstellende Kunst Wien gehalten wurde. Seither neu gewonnene Erkenntnisse, besonders die Biografie Korngolds betreffend, fanden in den Text Eingang; für entsprechende Hinweise sei Bernd O. Rachold (Korngold-Archiv, Hamburg) sehr herzlich gedankt.
2 In Luzi Korngolds Monografie wird der Besuch bei Gustav Mahler auf Juni 1907 datiert (Luzi Korngold, *Erich Wolfgang Korngold. Ein Lebensbild*, Wien 1967 [= Österreichische Komponisten des 20. Jahrhunderts 10], S. 11). Diese Angabe ist jedoch zu bezweifeln, da Mahler durch seine (ab dem 4. Juni zunächst in Berlin geführten) Verhandlungen mit Heinrich Conried von der New Yorker Metropolitan Opera sowie durch die Anfang Mai ausgebrochene Scharlach-Erkrankung seiner Tochter Anna in doppelter Hinsicht Belastungen ausgesetzt war, die es unwahrscheinlich machen, dass er vor dem Ferienbeginn am 23. Juni und der Abreise auf den Hochschneeberg wirklich Zeit für Vater und Sohn Korngold gefunden hat (biografische Daten nach Jens Malte Fischer, *Gustav Mahler. Der fremde Vertraute*, Wien 2003, S. 670–675, 925).
3 Julius Korngold, *Postludien in Dur und Moll* [Typoskript, 1944]. Veröffentlicht unter dem Titel: *Die Korngolds in Wien. Der Musikkritiker und das Wunderkind – Aufzeichnungen von Julius Korngold*, Zürich – St. Gallen 1991, S. 123. Alma Mahler-Werfel liefert in ihren Memoiren eine etwas andere Version der Geschichte: »In der Zeit meiner Ehe mit Gustav Mahler kam dieser einmal zu mir und sagte, Korngold habe ihn eben nach einem genialen Lehrer für seinen genialen Sohn gefragt. Mahler war ganz in sich versponnen und wußte nicht viel von der Außenwelt, außer was die Oper betraf. Ich antwortete sofort: ›Das kann doch nur Zemlinsky werden, da gibt es keine Wahl.‹ So empfahl Mah-

sem Rat Folge zu leisten: »So ohne weiteres konnte ich mich nicht entschließen, Erich aus der strengen Lehre Robert Fuchs' zu nehmen. Erst nach Verlauf eines Jahres zog ich, fast heimlich, um Meister Fuchs nicht zu verletzen, Zemlinsky heran und hatte es nicht zu bereuen.«[4]

Der Beginn des Unterrichts wäre demnach auf das Jahr 1907 zu datieren, eine Angabe, die mit Zemlinskys Bemerkung korrespondiert, sein Schüler sei »damals im elften Lebensjahr« gewesen.[5] Zu Ende ging die fruchtbare Ausbildungszeit im Juni 1911, als Zemlinsky für Max Reinhardt die musikalische Leitung der Operettenfestspiele am Münchner Künstler-Theater übernahm,[6] bevor er mit Beginn der Spielzeit 1911/12 schließlich nach Prag ans Neue Deutsche Theater wechselte.[7] Bereits am 3. Juli 1911 hatte Julius Korngold in einem Brief die Möglichkeit sondiert, Felix Weingartner als Kompositionslehrer zu verpflichten: »Erich verliert dieses Jahr Zemlinsky – und ich bin in großer Verlegenheit rücksichtlich des ›Meisters‹, den ich für ihn behufs Fortsetzung der ›hohen und höchsten Schule‹ benötigen würde.«[8] Da Weingartner nicht zur Verfügung stand, fiel die Wahl auf Hermann Grädener, der Korngold allerdings nur noch einigen Unterricht in Chorkomposition und Kontrapunkt erteilte und damit die Studienzeit des gerade Fünfzehnjährigen beendete, abgesehen von wenigen ergänzenden Lektionen bei Karl Weigl, Ferdinand Löwe, Oskar Nedbal und Franz Schalk.[9]

In einem 1921 publizierten Artikel der Zeitschrift *Der Auftakt* würdigt Korngold, nunmehr auf der Höhe seines frühen Ruhmes stehend, Zemlinsky als »den idealsten Lehrer, den fesselnsten [sic!] Anreger, das Muster und Vorbild meiner jungen Jahre«[10] – eine Aussage, die nicht nur als Dokument der Verehrung und Dankbarkeit erscheint, sondern zugleich auf eine unmittelbare musikalische Beeinflussung schließen lässt. Zu der Frage, welcher Art diese Beeinflussung gewesen sein mag, gibt Korngold in dem genannten Aufsatz jedoch nur allgemeine Hinweise, wobei er insbesondere »Zemlinskys

---

ler Zemlinsky, und Erich Korngold hatte es nicht zu bereuen« (Alma Mahler-Werfel, *Mein Leben* [1960], Frankfurt am Main ²1991, S. 30).
4 *Die Korngolds in Wien* (Anm. 3), S. 124.
5 Zitiert nach Rudolf Stefan Hoffmann, *Erich Wolfgang Korngold*, Wien 1922, S. 108. Unverständlich daher, dass Hoffmann an anderer Stelle seines Buches das Jahr 1909 angibt (ebenda, S. 15).
6 Vgl. Antony Beaumont, *Alexander Zemlinsky.* Aus dem Englischen von Dorothea Brinkmann, Wien 2005, S. 278.
7 Zu korrigieren ist somit auch Erich Wolfgang Korngolds eigene Aussage, dass sein Lehrer »nach dem Sommer 1910« Wien verlassen habe; vgl. Erich Wolfgang Korngold, »Erinnerungen an Zemlinsky aus meiner Lehrzeit«, in: *Der Auftakt* 1 (1920/21), S. 230–232, hier S. 231.
8 Brief Julius Korngolds an Felix Weingartner vom 3. Juli 1911 (Korngold-Archiv, Hamburg).
9 Vgl. Brendan G. Carroll, *The Last Prodigy. A Biography of Erich Wolfgang Korngold*, Portland/Oregon 1997, S. 54.
10 E. W. Korngold, »Erinnerungen an Zemlinsky aus meiner Lehrzeit« (Anm. 7), S. 232.

strenge Logik im Harmonischen bei aller Freiheit und Kühnheit im Akkordbau« hervorhebt und ferner die Lektionen »in der oder jener Frage des Satzes, der Form, der Stimmführung, vor allem auch im Klavierspiel« sowie in der Orchestration als wesentliche Bestandteile des Unterrichts darstellt.[11]

Die Bedeutung dieser Lehrinhalte für Korngolds Personalstil erweist sich bereits bei oberflächlicher Betrachtung als so offenkundig, dass sie kaum eines analytischen Nachweises bedarf. Es ist bekannt, dass Korngold – wie sein Lehrer Zemlinsky – niemals den Boden der Tonalität verließ, obwohl er bereits im Kindesalter das harmonische Idiom der um 1900 als ›modern‹ geltenden Komponisten mit einer Selbstverständlichkeit beherrschte, die von zeitgenössischen Kommentatoren (je nach Perspektive) irritiert oder fasziniert zur Kenntnis genommen wurde.[12] Was die pianistischen Fähigkeiten anbelangt, so berichtet Julius Korngold, sein Sohn habe »anfangs zwar rein und musikalisch, doch ohne nennenswerte Fertigkeit« gespielt,[13] weshalb Zemlinsky – gemäß eigener Aussage – den Unterricht zunächst mit »Skalen im Klavierspiel« beginnen ließ.[14] Dank dieser pädagogischen Heranführung erwarb sich sein Schüler rasch eine zwar eigenwillige, aber vielfach bestaunte und als orchestral charakterisierte Technik, die Eugen d'Albert zu der Bemerkung veranlasste, Korngold »wäre, wenn er sich die erforderliche technische Glätte zu eigen gemacht hätte, einer der bedeutendsten Klavierspieler der Welt geworden«.[15] Die Rückwirkung auf das kompositorische Schaffen trat spätestens bei der 1910 entstandenen zweiten Klaviersonate ein, in deren pianistischer Diktion das auf orchestrale Wirkung abzielende Spiel Korngolds seinen unmittelbaren Niederschlag fand.[16] In der Kunst des Instrumentierens schließlich machte der Knabe unter Zemlinskys Anleitung so rasche Fortschritte, dass er im Spätsommer des Jahres 1911, also mit vierzehn Jahren, die Orchestrierung seiner *Schauspiel-Ouvertüre* op. 4 ohne Hilfe des Lehrers vornehmen und auf diese Weise dokumentieren konnte, dass er den großen Orchesterapparat mit stupender Sicherheit zu handhaben vermochte – eine Souveränität, die selbst Zemlinsky überraschte, weshalb er seinem ehemaligen Schüler anlässlich einer Aufführung des Werkes in Prag die Frage stellte: »Nun sag' mir aber aufrichtig, Erich, hast du das wirklich selbst instrumentiert?«[17]

---

11 Ebenda, S. 230.
12 Vgl. etwa Paul Bekker, »Zukunftsklänge«, in: *Die Musik* 9 (1909/10), S. 260–264.
13 *Die Korngolds in Wien* (Anm. 3), S. 138.
14 Zitiert nach Hoffmann, *Erich Wolfgang Korngold* (Anm. 5), S. 108.
15 *Die Korngolds in Wien* (Anm. 3), S. 138; vgl. L. Korngold, *Erich Wolfgang Korngold* (Anm. 2), S. 11: »Zemlinsky bestand darauf, daß Erich eine Stunde täglich Klavier übe. So übte er denn – ein Jahr lang – und gewann sich eine Technik, eine eigene, unvergleichliche Technik des Spielens.«
16 Vgl. Glenn Gould, »Korngold und die Krise der Klaviersonate« [1974], in: ders., *Von Bach bis Boulez. Schriften zur Musik I. Aus dem Amerikanischen von Hans-Joachim Metzger*, hrsg. und eingeleitet von Tim Page, München – Zürich ²1987, S. 291–295.
17 E. W. Korngold, »Erinnerungen an Zemlinsky aus meiner Lehrzeit« (Anm. 7), S. 232.

Es ist jedoch zu bezweifeln, dass die in dem *Auftakt*-Artikel enthaltenen Mitteilungen tatsächlich ausreichend sind, um die Spuren der Unterweisung durch Zemlinsky im Schaffen Korngolds konkret zu benennen. Abgesehen von den Bemerkungen über Zemlinskys harmonisches Denken gibt Korngold keinerlei Auskunft darüber, ob er sich charakteristische Kompositionstechniken des Lehrers angeeignet und in seinen Werken bewusst umgesetzt hat. Daher soll nachfolgend der Versuch unternommen werden, anhand von drei kammermusikalischen Frühwerken Korngolds, nämlich der ersten beiden Klaviersonaten sowie der Violinsonate op. 6, die Entwicklung des Komponisten zumindest kursorisch nachzuzeichnen, und zwar im Hinblick auf die Frage, inwieweit sie sich als schöpferische Reaktion auf den Unterricht bei Zemlinsky präsentieren und damit umgekehrt die Inhalte eben dieses Unterrichts zu erhellen vermögen. Das Erkenntnisinteresse richtet sich dabei primär auf Korngolds Umgang mit der Sonatenform sowie auf die Anwendung jener von Brahms übernommenen Techniken, die für Zemlinskys Kompositionsweise bekanntlich von außerordentlicher Bedeutung sind:[18] zum einen die ›entwickelnde Variation‹ im Sinne Schönbergs, das heißt die Genese von neuen Themen oder Motiven durch sukzessive Umformung und Weiterentwicklung des zuvor exponierten musikalischen Materials,[19] zum anderen die thematische Verknüpfung und zyklische Integration der einzelnen Sätze eines Werkes. Beide Kompositionsprinzipien hätte Korngold exemplarisch anhand von Zemlinskys 1897 veröffentlichtem d-Moll-Klarinettentrio op. 3 studieren können, das den nachfolgenden Analysen daher als Bezugspunkt dienen soll.[20]

I

Korngolds Klaviersonate Nr. 1 in d-Moll umfasst drei Sätze, die – nach Auskunft der Vorbemerkung in dem 1909 erschienenen, durch Julius Korngold initiierten Privatdruck bei der Universal Edition – zeitlich unabhängig vonei-

---

18 Vgl. Alexander Zemlinsky, »Brahms und die neuere Generation. Persönliche Erinnerungen«, in: *Musikblätter des Anbruch* 4 (1922), S. 69–70, hier S. 69: »Gedenk ich der Zeit, als ich das Glück hatte, Brahms auch persönlich kennen zu lernen – es war während seiner beiden letzten Lebensjahre – dann kommt es mir wieder so recht zum Bewußtsein, wie faszinierend, unentrinnbar beeinflussend, ja geradezu verwirrend seine Musik auf mich und meine damaligen komponierenden Kollegen, worunter auch Schönberg war, wirkte. Ich war noch Schüler des Wiener Konservatoriums, kannte die meisten Werke Brahms' gründlich und war wie besessen von dieser Musik. Aneignung und Beherrschung dieser wundervollen, eigenartigen Technik galt mir damals als ein Ziel.«
19 Vgl. Werner Loll, *Zwischen Tradition und Avantgarde. Die Kammermusik Alexander Zemlinskys*, Kassel u. a. 1990 (= Kieler Schriften zur Musikwissenschaft 34), S. 38–40.
20 Verwiesen sei auf die detaillierten Analysen dieses Werkes durch Werner Loll (*Zwischen Tradition und Avantgarde* [Anm. 19], S. 52–71) und Alfred Clayton (»Brahms und Zemlinsky«, in: *Brahms-Kongreß Wien 1983*, hrsg. von Susanne Antonicek und Otto Biba, Tutzing 1988, S. 81–93).

nander entstanden sind. Der dritte Satz, eine Folge von Passacaglia-Variationen über ein von Zemlinsky vorgegebenes Thema, ging sogar als Kompositionsaufgabe aus dem Unterricht hervor und wurde erst auf Anraten Gustav Mahlers zum Finale der Sonate umfunktioniert.[21]

Für Korngolds Umgang mit der Sonatenform ist der erste Satz, geschrieben im Sommer 1909, von besonderer Signifikanz. Ernst Decsey charakterisiert dieses »Allegro non troppo, ma con passione« zutreffend als »Sonatensatz mit allen geschichtlichen Maschinenbestandteilen und getrieben von der Seele der Neuzeit«,[22] eine Beschreibung, die hellsichtig auf die Diskrepanz zwischen der chromatisierten, teilweise mit bruitistischen Dissonanzen durchsetzten Harmonik[23] und dem geradezu schulmäßigen Formaufbau verweist. Schulmäßig ist die formale Disposition dabei insofern, als sie merklich auf das ›klassische‹ Paradigma der frühen Klaviersonaten von Beethoven rekurriert. Zemlinsky selbst erzählt, dass Korngold in der ersten Phase des Unterrichts einerseits Beethoven-Sonaten gespielt und andererseits Formanalyse betrieben habe[24] – ein pädagogischer Konnex, der dem spezifischen Charakter des Kopfsatzes der d-Moll-Sonate deutlich eingeschrieben ist. Insofern wirkt das einleitende Allegro wie eine bewusste Studie zur formalen und harmonischen Disposition des Sonatensatzes anhand der bei Beethoven vorgefundenen Modelle (ohne dass deshalb die expressiven Qualitäten der Musik in den Hintergrund treten würden). In diesem Zusammenhang sei daran erinnert, dass Zemlinsky in der Antwort auf eine Rundfrage der Wiener *Musikpädagogischen Zeitschrift* die Durchdringung und Beherrschung traditioneller Muster als notwendige Grundlage jeder »freien Entfaltung« bezeichnete[25] – ein didaktisches Konzept, dessen praktische Relevanz in den Memoiren von Alma Mahler-Werfel ihre Bestätigung findet. Dort berichtet die Zemlinsky-Schülerin, dass ihre »wilde Komponiererei« durch den Lehrer

---

21 Vgl. Alfred Clayton, »Alexander Zemlinskys künstlerisch-pädagogische Beziehungen zu seinen Schülern«, in: *Alexander Zemlinsky. Ästhetik, Stil und Umfeld*, hrsg. von Hartmut Krones, Wien u. a. 1995 (= Wiener Schriften zur Stilkunde und Aufführungspraxis. Sonderband 1), S. 302–313, bes. S. 310–312.
22 Ernst Decsey, »Vom jüngsten Komponisten«, in: *Neue Freie Presse*, 27. Februar 1910 (Korngold-Archiv, Hamburg).
23 Beispielhaft hierfür sind das gleichzeitige Erklingen von leitereigener und tiefalterierter Quinte im Rahmen eines verkürzten Septakkordes (T. 53 und T. 211) sowie der im dreifachen Forte anzuschlagende und zudem mit einer Fermate versehene Akkord *gis – h – f′ – g′ – h′ – d″ – g″* (verminderter Septakkord mit unaufgelöstem Vorhalt g zu f, T. 230).
24 Zitiert nach Hoffmann, *Erich Wolfgang Korngold* (Anm. 5), S. 108: »Er fing bei mir mit Skalen im Klavierspiel an, und nach einem Jahre spielte er die erste Beethovensonate. Fast gleichzeitig lernte er Harmonielehre, und ich begann bald danach mit ihm Analyse von Formen.«
25 Zitiert nach Ernst Hilmar, »Zemlinsky und Schönberg«, in: *Alexander Zemlinsky. Tradition im Umkreis der Wiener Schule*, hrsg. von Otto Kolleritsch, Graz 1976 (= Studien zur Wertungsforschung 7), S. 55–79, hier S. 57.

»in ernste Bahnen gelenkt« worden sei, weshalb sie »von einem Tag auf den anderen vielseitige Sonatensätze« komponiert habe.[26]

Die großformale Anlage des ersten Satzes von Korngolds d-Moll-Sonate gestaltet sich folgendermaßen:

Exposition (T. 1–87)

	T. 1–16	Hauptsatz in d-Moll
	T. 16–41	Überleitung
	T. 42–54	Seitenthema in F-Dur
	T. 55–72	Fortspinnung des Seitenthemas, Kombination mit Motiven der Überleitung
	T. 73–87	Schlussgruppe in F-Dur mit Rückgriff auf das Hauptthema

Durchführung (T. 88–170) mit Scheinreprise (T. 128)

Reprise (T. 171–248)

	T. 171–174	Hauptsatz, reduziert auf die kadenzierende Schlusswendung
	T. 174–199	Überleitung
	T. 200–212	Seitenthema in D-Dur
	T. 213–222	Fortspinnung des Seitenthemas analog zur Exposition
	T. 223–230	gegenüber der Exposition (T. 65–72) neu gestaltet (Rückgriff auf den Hauptthemenkopf)
	T. 231–248	Schlussgruppe in d-Moll

Die einzige Abweichung vom Schema der Sonatenform besteht darin, dass Korngold in der Reprise die ›schulmäßige‹ Wiederholung des Hauptsatzes vermeidet und sich auf dessen markante, kadenzierende Schlusswendung beschränkt (T. 171–174, entsprechend T. 14–16): ein erstes Anzeichen jener von Susanne Rode-Breymann konstatierten »Schwächung der Hauptthemen-Prägnanz«,[27] die in einigen von Korngolds späteren Sonatensätzen auffällig zutage tritt. Es spricht jedoch für das Formbewusstsein des Komponisten, dass er die so entstehende ›Leerstelle‹ in der Reprise bzw. die Akzentverlagerung vom Haupt- auf das Seitenthema ausbalanciert, indem er die Takte 65–

---

26 Mahler-Werfel, *Mein Leben* (Anm. 3), S. 28.
27 Susanne Rode-Breymann, »Erich Wolfgang Korngold: Between Two Worlds? Oder über die Streicherkammermusik eines Opern- und Filmkomponisten«, in: *Kammermusik zwischen den Weltkriegen. Symposion 1994*, hrsg. von Carmen Ottner, Wien – München 1995 (= Studien zu Franz Schmidt 11), S. 198–212, hier S. 200.

72 der Exposition – eine freie, mit Motiven der Überleitung kombinierte Variante des Seitenthemas – durch einen neuen, ebenfalls achttaktigen Formteil ersetzt, der auf den am Beginn der Reprise ausgesparten Hauptthemenkopf zurückgreift (T. 223–230).

Vor dem Hintergrund der klaren formalen Anlage beschränken sich die nachfolgenden analytischen Bemerkungen auf die Exposition. Dieser erste Abschnitt des Sonatensatzes erfährt in Korngolds Werk dadurch eine einprägsame und leicht nachvollziehbare Gliederung, dass seine einzelnen Formsegmente blockhaft gegeneinander abgesetzt sind, als ob sich der architektonische Grundriss gleichsam in die kompositorische Faktur einprägen würde.

Exemplarisch hierfür ist bereits die syntaktische Disposition des Hauptsatzes (T. 1–16, Notenbeispiel 1). Korngold gestaltet das eröffnende Thema als achttaktige Periode (T. 1–8), wobei dem dominantischen Halbschluss (T. 4) ein Nachsatz folgt (T. 5–8), der von G-Dur ausgeht und kadenzierend

Notenbeispiel 1: Korngold, Klaviersonate Nr. 1 in d-Moll, 1. Satz, T. 1–16

nach h-Moll einmündet, also die schließende Geste der erwarteten d-Moll-Tonika in einer ›falschen‹ Tonart simuliert.[28]

Für den historischen Bezugshorizont von Korngolds Sonate mag es bezeichnend sein, dass diese Art der Themensetzung durch eine modulierende Periode in den ersten acht Takten des langsamen Satzes von Beethovens Klaviersonate op. 28 vorgeprägt ist, und zwar ebenfalls im Rahmen der Grundtonart d-Moll (Notenbeispiel 2).

Notenbeispiel 2: Ludwig van Beethoven, Klaviersonate Nr. 15 in D-Dur op. 28, 2. Satz, T. 1–8

Beethoven beginnt den Nachsatz lediglich einen Ton tiefer, also in F-Dur, und kadenziert am Ende dementsprechend nach a-Moll. Die frappierende harmonisch-syntaktische Ähnlichkeit der beiden Satzanfänge legt den Schluss nahe, dass jene Unterrichtsmethode Zemlinskys, die durch eine Tagebucheintragung Alma Mahler-Werfels (bzw. Schindlers) vom 22. November 1900 dokumentiert ist, auch in Korngolds Fall zur Anwendung kam: »An der Hand der Beethovenschen Claviersonaten gieng er [Zemlinsky] vor – logisch, klar, distinct. [...] Ich soll jetzt mit meinen Liedern aufhören und muss für die nächste Stunde nach Muster der ersten Perioden und Sätze aus einzelnen Sonaten kleine Sätze machen.«[29]

Ab Takt 9 setzt Korngold eine aufstrebende Sequenz in Gang, die das konventionelle Raster der achttaktigen Periode für eine weiterführende Fortspinnung zu öffnen scheint. Diese Sequenz wird jedoch rasch abgebrochen und vermittels des übermäßigen Quintsextakkordes sowie mit einem fast gewaltsam anmutenden Registerwechsel buchstäblich auf den Boden der Grundtonart d-Moll und in das syntaktische Gefüge des Hauptsatzes zurück-

---

28 Korngolds planvolle Verwendung der Tonarten wird daran ersichtlich, dass die Scheinreprise innerhalb der Durchführung ebenfalls in h-Moll einsetzt und damit auf die harmonischen Verhältnisse des Hauptthemas reagiert (T. 128).
29 Alma Mahler-Werfel, *Tagebuch-Suiten 1898–1902*, hrsg. von Antony Beaumont und Susanne Rode-Breymann, Frankfurt am Main ²1997, S. 589 (Eintrag vom 22. November 1900).

geholt (T. 13-14), bevor die Kadenzwendung der Takte 14-16 einen prononcierten Abschluss herbeiführt. Diese Passage ist insofern bemerkenswert, als sie den latenten Konflikt zwischen Korngolds Neigung zu improvisatorischer Fortspinnung einerseits und dem Gebot formaler Gliederung andererseits im Tonsatz abbildet und damit zugleich die Intention des Kompositionsschülers dokumentiert, die Architektur des Sonatensatzes durch kadenzielle Markierung der formalen Einschnitte exakt nachzuzeichnen.

Die anschließende Überleitung (T. 16-41) ist deutlich in drei Sektionen gegliedert (T. 16-23/T. 24-29/T. 30-41), von denen lediglich die erste Züge einer Durchführung aufweist, also Partikel des Hauptthemas abspaltet und sequenzierend verarbeitet. Ab Takt 30 entfaltet sich eine walzerartige Episode, deren kantabler Duktus und eigenständige melodische Physiognomie zwei charakteristische Merkmale des Seitenthemas bereits in der Überleitung antizipieren – eine Formidee, die ebenfalls in einigen der frühen Klaviersonaten Beethovens modellhaft gestaltet ist (beispielsweise in op. 2 Nr. 3, 1. Satz, T. 27ff.).[30] Gegenüber dieser kantablen Episode weisen sich die Takte 42-54 dadurch als Seitenthema aus, dass sie regulär in der Tonikaparallele F-Dur stehen und eine stärkere tonale Geschlossenheit evozieren. Die Überleitung stellt mithin nicht das Prinzip der ›entwickelnden Variation‹ in den Vordergrund, sondern erscheint vielmehr als parataktische Reihung von klar konturierten und vergleichsweise selbständigen Abschnitten, die teilweise stärker den Eindruck einer Themensetzung hervorrufen, als dass sie eine vermittelnde Funktion zwischen Haupt- und Seitensatz ausüben würden. Korngold wahrt jedoch den Zusammenhang, indem er die kantable Episode und das Seitenthema durch ein gemeinsames melodisches Element miteinander verknüpft und zugleich auf den Beginn des Satzes zurückbezieht. Eine kurze Wendung aus der Oberstimme des Hauptthemas, nämlich die Tonfolge *fis''* – *cis''* – *e''* (T. 5-6 und T. 7-8, Notenbeispiel 1) zieht sich in verschiedenen rhythmischen und diastematischen Modifikationen – also lediglich ihrer melodischen Kontur nach – wie ein roter Faden durch die Überleitung (unter anderem T. 26, T. 29 und T. 31, Notenbeispiel 3a) und generiert letztlich sogar – durch Augmentation und Spreizung der aufsteigenden Terz zur Sexte – jene Dreiklangsbrechung, mit der das Seitenthema anhebt (T. 42, Notenbeispiel 3b). Die Ableitung des Seitenthemas aus dem Hauptthema – eines der wesentlichen Prinzipien Zemlinsky'scher Kompositionstechnik – ist damit *in nuce* vorhanden, prägt sich jedoch dem Tonsatz noch nicht als bestimmendes Merkmal auf.

---

30 Vgl. Carl Dahlhaus, *Ludwig van Beethoven und seine Zeit*, Laaber [3]1993, S. 138-141.

Notenbeispiel 3a: Korngold, Klaviersonate Nr. 1 in d-Moll, 1. Satz, T. 24–31

Notenbeispiel 3b: Korngold, Klaviersonate Nr. 1 in d-Moll, 1. Satz, T. 40–44

II

Während sich die Verknüpfung der Themen in Korngolds erster Klaviersonate noch als Ornament eines auf andere Formideen gegründeten Tonsatzes präsentiert, werden die variativen Prozesse im Eröffnungssatz der Klaviersonate Nr. 2 in E-Dur op. 2 zum konstitutiven Faktor des musikalischen Geschehens erhoben. Im Gegenzug verliert die Sonatenform ihre substanzielle Bedeutung und markiert nur noch die Grenzen, in denen sich das permanente Fortspinnen des musikalischen Materials vollzieht. Begreift man die ›entwickelnde Variation‹ mit Arnold Schönberg als »Folge von Motivformen, die durch Variation des Grundmotivs entstehen, etwas einer Entwicklung, einem Wachstum Vergleichbares«,[31] so lässt sich der Kopfsatz von Korngolds zweiter Klaviersonate nicht anders als unter diesem Aspekt betrachten. Die Konsequenz des neuen Gestaltungsprinzips besteht freilich darin, dass die in der

---

31 Arnold Schönberg, *Die Grundlagen der musikalischen Komposition*. Ins Deutsche übertragen von Rudolf Kolisch, hrsg. von Rudolf Stephan, Wien 1979, S. 15.

d-Moll-Sonate mit außerordentlicher Trennschärfe abgegrenzten Themenbezirke und -charaktere quasi ineinanderfließen, weshalb sich beispielsweise die Nahtstelle zwischen Hauptthema und Überleitung – zumindest unter dem Gesichtspunkt der harmonischen Verhältnisse – erst auf den zweiten Blick offenbart.

Das Hauptthema (T. 1–4) exponiert weniger eine diastematisch fixierte Tonfolge als vielmehr eine rhythmisch profilierte Intervallkonfiguration, aus der das Material des gesamten Satzes herausgesponnen wird, die aber eher dem Bereich der Dominante H-Dur als dem der vorgezeichneten Grundtonart E-Dur zuzugehören scheint (Notenbeispiel 4).

Notenbeispiel 4: Korngold, Klaviersonate Nr. 2 in E-Dur op. 2, 1. Satz, T. 1–4

Erst die flüchtige melodische Bildung der Takte 5–7 etabliert nachträglich die Tonika E-Dur, käme also ebenfalls als Hauptthema in Betracht. Sie erweist sich jedoch nur als »lokale Variante« des Eingangsgedankens,[32] da von ihr keine unmittelbaren Impulse für den weiteren musikalischen Verlauf ausgehen (und sie in der Reprise nicht mehr wiederholt wird). Nach diesem kleinteiligen Beginn entfaltet sich das Hauptthema ab der zweiten Hälfte von Takt 9 – durch die metrische Verschiebung quasi auftaktig – zu einer breiter ausgesungenen Melodie, die mit einem Trugschluss zunächst die Grundtonart E-Dur umschreibt (T. 10–11) und anschließend nach D-Dur ausweicht. In den Takten 11–12 tritt dabei eine minimale Veränderung der melodischen Kontur ein, die jedoch nichts Geringeres enthält als die Keimzelle des Seitenthemas (Notenbeispiel 5).

---

32 Ebenda, S. 15–16.

Notenbeispiel 5: Korngold, Klaviersonate Nr. 2 in E-Dur op. 2, 1. Satz, T. 10–12

Die ursprüngliche Wechselnotenbewegung (T. 1 und T. 3, Notenbeispiel 4) mutiert in eine diatonisch aufsteigende Linie, während der folgende Sekundfall als integrierendes Moment bestehen bleibt. Durch die emporstrebenden Sechzehntelketten der Takte 28 und 29 vermittelt, lässt sich der Beginn des Seitenthemas (T. 30–32) auf diese minimale Umformung des prägnanten Hauptthemas zurückbeziehen (Notenbeispiel 6).

Notenbeispiel 6: Korngold, Klaviersonate Nr. 2 in E-Dur op. 2, 1. Satz, T. 29–31

Damit wird zugleich deutlich, dass insbesondere der schlichte, aus einer Vorhaltsbildung resultierende Sekundfall das Movens der variativen Fortspinnung bildet und als gemeinsamer Bestandteil die einzelnen Themenkomplexe miteinander verzahnt. Hierfür sind auch die Takte 20–24 bezeichnend, in denen sich gleichsam eine Abspaltung des Sekundfalls vollzieht, aus der dann wiederum eine konturierte melodische Gestalt herausgebildet wird (Notenbeispiel 7).

Notenbeispiel 7: Korngold, Klaviersonate Nr. 2 in E-Dur op. 2, 1. Satz, T. 19–24

Korngolds Methode der motivisch-thematischen Vermittlung von Haupt- und Seitenthema folgt damit unverkennbar dem Vorbild Zemlinskys. Werner Loll stellt unter Bezugnahme auf den Kopfsatz des e-Moll-Streichquartetts fest, dass Zemlinsky dort nicht etwa eine »gewissermaßen abstrakte Materialanordnung« zugrunde legt, aus der jede motivische Bildung abgeleitet wäre, sondern die »Integration des Seitensatzes [...] durch gezielte Modifikationen des Hauptthemenkopfes und planmäßige Abspaltungen in der Überleitung erreicht«[33] – eine Beschreibung, die exakt auf den Eröffnungssatz von Korngolds zweiter Klaviersonate zutrifft. Es ist geradezu ein Kennzeichen dieser spezifischen Technik, dass die solchermaßen verknüpften Themen oftmals nur eine geringe Ähnlichkeit aufweisen, ihre gegenseitige Affinität also »nicht durch genaue rhythmische oder intervallische Entsprechungen«,[34] sondern allein durch die variativen Prozesse in den Überleitungspassagen verdeutlicht wird. In Zemlinskys d-Moll-Trio ist es ausschließlich das Intervall der kleinen Sekunde, welches auf melodischer Ebene einen Zusammenhang zwischen Haupt- und Seitenthema stiftet. »Durch den Verlauf der Überleitung jedoch wird diese eher lockere Verbindung als essentielles Moment der motivischen

---

33 Loll, *Zwischen Tradition und Avantgarde* (Anm. 19), S. 38.
34 Ebenda.

Integration des Seitensatzes herausgestellt«[35] – auch dies eine Formulierung Werner Lolls, die sich ohne weiteres auf Korngolds Sonate anwenden ließe.

In dem Maße, wie die Themen durch permanentes Variieren kleinster motivischer Bausteine einander angenähert und Kontraste fast nur noch aufgrund von äußeren Mitteln wie Tempo, Dynamik und Phrasierung hergestellt werden (der Beginn des Seitenthemas ist hierfür signifikant), verliert das Sonatenschema seine formbildende Kraft. Korngold reflektiert die weitgehende Identität von Haupt- und Seitenthema auf der Ebene des harmonischen Verlaufs, indem er den Seitensatz (T. 30 ff.) zwar in der Dominanttonart H-Dur ansiedelt, die Harmonik jedoch zwischen Tonika und Subdominante pendeln lässt: H-Dur und E-Dur bleiben durchaus im Gleichgewicht, so dass die für das Ende der Exposition charakteristische Akzentuierung der Dominantebene nur schwach ausgeprägt ist. Insbesondere die letzten vier Takte der Exposition (T. 41–44) halten die funktionelle Hierarchie von H-Dur und E-Dur vollkommen in der Schwebe; es wäre sogar angemessen, hier von einem E-Dur-Feld zu sprechen, da die in Takt 43 (dritte Zählzeit) ohne kadenzielle Fixierung eintretende H-Dur-Harmonie durch A-Dur-Akkorde, also durch die Subdominante von E-Dur, gleichsam unterwandert wird. Insofern, als auf diese Weise keine Tonalitätsspannung entsteht, die in der Reprise auszugleichen wäre, kann es sich Korngold erlauben, den letzten Abschnitt der Sonatenform als bloßes Fragment der Exposition zu gestalten. Das Hauptthema erscheint nur mehr in einer fratzenhaften Verzerrung, hervorgerufen durch die Harmonisierung mit Ganztonakkorden (T. 90–93), und geht fast unmittelbar in den quinttransponierten Seitensatz über (T. 101 ff.) – die variativen Fortspinnungsprozesse der Exposition (T. 5–29) schrumpfen auf eine siebentaktige Überleitungspassage zusammen. Dieses Vorgehen liefert zwar das symmetrische ›Gebäude‹ der Sonatenform einer weitgehenden Erosion aus, zeugt aber von kompositorischer Logik: Da die substanzielle Verwandtschaft von Haupt- und Seitenthema bereits in der Exposition demonstriert wurde, bedarf sie in der Reprise keiner erneuten Bestätigung. Korngold hätte sich hierbei auf Zemlinskys Trio op. 3 berufen können, dessen Kopfsatz die Verknüpfung von Haupt- und Seitenthema ebenfalls nur in der Exposition durch variative Prozesse herstellt, nicht mehr aber in der Reprise.[36]

Das Netz der thematisch-motivischen Verknüpfungen erstreckt sich in Korngolds zweiter Klaviersonate zudem über die Satzgrenzen hinaus, ein Umstand, der ebenfalls auf den Einfluss Zemlinsky'scher Kompositionstechniken zurückgeführt werden kann, sind doch »die Themen des II. und III. Satzes im d-Moll-Trio von Motiven des I. Satzes abgeleitet«.[37] Stellvertretend für die vielfältigen Querbezüge sei erwähnt, dass jene melodische Wendung aus den Takten 11–12 des ersten Satzes (Notenbeispiel 5), die – wie oben dargestellt – aus einer marginalen Umformung des Hauptthemas resultiert, auch

---

35 Ebenda, S. 58.
36 Ebenda, S. 63.
37 Ebenda, S. 64.

Notenbeispiel 8: Korngold, Klaviersonate Nr. 2 in E-Dur op. 2, 3. Satz, T. 1–6

dem Thema des langsamen Satzes als Initium dient (T. 3–4, Notenbeispiel 8) und im Finale schließlich in die Fortspinnung eines kantablen Seitengedankens eingewoben wird (T. 41–42, Notenbeispiel 9).

Notenbeispiel 9: Korngold, Klaviersonate Nr. 2 in E-Dur op. 2, 4. Satz, T. 41–42

Die Omnipräsenz des Sekundfalls als dem kleinsten Baustein des gesamten Sonatengebäudes lässt sich zum Beispiel am H-Dur-Seitenthema des vierten Satzes ablesen (T. 13–15, Notenbeispiel 10), dessen gezackte Melodielinie in der rechten Hand auf die Grundsubstanz zweier absteigender Sekundschritte (*fis'' – e''/e'' – dis''*) zurückzuführen ist; das *fis''* wird lediglich in die obere und untere Oktave aufgefächert.

Notenbeispiel 10: Korngold, Klaviersonate Nr. 2 in E-Dur op. 2, 4. Satz, T. 13–15

Wie Zemlinsky in seinem Trio op. 3 zitiert Korngold am Ende des Finales das Kopfmotiv des ersten Satzes (T. 134–135) – ein äußerliches Signum der thematischen Geschlossenheit und zyklischen Konzeption.

Die zweite Klaviersonate entstand 1910, also noch während der Unterweisung durch Zemlinsky, der das Werk jedoch »erst aus dem Drucke [...] kennenlernte«.[38] Die Tatsache, dass Korngold die Komposition seinem Lehrer widmete, mag ein Hinweis darauf sein, dass er sie sozusagen als sein ›Gesellenstück‹ betrachtete: als elaborierte Studie zur Anwendung jener Techniken, die Zemlinskys Kammermusik auszeichnen, nämlich ›entwickelnde Variation‹ und thematische Vereinheitlichung.

III

Die Kopfsätze der beiden erörterten Klaviersonaten verhalten sich gleichsam komplementär zueinander: Während Korngold in der d-Moll-Sonate das überkommene Formmodell kompositorisch ausfüllt, lässt er es in der E-Dur-Sonate gänzlich hinter das Prinzip der permanenten variativen Entwicklung zurücktreten. Demgegenüber bildet die 1913 komponierte Violinsonate in G-Dur op. 6 insofern eine Synthese, als ihr erster Satz die einzelnen Abschnitte der Sonatenform durch Kadenzvorgänge stärker akzentuiert, ohne dass deshalb die Technik der ›entwickelnden Variation‹ vernachlässigt würde.

Die formale Disposition des Kopfsatzes der Violinsonate lässt sich folgendermaßen darstellen:

Exposition (T. 1–73) T. 1–18   Hauptsatz in G-Dur
  T. 18–42   Überleitung, zugleich Durchführung des Hauptthemas
  T. 43–46   Seitenthema in D-Dur
  T. 47–62   Fortspinnung des Seitenthemas, Kombination mit Motiven des Hauptthemas
  T. 62–73   Schlussgruppe, zugleich Durchführung des Hauptthemas
Durchführung (T. 73–101)
Reprise (T. 102–158) T. 102–108   Hauptsatz
  T. 109–135   Überleitung
  T. 136–139   Seitenthema in G-Dur
  T. 140–155   Fortspinnung des Seitenthemas analog zur Exposition
  T. 155–158   Schlussgruppe, stark verkürzt
Coda (T. 158–170)

---

38 E. W. Korngold, »Erinnerungen an Zemlinsky aus meiner Lehrzeit« (Anm. 7), S. 231.

Es fällt auf, dass die Überleitungspassage der Exposition annähernd so viel Raum einnimmt wie die gesamte Durchführung, ein Umstand, der die spezifischen Gestaltungsprinzipien der Komposition auf großformaler Ebene widerspiegelt. Die relative Kürze der Durchführung erklärt sich dadurch, dass Korngold die Verarbeitung des Hauptthemas gänzlich in die Exposition verlagert. Insbesondere die thematisch unspezifische Schlussgruppe ist überhaupt nur dadurch als Bestandteil der Exposition erkennbar, dass sie am Ende zur Dominante D-Dur kadenziert (T. 72–73) und in der Reprise – wenn auch als bloßes Rudiment – eine Quinte tiefer wiederholt wird (T. 155, zum Vergleich siehe T. 62).

Die überproportionale Länge der Überleitung verleiht diesem vermittelnden Formteil rein quantitativ ein Gewicht, das qualitativ in der kompositorischen Faktur begründet liegt: In Anlehnung an Zemlinskys Technik exponiert Korngold das Seitenthema nicht als bloßen Kontrast, sondern gewinnt es durch Abspaltung und Modifikation einzelner motivischer Partikel aus dem Hauptsatz.

Die Überleitung beginnt in Takt 18 (Notenbeispiel 11b) mit einem – wie Korngold ausdrücklich bemerkt – »hervortretenden« Bassmotiv des Klaviers, das durch die Addition zweier Passagen aus der Violinstimme des Hauptsatzes entsteht, nämlich des triolischen Fortspinnungsgedankens aus Takt 14 (Notenbeispiel 11b) und der Tonfolge g″ – cis′ – d′ aus Takt 2 (Notenbeispiel 11a). In Takt 26 (Notenbeispiel 11c) nimmt die Violine das solchermaßen gebildete Motiv auf und verwandelt es durch rhythmische und diastematische Veränderung in eine Kantilene, die breit ausgesponnen wird und schließlich – nach einigen verbindenden Takten des Klaviers – in das eng verwandte Seitenthema einmündet (T. 43, Notenbeispiel 11d). Durch diesen Entwicklungs-

Notenbeispiel 11a: Korngold, Violinsonate in G-Dur op. 6, 1. Satz, T. 1–5

Notenbeispiel 11b: Korngold, Violinsonate in G-Dur op. 6, 1. Satz, T. 13–18

Notenbeispiel 11c: Korngold, Violinsonate in G-Dur op. 6, 1. Satz, T. 24–26

Notenbeispiel 11d: Korngold, Violinsonate in G-Dur op. 6, 1. Satz, T. 42–43

gang wird das Seitenthema mittelbar auf die Überleitungsfigur in Takt 18 und damit auf das Hauptthema zurückbezogen, und tatsächlich bewahrt es die Erinnerung an den Sonatenbeginn dadurch, dass dem Ton e'' der Violine (T. 43, dritte Zählzeit) seine Herkunft gleichsam eingeschrieben ist. Verfolgt man die Genese des Seitenthemas zurück, so entstammt das e'' letztlich dem *cis'* aus Takt 2, und dieser Ursprung dokumentiert sich dadurch, dass beide Töne jeweils als melodische Vorhaltsbildung im harmonischen Kontext einer Untermediante stehen (bei dem *cis'* in Takt 2 handelt es sich um ein enharmonisch verwechseltes *des'* als Septime von Es-Dur).

Zudem spannt Korngold in der Violinsonate ein dichtes Netz von Beziehungen zwischen den Themen der einzelnen Sätze. So erscheint beispielsweise der Beginn des Adagio mit seinem auftaktigen Sextsprung und dem fallenden Tritonus zur leittönigen Vorhaltsbildung *eis' – fis'* (T. 1–2, Notenbeispiel 12) als unmittelbarer Reflex auf das Hauptthema des ersten Satzes (Notenbeispiel 11a), während die melodische Wendung der Takte 3–4 ihrerseits den Anfang des Finales (T. 1, Notenbeispiel 13) vorwegnimmt – ein Geflecht von satzübergreifenden Assoziationen und Bezügen innerhalb weniger Takte.

Notenbeispiel 12: Korngold, Violinsonate in G-Dur op. 6, 3. Satz, T. 1–4

Notenbeispiel 13: Korngold, Violinsonate in G-Dur op. 6, 4. Satz, T. 1–4

Wie tiefgreifend die Vereinheitlichung des thematischen Materials auch unter der Oberfläche wirkt, lässt sich mit besonderer Anschaulichkeit an der Coda des Finales darlegen (T. 195 ff.). Korngold gestaltet diesen letzten Satz als Folge von Variationen über sein 1911 komponiertes Lied *Schneeglöckchen*,[39] benutzt also eine präformierte Melodie (Notenbeispiel 13), die mit dem Hauptthema des Kopfsatzes (Notenbeispiel 11a) auf den ersten Blick wenig gemeinsam hat – allenfalls könnte man die auftaktige Figur, mit der das Liedthema anhebt, als latente Erinnerung an die Sextsprünge vom Beginn des Kopfsatzes deuten. Ab Takt 196 jedoch amalgamiert Korngold die beiden scheinbar unzusammenhängenden Themen, indem er charakteristische Merkmale der emphatischen Motivik des ersten Satzes unmerklich in die schlichte Liedmelodie der Violine einwebt: zunächst den Leitton-Vorhalt (T. 198), schließlich die beiden Sextsprünge (T. 199–200 und T. 201–202). Diese gleichsam subkutane Verschmelzung der Themen führt nicht nur bruchlos zur abschließenden, auch harmonischen Wiederaufnahme des Sonatenbeginns (T. 208–209), sondern belegt darüber hinaus die gegenseitige Affinität der Ecksätze und damit die Einheit des gesamten Werkes.

Vor dem Hintergrund dieser analytischen Befunde erscheint die Aussage Julius Korngolds, sein Sohn habe von Natur aus einen »Sinn für motivisches und thematisches Weiterführen, Entwickeln, Umbilden der Grundgedanken« gehabt, zumindest ergänzungsbedürftig.[40] Mag der junge Künstler diese Fähigkeit auch in Gestalt einer stupenden Improvisationsgabe besessen haben, so verfestigte sie sich erst unter Zemlinskys Anleitung zum konstitutiven Faktor eines nach den Gesetzen kompositorischer Logik gestalteten Tonsatzes. Die Beherrschung der Sonatenform, wie sie von Korngold in seiner ersten Klaviersonate demonstriert wurde, bildete hierfür eine notwendige Vorstufe, gemäß Zemlinskys Diktum: »Nur die können ganz frei von allem Hergebrachten und Ueberwundenem [sic!] sein, die durch alles durchgegangen sind und alles beherrschen.«[41] In der Violinsonate op. 6 zeigt sich, dass Korngolds Musik auch dort die konstruktive Dichte des Satzes bewahrt, wo sie mit ihren melodischen Aufschwüngen und weitgespannten Lyrismen einen emphatischen Tonfall kultiviert, der – wie Rudolf Stefan Hoffmann feststellt – »einer Liebesszene adaequater als dem Kammerstil ist«, mithin auf die späteren musiktheatralischen Werke vorausweist.[42] Die Spuren von Zemlinskys Einfluss bleiben über die Zeit des Unterrichts hinaus im Schaffen Korngolds präsent und markieren eine wesentliche Komponente dessen, was man – jenseits aller Gattungsunterschiede – als Personalstil des Komponisten ansehen kann.

---

39 Veröffentlicht als Nr. 1 der *Sechs einfachen Lieder* op. 9.
40 *Die Korngolds in Wien* (Anm. 3), S. 137.
41 Zitiert nach Hugo Robert Fleischmann, »Alexander Zemlinsky und die neue Kunst«, in: *Der Auftakt* 1 (1920/21), S. 221–222, hier S. 222.
42 Hoffmann, *Erich Wolfgang Korngold* (Anm. 5), S. 36.

Ivana Rentsch

Symmetrie als Prozess

Korngolds spätes Liedschaffen im Spiegel seiner frühen Werke

»Mein musikalisches Glaubensbekenntnis heisst: der Einfall.«[1] – Auf diesen Nenner brachte Erich Wolfgang Korngold 1926 in einem Interview mit dem *Neuen Wiener Tagblatt* die eigene kompositorische ›Konfession‹. Allein »die Urkraft des Einfalls« vermöge ein musikalisches Werk zu beseelen; ohne sie aber seien selbst »die künstlichste Konstruktion« und »die exakteste Musikmathematik« notwendigerweise zum Scheitern verurteilt.[2] Dass Korngolds Formalismuskritik primär auf Komponisten ›atonaler‹ Musik zielte – die gemeinhin unter dem Schlagwort ›Arnold Schönberg‹ subsumiert wurden –, liegt auf der Hand. Ebenso eindeutig scheint auch das ästhetische Vorbild des abgelegten ›Credo‹: Julius Korngold, der dasselbe Phänomen mit Worten wie »Erfindung, Inspiration« umschrieb.[3] Versucht man nun dem Wesen des ›Einfalls‹ als ästhetischer Kategorie auf die Spur zu kommen, so sind die vom Komponisten im selben Kontext betonten »eminenten Ausdrucksmöglichkeiten der ›alten Musik‹« (gemeint ist die Musik des 19. Jahrhunderts) in Rechnung zu stellen.[4] Schließlich muss sich selbst der ›Einfall‹, ungeachtet seiner Qualität des *je ne sais quoi*, einem System von kompositionstechnischen Traditionen unterordnen – nur durch das Zusammenwirken von Idee und reguliertem Tonsatz lassen sich in Korngolds Verständnis musikalische Wirkungen erzielen. Dass allein durch die Mittel der ›alten Musik‹ ›eminente Ausdrucksmöglichkeiten‹ eröffnet werden, verleiht der Trias von ›Einfall‹, Melodik und Harmonik zeitlose Gültigkeit und macht sie zum Maßstab jeder kompositorischen Richtung – ein Urteil, das Julius Korngold in seiner problematischen Streitschrift *Atonale Götzendämmerung* mit einem süffisanten Seitenblick auf

---

1 Erich Wolfgang Korngold zitiert nach: »›Das Wunder der Heliane‹. Korngold über seine neue Oper«, in: *Neues Wiener Tagblatt*, 23. Mai 1926 (Korngold-Archiv, Hamburg).
2 Ebenda.
3 Julius Korngold, *Atonale Götzendämmerung. Kritische Beiträge zur Geschichte der Neumusik-Ismen*, Wien [1938], S. 260. Zu Julius Korngolds *Atonaler Götzendämmerung* vgl. Arne Stollberg, »Der ›Ismus des Genies‹. Erich Wolfgang Korngolds musikgeschichtliche Sendung«, S. 25–41 des vorliegenden Bandes.
4 E. W. Korngold zitiert nach: »›Das Wunder der Heliane‹. Korngold über seine neue Oper« (Anm. 1).

den »linearen Kontrapunkt« im Sinne Ernst Kurths zu untermauern suchte: »Betont doch auch Kurth, daß, ebenso wie ein harmonischer Satz die Stimmführungen zu melodischer Schönheit entfalten, der linear entworfene Satz die harmonischen Wirkungen, die in der Mehrstimmigkeit entstehen, herausheben und voll durchbilden muß. Für beides ist, nebenbei bemerkt, dieselbe Kleinigkeit erforderlich: Erfindung, Inspiration«.[5] Mit Berufung auf Kurth kritisiert Julius Korngold an der Linearität des frei tonalen Kontrapunkts aufs Schärfste die angeblich vollständige Vernachlässigung der vertikalen, harmonischen Richtung. Obwohl auch laut Korngold die »melodischen Linienzüge das *Primäre*« darstellen, avancieren sie erst dann von einer »bloße[n] Aneinanderreihung von Tönen« zu einer tatsächlichen Melodie, wenn die Harmonik als das musikalisch »*Sekundäre*« hinzutrete.[6] Im Umkehrschluss muss dies unweigerlich bedeuten, dass es »überhaupt keine atonale Melodie geben kann«.[7] Denn zu den für die geforderte Verständlichkeit unverzichtbaren »innere[n] Gesetzmäßigkeiten« finde die Melodie erst auf der Folie harmonischer Fortschreitungen: »Sie sind das Geheimnis jeder sinnvollen, lebendigen Musikrede, wie die von innen getriebene Bewegungsenergie Geheimnis der sinn- und lebensvollen Melodie ist.«[8]

Im Folgenden soll nun untersucht werden, inwieweit sich das Postulat einer durch melodisch-harmonische Strukturen ›sinnvoll‹ gestalteten ›Musikrede‹ in Korngolds Liedschaffen niedergeschlagen hat. Bedingt durch die gattungsgeschichtlichen Charakteristika der ›Einfachheit‹ und ›Sanglichkeit‹,[9] die zwar auf die zweite Hälfte des 18. Jahrhunderts zurückgehen, jedoch als konstitutive Parameter – sei es als Vorgabe, sei es als Kontrastfolie – bis ins 20. Jahrhundert hineingetragen wurden, muss das Lied für eine kompositorische Umsetzung von Korngolds Ästhetik geradezu prädestiniert erscheinen. Unter diesen Voraussetzungen soll Korngolds Liedschaffen in den Blick genommen werden, und zwar anhand von vier Werken, die den langen Zeitraum zwischen 1905 und 1948 umrahmen, in dem die insgesamt 60 Lieder des Komponisten entstanden sind:[10] aus dem Nachlass die beiden Eichen-

---

5 J. Korngold, *Atonale Götzendämmerung* (Anm. 3), S. 259, 260.
6 Ebenda, S. 259 (Hervorhebungen original).
7 Ebenda, S. 134.
8 Ebenda, S. 260.
9 Vgl. Walter Wiora, *Das deutsche Lied. Zur Geschichte und Ästhetik einer musikalischen Gattung*, Wolfenbüttel – Zürich 1971; Heinrich W. Schwab, *Sangbarkeit, Popularität und Kunstlied. Studien zu Lied und Liedästhetik der mittleren Goethezeit 1770–1814*, Regensburg 1965 (= Studien zur Musikgeschichte des 19. Jahrhunderts 3); Walther Dürr, *Das deutsche Sololied im 19. Jahrhundert. Untersuchungen zu Sprache und Musik*, Wilhelmshaven 1984 (= Taschenbücher zur Musikwissenschaft 97).
10 Zu Korngolds Liedschaffen siehe auch Randel R. Wagner, *Wunderkinder Lieder: A Study of the Songs of Erich Wolfgang Korngold*, D. M. A. University of Nebraska, Lincoln 1993; Frank Robert Ennis, *A Comparison of Style Between Selected Lieder and Film Songs of Erich Wolfgang Korngold*, D. M. A. University of Texas, Austin 1999; Günter Haumer,

dorff-Lieder *Angedenken* und *Das Mädchen* von 1911 sowie *Der Kranke* von Eichendorff und *Old spanish song* von Howard Koch aus op. 38 von 1947. Einerseits lassen sich durch die 36 Jahre, die zwischen den Vertonungen liegen, allgemeinere Schlüsse zur Dauerhaftigkeit und Variabilität von Korngolds Liedästhetik ziehen; andererseits erlaubt der Umstand, dass die zwei späteren Lieder auf den beiden frühen basieren (*Der Kranke* geht auf *Angedenken* zurück, *Old spanish song* auf *Das Mädchen*) einen auf das Detail gestützten, konkret vergleichenden Blick.

Liedästhetischer Ausgangspunkt

Als »konstruktive Faktoren« für musikalische »Faßlichkeit« – sprich: formbildende Momente – führt Julius Korngold in seiner *Atonalen Götzendämmerung* geradezu provokativ die altbekannten Größen an: »gegliederte Periode, Vorder- und Nachsatz, Symmetrien und Parallelismen«.[11] Dies selbstverständlich immer unter der Voraussetzung, dass die Harmonik der Melodie zwar zu einer regelmäßigen Struktur verhelfen soll, ihr aber in jedem Fall untergeordnet bleiben müsse. Nimmt man den Vater beim Wort, so hat der Sohn die rigiden Anforderungen im Grunde nur in seinen allerersten Liedern wie *Der Knabe* von 1905 oder *Kleiner Wunsch* von 1907 erfüllt (Notenbeispiel 1).

Ganz im Geiste der geforderten Symmetrien setzt sich der *Kleine Wunsch* aus zweimal sechzehn Takten zusammen, deren erster Teil zur Dominanttonart Es-Dur führt, während der zweite mit einer Kadenz über den Dominantseptakkord das Lied in As-Dur beschließt. Ebenso wie die großformale Anlage an das wirkungsmächtige Einfachheitspostulat der Berliner Liederschulen aus der zweiten Hälfte des 18. Jahrhunderts erinnert, stehen die Verdoppelung der Singstimme durch die Klavieroberstimme sowie der gänzliche Verzicht auf instrumentale Vor-, Zwischen- und Nachspiele unverkennbar in der Tradition eines Christian Gottfried Krause, Johann Abraham Peter Schulz oder Johann Friedrich Reichardt. Selbst in motivischer Hinsicht scheint sich der zehnjährige Komponist auf den längst historisch gewordenen Liedbegriff zu beziehen, verzichtet er doch in der Melodik zugunsten einfachster Wendungen gänzlich auf Tonmalereien und reduziert die Bassbewegung auf Akkordbrechungen. Nur in Details setzt sich Korngold über das unverkennbare Vorbild hinweg: einerseits harmonisch, wenn er den dritten Achttakter zunächst über den neapolitanischen Sextakkord zur Paralleltonart c-Moll führt, um sie zwei Takte später (T. 23) durch deren Varianttonart C-Dur zu substituieren; andererseits ignoriert er die Forderung nach leichter Singbar-

---

Erich Wolfgang Korngold. Sein Leben und seine Lieder, Diplomarbeit an der Universität für Musik und darstellende Kunst Wien, 2005 [masch.].
11 J. Korngold, *Atonale Götzendämmerung* (Anm. 3), S. 135.

Notenbeispiel 1: Korngold, *Kleiner Wunsch* (1907), Manuskript. Library of Congress, Washington, Korngold Estate

keit, indem er die Stimme in höchste Lage setzt und bei der Wende nach C-Dur gar für nicht weniger als drei Takte auf das c''' treibt.

Der *Kleine Wunsch* des Zehnjährigen entspricht jedoch nicht nur zu großen Teilen dem über 100 Jahre alten deutschen Liedideal – die in der frühen Komposition auftretenden Merkmale lassen sich unabhängig vom allgemein-historischen Kontext zugleich als Ausgangspunkt für Korngolds weiteres Liedschaffen deuten. Selbst wenn keines von Korngolds Liedern, die nach dem Beginn seiner Studien bei Alexander Zemlinsky im Jahre 1907 entstanden sind, in vergleichbar strikter Weise den rigiden Gattungskonventionen unterworfen ist, so prägen Letztere dennoch das gesamte Liedschaffen. Es sind dies die einschneidenden Vorgaben des symmetrischen Satzes, der auffallende Verzicht auf Tonmalereien und die Verdoppelung der Singstimme in der Begleitung – sowie im Gegenzug die bereits im *Kleinen Wunsch* durchblitzenden harmonischen Freiheiten und die Bevorzugung von hohen Lagen und für den Liedgesang erstaunlichen Hochtönen. Einzelne Merkmale schlagen sich direkt nieder, andere wiederum bleiben als Folie dahingehend präsent, dass ihre Grenzen bis ins Letzte ausgelotet oder – wie in dem bezeichnenderweise *Drei Gesänge* und nicht ›Lieder‹ benannten op. 18 – fast zu ihrem Gegensatz getrieben werden.

Das Mädchen – Old spanish song

Das Spannungsverhältnis zwischen der Liedkonvention und einer avancierten Tonsprache, die nicht zuletzt durch den Unterricht bei Zemlinsky entscheidend beeinflusst worden ist,[12] prägt unverkennbar die im Jahre 1911 komponierten dreizehn Lieder. So trägt Korngold dem Liedideal zwar in großformaler Hinsicht Rechnung, indem er sich hauptsächlich des variierten Strophenliedes sowie der ABA-Form bedient – im eigentlichen Sinne durchkomponierte Lieder finden sich keine. Er tut dies jedoch nicht, ohne die Freiheiten auszuschöpfen, die aus der von vornherein gegebenen Lösung des Formproblems resultieren: Da die Form definiert ist, erscheint sie weniger als Folge der musikalischen ›Füllung‹, sondern vielmehr als ihr Ausgangspunkt. Besonders deutlich tritt der Eindruck eines gegebenen formalen Gerüstes, das durch die kompositorische Faktur verschleiert wird, in der Eichendorff-Vertonung *Das Mädchen* zutage. Ähnlich liedhaft wie die zugrunde liegende variierte Strophenform wirkt der Beginn der Komposition: In den ersten fünf Takten wird ein Tonfall angeschlagen, dessen Simplizität einerseits aus der Melodik der Singstimme resultiert, die letztlich nur Akkordtöne verdoppelt, und andererseits von einer auf klare Kadenzharmonik beschränkten, nachschlagenden Begleitung gestützt wird (Notenbeispiel 2).

Auch mit Blick auf die geforderten Symmetrien erscheinen die ersten fünf Takte programmatisch für das gesamte Lied: Die Eröffnungsphrase bildet

Notenbeispiel 2: Korngold, *Das Mädchen* (1911), T. 1–5

---

12 Vgl. Arne Stollberg, »›... das Muster und Vorbild meiner jungen Jahre‹. Korngolds frühe Klavier- und Kammermusik als Reflex auf den Unterricht bei Alexander Zemlinsky«, S. 101–120 des vorliegenden Bandes.

mit ihrem Trugschluss auf e-Moll den Vordersatz einer achttaktigen Periode, leicht konterkariert nur durch die simple Dehnung des vierten Taktes, was der auf einen unmittelbar anschließenden Nachsatz gerichteten Erwartungshaltung jedoch keinen Abbruch tut. Während im Vordersatz die Viertaktigkeit durch ein Verharren auf dem Trugschluss künstlich aufgeweicht wird, dehnt sich die im Nachsatz zunächst präsentierte Viertaktphrase (T. 6–9) durch eine Wiederholung der letzten Gedichtzeile »wusch sich ihre Äuglein klar« und die Verlängerung des überraschenden Es-Dur-Akkordes zur Siebentaktigkeit. Dank der einfachen Melodik bleibt jedoch die zugrunde liegende achttaktige Periode trotz des oberflächlich fünftaktigen Vorder- und siebentaktigen Nachsatzes unverkennbar. Endgültig aufgegeben wird die Achttaktigkeit erst in der nächsten Strophe (T. 13–24), wobei im Gegenzug der Symmetrie nun ungebrochen Genüge getan wird, indem sich an die ersten sechs Takte eine reale Sequenz um eine große Sekunde nach oben anschließt.

Schien vor allem die mit der Vortragsanweisung »Volkstümlich« überschriebene erste Strophe, und etwas abgeschwächt auch die zweite, durch den beinahe klischeeartigen Liedcharakter als Hommage an ein überkommenes Ideal dieser Gattung, so erhalten die ersten 24 Takte mit dem Beginn der dritten Strophe plötzlich eine neue Qualität: Sie entpuppen sich rückwirkend als Gegenpol zu den auf sie folgenden harmonischen Experimenten. Zwar sind auch hier die ersten zwei Zeilen symmetrisch gefasst, nämlich mit zu drei Takten gedehnten Zweitaktphrasen, die in Singstimme und Bass an den Kopf des ›volkstümlichen‹ Themas anknüpfen (T. 25–30, Notenbeispiel 3). Die zuvor bestimmende Kadenzharmonik aber wird schlagartig zugunsten einer Ganztonreihe (g – a – h – cis' – dis' – f') suspendiert, die mit Ausnahme des nur zweimal notierten Skalentons a entweder gleichzeitig als Akkord oder in Quintolenketten auseinandergefaltet erklingt.

Sechs Takte lang verharrt der Tonsatz auf der dissonanten Reihe, die von den beiden Tritoni h' – f'' und cis'' – g'' bestimmt wird, bis die für Korngolds Harmonieverständnis notwendige Überführung in die Tonalität erfolgt. Durch den Einsatz der dritten Zeile auf einem klaren C-Dur-Akkord (T. 31) erweist sich die Ganztonreihe (ohne a) rückwirkend als übermäßiger Dominantklang auf g mit kleiner Septime und cis'''-Vorhalt. Was nun im weiteren Verlauf der dritten Strophe folgt, lässt sich geradezu als Überkompensation der zuvor unterdrückten Kadenzharmonik verstehen: Nach zwei Takten in C-Dur (T. 31–32), die mit einer einfachen Kadenz (T – Sp^7 – Dp – T/Tp^7) den zuvor erschütterten harmonischen Boden festigen, bricht sich der Quintenzirkel mit dem Quintfall von C-Dur nach F-Dur, B-Dur und Es-Dur Bahn – um nach nur zwei Takten mit einer abrupten Wende in einen fis-Moll-Septakkord mit kleiner Septime in dreifachem Forte zu münden (T. 33–35). Erst mit der vierten Strophe (ab T. 36) findet das Lied musikalisch zu seinem ›volkstümlichen‹ Beginn zurück, dessen erneut zu einer Fünftaktphrase gedehnter Vordersatz nun sogar ungebrochen ›symmetrisch‹ von einem gleich langen Nachsatz beantwortet wird.

Notenbeispiel 3: Korngold, *Das Mädchen* (1911), T. 24–35

Mit dem Rückgriff der letzten Strophe auf den Liedbeginn schließt sich im wörtlichen Sinne der Kreis, wird doch das in der dritten Strophe bis an die Grenze strapazierte variierte Strophenlied nun durch eine Bogenform überlagert. Diese doppelt abgestützte Form bildet letztlich die Voraussetzung für den extremen Kontrast, der einerseits im Sinne der ABA-Form durch den ›volkstümlichen‹ Rahmen aufgefangen wird, andererseits dank der variierten Strophenform in einem motivisch bedingten Zusammenhang steht. Fraglos lässt im Fall von *Das Mädchen* ein Blick auf Eichendorffs ›leise‹ Textzeilen erhebliche Zweifel an der kompositorischen Angemessenheit der dritten Strophe aufkommen, ist doch die Diskrepanz zwischen der introvertiert-sorgenvollen Sängerin Eichendorffs und der harmonisch wie dynamisch exaltierten Vertonung des vierzehnjährigen Korngold ohrenfällig.

Das dem Lied zugrunde liegende kompositorische Verfahren sollte für Korngolds Liedschaffen bestimmend bleiben: das Ineinandergreifen einer Reprisenform, mit meist verkürzter und harmonisch leicht abgewandelter Wiederkehr des Beginns, und einer variierten Liedform mit strophisch untergliederten, melodischen Varianten, die sich in der Regel auf die in der ersten Strophe als Modell exponierte Motivik stützen. Dass Korngold allerdings in späteren Jahren die Variantentechnik nicht mehr primär als Grundlage für größtmögliche musikalische Kontraste – um den Preis abrupter Charakterwechsel zwischen den Strophen – nutzen sollte, zeigt ein vergleichender Blick auf die Bearbeitung von *Das Mädchen* aus den 1940er Jahren. Als Korngold 1940 auf die Eichendorff-Vertonung zurückgriff, um sie für den Hollywood-Film *The Sea Hawk* einem Gedicht des Drehbuchautors Howard Koch zu unterlegen, übernahm er zwar das ›volkstümliche‹ Thema, nicht aber die extremen Stimmungswechsel. Die Hinwendung zu einer größeren Einheitlichkeit – gleichsam im Geiste des 18. Jahrhunderts – war keineswegs nur den Erfordernissen des Kinos geschuldet, sondern stand in direktem Einklang mit Korngolds reiferer Liedästhetik, was sich auch daran zeigt, dass er die Komposition unter dem Titel *Old spanish song* 1947 in die *Fünf Lieder* op. 38 aufnahm.[13]

Vergleicht man den *Old spanish song* mit *Das Mädchen*, so sticht neben dem Verzicht auf schroffe Stimmungswechsel zwischen den Strophen insbesondere der unterschiedliche Umgang mit dem Symmetriepostulat ins Auge. In *Das Mädchen* war die Intention, achttaktige Periodik zu umgehen, ohne ihre Wirkung preiszugeben, offensichtlich: Wenn Viertaktphrasen auftraten, waren sie durch Augmentation oder variierte Abspaltungen verschleiert, so-

---

13 Korngolds Zyklus op. 38 existiert sowohl in einer deutschen als auch in einer englischen Sprachfassung. Da aufgrund der Entstehungsgeschichte des *Old spanish song* davon auszugehen ist, dass Korngold das entsprechende Lied in der Drehbuchversion vertonte, wird hier die englische Textierung – als kompositorisch primäre – berücksichtigt. Bei *Der Kranke* hingegen wird die deutschsprachige Fassung herangezogen, da die Eichendorff-Vertonung in keinem Zusammenhang mit Korngolds Arbeiten für Hollywood steht.

dass auch bei kongruenten Vorder- und Nachsätzen das Ergebnis kein ungebrochen achttaktiges sein konnte – selbst in der letzten, dezidiert liedhaften Strophe wurde die Viertaktigkeit von Vorder- und Nachsatz um je einen Takt gedehnt. Im Gegensatz zu *Das Mädchen* pocht der *Old spanish song* bereits mit dem neu vorangestellten Klaviervorspiel auf die Viertaktigkeit der Phrasenlänge (Notenbeispiel 4).

Notenbeispiel 4: Korngold, *Old spanish song* (1947), T. 1–5

Während im *Mädchen* an zweiteiliger Periodik festgehalten, aber die Viertaktigkeit aufgegeben wurde, behält der *Old spanish song* die Geradtaktigkeit bei, konterkariert hingegen die periodische Zweiteiligkeit: Nachdem die Singstimme den ersten Viertakter in Takt 8 zu einem offenen Trugschluss auf Dis-Dur (der ›verdurten‹ Moll-Parallele der Grundtonart Fis-Dur) geführt hat, endet der zweite Viertakter mit einem übermäßigen Quintsextakkord auf der Doppeldominante Gis-Dur – die aus Symmetriegründen an dieser Stelle zu erwartende Tonika Fis-Dur erklingt hingegen erst nach zwei weiteren kadenzierenden Takten (Notenbeispiel 5). Die Erweiterung der zwei Viertakter um eine dritte, nur zweitaktige Phrase ist umso bemerkenswerter, als sich ein unmittelbarer Anschluss der Refrainzeile »My love is far from me«, die immerhin mit einem Wechsel des Versmaßes verbunden ist, keineswegs aufdrängt.

In großformaler Hinsicht ist dieses Anfügen der fünften Zeile jedoch ein Indiz für Korngolds Bestreben, das asymmetrische Gedicht mit einer symmetrischen Form zu konfrontieren. Die Unregelmäßigkeit der Vorlage beruht darauf, dass die Gedichtanlage mit einer Strophe aus vier trochäischen Vierhebern und einem Refrain aus drei jambischen Dreihebern in der zweiten Hälfte nur lückenhaft beibehalten wird: Fehlt in der dritten Strophe die dritte Verszeile, so besteht die vierte Strophe gar nur noch aus der allerersten Zeile. Trotz dieser Asymmetrie vertont Korngold den Text als nur leicht variiertes Strophenlied, und zwar indem er die jambische Strophe aufbricht, deren erste Zeile dem A-Teil anschließt, die zweite und dritte hingegen zu einer Art gesungenem Zwischenspiel macht. Da diese beiden dreihebigen Zeilen zu einer Viertaktphrase zusammengefasst sind, sich moti-

Notenbeispiel 5: Korngold, *Old spanish song* (1947), T. 10–17

visch eng an das ›volkstümliche‹ Thema anlehnen und die arpeggierte Begleitung beibehalten, leiten sie in Analogie zum Vorspiel die anschließende Wiederholung des ersten Teils ein. Wie stark sich Korngold trotz der musikalisch herbeigeführten ›Symmetrisierung‹ des Gedichtes an der Textvorlage orientiert, zeigt sich auch darin, dass genau die beiden Takte aus dem ersten Teil nicht wiederholt werden, die der nur einmalig auftretenden dritten Zeile gegolten haben (T. 9–10).

Im Verhältnis der Komposition zum Text findet sich schließlich auch der entscheidende Unterschied zwischen der Eichendorff-Vertonung *Das Mädchen* von 1911 und dem *Old spanish song*. Das Eichendorff-Gedicht hatte mit seinen vier gleichmäßig gebauten Strophen die symmetrische Grundlage für eine Musik geboten, die sich – latent am Inhalt vorbei – auf größtmögliche Kontraste kaprizierte und es tunlichst vermied, dem für achttaktige Periodik prädestinierten Text eine entsprechende Syntax zu verleihen. Während der vierzehnjährige Korngold also die bereits durch Eichendorffs trochäische Vierheber gegebene ›Liedhaftigkeit‹ zugunsten einer bewusst gegen die Achttaktigkeit gerichteten Symmetrie aufweichte, zeigt sich beim *Old spanish song* ein genau konträres Vorgehen: Die Differenzierung zwischen den drei- und vierhebigen Zeilen wird durch die prinzipiell zweitaktige Vertonung der einzelnen Zeilen ebenso aufgehoben, wie die asymmetrische Strophenform zu einer neuen Gleichmäßigkeit findet.

Old spanish song von Howard Koch

	Reimschema	Versmaß
Stood a maiden at her window,	a	Trochäischer Vierheber
sadly gazing out to sea.	B	
Pale her cheek, her heart how heavy,	b	
sorrowful her melody:	B	
»My love is far from me.«	B	Jambischer Dreiheber
The evening yields her light,	C	
a star awaits the night.	C	
And the wind brings back an echo	a	Trochäischer Vierheber
faintly from across the sea,	B	
carries home her melody:	B	
»My love is far from me!«	B	Jambischer Dreiheber

Korngolds Vertonung des *Old spanish song*

A-Teil		A'-Teil	
[Vorspiel]		The evening yields her light,	C
		a star awaits the night.	C
Stood a maiden at her window,	a	And the wind brings back an echo	a
sadly gazing out to sea.	B	faintly from across the sea,	B
Pale her cheek, her heart how heavy,	b		
sorrowful her melody:	B	carries home her melody:	B
»My love is far from me.«	B	My love is far from me!«	B
		[Nachspiel: Tempo I]	

Dass jedoch die offenkundige ›Symmetrisierung‹ des *Old spanish song* keinesfalls als Indiz für Korngolds Sehnsucht nach reiner Achttaktigkeit missverstanden werden darf, liegt auf der Hand: Die Spannung zwischen der dichterischen und der musikalischen Form war fraglos gewollt. Immerhin lässt bereits ein vergleichender Blick auf die allererste Gedichtzeile von Eichendorffs und Kochs Vorlage keinen Zweifel an Korngolds Einflussnahme auf den Drehbuchautor von *The Sea Hawk*. Abgesehen vom identischen Wortlaut (»Stand ein Mädchen an dem Fenster«/»Stood a maiden at her window«) fällt auch dasselbe trochäische Versmaß auf – eine Koinzidenz, die die Übernahme des ›volkstümlichen‹ Themas erheblich erleichtern musste.

Für die verwendete Harmonik konnte nicht folgenlos bleiben, dass sich in formaler Hinsicht die musikalische ›Verunregelmäßigung‹ des dichterisch Regulierten ins genaue Gegenteil einer kompositorischen Regulierung des sprachlich Unregelmäßigen verkehrt hatte. Entsprechend steht der breiten Palette des *Mädchens* – von simpler Kadenzharmonik bis zur Ganztonreihe – im *Old spanish song* eine deutlich einheitlichere Harmonik gegenüber: So prägt die im Vorspiel exponierte Ansammlung von in Fis-Dur leitereigenen Moll-Septakkorden (mit kleiner Septime) das ganze Lied – sie sind auch verantwortlich für die leicht abgewandelte Themengestalt. Im Unterschied zu *Das Mädchen*, wo die Kadenzen meist über die Hauptstufen verlaufen, bestimmen hier die Moll-Septakkorde auf den Dur-Nebenstufen bis zum Schluss den musikalischen Charakter. Wie mit der plagalen Kadenz am Ende, der lautenartig arpeggierenden Klavierbegleitung oder den auffallenden Quintparallelen in der Refrainzeile »My love is far from me« wird auch mit der Betonung der Nebenstufen ein leicht archaisierender Effekt erzeugt, der sich analog zu dem als ›spanischer Romanzenvers‹ bekannten trochäischen Vierheber ins Bild eines ›alten spanischen Liedes‹ fügt.[14]

Angedenken – Der Kranke

Die Tendenz zu einem nicht auf Kontrast, sondern auf Integration zielenden Liedcharakter sowie zu gleich langen, geradtaktigen Phrasen ist in Korngolds späten Vertonungen unübersehbar – eine Einheitlichkeit jedoch, die keineswegs einer Vereinfachung gleichkommen muss, wie ein abschließender Blick auf die beiden Eichendorff-Lieder *Angedenken* von 1911 und dem darauf basierenden *Kranken* aus op. 38 von 1947 zeigen soll. Nicht weniger als 27 von insgesamt 35 Takten des *Angedenkens* übernahm Korngold in die späte Eichendorff-Vertonung; erst in der letzten Gedichtzeile der dritten Strophe hebt *Der Kranke* zu einer neu komponierten vierten Strophe an (Abweichung kursiv).

---

14 Vgl. Horst J. Franke, *Wie interpretiere ich ein Gedicht? Eine methodische Anleitung*, Tübingen – Basel ³1995 (= UTB für Wissenschaft 1639), S. 110.

Angedenken	*Der Kranke* op. 38 Nr. 2
Berg' und Täler wieder fingen Ringsumher zu blühen an. Aus dem Walde hört' ich singen Einen lust'gen Jägersmann.	Soll ich dich denn nun verlassen, Erde, heit'res Vaterhaus? Herzlich Lieben, mutig Hassen, Ist denn alles, alles aus?
Und die Tränen drangen leise: So einst blüht' es weit und breit, Als mein Lieb' dieselbe Weise Mich gelehrt vor langer Zeit.	Vor dem Fenster durch die Linden spielt es wie ein linder Gruß. Lüfte, wollt ihr mir verkünden, daß ich bald hinunter muß?
Ach, ein solches Angedenken, ist nur eitel Klang und Luft. Und kann schimmernd doch versetzen Rings in Tränen *Tal und Kluft*	Liebe ferne blaue Hügel, stiller Fluß im Talesgrün, ach, wie oft wünscht ich mir Flügel, über euch *hinweg zu zieh'n!*
	Da sich jetzt die Flügel dehnen, schaur' ich in mich selbst zurück und ein unbeschreiblich Sehnen zieht mich zu der Welt zurück.

Bemerkenswert an den wenigen in *Der Kranke* vorgenommenen Anpassungen ist, dass sich diese offensichtlich nicht auf die unterschiedlichen Gedichte zurückführen lassen, die ähnlich melancholisch gestimmt und metrisch identisch gebaut sind: drei bzw. vier vierzeilige Strophen aus trochäischen Vierhebern mit Kreuzreim. Gleich zu Beginn wird mit der Ergänzung des ersten Taktes um einen weiteren einleitenden Takt die Zweitaktigkeit als bestimmende Phrasenlänge exponiert, was sich bis zum Ende fortsetzen wird. Dass indessen auch hier die Absicht nicht in einer völlig spannungsfreien Symmetrie besteht, zeigt sich in den ersten vier Takten der Singstimme. Dort werden die ersten gesungenen fünf Takte aus *Angedenken* einfach durch die Addition zweier 2/4-Takte zu einem C-Takt in eine Viertaktphrase überführt, ohne dass deswegen die Notenwerte verändert werden müssten (Notenbeispiel 6a, T. 4–5 sowie Notenbeispiel 6b, T. 5). Unter dem Mantel der zusätzlich durch Phrasenbögen verdeutlichten Geradtaktigkeit zeichnet sich auch *Der Kranke* durch die Suche nach einer gewollten Reibung an jener Viertaktigkeit aus, die bereits vom Versmaß vorgegeben ist.

Ebenso wie in formaler Hinsicht die Symmetrie als Modell stärker betont wird, um sie geradezu subversiv zu unterlaufen, zeichnet sich auch die Harmonik durch eine größere Klarheit aus, die wiederum den ›geordneten‹ Rahmen für harmonische Besonderheiten bietet. Im Fall des *Kranken* zeigt sich die Tendenz zur harmonischen Konturierung darin, dass zwar am chromatischen Achtelmotiv in der rechten Hand sowie am ebenso chromatischen Mäandern über dem orgelpunktartigen *E* in der linken Hand festgehalten wird, Kadenzwendungen jedoch subtil verdeutlicht werden. Dies geschieht

Ivana Rentsch

Notenbeispiel 6a: Korngold, *Angedenken* (1911), T. 4–11

Notenbeispiel 6b: Korngold, *Der Kranke* op. 38 Nr. 2 (1947), T. 5–12

etwa in der zweiten Hälfte der ersten Strophe, wenn die Begleitung dem c-Moll der Singstimme stärker nachgibt, indem sie auf dem letzten Viertel in Takt 8 den ›Orgelpunkt‹ auf E durchbricht und einen nunmehr ungetrübten subdominantischen f-Moll-Akkord erklingen lässt, und wenn nach einem Vorhaltsakkord zum Neapolitaner Des-Dur nochmals kurz ein (als Quartsextakkord gesetztes) c-Moll aufblitzt – um dann wie gehabt von der Dominante G-Dur zur Varianttonart C-Dur überzuleiten. Dass die Tendenz zur harmonischen Verdeutlichung jedoch nicht mit einer grundsätzlichen Vereinfachung gleichgesetzt werden kann, zeigt schließlich die gänzlich neu vertonte vierte Strophe des *Kranken*. Ohne aus dem harmonischen Rahmen zu fallen, wird dort eine bereits in Takt 7 exponierte musikalische Idee auf die Spitze getrieben: halbverminderte Septakkorde, die sich durch die Auflösung als verminderte Septakkorde mit Vorhalt entpuppen, deren Quartlage im Stil der *Tristan*-Harmonik jedoch vorübergehend die Tonalität aushöhlt (T. 30–33, Notenbeispiel 7).

Notenbeispiel 7: Korngold, *Der Kranke* op. 38 Nr. 2 (1947), T. 29–36

»Symmetrien und Parallelismen«

Tonalität und melodische Symmetrie bestimmen als verbindlicher Rahmen Korngolds gesamtes Liedschaffen, wobei die Tendenz zu einer stärkeren Betonung geradtaktiger Syntax einerseits und klarer Kadenzharmonik andereseits unverkennbar ist. Dass damit weniger eine Vereinfachung als vielmehr eine verstärkte Kohärenz des Satzes angestrebt war, liegt mit Blick auf die *Fünf Lieder* op. 38 auf der Hand. So weicht etwa die in *Das Mädchen* präsentierte kontrastreiche Folge von Möglichkeiten, das liedhafte Modell zu verschleiern, zunehmend einer Vorgehensweise, die auf differenzierende Vereinheitlichung zielt. Vor diesem Hintergrund gewinnen die von Julius Korngold propagierten und vom Komponisten zeitlebens berücksichtigten »Symmetrien und Parallelismen« eine neue Bedeutung:[15] Dienten sie in den Liedern von 1911 als vorgeprägtes Schema, dessen Regelmäßigkeit Korngold kompositorisch konterkarierte, so erscheinen sie in den *Fünf Liedern* op. 38 umgekehrt als gleichsam individuelles Resultat der Vertonung. In gewisser Weise zeigt sich darin eine Entwicklung, die auf ein weiteres – ebenfalls vom Vater verfochtenes – Postulat zuläuft, nämlich die Ablehnung jeglicher »Musikmathematik«.[16] Obwohl die polemische Formalismuskritik selbstverständlich auf Komponisten ›atonaler‹ Musik gemünzt war, lässt sie sich dahingehend in einen Zusammenhang mit Korngolds eigener Arbeit bringen, dass die in ihrer ›Quadratur‹ durchaus geometrische Periodik zunehmend eine musikalische Legitimation erfährt. Zwar bleiben die charakteristischen Symmetrien für Korngolds Schaffen bestimmend, nur wirken sie in seinen späteren Werken nicht mehr als absolut gegebene Voraussetzung, sondern erweisen sich vielmehr als Ergebnis des kompositorischen Prozesses. Dadurch rückt die musikalische Symmetrie von einem – in Julius Korngolds Verständnis – naturgegebenen satztechnischen Prinzip in die Sphäre der »Erfindung« auf: Aus dem »konstruktiven Faktor« ist ein künstlerischer »Einfall« geworden.[17]

---

15 J. Korngold, *Atonale Götzendämmerung* (Anm. 3), S. 135.
16 E. W. Korngold zitiert nach: »›Das Wunder der Heliane‹. Korngold über seine neue Oper« (Anm. 1).
17 J. Korngold, *Atonale Götzendämmerung* (Anm. 3), S. 260, 134; E. W. Korngold zitiert nach: »›Das Wunder der Heliane‹. Korngold über seine neue Oper« (Anm. 1).

Klaus Pietschmann

Ein »Ausweg aus der Sackgasse des zeitgenössischen Opernschaffens«?

Korngolds Ring des Polykrates dies- und jenseits der Wunderkind-Euphorie

I

»Der Zauberlehrling Erich Wolfgang ist mit einem Schlage zum Jungmeister geworden« – mit diesen Worten eröffnet der Musikreferent der *Wiener Volkszeitung*, Balduin Bricht, seine Besprechung der Wiener Erstaufführung der beiden Einakter *Violanta* und *Der Ring des Polykrates* am 10. April 1916,[1] und von Euphorie sind auch seine weiteren Ausführungen geprägt. Gerühmt wird nicht nur der Wurf gleich zweier gelungener Opern, während bei vielen anderen Komponisten die Hervorbringung bloß eines lebensfähigen Bühnenwerkes zu verzeichnen sei, sondern vor allem auch das »beispiellose Emporstürmen vom frühreifen Kunstwunder zur frühreifen, wunderbaren Kunst«: Nach dem zielstrebigen Durchmessen der verschiedenen Gattungen sei nunmehr die Oper mit zwei ganz gegensätzlichen Werken erfolgreich erreicht. Dabei konstatiert der Berichterstatter »ein originelles Komponieren, das vielleicht auch den Ausweg durchschlägt durch die Sackgasse des zeitgenössischen Opernschaffens«.

In diesen Äußerungen sind wesentliche Koordinaten benannt, innerhalb derer sich der *Ring des Polykrates* verorten lässt: Bezogen auf Korngold die Erwartungen an das heranreifende Wunderkind; bezogen auf die Wiener Opernproduktion im zweiten Jahrzehnt des 20. Jahrhunderts eine diffuse Krisenstimmung, die insbesondere auch die komische Oper betraf, deren spätestens in der Folge der *Meistersinger von Nürnberg* eher schwächelndes Dasein durch die Höhenflüge der Operette vollends ins Abseits geraten war.

So klar geschieden dieses Koordinatenpaar erscheint und insofern eine geeignete Bewertungsfolie für Korngolds Oper abzugeben vorgibt,[2] so un-

---

[1] Zitiert nach Balduin Bricht, *Kritiken und Rezensionen über Opern- und Ballett-Aufführungen, sowie kurze Artikel und Aufsätze aus dem Musikleben*, A-Wn F25.Zuccari.1.Mus.
[2] Wenn auch sicherlich nicht die einzige: Der Gedanke einer »Rettung« der Oper durch den messianisch anmutenden Jüngling auf dem Höhepunkt des Ersten Weltkriegs wäre ein weiterer verfolgenswerter Ansatz.

streitig ist jedoch der Vater Julius Korngold die übergeordnete Instanz, die diese Koordinaten verschwimmen lässt. Nicht nur steuerte er die Stilisierung der Karriere seines Sohnes mit strategischem Geschick und prägte die Entstehung des Einakters in hohem Maße, sondern durch seine Berichterstattung für die *Neue Freie Presse* war er auch maßgeblich an der (in vieler Hinsicht herbeigeredeten) Krise der zeitgenössischen und speziell der heiteren Opernkomposition beteiligt.

Ein weiterer Aspekt, den es bei der Beurteilung von Korngolds *Ring des Polykrates* zu berücksichtigen gilt, ist bei Bricht ebenfalls angesprochen, nämlich die Koppelung mit dem tragischen Einakter *Violanta*. Obwohl beide Opern offensichtlich vollkommen unabhängig voneinander entstanden sind und auch Bricht ihre Gegensätzlichkeit betont, wurden sie in der zeitgenössischen wie in der späteren historiografischen Auseinandersetzung meist gegeneinander abgewogen. Dabei wurde *Der Ring des Polykrates* als insgesamt gekonnter, allenfalls im Detail ungelenker Erstling charakterisiert, implizit jedoch stets in den Schatten der *Violanta* gestellt.[3] Einiges deutet darauf hin, dass dafür in hohem Maße die herausragende künstlerische Leistung von Maria Jeritza verantwortlich war, die in der Titelpartie der Wiener *Violanta*-Erstaufführung einen auch für sie selbst wegweisenden Erfolg verzeichnen konnte. Noch bei der Münchner Uraufführung jedoch »schlug« – Julius Korngold zufolge – »das Lustspiel einigermaßen die Tragödie«,[4] was wohl dem Auftreten der gefeierten Maria Ivogün zu verdanken war. Den unfreiwilligen Todesstoß versetzte vermutlich bereits der frühe Korngold-Biograf Rudolf Stefan Hoffmann der Oper, indem er sie verniedlichend als »ein Glückskind, das nur einem Glückskind gelingen konnte«, bezeichnete und ihr das Gütesiegel »eine der wertvollsten deutschen Spielopern neuerer Zeit« verlieh.[5]

Somit erscheint eine Sichtweise geboten, die den *Ring des Polykrates* aus einer von Interpreten- und Aufführungskonstellationen sowie von Wunderkind-Euphorie unabhängigen Warte in seinem spezifischen Entstehungs- und Traditionszusammenhang verortet. Im Folgenden soll der erste Versuch einer solchen Verortung von Korngolds Opernerstling erfolgen, wobei der

---

3 Vgl. etwa die beiden Beiträge von Susanne Rode, »Violanta« bzw. »Der Ring des Polykrates«, in: *Pipers Enzyklopädie des Musiktheaters*, hrsg. von Carl Dahlhaus und dem Forschungsinstitut für Musiktheater der Universität Bayreuth unter Leitung von Sieghart Döhring, Bd. 3, München 1989, S. 314–316 bzw. 316–317; Jessica Duchen, *Erich Wolfgang Korngold*, London 1996 (= 20th-Century Composers), S. 62 ff.; Mario Tedeschi Turco, *Erich Wolfgang Korngold*, Verona 1997, S. 76 ff.; folgende Arbeiten behandeln *Violanta* überhaupt völlig losgelöst vom *Ring des Polykrates*: Robbert van der Lek, *Diegetic Music in Opera and Film. A Similarity Between Two Genres of Drama Analysed in Works by Erich Wolfgang Korngold*, Amsterdam 1991, S. 137 ff.; Helmut Pöllmann, *Erich Wolfgang Korngold. Aspekte seines Schaffens*, Mainz u. a. 1998, S. 15–16.
4 Julius Korngold, *Postludien in Dur und Moll* [Typoskript, 1944]. Veröffentlicht unter dem Titel: *Die Korngolds in Wien. Der Musikkritiker und das Wunderkind – Aufzeichnungen von Julius Korngold*, Zürich – St. Gallen 1991, S. 203.
5 Rudolf Stefan Hoffmann, *Erich Wolfgang Korngold*, Wien 1922, S. 70–71.

Schwerpunkt vor allem auf die Handhabung der Motivik und der formalen Anlage gelegt werden soll. Zunächst jedoch sei etwas ausführlicher auf den Stoff eingegangen, da das Verhältnis zwischen Vorlage und Libretto in der Forschung bislang nie berücksichtigt wurde.

II

Der Titel *Der Ring des Polykrates* leitet sich nur indirekt von Schillers Ballade ab. Bereits in einem 1888 in Prag uraufgeführten Einakter selben Namens von Heinrich Teweles[6] dient das Motiv des vom Glück verwöhnten Tyrannen von Samos lediglich als Aufhänger für eine kleine Gesellschaftskomödie, deren Protagonist in glücklichsten, ja idealen Umständen mit Frau, Kind und Dienerschaft lebt. Ein plötzlich auftauchender alter Freund warnt ihn, dass er angesichts solchen Glückes etwaigen Schicksalsschlägen vollkommen unvorbereitet ausgesetzt wäre, und empfiehlt, im Sinne des Ring-Opfers des Polykrates, einen Streit mit seiner Frau vom Zaune zu brechen, um aus diesem gestärkt hervorzugehen. Bei Teweles kommt der Streit trotz redlicher Bemühungen des glücklichen Gatten nicht zustande, vielmehr zeigt sich die Ehefrau beeindruckt von der plötzlichen Selbstsicherheit des zuvor angeblich allzu unterwürfigen Gemahls und gesteht, ihn nunmehr noch aufrichtiger zu lieben. Da dieses Opfer also misslungen ist, wird stattdessen der alte Freund geopfert und des Hauses verwiesen.

Dieses belanglose, boulevardartige Stück, das sicher nicht zu Unrecht als »Plauderei in einem Act« untertitelt ist, soll – Hoffmann zufolge – vom Komponisten selbst beim Stöbern in alten Reclam-Heften im Jahre 1913 ausgewählt worden sein, »nachdem dieser Stoff schon sechs Jahre zuvor den Zehnjährigen beschäftigt hatte«.[7] Der Wahrheitsgehalt dieser Angabe wird kaum zu klären sein;[8] jedoch erscheint sie wohl doch eher als Mosaikstein in der Wunderkind-Konstruktion, wenn man bedenkt, dass der Autor der Vorlage, Heinrich Teweles, im April 1911 für die Leitung des Neuen Deutschen Theaters in Prag nominiert worden war und in einer seiner ersten Amtshandlungen Alexander Zemlinsky als seinen Chefdirigenten engagiert hatte.[9] So

---

6 Heinrich Teweles, *Der Ring des Polykrates. Plauderei in einem Act*, Leipzig 1888 (Online-Ressource: http://miami.uni-muenster.de/servlets/DocumentServlet?id=2411; letzter Zugriff: Mai 2008).
7 Hoffmann, *Erich Wolfgang Korngold* (Anm. 5), S. 20. Vom eigenständigen Auffinden des Textes durch Erich beim Stöbern im heimischen Reclam-Bestand berichtet auch Julius Korngold. Seiner Aussage zufolge holten die beiden bei Teweles persönlich die Erlaubnis zur Vertonung und Umarbeitung ein (*Die Korngolds in Wien* [Anm. 4], S. 191).
8 Korrekt ist immerhin, dass Teweles' Text in Reclams Universal-Bibliothek als Nr. 2522 erschien.
9 Antony Beaumont, *Alexander Zemlinsky*. Aus dem Englischen von Dorothea Brinkmann, Wien 2005, S. 310; vgl. auch Heinrich Teweles, *Theater und Publikum. Erinnerungen und Erfahrungen*, Prag 1927, S. 172 ff.

ist es wahrscheinlicher, dass Vater Korngold oder Zemlinsky selbst, der Korngold bekanntlich unterrichtete, die Vertonung des Stoffes aus aufführungsstrategischen Überlegungen heraus vorschlug.[10] Warum eine Prager Aufführung des angeblich bereits 1914 fertiggestellten Stückes dann trotzdem erst am 16. November 1916, geleitet von Zemlinsky, zustande kam, bliebe freilich noch zu klären.

Das simple Handlungsgerüst, das dem Typus der im bürgerlichen Alltag angesiedelten, von Winfried Kirsch so bezeichneten »Opera domestica« entspricht,[11] wurde nach Julius Korngolds eigener Aussage von ihm selbst sowie vom Wiener Schriftsteller Leo Feld »in Form« gebracht und um einige wesentliche Motive ergänzt. Auf Felds Initiative erfolgte die Verlegung »in eine kleine sächsische Residenz« im Herbst des Jahres 1797, also dem Jahr der Erstveröffentlichung von Schillers Ballade in dessen *Musen-Almanach für das Jahr 1798*, der entsprechend auch in die Handlung integriert wird. Ansonsten jedoch befriedigte Felds Entwurf die Erwartungen nicht, was Anlass zu einer weitreichenden Umarbeitung durch Julius Korngold und in der Folge wohl auch zum Verzicht auf die Nennung eines Librettisten gab.[12]

Auf den Vater geht damit der Einfall zurück, zur Hauptperson – statt des bei Teweles nicht näher charakterisierten Hugo Körner – den Hofkapellmeister Wilhelm Arndt zu machen. Spontan verwundert dies insofern, als Julius Korngold sich gegenüber Opern mit musikalischen Sujets durchaus skeptisch geäußert hatte, so etwa im Zusammenhang mit Eugen d'Alberts Oper *Flauto Solo*, die um eine Anekdote aus dem Umfeld Friedrichs des Großen kreist: »Nur scheinbar laufen solche Stoffe der musikalischen Gestaltung in die Arme, sie entwinden sich ihr fast geradeso gern.«[13] Im Falle des *Ring des Polykrates* freilich ist die Profession der Hauptperson gerade nicht Gegenstand der Handlung, sondern sie bietet vielmehr den Anlass, *en passant* musikalisches Zeitkolorit einzuflechten und damit einerseits bildungsbürgerliche Déjà-vu-Effekte beim Publikum zu erzielen, andererseits die für die komisch-heitere Oper des frühen 20. Jahrhunderts generell charakteristische klassizistische Grundhaltung auch dramaturgisch zu rechtfertigen.[14]

Eine geschickte Zutat bildet ferner die Erfindung des Sekundarierpaares Florian und Lieschen, das in einer Nebenepisode die Haupthandlung in burlesker Verkürzung nachempfindet, nicht zuletzt auch »musikalischer Gegen-

---

10 In diesem Sinne auch Beaumont, *Alexander Zemlinsky* (Anm. 9), S. 369.
11 Vgl. Winfried Kirsch, »Die ›Opera domestica‹. Zur Dramaturgie des bürgerlichen Alltags im aktuellen Musiktheater der 20er Jahre«, in: *Hindemith-Jahrbuch* 9 (1980), S. 179–192.
12 *Die Korngolds in Wien* (Anm. 4), S. 191–192.
13 Julius Korngold, *Deutsches Opernschaffen der Gegenwart. Kritische Aufsätze*, Leipzig – Wien 1921, S. 80.
14 Die Frage, inwieweit durch diese Beförderung des Kapellmeisters in den Status arrivierter Bürgerlichkeit auch ein Gegenentwurf zum zunehmend ins Bohemienhafte abdriftenden Musikerbild des frühen 20. Jahrhunderts aufgestellt werden sollte, kann hier nicht weitergehend verfolgt werden.

sätze und Ensemblemöglichkeiten halber«, wie Julius Korngold später schrieb.[15] Zugleich jedoch fängt diese Episode die für sich genommen etwas schwerfällige Abgründigkeit auf, die durch die wohl gravierendste Veränderung der Vorlage ins Spiel kommt: Aus dem unkonturierten Eindringling Dr. Herbert Groß bei Teweles wird nämlich nunmehr Peter Vogel, der einerseits als grotesk überzeichneter Pechvogel zu einem Element derber Komik avanciert, andererseits jedoch *per se* eine potenzielle Gefährdung des Eheglücks darstellt, da Wilhelms Frau Laura in ihrer Jugend kurzzeitig für ihn geschwärmt hatte. Damit einher geht eine Konkretisierung des Polykrates-Opfers, die vor diesem Hintergrund einige Brisanz gewinnt: Vogel fordert Wilhelm auf, seiner Frau Laura die ›Schicksalsfrage‹ zu stellen, nämlich ob sie vor der Ehe bereits einen anderen Mann geliebt habe. Wilhelm schreckt zunächst davor zurück und beschränkt sich, entsprechend Teweles, auf das vergebliche Bemühen der Streitsuche. Erleichtert über Lauras souveräne Reaktion plaudert er die Anstiftung zu seinem ungewöhnlichen Verhalten durch den Freund jedoch aus und erwähnt beiläufig auch die ›Schicksalsfrage‹, die Laura nun doch die Contenance verlieren lässt. Zwar hatte sie sich in einer vorangegangenen Szene mit Hilfe ihres Tagebuchs die alten Zeiten nochmals vergegenwärtigt und beruhigt festgestellt, dass sie für Vogel nur Mitleid, dagegen für Wilhelm wahre Liebe empfunden habe, allerdings verunsichert sie die ausgerechnet durch Vogel veranlasste Aufdeckung dieser bislang verheimlichten Episode offensichtlich doch zutiefst, und es kommt zu einem zornigen Ausbruch.

Die Auflösung wird, wie angedeutet, durch das Dienerpaar herbeigeführt. Florian nämlich hat den ersten Teil des Dialogs seiner Herrschaft heimlich angehört und konfrontiert nunmehr auch Lieschen mit der ›Schicksalsfrage‹, die ihm daraufhin eine Ohrfeige verpasst. Als er dem Donnerwetter zu entgehen sucht, indem er aus Schillers Ballade zitieren und die aufrichtigen Hintergründe seines Tuns klarstellen will, greift er versehentlich nach dem Tagebuch Lauras und liest daraus zufällig den Abschnitt vor, in dem Lauras innere Hinwendung zu Wilhelm beschrieben wird. Da nunmehr wiederum die Eheleute dieses Verwirrspiel belauschen, wird Wilhelm Lauras heftige Reaktion klar, und Vogel hat als ›Geopferter‹ ein weiteres Mal das Nachsehen. In trauter Zweisamkeit wenden sich Wilhelm und Laura der Lektüre der neuen Ballade zu.

Die Einschaltung der Dreiecksbeziehung zwischen den Protagonisten bedeutet zwar ein wesentliches Spannungsmoment, jedoch wird das dramatische Potenzial im Libretto erstaunlicherweise kaum ausgeschöpft. Insbesondere Peter Vogel erscheint in seinen Motiven völlig unkonturiert: So bleibt vor allem unklar, ob er Wilhelm die ›Schicksalsfrage‹ wirklich stellen lässt, um die Eheleute zu spalten und Laura zurückzugewinnen. Dass an eine solche Motivation wohl gedacht wurde, lässt ein kurzer Seitenblick auf den 1898 in Frank-

---

15 *Die Korngolds in Wien* (Anm. 4), S. 191.

furt uraufgeführten, höchst erfolgreichen Einakter *Die Abreise* von Eugen d'Albert vermuten, in dem sich eine ganz ähnliche, jedoch eindeutiger durchgeformte Grundkonstellation findet. Hier unternimmt der Liebhaber Trott im Namen vorgeschützter Freundschaft alles, um die geplante Abreise seines Freundes Gilfen vorzubereiten, mit dem Ziel, anschließend dessen Frau Luise erobern zu können. Die in der Tat erkalteten Gefühle der Eheleute flammen über den immer neuen Verzögerungen der Reise jedoch wieder auf, was Trott dann letztlich seinerseits zur Abreise veranlasst. Dieses Motiv des niederträchtig vorgeschützten Freundschaftsdienstes ist auch im *Ring des Polykrates* deutlich erkennbar. Die unscharfe Übernahme durch Julius Korngold war möglicherweise schlicht durch handwerkliches Ungeschick bedingt; wie sich zeigen wird, erkannte jedoch der junge Komponist die so entstandene Ambivalenz des Librettos und schloss die Leerstelle mit musikalischen Mitteln.

III

Korngold sah sich bei der Komposition dieses heiteren Erstlings noch in anderer Hinsicht einer anspruchsvollen Aufgabe gegenüber, wurde doch, wie eingangs erwähnt, speziell die komische Oper in einer Krise gesehen. Im Wesentlichen dominierten zwei stilistische Hauptrichtungen: einerseits die Epigonen von Wagners *Meistersingern* wie etwa Max von Schillings' *Der Pfeifertag* oder die Spielopern Humperdincks und Siegfried Wagners,[16] andererseits ein Klassizismus, der sich in der komischen Oper seit dem ausgehenden 19. Jahrhundert in Werken wie Peter Gasts *Löwe von Venedig*, den Goldoni-Vertonungen Ermanno Wolf-Ferraris oder – wiederum – d'Alberts *Abreise* abgezeichnet und im kurz zuvor uraufgeführten *Rosenkavalier* den prominentesten Vertreter gefunden hatte. Innovativere Ansätze waren in Wien entweder nicht bekannt – etwa die komischen Opern aus den Reihen des »Mächtigen Häufleins« oder Busonis 1912 in Berlin uraufgeführte *Brautwahl* – oder hatten ein gemischtes Echo erzeugt, so insbesondere Zemlinskys 1911 an der Volksoper herausgekommene Oper *Kleider machen Leute*.[17]

Vermutlich wird Korngolds Beurteilung dieser Strömungen in hohem Maße von den Auffassungen seines Vaters geprägt gewesen sein, die dieser in seinen Rezensionen für die *Neue Freie Presse* artikulierte und 1921 in dem Band *Deutsches Opernschaffen der Gegenwart* zusammenfasste. Immer wieder beklagte er die »herrschende Stilunsicherheit« und bedachte dabei insbe-

---

16 Vladimir Zvara, »Komische Oper«, in: *Musiktheater im 20. Jahrhundert*, hrsg. von Siegfried Mauser, Laaber 2002 (= Handbuch der musikalischen Gattungen 14), S. 111–118; vgl. auch Werner Bitter, *Die deutsche komische Oper der Gegenwart. Studien zu ihrer Entwicklung*, Leipzig 1932.
17 Susanne Rode-Breymann, »Kleider machen Leute«, in: *Pipers Enzyklopädie des Musiktheaters* (Anm. 3), Bd. 6, München 1997, S. 790–792.

sondere die Beschwörer der »Geister modernster Orchesterpolyphonie« wie Leo Blech oder die »großen künstlerischen Missionen« Siegfried Wagners mit beißendem Spott.[18] Demgegenüber konstatiert er etwa in d'Alberts *Abreise* zwar einen »kargen Bestand« der musikalischen Einfälle, die »das Gepräge der älteren deutschen und französischen Spieloper« tragen, bescheinigt ihnen aber einige »Delikatesse« sowie »eine sichere Technik in der Bezwingung des preziös geistreichen Dialogs«; abschließend begrüßt er in der *Abreise* auch explizit die »Rückkehr [...] zu einem einfacheren, natürlicheren Opernstile« und bekundet, »daß unsere verarmte musikalische Bühne [...] Opern dieses Schlages vortrefflich brauchen« könne.[19] In der Akzeptanz passend eingesetzter älterer Stilebenen äußert sich zweifellos die konservative Grundhaltung Julius Korngolds, die ihn andererseits im *Rosenkavalier* die anachronistische Verwendung der Walzer und anderer »populären Reize« als billige Anbiederung an die Operette auf das Schärfste verurteilen lässt. Überdies beobachtet er in dieser Oper immer wieder eine Vordergründigkeit, die etwa im Schlussduett bis zur Naivität reiche.[20] In *Kleider machen Leute* des befreundeten Zemlinsky ist es dementsprechend auch die »Scheu vor der Banalität«, die Korngold am nachdrücklichsten und nicht undiplomatisch hervorhebt. Im Weiteren ist er wiederum um eine Verortung der Partitur in der Tradition bemüht und lobt vor allem das »Liedmäßige«, das Tanzhafte, »den volksmäßigen Zuschnitt mit den modernsten Mitteln«.[21]

Die hier sich abzeichnenden ästhetischen Maximen prägen in hohem Maße auch den *Ring des Polykrates*: Dem rasch fließenden Konversationston sind zwar beziehungsreich ›wissende‹, jedoch nie überladene Orchesterklänge unterlegt. Die bei d'Albert überbordenden Anleihen beim klassischen Stil beschränken sich auf wenige handlungsmotivierte Anklänge etwa an Haydns Sinfonie Nr. 94 (mit dem Paukenschlag) oder an Walzerrhythmen, wenn von Wien die Rede ist. ›Liedmäßiges‹, ›Volksmäßiges‹ oder Anklänge an die Operette werden nur in sparsamer Dosierung und im Sinne einer wohlkalkulierten musikalischen Dramaturgie eingesetzt, so etwa das derb-witzige Staccato von Wilhelms Wutausbruch, in das später auch Laura und zuletzt Lieschen verfallen, deren aus je unterschiedlichen Gründen nur halbwahre Vorwürfe auf diese Weise demaskiert werden. Auch das schlichte, schwelgende Duettino »Weiß jetzt, daß nicht bloß der beste Mann« wird bei seinem zweimaligen Auftreten in den Dienst einer intelligenten Ausdeutung der Handlungssituation gestellt, indem die strikte Imitation beim ersten Mal von Laura angeführt wird, nachdem sich Wilhelm in seinem Zornesausbruch gleichsam selbst entblößt und ihr gewissermaßen ausgeliefert hat, während

---

18 J. Korngold, *Deutsches Opernschaffen der Gegenwart* (Anm. 13), S. 72, 55.
19 Ebenda, S. 75.
20 Ebenda, S. 163 ff.
21 Ebenda, S. 244–245.

später – entsprechend der analogen Wirkung von Lauras vorausgegangener Tirade – die Rollen auch musikalisch vertauscht werden.

In diesen Beispielen deutet sich zugleich die ausgeprägte formale Geschlossenheit der Partitur an, die wohl ihr markantestes Charakteristikum darstellt und in der die »Rückkehr zu einem einfacheren Opernstile« ihren deutlichsten Niederschlag findet. Bereits Richard Specht rühmte in seinem gleichzeitig mit dem Klavierauszug bei Schott erschienenen *Thematischen Führer* die »Reihe von hinwirbelnden Scherzosätzen«, aus denen die »Festigkeit der Architektur« und damit die »Lösung des Problems der [...] Nummernoper von einst« resultiere.[22] In der Tat zeichnet sich die Partitur insgesamt wie auch die meisten Szenen in sich durch einen zyklischen Aufbau aus, bei dem musikalische Gedanken reprisenartig wieder aufgegriffen werden und eine leicht fassliche Geschlossenheit erzeugen.

IV

Wenn nun die Tagebuchszene Lauras in den Blick genommen wird, die wohl bekannteste Nummer der Oper, wird zudem deutlich, in welch hohem Maße Korngold dieses Verfahren zusätzlich dazu nutzt, der schlichten Handlung eine schillernde Tiefendimension zu verleihen. Die Szene folgt auf die Ankündigung von Vogels überraschendem Besuch, die Wilhelm zur heiteren Vorbereitung des Empfangs veranlasst, Laura jedoch nachdenklich stimmt. Allein zurückgeblieben, stellt sie fest, dass die Aussicht auf das Wiedersehen mit dem Jugendschwarm Gedanken an vergangene Zeiten aufsteigen lässt, die sie nicht zu verstehen vermag. Sie nimmt das Tagebuch zur Hand und liest die entsprechenden Einträge nach: Demnach entsprangen die anfänglichen Gefühle für Vogel nur dem Mitleid angesichts von dessen ungelenker Schüchternheit, während Wilhelm sie dann im Sturm eroberte und ihre wahre Liebe errang. Dass diese Vergegenwärtigung der Ereignisse jedoch keineswegs eine Klärung der Gefühlslage Lauras herbeiführt, wird durch die exakte Wiederholung der Eingangsphrase »Kann's heut nicht fassen, nicht verstehn ...« am Schluss der Szene deutlich.

An dem Beispiel lässt sich zugleich eine Subtilität der Motivbehandlung ablesen, die die Abgründigkeit von Lauras Gefühlslage noch unterstreicht und insofern bereits auf spätere Werke Korngolds vorausweist. Dass sich nämlich Lauras anfängliche Hingezogenheit zu Vogel keineswegs so markant von der Liebe zu Wilhelm unterschied, wie der Wortlaut des Tagebuches glauben macht, zeigt die Verwendung desselben Motivs für Vogel und Wilhelm. Zunächst erscheint es im Zusammenhang mit Vogels erstem Auftau-

---

22 Richard Specht, *Thematischer Führer zu Erich W. Korngold's Opern-Einaktern »Violanta« und »Der Ring des Polykrates«*, Mainz 1916, S. 36.

chen und Lauras spontanem Mitleid in ungetrübtem A-Dur (Notenbeispiele 1 und 2):

Notenbeispiel 1: Korngold, *Der Ring des Polykrates*, T. 2–8 nach Z. 37

Notenbeispiel 2: T. 12–14 nach Z. 37

Bezogen auf Vogel kommt das Motiv dann nochmals wieder, wobei sich in der Wendung nach As-Dur eine neue Qualität der Gefühle andeutet (Notenbeispiel 3):

Notenbeispiel 3: T. 10–12 nach Z. 38

Mit dem Auftauchen Wilhelms kehrt die Tonart A-Dur und mit ihr die ungestüme Emphase zurück (Notenbeispiel 4):

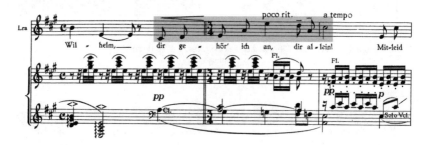

Notenbeispiel 4: T. 2–4 nach Z. 40

Es erstaunt, dass Specht, der ansonsten so zuverlässige Beobachter der Korngold'schen Leitmotivik, in seinem thematischen Führer dieses markante Motiv nicht benennt. Tatsächlich taucht es so prominent lediglich ein weiteres Mal auf, nämlich in Szene 8, als Lieschen aus dem Tagebuch die entsprechende Stelle vorliest und erst Laura, dann Wilhelm die Liebesbeteuerung wiederholen – ein zitathaftes Wiederaufgreifen scheint hier im Vordergrund zu stehen.

Eine leitmotivische Verwendung deutet sich jedoch etwa in Vogels Auftrittsmonolog unmittelbar nach der Tagebuchszene an (Notenbeispiel 5): Der Pechvogel bestaunt neidisch die schönen Wohnverhältnisse Wilhelms und fügt im gleichen Atemzug hinzu, dass er auf der Reise bestohlen worden sei – das im Orchester aufleuchtende Motiv zeigt deutlich, dass er sich nicht nur der Börse, sondern auch der Liebe Lauras bestohlen sieht.

Notenbeispiel 5: T. 8–23 nach Z. 47

Man könnte also von dem Motiv der Liebe Lauras sprechen, die einstmals gleichermaßen erst Vogel, dann Wilhelm gehörte – und dies am Ende der Oper noch eindeutiger als zuvor. Dass die Dinge jedoch komplizierter liegen, zeigen die Abwandlungen des Motivs, mit denen Korngold spielt. So taucht es bereits in der Tagebuchszene in einer Variante auf, die wie ein verinnerlichtes Echo erscheint, bei dem die Melodielinie nicht bis zur Dezime, sondern nur zur Oktave ausgreift (Notenbeispiel 6).

Notenbeispiel 6: T. 12 nach Z. 37 bis T. 3 nach Z. 38

In dieser Form wird die enge Verwandtschaft mit der nach as-Moll gewendeten Phrase deutlich, die zu Anfang und Ende der Szene Lauras Ratlosigkeit und die Ferne der Erinnerungen artikuliert (Notenbeispiel 7).

Notenbeispiel 7: T. 1–6 nach Z. 36

Dieses meist durch die Celesta begleitete Motiv taucht häufiger auf und wird von Specht nicht ganz treffend als »Thema des abwesenden Freundes« bezeichnet, das »gleichzeitig als eines der Erinnerung verwendet wird«.[23] Zwar erscheint es in der Tat häufig dann, wenn von Vogel die Rede ist, so etwa gleich bei seiner ersten Erwähnung in Szene 2 – wobei auffällt, dass Laura es in einer Variante singt, die sich als Vorwegnahme ihres wenig später exponierten Liebesmotivs charakterisieren lässt (Notenbeispiel 8).

Notenbeispiel 8: T. 4 nach Z. 19 bis T. 2 nach Z. 20

23 Ebenda, S. 44.

Andererseits jedoch sind Partikel in die erste Unterhaltung der beiden Freunde in Szene 5 eingestreut, als Vogel von seinem gescheiterten Versuch berichtet, eine Frau zu finden (Notenbeispiel 9).

Notenbeispiel 9: T. 6 nach Z. 55 bis T. 8 nach Z. 56

So bezeichnet das Motiv wohl am ehesten die Sphäre verdrängter Liebeserinnerung Lauras und Vogels. Durch die abschließende Klärung aller Missverständnisse und der vergangenen Ereignisse scheint die Verdrängung überwunden, jedoch hält die Musik just diesen Punkt in der Schwebe: Nach Vogels Abtreten nämlich werden im Orchester die Anfangstakte der Tagebuchszene aufgegriffen, die dort das besagte Motiv der verdrängten Liebeserinnerung vorbereitet hatten (Notenbeispiel 10) – hier nun werden sie vom

Notenbeispiel 10: T. 10–14 nach Z. 35

Schlagen der Uhr unterbrochen und an der analogen Fortspinnung des Gedankens gleichsam gehindert (Notenbeispiel 11). Es entsteht so eine durchaus sprechende Leerstelle, die alles andere als eine vollständige Verarbeitung der Vergangenheit impliziert und ahnen lässt, dass sich in das besungene Eheglück auch künftig noch die Erinnerung an frühere Empfindungen mischen wird.

Notenbeispiel 11: T. 1–6 nach Z. 177

V

Es ließen sich weitere Beispiele für Motivverwandtschaften und semantisierende Formzusammenhänge anführen – etwa das in ziellosen Quartsprüngen hastig emporeilende Glücksmotiv Wilhelms, das in enger Beziehung zu dem durch Quart- und Quintsprung charakterisierten, in sich ruhenden Liebesmotiv steht. Die derart kontrastierende Ähnlichkeit der beiden Motive kennzeichnet die letztlich unvereinbaren Wesens- und Gefühlsunterschiede zwischen den Eheleuten, und zudem schafft das markante Erklingen des Glücksmotivs zu Anfang und Ende der Oper in identischer Form nicht nur formale Geschlossenheit, sondern zeugt zudem davon, dass die Geschehnisse an Wilhelm im Grunde spurlos vorübergegangen sind. In dieselbe Richtung deutet kurz zuvor in der epilogartigen Schlussszene das praktisch unveränderte Wiederaufgreifen des schwärmerischen Duetts aus Szene 2: Wiederum eine Reprise, die sich auch als Rückkehr zu einem früheren Stadium und damit als Verdrängung des zwischenzeitlich Geschehenen verstehen lässt.

Von diesen Techniken aus erscheint der Schritt zu der psychologisierenden Motivbehandlung, wie Arne Stollberg sie für *Die tote Stadt* beschrieben hat,[24] nicht allzu weit: Die skizzierte Liebesmotivik Lauras steht für einen versunkenen oder verdrängten Gefühlskomplex, der latent stets vorhanden war, durch die Geschehnisse in die Erinnerung zurückgeholt wird und sich trotz

---

24 Arne Stollberg, *Durch den Traum zum Leben. Erich Wolfgang Korngolds Oper »Die tote Stadt«*, Mainz 2003 (= Musik im Kanon der Künste 1).

der kathartischen Klärung durch die ›Schicksalsfrage‹ nicht spurlos tilgen lässt – obwohl bzw. gerade weil die Eheleute in unveränderter Form zum *status quo ante* zurückkehren.

Ungeachtet der Erprobung dieser für Korngolds weiteres Schaffen richtungsweisenden Technik dürfte den Zeitgenossen jedoch vor allem die Rückkehr zu klaren formalen Strukturen wie ein rettender Anker inmitten einer gerade in formaler Hinsicht immer weiter aus dem Ruder laufenden Opernproduktion erschienen sein, zumal Korngold die scherzoartige Anlage der Szenen nicht formalistisch behandelte, sondern sie zur Ausfüllung von Leerstellen im Libretto nutzte. Durch dieses dramaturgisch motivierte Spiel mit an sich simplen, traditionellen Formelementen im *Ring des Polykrates* bezog Korngold eine bemerkenswert eigenständige, innovative Position in der schwelenden Debatte um das Formproblem der Oper, wobei ihm die Kompaktheit des Einakters zweifellos entgegenkam. Dass die Oper insgesamt gleichwohl eher schlicht und konventionell wirkt, ist in hohem Maße dem Libretto geschuldet, das einer noch konsequenteren psychologischen Durchformung der Partitur letztlich wohl doch im Wege stand. Dennoch wurde *Der Ring des Polykrates* kein Librettistenopfer, und dies zeugt eindrücklich von Korngolds auch opernkompositorischer Frühreife – jenseits aller Wunderkind-Euphorie.

Janine Ortiz

Violanta

Korngolds Aufbruch in die Moderne

I

Nach dem Tode Richard Wagners war der Opernthron im deutschsprachigen Raum vakant, weshalb es in den folgenden Jahrzehnten zum Prüfstein jedes aufstrebenden Komponisten avancierte, eine Oper zu schreiben, entweder auf den Traditionen des romantischen Musiktheaters aufbauend oder danach trachtend, sie niederzureißen. Nichts lag folglich näher, als dass auch Erich Wolfgang Korngold sich der Oper zuwandte, zumal bereits seine frühen Werke – von den *Don Quixote*-Klavierstücken über die *Sieben Märchenbilder* bis hin zum *Schneemann* – eine dramatische Begabung angezeigt hatten. Auf Anraten des Vaters entschied sich der junge Komponist für einen komischen Stoff im Umfang eines Einakters. *Der Ring des Polykrates* (1916) entzog sich jedoch mit charmantem Humor der übermächtigen Gestalt Wagners und der Frage, welchen Weg das deutschsprachige Musiktheater künftig einzuschlagen habe: Die Harmonik ist vergleichsweise schlicht, Arien und Ensembles sind klar abgegrenzt, ein Motto-Thema stiftet Zusammenhalt, und klassische Formen – die Oper spielt im 18. Jahrhundert – werden augenzwinkernd parodiert.

Damit ein abendfüllendes Programm entstünde, empfahl Julius Korngold die Komposition eines zweiten Einakters, wobei Erich Wolfgang sich diesmal an einem tragischen Stoff versuchen sollte. Der Vater wandte sich deshalb an Hans Müller, einen ehemaligen Kollegen aus Brünner Tagen, der inzwischen zum angesehenen Dramatiker und Romancier avanciert war und dessen Stücke am Wiener Burgtheater gegeben wurden.[1] Müller hatte be-

---

[1] Hans Müller (1882–1950) verfasste zahlreiche Bühnenstücke, Romane und Lyrik, später auch Drehbücher, die sich im Allgemeinen durch großen, jedoch zeitlich begrenzten Erfolg auszeichneten. Sein bekanntestes Werk ist sicherlich das Textbuch zu Ralph Benatzkys Operette *Im weißen Rössl* (1930). Für Korngold schuf Müller neben dem Libretto zu *Violanta* auch dasjenige zum *Wunder der Heliane*, basierend auf einem Mysterienspiel von Hans Kaltneker. Leider befindet sich die Müller-Forschung noch in ihren Anfängen; vgl. Arthur Maibach, »Vergessen und verdrängt«, in: *Glitter And Be Gay. Die authentische Operette und ihre schwulen Verehrer*, hrsg. von Kevin Clarke, Hamburg 2007, S. 140–145.

reits die einleitenden Verse zu Korngolds *Märchenbildern* verfasst und zählte zu den Bewunderern des Komponisten. Zwei mögliche Stoffe wurden ins Auge gefasst: zum einen das Leben des italienischen Bußpredigers Girolamo Savonarola, zum anderen ein weiteres Renaissance-Sujet mit dem klangvollen Namen *Violanta*, benannt nach der Titelheldin.[2]

Dass Müller Korngold ausgerechnet zwei Renaissance-Stoffe vorschlug, ist nicht allein als Griff nach einem exotisch-historischen Ambiente zu werten, sondern als planvoll kalkuliertes Einschwenken eines erfahrenen Theatermannes in eine seit zwei Jahrzehnten reüssierende geistesgeschichtliche Strömung: den Renaissancismus des *fin de siècle*. Somit konnte es nicht länger ausbleiben, dass sich Korngold mit der komplexen und durch zahlreiche untergründige Sympathien verbundenen Gedankenwelt der Moderne künstlerisch auseinandersetzte.

II

Um 1890 begann das Bürgertum im deutschsprachigen Raum einen regelrechten Kult um die italienische Renaissance zu betreiben, der sich in Architektur, bildender Kunst und Literatur niederschlug. Als Auslöser fungierte ein gemeinsames Bildungserlebnis: die Rezeption der Werke Jacob Burckhardts und Friedrich Nietzsches. Burckhardts bereits 1860 veröffentlichtes Standardwerk *Die Kultur der Renaissance in Italien* wurde erst um die Jahrhundertwende populär wirksam, bildete sodann aber den Ausgangspunkt für die Auseinandersetzung mit der Renaissance. Durch die lebensphilosophische Brille der Jahrhundertwende betrachtet, übten die Wiederbelebung der antiken Kultur, der Hang zu einem allumfassenden Ästhetizismus und die Ausprägung universell gebildeter, selbstbewusster Persönlichkeiten große Faszination aus. Hinzu kam Nietzsches Postulat des ›Übermenschen‹, das in dem bis zur Immoralität vitalen Machtmenschen der Renaissance idealtypisch verwirklicht schien.

Auf der Theaterbühne hielt das schon von den Zeitgenossen als solches bezeichnete ›Renaissance-Drama‹ Einzug und blieb von den 1890er Jahren bis hin zum Ersten Weltkrieg fester Bestandteil des Repertoires. Die Blütezeit des Renaissancismus näher zu beleuchten, würde hier zu weit führen; im Hinblick auf *Violanta* sind jedoch zwei Aspekte von Interesse: Erstens verging seit Mitte der 1870er Jahre kaum eine Spielzeit ohne Premiere eines neuen Savonarola-Dramas. Dass sich die Korngolds gegen diesen Stoff entschieden, könnte also nicht nur mit der Qualität von Savonarolas Biografie in Zusammenhang gestanden haben, sondern auch mit deren gleichsam inflationärer

---

2 Das Frauenporträt *Violante* von Tizian (um 1510/15) könnte Müller zu seiner Protagonistin inspiriert haben; es ist bis heute im Kunsthistorischen Museum Wien beheimatet und auch online über dessen Bilddatenbank einsehbar: www.bilddatenbank.khm.at.

Popularität.³ Zweitens zeigten sich bald nach der Jahrhundertwende die ersten Ermüdungserscheinungen der literarischen Renaissance-Mode. Die uns heute als namhaft im Gedächtnis gebliebenen Autoren – Hugo von Hofmannsthal, Arthur Schnitzler oder Thomas Mann, um nur einige zu nennen – distanzierten sich vom Genre und überließen das Feld den Trivialschriftstellern, die zu immer groteskeren Überzeichnungen und groben Effekten griffen.

Die Oper indessen – und hier zeigt sich eine oft zu beobachtende Diskrepanz zwischen den beiden Kunstgattungen – nahm die Auseinandersetzung mit der Renaissance erst sehr spät auf. Zwar gab es seit den 1870er Jahren immer wieder vereinzelte Renaissance-Opern, aber keine aus der Feder eines namhaften Komponisten und keine mit landesweiter oder gar internationaler Breitenwirkung.⁴ Erst als das Renaissance-Drama auf der Theaterbühne seinen Ausverkauf erlebte, entstanden Opern mit Handlungen im Renaissance-Milieu, die durchschlagende Erfolge erzielten. Den Anfang machte Max von Schillings' *Mona Lisa* (1915), gefolgt von Korngolds *Violanta* (1916), Alexander Zemlinskys *Eine florentinische Tragödie* (1917) und Franz Schrekers *Die Gezeichneten* (1918) – alle werden in der Forschung oft in einem Atemzug genannt.⁵ Im Gegensatz zu der in grellen Farben gezeichneten *Mona Lisa* von Schillings ist den letztgenannten Werken allerdings ein Zug gemein, mit dem die vielleicht weitestreichende geistesgeschichtliche Entwicklung der Moderne hinzutritt: die Psychoanalyse Sigmund Freuds.⁶

III

Eingangs scheint Müllers *Violanta*-Libretto vom neuen Menschenbild der Psychoanalyse unberührt. Stattdessen werden die Klischees des literarischen Renaissancismus strapaziert: Alfonso, der illegitime Sohn des Königs von Nea-

---

3 Eine fundierte Studie über den literarischen Renaissancismus liefert Gerd Uekermann, *Renaissancismus und Fin de siècle. Die italienische Renaissance in der deutschen Dramatik der letzten Jahrhundertwende*, Berlin – New York 1985 (= Quellen und Forschungen zur Sprach- und Kulturgeschichte der germanischen Völker 208). Uekermann listet für die Jahre 1874 bis 1916 nicht weniger als 14 Savonarola-Dramen auf.
4 Vgl. hierzu die Auflistung von Renaissance-Dramen (inkl. Opern) bei Uekermann, *Renaissancismus und Fin de siècle* (Anm. 3), S. 293–314.
5 Dass sich der Renaissancismus auf der Opernbühne nur kurze Zeit hielt, mag damit in Zusammenhang gestanden haben, dass der Erste Weltkrieg und der Zusammenbruch des Kaiserreichs den Renaissancismus als Ganzes zum Erliegen brachten, denn nach dem kollektiven Trauma des Krieges empfand man die ästhetisch verbrämten Untergangsszenarien und trivialisierten ›Übermensch‹-Fantasien als unerträglich.
6 Freilich war auch diese Verbindung präfiguriert: Freud selbst leistete einen Beitrag zum Renaissancismus mit dem 1910 erschienenen Essay *Eine Kindheitserinnerung des Leonardo da Vinci*. Wiederabdruck in: ders., *Bildende Kunst und Literatur*, hrsg. von Alexander Mitscherlich u. a., Frankfurt am Main 1969, ¹²1989 (= Studienausgabe 10), S. 87–159.

pel, hat Nerina, Violantas Schwester, verführt und damit in den Selbstmord getrieben. Violanta schwört Rache, und als der Verführer anlässlich des Karnevals in Venedig weilt, lockt sie ihn zu sich, um ihn von ihrem eifersüchtigen Ehemann Simone ermorden zu lassen. Die Stilisierung des Karnevals zum Bacchanal – einschließlich der auffällig in Szene gesetzten Ankunft Alfonsos als Dionysos – gemahnt daran, dass kaum ein Renaissance-Drama auf die Orgie als hochgradigste Form der Entgrenzung verzichten mochte.[7] Simones Condottiere-Brutalität und Alfonsos scheinbar rücksichtsloses Ausleben seiner Sexualität dürften von unzähligen Borgia- und Medici-Dramen herrühren, die ihrerseits wiederum dem ›Universalmenschen‹ im Sinne Burckhardts und Nietzsches nachempfunden waren. Violanta schließlich verkörpert jene Mischung aus *femme fatale* und unnahbarer Heiliger, die für das Frauenbild der Jahrhundertwende dies- und jenseits der Renaissance-Mode symptomatisch ist.

Doch was zunächst wie eine Ansammlung von Versatzstücken anmutet, entpuppt sich im weiteren Verlauf der Handlung als Maske, hinter der seelische Abgründe aufklaffen, die ohne Freud'sche Termini nicht zu deuten sind: Da Simone aus Eifersucht zum Mörder wird, erscheint sein sinnenfeindliches Soldatentum rückwirkend als Kompensation von Verlustängsten. Der promiskuitive Alfonso ist in Wahrheit ein seit Kindertagen entwurzeltes und sich selbst entfremdetes Individuum, auf der Suche nach einer Bindung und zugleich unfähig, diese einzugehen. Violantas Hass wandelt sich unter dem Eindruck von Alfonsos Selbstoffenbarung in Liebe, da die eng gesteckten moralischen Normen der Gesellschaft sie in dasjenige hineintrieben, was Freud in den *Studien über Hysterie* als ›Abwehrhysterie‹ und später als ›Verdrängung‹ beschrieb.

Der Wiener Nervenarzt revolutionierte das Selbstbild des Menschen, indem er herausfand, dass psychische Erkrankungen nicht vererbt, sondern im Laufe der Entwicklung des Individuums erworben werden. In seinen Schriften legt Freud dar, dass jene psychischen Prozesse, die er bei seinen Patienten beobachtete, sich nicht grundsätzlich von denen gesunder Menschen unterscheiden. So ist Violantas Neurose auf nichts anderes zurückzuführen als die Verdrängung ihrer natürlichen libidinösen Strebungen. Die scharfe Trennung, die bisher zwischen einer normalen und einer abnormalen Psyche bestanden hatte, verschwand. Generationen von Künstlern, die sich bereits lange vor Freud kritisch mit den starren Konventionen des Bürgertums und dessen tabuisierter Sexualität auseinandergesetzt hatten, fanden hier wissen-

---

7 Auf die Parallelen zwischen Alfonso und Dionysos bzw. zwischen Violanta und Ariadne macht Wolfgang Krebs in einem Beitrag über *Violanta* aufmerksam. Er beleuchtet dort auch die Verbindung der Oper zum Phänomen der Entgrenzung, das in allen Künsten zur Zeit des *fin de siècle* eine wichtige Rolle spielte, womit die Modernität von Korngolds Einakter einmal mehr belegt wird. Siehe Wolfgang Krebs, »Dramaturgie der Entgrenzung. Erich Wolfgang Korngolds Operneinakter ›Violanta‹«, in: *Frankfurter Zeitschrift für Musikwissenschaft* 1 (1998), S. 26–39; Online-Publikation: www.fzmw.de.

schaftliche Bestätigung für ihre These, dass die strikte Moral der Gesellschaft Quelle massenhaften individuellen Leidens sei.

Den Schriftstellern des »Jungen Wien« nacheifernd, übertrugen Richard Strauss, Franz Schreker, Alexander Zemlinsky und Arnold Schönberg – jeweils auf individuelle Weise – die Psychoanalyse auf die Opernbühne: Strauss' Einakter *Salome* (1905) und *Elektra* (1909) lösten heftige Skandale aus, denn pathologische Phänomene wie die entfesselte Sexualität der Kindfrau Salome und die durch den traumatisch empfundenen Tod des Vaters bedingte Bewusstseinsspaltung Elektras hatte man noch nicht in Musik gesetzt erlebt. Zemlinskys *Traumgörge* (1904–1906) versetzt sich mittels Autohypnose in einen tagtraumartigen Zustand, um der bedrückenden Realität zu entfliehen. *Der ferne Klang* (1912) von Franz Schreker beschreibt am Beispiel des Bürgermädchens Grete, die in die Prostitution gerät, die Stationen einer hysterischen Persönlichkeitsspaltung. Schönbergs Monodram *Erwartung* (1909) vollzieht mit den kompositorischen Mitteln der freien Atonalität das Protokoll eines Angsttraums nach.

IV

Das Musiktheater der Moderne definiert sich zweifellos über die Auseinandersetzung mit der Psychoanalyse, und so wartet auch Müllers Heroine mit einem komplexen Innenleben auf. Violanta ist eine Frau, die starken gesellschaftlichen Zwängen unterliegt: Im Hause des Hauptmanns Trovai herrschen Zucht und Ordnung, schon das Eindringen eines Karnevalsliedes wird als Bedrohung der strikten Moral aufgefasst; amouröse Verwicklungen, wie sie sich in Gestalt Matteos andeuten, werden im Keim erstickt; und wenn doch eine unstandesgemäße Verbindung zustande kommt, wie im Falle Nerinas und Alfonsos, so folgen ihr Rache und Tod auf dem Fuße. Die Ammenszene vervollständigt das dargebotene Bild insofern, als sie zeigt, dass Violanta bereits seit Kindertagen – und die sind, wie man seit Freud weiß, prägend – einer fortwährenden Domestizierung ihrer Gefühle unterworfen ist. Das moralisierende »Märchen« der Amme Barbara beleuchtet schlaglichtartig den herrschenden Moralkodex:

> Und der Engel sprach zu dem Mädchenschwarm:
> »Nur wens gelüstet, der ist arm.
> Doch wer mit dem Seinen still und zufrieden,
> der hat den Himmel schon hienieden.«[8]

---

8 *Violanta*. Oper in einem Akt von Hans Müller. Musik von Erich Wolfgang Korngold. Vollständiger Klavier-Auszug mit Text von Ferd[inand] Rebay, Mainz – Leipzig o. J. [Copyright B. Schott's Söhne 1916], S. 81–82.

Sinnenfreude wird in diesem charmanten Vierzeiler *per se* als unvereinbar mit dem häuslichen Frauenleben dargestellt, das in ›stillen und zufriedenen‹ Bahnen zu verlaufen hat. Wen es dennoch gelüstet, der ist arm – der Wert der Frau steht und fällt also mit ihrer Tugendhaftigkeit. Die Verknüpfung mit der den Aspekt der Schuld akzentuierenden christlichen Religion über die Gestalt des Engels verstärkt die restriktiven Tendenzen des Kinderverses noch zusätzlich.

Tatsächlich hat Violanta einen monogamen Lebenswandel und untadeligen Leumund als vorrangig geltende Werte verinnerlicht – auch nachdem sie ihre Liebe zu Alfonso eingestanden hat, kann sie sich nicht von ihrem alten Selbstbild befreien: »Rein muß ich vor mir selber sein, / und bin ich Frau und doch nicht rein, / was soll mir dann begegnen?«[9] Aus der Reduktion ihrer selbst auf den Wert der Tugend erwächst letztlich auch Violantas ungeheure erotische Anziehungskraft, denn ihre weiblichen Reize sind die einzige Verhandlungsmacht, auf die sie sich im Rahmen einer solchen Selbstbewertung berufen kann. Dementsprechend weiß sie die *femme fatale* hervorzukehren und ihren Ehemann Simone geschickt durch den Entzug des Beischlafs und eine nervenraubende Nacherzählung ihrer Begegnung mit Alfonso anzustacheln.

Violantas Ausbruchsversuch aus sexualmoralischen Zwängen scheitert jedoch, da sie, indem sie sich zu Alfonso bekennt, des einzig ihr bekannten Wertes verlustig geht – ihrer Ehre. Sie hat die gesellschaftlichen Normen derart verinnerlicht, dass sie den für Alfonso gedachten Dolchstoß auffangen muss, um den Konflikt zwischen Normanforderungen und eigenen Wünschen zu lösen. Müller und Korngold eröffnen folglich eine tragisch-gesellschaftskritische Perspektive, indem sie eine Heroine zeigen, die über sich selbst hinauswächst in der Erkenntnis ihrer Liebe, aber vor einer sinnenfeindlichen Erziehung und ebensolchen Prägung durch ihren Ehemann kapitulieren muss.

V

Violanta hat die Form des Einakters einerseits deshalb, weil der junge Komponist sich an einem Werk geringeren Umfangs erproben wollte, aber andererseits stellt die einaktige Form ein weiteres Spezifikum der Moderne dar. Seit der Klassik galt die fünfaktige Tragödie als Gipfel der Dramenkunst überhaupt; ihre jahrzehntelange Kanonisierung hatte jedoch eine Krise des Dramas zur Folge, die in der Mitte des 19. Jahrhunderts einsetzte und aus der schließlich die Hinwendung zur einaktigen Form hervorging.[10] Ab 1890 brach

---

9 Ebenda, S. 121.
10 Vgl. Peter Szondi, *Theorie des modernen Dramas 1880–1950*, Frankfurt am Main 1956, ²²1996.

eine regelrechte Flut von ernsten Einaktern über die Verlage und Bühnen herein, und durch Strauss' Adaption der Wilde'schen *Salome* wurde das Phänomen schließlich auf die Oper übertragen. Im Gegensatz zu den Einaktern des italienischen Verismo, die sich durch einen gesteigerten Realismus auszeichnen, steht beim deutschsprachigen Musiktheater der Moderne, wie bereits erwähnt, das Bedürfnis nach psychologischer Vertiefung im Vordergrund.[11]

Müller konstruiert in seinem *Violanta*-Libretto eine analytische, zweistufige Handlung, wie sie zahlreichen Einaktern des Sprechtheaters der Jahrhundertwende eigen ist. Als analytisch klassifiziert man heute in der Literaturwissenschaft Dramen, bei denen die Ereignisse, welche den dramatischen Konflikt bedingen, allesamt in der Vorgeschichte liegen und dann im Verlaufe der Bühnenhandlung durch die anwesenden *dramatis personae* enthüllt werden, bis es schließlich zu einem den dramatischen Konflikt abschließenden Eklat kommt. Der weitgehende Verzicht auf eine aktiv von den Personen entwickelte Handlung erlaubt die Auslotung seelischer Spannungsfelder.[12]

So gliedert sich *Violanta* in zwei Großteile, die sorgfältig durch die Ammenszene voneinander geschieden werden. Im ersten Teil wird die Vorgeschichte enthüllt: Der Zuschauer erfährt vom Schicksal Nerinas und von Violantas Racheplänen, auch die Verführung Alfonsos im Karnevalstreiben hat bereits stattgefunden und wird durch den Bericht Violantas lediglich enthüllt. Erst indem Violanta Simone davon überzeugt, Alfonso zu töten, wird der Impuls zu einer neuen Entwicklung gegeben und damit der analytische Teil des Dramas abgeschlossen. Mit der Konfrontation Alfonso – Violanta findet dann jener Umschwung statt, der den dramatischen Konflikt zum Ausgang führt.

Aus diesem zweiteiligen Aufbau erwächst Korngolds musikalische Konzeption, die sich an dem von Müller vorgegebenen Antagonismus ›analytische Handlung – Umschwung und Katastrophe‹ orientiert.[13] Der Gesang der Schiffer, der die erste Szene nach dem Orchestervorspiel eröffnet, führt eine lebensbejahende, bacchantische Sinnlichkeit vor (»Unsre Barke blüht schon wie ein Weinberg, / und unser Mund quillt über wie drei Brunnen«[14]), während der Beginn des zweiten Großteils durch geheimnisvoll verhaltene Vokalisen der Bässe und Tenöre markiert wird.[15] Sie unterstreichen das Erschauern der Protagonistin, welche, in Ehebruch und Mord verwickelt, mit eben jenen moralischen Konventionen bricht, die sie von der Sphäre der Schiffer trennen. Ein nicht geringer Teil der Verehrung, die der schmachtende Matteo Violanta entgegenbringt, beruht auf der lustvoll quälerischen Faszination, die die

---

11 Einen Überblick über die Entwicklung des modernen Operneinakters bietet der Sammelband *Geschichte und Dramaturgie des Operneinakters*, hrsg. von Sieghart Döhring und Winfried Kirsch, Laaber 1991 (= Thurnauer Schriften zum Musiktheater 10).
12 Vgl. Matthias Sträßner, *Analytisches Drama*, München 1980.
13 Bereits Wolfgang Krebs verweist auf die zweiteilige Großstruktur (»Dramaturgie der Entgrenzung« [Anm. 7], S. 9).
14 *Violanta* (Anm. 8), S. 5.
15 Ebenda, S. 88–90.

unerreichbare, weil mit gesellschaftlichen Tabus wie Ehe und Keuschheit belegte Frau auf ihn ausübt; seine unbeholfen abbrechenden Kantilenen entlarven Matteo deshalb als unzulänglichen Liebhaber. Dem steht die musikalisch in allen Punkten überzeugende Serenade Alfonsos gegenüber, der sich auf diesem Wege zu dionysischen Genüssen und freier Liebe bekennt, also im Gegensatz zu Matteo den gesellschaftlichen Zwängen nicht unterwirft. Schließlich findet Violantas Erzählung »Ich ging, ihn aufzuspüren« ihr Pendant in Alfonsos Arie »Sterben wollt ich oft«: Während Erstere das äußere Bild Alfonsos aus der Sicht moralischer Norm wiedergibt, enthüllt die zweite das fragile Innere des vermeintlich Ruchlosen. Die beiden Duette Simone-Violanta und Alfonso-Violanta markieren schließlich die beiden Extrempunkte, zwischen denen sich der innere Konflikt der Protagonistin abspielt.[16]

VI

»Haß aus Liebe und Lieb aus Haß«[17] – dieser Ausspruch Violantas verweist auf den Antagonismus zwischen Triebverdrängung und Triebverlangen, der in der Makrostruktur des Werkes, wie eben dargelegt, allgegenwärtig ist. Darüber hinaus versieht Korngold jene beiden Gefühle, die sich in ihrer Intensität ähneln und deshalb stellvertretend füreinander eintreten können, auch mit verwandtem musikalischem Material.

Zweifellos von Wagners *Tristan und Isolde* und Strauss' *Elektra* inspiriert, stellt der Komponist seiner Oper einen Klang als Motto voran, der in der Forschung bereits als »Violanta-Akkord« identifiziert wurde (Notenbeispiel 1).[18] Das Vorspiel setzt mit einem Nonakkord auf e mit tiefalterierter Quinte, fehlender Terz und der Vorausnahme *cis* im Diskant ein; Nonakkord mit Vorausnahme deshalb, weil er sich – verzögert durch einen interpolierten G-Dur-Nonakkord mit C-Dur-Feld (T. 15) – nach A-Dur auflöst (T. 16). Jedoch beschreibt eine funktionsharmonische Einordnung allein, ähnlich wie beim ›Tristan-Akkord‹, mitnichten den Reiz dieses Klanges. Der schwebende, geheimnisvolle Charakter erschließt sich eher durch die Beobachtung, dass der Akkord den Ausschnitt einer Ganztonleiter *b – (c) – d – e – fis* bildet, die sich dem Voranschreiten in kadenziellen Einheiten entzieht, da Leittonspannungen fehlen. Wenn man weiter bedenkt, dass in jenen ersten sechzehn Takten des Vorspiels, die zwischen dem Violanta-Akkord und seiner Auflösung liegen, auch ein der Person Violantas zugeordnetes Motiv etabliert wird (T. 11–12), zeigt sich umso deutlicher, wie eng der Eröffnungsakkord mit der Protagonistin verknüpft ist.

16 Lediglich die Tarantella »Selbst die Toten tanzen« und die Simone-Giovanni-Szene haben kein Pendant im zweiten Teil.
17 *Violanta* (Anm. 8), S. 118–119.
18 Krebs, »Dramaturgie der Entgrenzung« (Anm. 7), S. 7.

Notenbeispiel 1: Korngold, *Violanta*, Orchestervorspiel, T. 1–16

Der Violanta-Akkord kehrt an zwei Stellen des Dramas wieder, die bezeichnenderweise jeweils Kulminationspunkte des Antagonismus Triebverdrängung/Triebverlangen darstellen: zum einen im Duett Simone-Violanta bei der Textpassage »so unaussprechlich [...] haß ich ihn«,[19] zum anderen im Duett Alfonso-Violanta kurz vor Alfonsos »Ihr liebt mich«.[20] Auffällig ist, wie Korngold den Akkord jeweils zur Auflösung bringt: An der ersten Stelle (Notenbeispiel 2), die die Verzerrung von Violantas Gefühlen zu einem Höhepunkt führt, wird der ursprüngliche Violanta-Akkord durch eine chromatische Rückung abwärts eingedunkelt und dann über einen Tritonusschritt im Bass nach A-Dur aufgelöst, das im Gegensatz zum reinen A-Dur des Vorspiels mit einer Septime versehen ist. In der Singstimme wird zudem einer breit angelegten

---

19 *Violanta* (Anm. 8), S. 67–68.
20 Ebenda, S. 114–115.

Abwärtsbewegung Raum gegeben, so dass Leiden und Repression überdeutlich aus der Musik sprechen.

Notenbeispiel 2: T. 3–15 nach Z. 67

An der zweiten Stelle hingegen wird nicht nur der Violanta-Akkord, sondern der gesamte Beginn des Vorspiels aufgegriffen (Notenbeispiel 3). Der Umschwung zum G-Dur-Nonakkord mit interpoliertem C-Dur-Feld erfolgt genau in dem Moment, als Alfonso Violantas verzerrte Perspektive durch den Ausspruch der Wahrheit »Ihr liebt mich« korrigiert. Wie eine Dehnung des delikaten Augenblicks mutet es an, wenn die Notenwerte im Vergleich zum Vorspiel verbreitert werden, bevor die Auflösung nach A-Dur erfolgt. Mit Hilfe Alfonsos findet Violanta zur Wahrheit und zu sich selbst, deshalb muss die chromatisch eingedunkelte Variante des Violanta-Akkords einer lichten G-Dur/C-Dur-Sphäre weichen, die die tiefalterierte Quinte b zum h aufhellt – eine Entwicklung, die das Vorspiel schon vorweggenommen hat.

Notenbeispiel 3: T. 1 nach Z. 122 bis T. 4 nach Z. 123

Notenbeispiel 3 (Teil 2)

VII

Ähnlich wie der Violanta-Akkord ist auch das sogenannte »Totentanzlied« mit doppelter Bedeutung aufgeladen.[21] Es wird zunächst als ein Karnevalslied des Volkes eingeführt, das Simone als gefährlich für die moralische Ordnung ansieht – nicht zu Unrecht, spricht doch der Text von einer Leidenschaft, die sogar die Grenze zwischen Leben und Tod negiert: »Aus den Gräbern selbst die Toten tanzen, / tanzen heut Brust an Brust – / Alles Trübe ist verboten, / heiß zum Himmel jauchzt die Lust.«[22] Violanta bedient sich der Tarantella einerseits, um Alfonso zu verführen; andererseits wünscht sie sich genau dieses Lied als Signal, auf das hin Simone Alfonso töten soll. Der innere Widerstreit der Protagonistin zwischen Liebe und vermeintlichem Hass wird hier einmal mehr offenbar.[23]

Dass die Wiederkehr einer geschlossenen Liedform eine Psychologisierung der Musik nicht ausschließt, beweist Korngold eindrucksvoll, als er Violanta das Lied zur geplanten Ermordung Alfonsos anstimmen lässt (Notenbeispiel 4): Der Text erscheint bruchstückhaft und in falscher Reihenfolge; die Intervalle des Beginns (verminderte Quarte abwärts, Oktave aufwärts, große Terz abwärts) stimmen nur noch vage mit der ursprünglichen Gestalt des Liedes überein (kleine Terz abwärts, Oktave aufwärts, Quinte abwärts); die Töne ergeben zudem eine Ganztonleiter *gis – ais – c – d – e*, und der Orchesterklang bietet keine Stützakkorde, so dass das harmonische Gefüge für kurze

---

21 Der Name »Totentanzlied« stammt von Richard Specht, der kurz nach dem Erscheinen der Oper eine erläuternde Begleitpublikation verfasste, wie sie das zeitgenössische Bildungsbürgertum bei nahezu allen erfolgreichen neuen Werken zu erhalten gewohnt war (*Thematischer Führer zu Erich W. Korngold's Opern-Einaktern »Violanta« und »Der Ring des Polykrates«*, Mainz 1916).
22 *Violanta* (Anm. 8), S. 8–10.
23 Eine ausführliche Untersuchung des Totentanzliedes in seiner Funktion als musikalische Nummer innerhalb der dramatischen Handlung bietet Robbert van der Lek, *Diegetic Music in Opera and Film. A Similarity Between Two Genres of Drama Analysed in Works by Erich Wolfgang Korngold*, Amsterdam 1991, S. 137–184.

Notenbeispiel 4: T. 8 nach Z. 144 bis T. 6 nach Z. 145

Zeit außer Kraft gesetzt wird. Die einkomponierte Derangiertheit gibt also Auskunft über Violantas inneres Aufgewühltsein.

Violantas Tod ist, wie bereits erwähnt, ein Akt des Eskapismus, durch den sie sich dem Widerspruch zwischen der moralischen Norm und ihren eigenen Wünschen zu entziehen sucht. Es ist bezeichnend, dass Müller und Korngold für die letzten Worte der Protagonistin – ihre ›Sterbearie‹ sozusagen

– ebenfalls das Totentanzlied wählen. »Höchstes Heil mir entboten – / bin frei von Schuld und Lust« lautet der Text am Schluss der Oper,[24] somit anzeigend, dass Violantas Tod nicht erfolgte, um Alfonso zu retten, sondern um die Schuld an Simone zu sühnen, zu dem sich Violanta mit den Worten »Hab Dank, du Strenger – / nun ist dein Weib wieder dein« eindeutig bekennt.[25] Musikalisch wird also die Wiederherstellung des *status quo* betont, indem erneut das Totentanzlied erscheint, welches – auf Violanta bezogen – eine Metapher ihres Widerstreits zwischen Triebverlangen und Triebverdrängung bildet.

VIII

Die Liste der Zweierbindungen, welche die scheinbaren Gegensätze Liebe und Hass akzentuieren, ließe sich noch weiter fortsetzen,[26] doch lohnt es sich auch, die personengebundenen Motive in Augenschein zu nehmen. Obwohl sie keine extensive sinfonische Entwicklung erfahren, handelt es sich um mehr als um bloße Erinnerungsmotive, was besonders deutlich wird, wenn die Sänger schweigen und die Musik – ohne die Verweisebene des Librettos – die Handlungen der Figuren illustriert. Die fünfte Szene enthält eine solche Stelle. Nachdem Barbara abgegangen ist, harrt Violanta der Ankunft Alfonsos. Die Regieanweisungen des Librettos geben genaue Auskunft über den Kampf, den sie in ihrem Innern austrägt: »Violanta erschauert in einem jähen Gefühl, das die erwartete Totenstunde [sic!] nahen sieht. Sie holt tief und

---

[24] *Violanta* (Anm. 8), S. 143–144. Dieselbe Formulierung findet sich auch in der gedruckten Partitur, während andere Ausgaben des Klavierauszugs am Ende einen abweichenden Wortlaut enthalten, nämlich: »Höchstes Heil *uns* entboten – / *frei ist Mensch und Welt von Lust* ...!« Was es mit dieser Variante auf sich hat, wäre philologisch zu untersuchen, wodurch einmal mehr die Relevanz textkritischer Arbeiten mit Bezug auf Korngold deutlich wird (Anmerkung des Herausgebers; vgl. hierzu Dirk Wegner, »Liebestod oder Apotheose? Überlegungen zur authentischen Textgestalt von Erich Wolfgang Korngolds Oper *Das Wunder der Heliane*«, S. 187–197 des vorliegenden Bandes).

[25] *Violanta* (Anm. 8), S. 140; vgl. Arne Stollberg, »Hetäre und Heilige – Verführerin und Engelsbild. Zur Topik des Weiblichen in den Opern Erich Wolfgang Korngolds«, in: *Frauengestalten in der Oper des 19. und 20. Jahrhunderts. Symposion 2001*, hrsg. von Carmen Ottner, Wien – München 2003 (= Studien zu Franz Schmidt 14), S. 240.

[26] So weist Wolfgang Krebs darauf hin, dass Violanta zweimal im Verlauf der Oper den Spitzenton c''' erreicht, zunächst als martialischen Jubelschrei bei »Ja, du wirst ihn töten!« im Duett mit Simone (*Violanta* [Anm. 8], S. 70–71) und dann kurz bevor sie den Dolchstoß auffängt: »Hab ihn geliebt, seit ich ihn sah!« (ebenda, S. 137) – gemeint ist jeweils Alfonso (Krebs, »Dramaturgie der Entgrenzung« [Anm. 7], S. 9). Arne Stollberg bemerkt, dass ein fanfarenartiges Marschmotiv, welches die Zucht und Ordnung im Hause Simones vorstellt (*Violanta* [Anm. 8], S. 34), genau dann wiederkehrt, als Violanta schwört, sich an Alfonso für den Tod der Schwester zu rächen (ebenda, S. 60); vgl. Stollberg, »Hetäre und Heilige – Verführerin und Engelsbild« (Anm. 25), S. 234–236. Dass dasselbe musikalische Material bei scheinbar gegensätzlichen Aussagen verwendet wird, ist ein deutlicher Hinweis darauf, dass Violantas Handeln teilweise nicht ihren eigenen Wünschen entspringt, sondern dem aufoktroyierten Moralkodex.

leidenschaftlich Atem. Ihre Lippen öffnen sich wie zu einem unwillkürlichen, gesteigerten Laut des Entschlußes [sic!]. Sie legt die Hand über die Augen. Dann, mit ein paar lautlosen Schritten, tritt sie auf den Steinbalkon und lehnt sich horchend in die Nacht hinaus.«[27]

Violantas Erschauern drückt sich in Tremoli, Harfenarpeggien und einem kreuzförmigen Motiv aus (Notenbeispiel 5, T. 4–5), das vom Beginn des Vorspiels stammt; dort erklang es unmittelbar nach dem Violanta-Akkord (Notenbeispiel 1). Das ›Nahen der Totenstunde‹ wird durch das markante Erklingen von Violantas Motiv in der Posaune dargestellt (T. 2–3), einem Instrument, das in Rückgriff auf die Apokalypse des Johannes eine lange Tradition als Klangsymbol für Tod und Gericht hat. In dem Moment, als sich Violanta dazu durchringt, mit dem Mordkomplott fortzufahren, wird das Tempo drängender, und es ertönen Marschrhythmen, die zu Simones Sphäre gehören und auch Teil seines Personenmotivs sind (T. 12 ff.).[28] Somit wird angezeigt, dass Violantas Wunsch, Alfonso zu töten, von den moralischen Ansprüchen ihres Ehemannes herrührt. Mehr noch: Violanta wird sich selbst entfremdet, denn den Höhepunkt dieser Passage markiert ihr Personenmotiv, das ganz im Ton der militärischen Simone-Musik erklingt (T. 20 ff.). Hier muss sie laut Regieanweisung ihr Antlitz verbergen (»Sie legt die Hand über die Augen«) – ein Zeichen größter innerer Diskrepanz. Danach kehrt die angespannte Musik vom Beginn dieses wortlosen Ringens wieder, somit offenbarend, dass der Entschluss keinerlei Genugtuung oder Erleichterung in Violanta ausgelöst hat.

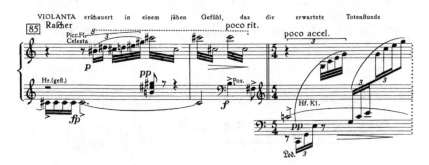

Notenbeispiel 5: T. 1 nach Z. 85 bis T. 12 nach Z. 87

---

27 *Violanta* (Anm. 8), S. 84–86.
28 Die Oper arbeitet im Wesentlichen mit drei Motiven, die den Hauptpersonen der Handlung zugeordnet sind: Neben Violantas Motiv (T. 2–1 vor Z. 1, Notenbeispiel 1) gibt es Simones aufbrausendes, durch die Punktierung militärische Strenge suggerierendes Motiv (T. 1 ff. nach Z. 28) sowie das Motiv Alfonsos, im Grunde mehr ein Thema, dessen weit ausschwingende, frei fließende Melodik und instrumentale Färbung (Horn) den romantischen Sehnsuchtstopos heraufbeschwören (T. 1 ff. nach Z. 2); vgl. dazu Krebs, »Dramaturgie der Entgrenzung« (Anm. 7), S. 7.

Notenbeispiel 5 (Teil 2)

Notenbeispiel 5 (Teil 3)

Wenn die Regieanweisungen genau an den passenden Stellen der Musik erscheinen, handelt es sich also nicht um ein übertrieben vorsichtiges Programm, das die Aussage der Musik verdoppeln soll, sondern darum, dass die schauspielerische Darstellung auf der Bühne und die Klänge des Orchesters in wechselseitig deutbarer Verbindung stehen.

Dass die Musik besser als die Sprache zur Darstellung von Gefühlen taugt, war bereits in der Romantik ein weit verbreiteter Topos, der mit der Entdeckung der Psychologie um die Jahrhundertwende neue Aktualität gewann. Die Zusammenarbeit zwischen Hofmannsthal und Strauss beispielsweise wurde wesentlich von Hofmannsthals Sprachskeptizismus getragen, und von Strauss über Zemlinsky bis zu Schreker interpolierten fast alle modernen Opernkomponisten ausgedehnte Passagen in ihre Bühnenwerke, in denen das Orchester allein die Psyche der Protagonisten schildert – so darf *Violanta* auch in diesem Sinne als durch und durch modernes Werk gelten.

IX

Die Form des Einakters, die Renaissance-Thematik, der Einfluss der Psychoanalyse – *Violanta* ist fest in die geistesgeschichtlichen Strömungen der Jahrhundertwende eingebunden. Die Modernität des Librettos setzt Korngold mit progressiver Harmonik, subtilen Klangfarben und einer dem wohlüberlegten dramaturgischen Konzept folgenden Leitklang- und Motivtechnik um. Dasselbe musikalische Material, das sich, in immer neue Zusammenhänge gestellt, einmal als Wahrheit, das andere Mal als Verzerrung offenbart – treffender ließen sich die Wechselwirkungen von Triebverdrängung und Triebverlangen kaum darstellen. *Violanta* ist kein veristischer Einakter, wie Julius und Luzi Korngold in ihren Erinnerungen schreiben, sondern ein Werk, das tiefer in Wien als in Venedig verwurzelt ist.[29]

Doch Korngolds – nimmt man den *Schneemann* hinzu – drittes, für sein weiteres Schaffen indessen prägendes Bühnenwerk ist von einer Welt gezeichnet, die zu sterben beginnt. Der Albtraum des Ersten Weltkriegs löste einen alle Kunstgattungen betreffenden ästhetischen Paradigmenwechsel aus, der sich nicht nur im wachsenden Einfluss der Dodekaphonie des Schönberg-Kreises niederschlug, sondern auch in den zahlreichen neuen musikalischen Richtungen. Neue Sachlichkeit, Neoklassizismus, Neobarock, Futurismus,

---

29 Luzi Korngold bezeichnet *Violanta* als »veristischen Opernstoff«, Julius Korngold als »rotglühendes Renaissance-Drama [...] mit leichtem Nachklang der veristischen Einaktermode«. Offenbar wurde die Modernität des Werkes weder vom Vater noch von der Ehefrau des Komponisten erkannt. Siehe Luzi Korngold, *Erich Wolfgang Korngold. Ein Lebensbild*, Wien 1967 (= Österreichische Komponisten des 20. Jahrhunderts 10), S. 23; Julius Korngold, *Postludien in Dur und Moll* [Typoskript, 1944]. Veröffentlicht unter dem Titel: *Die Korngolds in Wien. Der Musikkritiker und das Wunderkind – Aufzeichnungen von Julius Korngold*, Zürich – St. Gallen 1991, S. 193.

Konstruktivismus – um nur einige zu nennen – entsprangen dem Wunsch, die Ästhetik des *fin de siècle* zu verneinen. Überdies trat, begleitet vom technischen Fortschritt der Medien, die unter dem Oberbegriff ›Jazz‹ zusammengefasste amerikanische Tanzmusik ihren Siegeszug an.

Korngold jedoch hielt wie Schreker, Zemlinsky und Strauss an der erweiterten Tonalität und bis in die Romantik zurückreichenden Kunstidealen fest, weshalb er sich mit dem Vorwurf konfrontiert sah, hinter der neuen musikalischen Avantgarde zurückzubleiben. Der von Morbidezza gezeichnete Nachfolger *Violantas*, *Die tote Stadt*, wurde zwar Anfang der 1920er Jahre der größte Erfolg des Komponisten, aber nur wenig später verwarf man die Psychogramme erotischer Irrwege als zu schwül und drückend. Korngolds Mysterienoper *Das Wunder der Heliane* (1927), die er selbst als sein *opus magnum* bezeichnete, war nicht mehr mit dem herrschenden Zeitgeist vereinbar. Es mutet ironisch an, dass Korngolds hochexpressive Musiksprache, die sich in *Violanta* auf das Engste mit der Ästhetik des *fin de siècle* verbunden hatte, das Publikum in veränderten Kontexten dennoch weiterhin anzog, reüssierte sie doch im Schatten des Zweiten Weltkriegs statt auf der Opernbühne in den halbtrivialen Genres Film, Musical und Operette.

Harald Haslmayr

»... es träumt sich zurück ...«

Die tote Stadt im Licht der österreichischen Nachkriegskrisen

»Dann kam das Vorspiel zum zweiten Akt; Franz Schalk, der zweite Direktor der Oper, stand am Pult. Es leitet hinüber zum zweiten Akt, in dem Brügge, die ›Tote Stadt‹, zur Hauptdarstellerin wird. Brügge, wo Korngold nie gewesen war; dennoch hatte er vermocht, ein visionäres Bild davon zu malen, das uns mitten in die alte flämische Stadt versetzt [...]. Dunkle Kais, schwarze Grachten, huschende Schatten, das düstere Kloster, aus dem Beghinen, ein Lichtchen über dem Gebetbuch, lautlos über die geschwungene Brücke schreitend, im Dunkel verschwinden. Dann, mit einem Schlag – greller Kontrast – die Theatertruppe: Pierrot, Colombine, Farbe, Leben.
Nachdem Richard Mayr – unvergeßlichster aller Wiener Sänger – das ›Pierrot‹-Lied gesungen hatte, brach im Publikum ein Orkan der Begeisterung los. Wann hatte ich nur Ähnliches erlebt? Ja – damals, als ich als vierjähriges Kind Zeugin einer spontanen, ungeheuren Ovation für meinen Großvater bei seinem fünfzigjährigen Jubiläum im Burgtheater gewesen war. [...] So stand nun auch Richard Mayr mit gesenktem Kopf und ließ den Beifall auf sich niederprasseln. Der Erfolg war besiegelt – die ›Tote Stadt‹ trat ihren Siegeszug an.«[1]
Betrachtet man die wohlbekannten Erinnerungen der späteren Gattin des Komponisten, Luzi Korngold, an den Abend der Wiener Erstaufführung der Toten Stadt am 10. Januar 1921 als ernst zu nehmende historische Quelle und nicht so sehr als *ex post* hermeneutisch verdächtige sentimentale Privathuldigung, so ergeben sich aus rezeptionsgeschichtlicher Perspektive einige Auffälligkeiten: Ihren in der Tat historisch konstatierbaren ›Siegeszug‹ begann Die tote Stadt nicht mit der Doppelpremiere des Werkes am 4. Dezember 1920 in Hamburg und Köln, sondern von der Wiener Staatsoper aus. Weiterhin ereignete sich der emotionale Höhepunkt des Abends nicht, wie es aus heutiger Sicht eigentlich zu erwarten gewesen wäre, nach dem ›Schlager‹ des

---

[1] Luzi Korngold, *Erich Wolfgang Korngold. Ein Lebensbild*, Wien 1967 (= Österreichische Komponisten des 20. Jahrhunderts 10), S. 33. Der angesprochene Großvater war der Schauspieler und ehemalige Direktor des alten Burgtheaters Adolf Ritter von Sonnenthal.

Liedes »Glück, das mir verblieb«, sondern nach dem Ständchen des Pierrot mit seinem obsessiv retrospektiven Charakter, das vor allem insofern überrascht, als es eben *keine* südlich-leichte Gegenatmosphäre zur ›eigentlichen‹, ›ernsten‹ Handlung aufbaut wie etwa die Figuren der Commedia dell'arte in *Ariadne auf Naxos* oder – in diesem Fall in greller Brechung – die Musikantentruppe kurz vor dem Ende von Luchino Viscontis filmischem Meisterwerk *Morte a Venezia*, sondern genau im Gegenteil die abschieds- und erinnerungstrunkene Stimmung des Werkes magisch potenziert. Schließlich bezeugt die zweimalige Nennung des Sängers des Pierrot, Richard Mayr, – von Luzi Korngold in typisch wienerischem Überschwang als ›unvergesslichster aller Wiener Sänger‹ bezeichnet – die so charakteristisch wienerische Auffassung, dass alles Heil in der Musik von Sängerstars ausgehe.

Ohne damit auch nur im Leisesten starke Hypothesen zu konstruieren oder monokausale Abhängigkeiten zu postulieren, soll – diesen soeben konstatierten Auffälligkeiten folgend – nun von vier Perspektiven her beleuchtet werden, warum Korngolds *Tote Stadt* zumindest in Österreich in den 1920er Jahren zur konkurrenzlosen Epochenoper schlechthin werden konnte. In einem ersten Abschnitt geht es um die politisch-ökonomische Situation Österreichs, jenes Staates also, ›den keiner wollte‹, ein zweites Kapitel beschäftigt sich mit der Rolle der Wiener Oper in den damaligen Krisenjahren, und ein dritter Teil widmet sich *in modo specifico viennense* den beiden Sängerstars Maria Jeritza und Richard Mayr. Abschließend folgen einige Beobachtungen zum Rollenwandel der Figur des Pierrot in der Wiener Moderne.

Österreich – der ›Staat, den keiner wollte‹[2]

Konsultiert man die historischen Darstellungen der unmittelbaren österreichischen Nachkriegsgeschichte auch der nüchternsten Geschichtswissenschaftler über alle weltanschaulichen Lager hinweg, kann man eine ungewöhnliche Anhäufung katastrophisch aufgeladener Begriffe konstatieren: Auf Schritt und Tritt ist die Rede von Katastrophen, Brüchen, Krisen, Revolutionen, Traumata, Überlebenskämpfen, Verdrängungen, sozialen Erschütterungen, bürgerkriegsähnlichen Gefechten, Seuchen, Hungersnöten, Inflation oder galoppierender ökonomischer Rezession. Man muss keineswegs auf den Zug larmoyant-legitimistischer oder gar revanchistischer Selbstmitleidsrhetorik aufspringen, um zuzugeben, dass die Jahre von 1918 bis 1922 zu den dunkelsten der österreichischen Geschichte als solcher gehörten –

---

2 Dieses Kapitel resümiert in äußerster Verknappung die ausführlichen Darlegungen der einschlägigen Standardwerke der österreichischen Historiker Peter Berger, Ernst Bruckmüller, Ernst Hanisch, Hugo Portisch und Karl Vocelka. Die Wendung vom ›Staat, den keiner wollte‹ wurde in weiterer Folge von deutschnationalen Historikern *ex post* als Legitimation für den ›Anschluss‹ von 1938 instrumentalisiert.

und genau aus jener verzweifelt-düsteren Stimmung der damaligen Zeit heraus scheint sich der Erfolg der *Toten Stadt* als einer Art klingenden ästhetischen Gegenentwurfs zur allgegenwärtigen Misere in geradezu überblendeter Deutlichkeit interpretieren zu lassen. Einige wesentliche Fakten seien hier angeführt:

Ob die übernationale Habsburgermonarchie nun ein Staat war, der, mit Robert Musil gesprochen, ›an einem Sprachfehler zugrunde ging‹, mag dahingestellt bleiben; einig ist man sich hingegen darin, dass neben den katastrophalen Folgen der militärischen Niederlage im Ersten Weltkrieg langfristig die moderne Idee des Nationalstaates jene Donaumonarchie zu Fall brachte, die, durch das Gottesgnadentum legitimiert, seit mindestens 1526 bestanden hatte. Noch am 16. Oktober 1918 hatte Kaiser Karl verzweifelt versucht, die ärgste Katastrophe abzuwenden, indem er in einem Manifest die Umwandlung Cisleithaniens in einen Bund von Nationalstaaten ankündigte – vergeblich. Am 12. November rief die Provisorische Nationalversammlung die Republik Deutsch-Österreich aus, von der zu dieser Stunde niemand wusste, welche Grenzen sie eigentlich haben würde. Drei Perspektiven boten sich der jungen Republik: erstens die Bildung eines gemeinsamen demokratischen Donaureiches im Sinne des Oktobermanifestes von Kaiser Karl, zweitens der Anschluss der Republik an Deutschland oder drittens ein selbständiges Deutsch-Österreich, an dessen politischer und vor allem ökonomischer Überlebensfähigkeit jedoch massive allgemeine Zweifel bestanden. Die erste Option scheiterte am radikalen Widerstand aller nicht deutschsprachigen Völker der ehemaligen Monarchie, die zweite am kategorischen Veto der Alliierten, die die beiden Verliererstaaten nicht erstarken sehen wollten, so dass die Gründung der Republik Deutsch-Österreich als einzige pragmatische Lösung verblieb. Der Vertrag von St. Germain verbot sogar noch diese Doppelbezeichnung, so dass die Republik Österreich, als die Erste Republik, wie wir sie heute kennen, übrig blieb. Von ihr meinte der Sozialist Karl Renner noch am 10. Juni 1919: »Was von Deutschösterreich übrigbleibt, kann nicht mehr leben ...«.[3] Ihre endgültigen Grenzen sollten nach emotional höchst aufgeladenen Volksabstimmungen in Vorarlberg, dem Burgenland und in Kärnten erst im Jahr 1923 endgültig feststehen, wobei die Verluste von Südtirol, der Untersteiermark und vor allem Unterkärntens bekanntlich bis heute politisch nachbeben. Bereits am 30. Oktober 1918 hatte die Verabschiedung der von Hans Kelsen ausgearbeiteten Verfassung die Rechtskontinuität mit der Monarchie ein für alle Mal zerbrochen.

Mentalitätsgeschichtlich lässt sich also resümieren, dass der jähe Sprung vom Großreich in einen Kleinstaat nirgendwo emotional schwerer zu verarbeiten war als in diesem zunächst so ungeliebten Österreich, im Speziel-

---

[3] Zitiert nach Ernst Hanisch, *Der lange Schatten des Staates. Österreichische Gesellschaftsgeschichte im 20. Jahrhundert*, Wien 1994 (= Österreichische Geschichte 1890–1990), S. 271.

len in der ehemaligen Haupt- und Residenzstadt Wien. Musste man sich zwar im ehemals verbündeten Ungarn ebenfalls mit der Dezimierung des einstigen Territoriums der Stephanskrone um zwei Drittel abfinden, blieb zumindest noch das Gefühl, seit über 1.000 Jahren ›Ungar‹ und wenigstens dem seit 1526 ungeliebten ›Völkerkerker‹ der Monarchie entkommen zu sein.

Über die Verarbeitung dieses Traumas in literarischer (Musil, Roth, Hofmannsthal, Schnitzler, Sperber, von Andrian ...) oder kulturphilosophischer Hinsicht (Broch, Spengler, Canetti ...) ließe sich freilich ein eigenes Buch verfassen. Hier kommt es jedoch einzig und allein darauf an, zu betonen, dass über jegliche weltanschauliche Positionen und politische Überzeugungen hinweg – kein einziger der soeben genannten Persönlichkeiten trat für eine Wiedereinsetzung der Monarchie ein! – das geistig-künstlerische Klima der frühen 1920er Jahre in Österreich nachhaltig im Bann der kritischen, nostalgischen, sentimentalen oder emanzipatorischen Analyse des Traumas von 1918 stand, ohne – es sei nochmals betont – politisch attraktive monarchistische Restaurationstendenzen. Man könnte eigentlich von einer kollektiven Trauerarbeit sprechen, wobei natürlich angemerkt werden muss, dass sich Österreich in den Jahren nach dem Ersten Weltkrieg als ein moderner Sozialstaat profilieren konnte, wie etwa mit der längst überfälligen Einführung des Wahlrechtes für Frauen, dem Urlaubsgesetz, der Arbeitslosenversicherung und vielem Innovativen mehr. Nur am Rande sei hier trotzdem angemerkt, dass die Gründung der Salzburger Festspiele durch Hugo von Hofmannsthal und Max Reinhardt am Beginn der 1920er Jahre im Grunde nichts anderes darstellte als eine Art identitätsstiftendes kulturelles Überlebenstraining angesichts des Zerfalls sämtlicher traditioneller Hierarchien. Es sei auch daran erinnert, dass es Pläne zur Gründung von Salzburger Festspielen bereits vor dem endgültigen Zerfall der Monarchie gegeben hatte,[4] genauso wie auch der *Jedermann* Hofmannsthals bereits 1911 in Berlin zur Uraufführung gekommen war. In Hamburg oder Köln, den beiden Uraufführungsorten der *Toten Stadt*, hatte man hingegen ganz andere Sorgen als geschichtsphilosophisch-retrospektive Trauerarbeit.

In ökonomischer Hinsicht hatte Österreich die volle Last der Monarchie zu tragen, wobei es naturgemäß in Wien als einer Stadt mit knapp zwei Millionen Einwohnern zu katastrophalen Folgen kam. Die beiden Winter 1918/19 und 1919/20 sollten als ›Hungerwinter‹ in die Geschichte eingehen: Nicht einmal die elementare Grundversorgung der Bevölkerung konnte gewährleistet werden, Hunger (ein Wiener musste im Frühjahr 1919 mit täglich knapp 1.300 Kalorien auskommen), Kälte und Krankheiten wie die spanische

---

[4] Vgl. den Brief Max Reinhardts an Leopold von Andrian vom 5. September 1918, in welchem er für Festspiele plädiert, die alle Völker der Monarchie repräsentieren sollen. In: *Correspondenzen. Briefe an Leopold von Andrian 1894–1950*, hrsg. von Ferruccio Delle Cave, Marbach 1989 (= Marbacher Schriften 29), S. 56 ff. Für diesen Hinweis danke ich Moritz Csáky.

Grippe oder die grassierende Lungentuberkulose, die schnell den Beinamen ›Wiener Krankheit‹ erhielt, wüteten. Einem britischen Gesandtschaftsbericht zufolge mussten 930.000 der insgesamt 1.200.000 Jugendlichen unter fünfzehn Jahren in Österreich als unterernährt gelten. Im Vergleich zum Jahr 1913 schrumpfte die Industrie auf ein Drittel, die Agrarproduktion sank auf die Hälfte. Lag die Arbeitslosenzahl im Dezember 1918 in Wien bei 46.000, betrug sie ein halbes Jahr später bereits 186.000. Weiterhin kam im Frühjahr 1919 die Bedrohung einer kommunistischen Revolution hinzu, wie man sie in München oder Budapest aufkeimen sah. In Straßenkämpfen gegen bolschewistische Kämpfer kamen in Wien bis 1920 über zwei Dutzend Menschen ums Leben. Der lebhafte Zuzug meist völlig mitteloser Menschen aus Osteuropa nach Wien schürte darüber hinaus die dort latenten rassistischen, insbesondere antisemitischen Ressentiments.

Dass die Republik Österreich das Jahr 1919 zur Überraschung der zumindest europäischen Öffentlichkeit überhaupt überleben konnte, bezahlte sie mit einer bis dahin nie dagewesenen, rasanten Inflation in den Jahren 1921/22. 1921 betrug das Budgetdefizit 64% der Ausgaben, ein Laib Brot, der vor dem Krieg eine halbe Krone gekostet hatte, kam nun auf 6.600 Kronen, ein Maurer verdiente pro Woche knapp 400.000 Kronen.

Ein kurzer Vorausblick in die Wiener Oper: Im Jahr 1922 kostete allein das Kostüm des Erzengels in der *Josephslegende* von Richard Strauss eine Million Kronen, zwei Jahre später verschlang die Ausstattung von dessen Ballett *Schlagobers* nicht weniger als fünf Milliarden Kronen! Die Premierenkarte für die Uraufführung der *Frau ohne Schatten* kostete das Zehnfache von derjenigen für den letzten Caruso-Auftritt während der Kriegszeit.

1921 musste der Staat nicht weniger als 59% der gesamten Ausgaben zur Stützung der Grundnahrungsmittel aufwenden. Österreich stand also bereits kurz nach seiner Gründung vor dem endgültigen Zusammenbruch. Die Nachbarstaaten machten militärisch bereits zum Einmarsch mobil, doch es gelang der österreichischen Außenpolitik, international geschickt zu lancieren, dass ein Verschwinden der Republik Österreich von der mitteleuropäischen Landkarte im schlimmsten Fall das gesamte Vertragswerk von St. Germain zum Einsturz bringen würde und ein neuer militärischer Flächenbrand die Folge sein könnte. So wurden am 4. Oktober 1922 die Genfer Protokolle unterzeichnet: Der Völkerbund gewährte Österreich eine Anleihe von 650 Millionen Goldkronen, was tatsächlich eine langfristige Stabilisierung der Währung ermöglichte; 1924 löste der Schilling die Krone ab. Die Sanierung der Wirtschaft hingegen scheiterte, was nur fünf Jahre später die Folgen des Börsenkrachs von 1929 für Österreich umso dramatischer werden ließ – der Weg führte direkt in den Bürgerkrieg, den Austrofaschismus bzw. den Ständestaat und schließlich den ›Anschluss‹ an Hitlerdeutschland.

Soweit einige knappe parataktische Skizzen der gewiss dunkelsten Jahre der österreichischen Geschichte in Friedenszeiten, vor deren düsterem

Hintergrund sich Korngolds *Tote Stadt* in der Wiener Oper zum triumphalen Erfolgsstück entwickeln sollte.

Die tote Stadt im Kontext der Wiener Staatsoper am Beginn der Ersten Republik

Es war Baron Leopold von Andrian, der enge Freund Hugo von Hofmannsthals und kurzfristig letzter k. k. Generalintendant der Hoftheater, der die Weichen für die Doppeldirektion des nunmehr Wiener Staatsoper genannten Hauses am Ring stellte: Am 10. November 1918 löste Franz Schalk Hans Gregor ab, und ab 1. März 1919 wurde ihm niemand Geringerer als Richard Strauss als zweiter Leiter an die Seite gestellt. Dies geschah in einer Zeit, in der die Fortführung des Spielbetriebs nicht nur aus ökonomischen, sondern vor allem auch aus ideologischen Gründen alles andere als gesichert erscheinen konnte. So dachte man daran, die beiden ehemaligen Hofbühnen zu verpachten oder zu verkaufen, sie in Operettentheater umzuwandeln oder abzureißen und aus der Ringstraße Weideland zu machen, das Burgtheater sollte gar in ein Kino verwandelt werden.[5]

Trotzdem behielten die politischen Repräsentanten der jungen Republik klaren Kopf, wie Susanne Rode-Breymann in ihrer verdienstvollen Studie über die Wiener Staatsoper in den Zwischenkriegsjahren resümierend konstatiert: »Die Staatsnotwendigkeit der Oper blieb letztlich in all den Krisenjahren unangetastet, denn eine ruhmreiche Wiener Oper konnte dem Staat aufs trefflichste als Institution dienen, um in einer Welt des Zusammenbruchs kulturelle Werte zu tradieren, in denen sich vergangene Größe spiegelte. Weder ›die Umwandlung vom Hoftheater zum Staatstheater mit all ihren politischen Konsequenzen, noch die Not des Tages‹ konnten ›den Gang der Wiener Oper beeinflussen‹. Die Oper ignorierte, so weit es irgend möglich war, die Sorgen der Republik, so daß sich die äußeren Ereignisse kaum ›auf das künstlerische und strukturelle Gefüge des Instituts‹ auswirkten.«[6]

Was bereits Kaiser Joseph II. nach dem Scheitern seines Deutschen Nationaltheaters, dessen Betrieb von 1776 bis 1783 gerade einmal sieben Jahre lang nur mit äußerster Mühe aufrechtzuerhalten war, einsehen musste, genauso wie auch Theodor W. Adorno, dessen Vorschläge zur Modernisierung eines »Wiener Operntheaters« aus dem Jahr 1969 am Ort milde belächelt

---

5 Näheres berichtet Marcel Prawy in seinem nach wie vor unverzichtbaren Buch *Die Wiener Oper. Geschichte und Geschichten*, Wien u. a. 1969, S. 102 ff.
6 Susanne Rode-Breymann, *Die Wiener Staatsoper in den Zwischenkriegsjahren. Ihr Beitrag zum zeitgenössischen Musiktheater*, Tutzing 1994 (= Wiener Stadt- und Landesbibliothek. Schriftenreihe zur Musik 10), S. 16–17. Bei den Zitaten handelt es sich um Äußerungen des österreichischen Kritikers und Publizisten Heinrich Kralik.

oder gar nicht einmal ignoriert wurden,[7] stellte die Wiener Oper meistens einen von geradezu eskapistischer Energie gespeisten ästhetischen Gegenentwurf zur jeweils zeitgenössischen ›Realität‹ dar und folgte in der langen Geschichte ihres Bestehens nicht einmal in Ansätzen den Postulaten einer ›moralischen Schaubühne‹ im Sinne der norddeutschen Aufklärung. Bis heute bricht diese Debatte bei jeder Bestellung eines neuen Staatsoperndirektors unweigerlich aus ...

Trotzdem beeindruckt nicht nur aus heutiger Sicht die Liste der Ur- bzw. Erstaufführungen der Ära Schalk-Strauss:

1919	1. März: Hans Pfitzner, *Palestrina*
	10. Oktober: Richard Strauss, *Die Frau ohne Schatten*
1920	27. Februar: Franz Schreker, *Die Gezeichneten*
	13. Mai: Felix Weingartner, *Meister Andrea und die Dorfschule*
	20. Oktober: Giacomo Puccini, *Il trittico*
1921	10. Januar: Erich Wolfgang Korngold, *Die tote Stadt*
	9. April: Julius Bittner, *Die Kohlhaymerin*
	18. Oktober: Wilhelm Kienzl, *Der Kuhreigen*
1922	18. Oktober: Franz Schreker, *Der Schatzgräber*
1923	15. Oktober: Giacomo Puccini, *Manon Lescaut*
	24. November: Alexander Zemlinsky, *Der Zwerg*
1924	12. Januar: Carl Maria von Weber, *Abu Hassan*
	8. März: Franz Schmidt, *Fredigundis*
	27. Juni: Julius Bittner, *Das Rosengärtlein*
	20. September: Ludwig van Beethoven, *Die Ruinen von Athen*
	1. Oktober: Richard Strauss, *Der Bürger als Edelmann*

Wie der Forschung nun wohlbekannt, geriet die Premiere der *Toten Stadt* am 10. Januar 1921 zu einem veritablen Triumph – bis zur Neueinstudierung der Oper am 8. Juli 1932 sollten 51 Vorstellungen folgen. Bei dieser Angabe ist zunächst daran zu erinnern, dass die Vorprogrammierung von Vorstellungen damals wesentlich kurzfristiger erfolgte als heute, wo bekanntlich mindestens ein Jahr vor der Saison sämtliche Termine und Besetzungen fixiert und der Öffentlichkeit zugänglich sind. Damals betrug die Vorausplanung in der Regel kaum einige Wochen, und doch oder gerade deshalb sind diese 51 Vorstellungen eine enorm hohe Zahl; so kam *Die Frau ohne Schatten* in der Zwischenkriegszeit auf insgesamt 39 Vorstellungen, *Die Gezeichneten* nur auf fünf Wiedergaben.

Trotz des enormen Erfolges kam es in der Oper rasch zu den gewohnten Intrigen. Korngold fühlte sich von der Operndirektion geradezu ›ge-

---

7 Theodor W. Adorno, »Konzeption eines Wiener Opernttheaters«, in: ders., *Musikalische Schriften VI*, hrsg. von Rolf Tiedemann, Frankfurt am Main 1984 (= Gesammelte Schriften 19), S. 496–515.

mobbt‹, richtete am 18. Februar 1922 eine Beschwerde an die Staatsoper, »er fühle sich von all dem unaufrichtigen und wortbrüchigen Verhalten ebenso wie Bittner, Schreker und Pfitzner angewidert«, und schrieb am 24. März an Franz Schalk persönlich: »Lustig ist, daß ›Die tote Stadt‹, die ihre letzte Aufführung an einem der schlechtesten Theatertage des Jahres – einen Tag vor Weihnachtsabend – erlebt hat, nun wieder zufällig einen ganz miserablen erwischt hat: einen Tag angesetzter Demonstrationen [...].«[8] Immerhin war Korngold mit neun Prozent an den Tantiemen beteiligt, was den Ausschlag dafür gegeben haben mag, dass er seine Drohung, das Werk gänzlich von der Wiener Oper zurückzuziehen, letztlich doch nicht wahr machte. Die Neueinstudierung vom 8. Juli 1932 brachte es dann nur mehr auf insgesamt vier Vorstellungen, diejenige vom 6. Mai 1936 erschien überhaupt nur einmal auf der Bühne der Staatsoper.

Wenden wir uns nun den beiden so umjubelten Protagonisten der ersten Aufführungsserie zu und erteilen der damaligen Wiener Diva assoluta, Maria Jeritza, selbst das Wort.

Maria Jeritza und Richard Mayr – die beiden Sängerstars der Wiener Erstaufführung

Im Beiheft der 1975 erschienenen ersten Gesamteinspielung der *Toten Stadt* auf Schallplatte findet sich ein kurzer Aufsatz der damals immerhin 88-jährigen Maria Jeritza mit dem Titel »Challenge of Korngold's Marietta-Marie«, der die folgende Passage enthält: »How marvellous those initial Vienna rehearsals were: Franz Schalk, then co-director with Richard Strauss of the Staatsoper, was the conductor, Wilhelm von Wymetal the director. Karl Aagard-Oestvig, the most handsome of tenors and an actor to boot, was Paul. We had been teamed as the Emperor and the Empress at the world premiere of ›Die Frau ohne Schatten‹; he was Bacchus to my Ariadne and Lohengrin to my Elsa. We were a good team because we inspired each other on stage. Hermann Wiedemann – and later Hans Duhan – sang Frank, and the unforgettable Richard Mayr was the Pierrot. It was his performance that lingered on most when I heard this opera again last year. It was in every way a gala production that Vienna gave its ›Tote Stadt‹ premiere.«[9]

Bis heute lebt die Erinnerung an Maria Jeritza in Wien mit außergewöhnlicher Intensität fort, doch nicht nur in Wien sprengte die Jeritza oftmals bestehende Konventionen: Noch im selben Jahr der Wiener Erstaufführung der *Toten Stadt* gab sie ihr triumphales Debüt an der New Yorker Metropolitan Opera als Marietta-Marie, und der Ruhm, der ihr vorauseilte, war so groß,

---

8 Beide Zitate nach Rode-Breymann, *Die Wiener Staatsoper in den Zwischenkriegsjahren* (Anm. 6), S. 146–147.
9 Beiheft zur RCA-Gesamteinspielung der *Toten Stadt* unter Erich Leinsdorf, 1975, o. P.

dass man an der Met erstmals nach dem Ende des Ersten Weltkriegs eine Aufführung in deutscher Sprache zu hören bekam. Und doch – Jeritza deutet es in ihren Erinnerungen an – war nicht sie selbst, sondern Richard Mayr der umjubelte Star der Wiener Erstaufführung, wobei es mehr als nur ein Zufall sein dürfte, dass die Jeritza zur Beschreibung der Wirkung von Mayr genauso wie Luzi Korngold das Adjektiv ›unvergesslich‹ gebraucht.

Bereits 1902 hatte Gustav Mahler den 1877 geborenen Salzburger Gastwirtssohn Richard Mayr an der Wiener Hofoper engagiert, wo er ein Jahr später in der legendären *Tristan*-Produktion von Gustav Mahler und Alfred Roller als König Marke brillierte. In der Uraufführung der *Frau ohne Schatten* gab er einen umjubelten Barak, in *Arabella* finden wir ihn als Grafen Waldner. In die Musikgeschichte eingegangen ist Mayr jedoch als erster Wiener Ochs auf Lerchenau, den er in bis heute so legendärer wie langfristig stilbildender Weise gestaltete. Genauso wie im Fall der Jeritza wurden Kritiker (wie auch einige Male Gustav Mahler persönlich) nicht müde, die stimmtechnischen Defizite Mayrs zu bemängeln, doch waren sich alle bezüglich der überwältigenden Bühnenpräsenz Mayrs einig – kein Zweifel, Mayr war ein gefeierter Singschauspieler, ganz in der österreichischen Tradition eines Alexander Girardi bis hin zu etwa Paul Hörbiger stehend, der, um nur ein Beispiel zu geben, in der Salzburger Festspiel-*Zauberflöte* von 1943 den Papageno sang. Das Verbindungsglied zur Tradition der altwiener Volkskomödie bildet nun die Figur des Pierrot, in dessen Kostüm Richard Mayr sein Ständchen vortrug.[10] Einigen weniger häufig interpretierten Manifestationen dieser Figur im mittelbar österreichisch-wienerischen Umkreis der *Toten Stadt* sei der folgende Abschnitt gewidmet.

Pierrot – Ein Komödiant außer Dienst?[11]

Mit souverän-imponierender helvetischer Neutralität hat im Vorjahr der Schweizer Historiker Peter Hersche in seiner umfangreichen, strikt empirischen Studie über das europäische Barock die gravierenden mentalitätsge-

---

10 In seinem Standardwerk *Durch den Traum zum Leben. Erich Wolfgang Korngolds Oper »Die tote Stadt«*, Mainz 2003 (= Musik im Kanon der Künste 1) macht Arne Stollberg darauf aufmerksam, dass im Unterschied zur Doppelurauffführung in Hamburg und Köln die Rollen des Frank und des Pierrot in Wien nicht mit einem Sänger besetzt waren, sondern – um auf den Publikumsliebling Mayr nicht verzichten zu müssen – eben mit zwei verschiedenen Darstellern (S. 206, Anm. 74).

11 Über die historische Genese der Pierrot-Figur und ihre nachhaltige ›Umcodierung‹ vom leichtfüßigen Komödianten zur tragisch-existenzialistischen Symbolfigur im Umkreis der kontroversen Interpretationen des Pariser Pierrot-Darstellers Jean-Baptiste Gaspard Deburau durch Théophile Gautier bzw. Jules Janin, die ihrerseits die Pierrot-Gedichte Paul Verlaines nachhaltig inspirieren sollten, informiert nach wie vor am besten Jean Starobinski in seiner instruktiven Essaysammlung *Porträt des Künstlers als Gaukler. Drei Essays*, Frankfurt am Main 1985.

schichtlichen Unterschiede herausgearbeitet, die sich über Jahrhunderte hinweg zwischen dem »protestantischen Norden« und dem »katholischen Süden« herauskristallisiert haben und bis in die heutigen Tage weiterwirken.[12] Gerade die Figur des Pierrot vermag anschaulich zu verdeutlichen, dass sie in einem katholisch geprägten, ›karnevalsfreundlichen‹ Milieu wie Wien vollkommen anders rezipiert werden musste als etwa in einer protestantischen Bürgerkommune wie Hamburg. Obwohl ursprünglich im Umkreis der Pariser Comédie-Italienne entstanden, wurzelt der Pierrot zutiefst in der Tradition der altösterreichischen Volkskomödie und war Teil der Lebenswelt des ihm durch die Jahrhunderte stets verlässlich applaudierenden Publikums. Nach zwei signifikanten Beispielen mit Musikbezug soll anhand von vier kaum rezipierten Pierrot-Darstellungen im Umkreis der Wiener Moderne dokumentiert werden, welchen Startvorteil in Wien eine Pierrot-Figur auf der Opernbühne noch im Jahr 1921 genießen musste.

Erste Rückblende. In seiner Meisternovelle *Mozart auf der Reise nach Prag* schildert Eduard Mörike eine zunächst seltsam anmutende Freizeitgewohnheit Mozarts, die jedoch aus den einschlägigen Primärquellen bekanntlich eindeutig belegt ist: »Er fuhr und ritt sehr gerne in Gesellschaft über Land, besuchte als ein ausgemachter Tänzer Bälle und Redouten und machte sich des Jahres einige Male einen Hauptspaß an Volksfesten, vor allem am Brigitten-Kirchtag im Freien, wo er als Pierrot maskiert erschien.«[13]

Zweite Rückblende. Am 2. Januar 1826 notierte Eduard von Bauernfeld in sein Tagebuch: »Silvester bei Schober, ohne Schubert, der krank war. Dramatische Parodie auf sämtliche Freunde und Freundinnen nach Mitternacht unter großem Beifall gelesen. *Moritz* erscheint darin als Harlequin, die *Netti* als Columbine. *Schober* ist Pantalon, *Schubert* Pierrot.«[14]

Dutzende Beispiele mehr würden zu illustrieren vermögen, dass der Pierrot nicht nur zu Karnevalszeiten einen fixen Bestandteil der katholisch geprägten Lebenswelt bildete. Schlaglichtartig soll nun gezeigt werden, dass die Figur in der Wiener Moderne ihre Bedeutung zwar einschneidend verändert hatte, trotzdem aber ein – modern gesprochen – mühelos zu erkennender ›Code‹ im musikalischen sowie im (bühnen-)literarischen Diskurs geblieben war. Aufgrund ihrer allgemeinen Bekanntheit seien bereits an dieser Stelle er-

---

12 Peter Hersche, *Muße und Verschwendung. Europäische Gesellschaft und Kultur im Barockzeitalter*, Freiburg im Breisgau 2006. Zu vergleichbaren Ergebnissen gelangt aus vollkommen anderer Perspektive der Literaturhistoriker Heinz Schlaffer in seinem Werk *Die kurze Geschichte der deutschen Literatur*, München 2002.
13 Eduard Mörike, »Mozart auf der Reise nach Prag«, in: ders., *Werke in einem Band*, hrsg. von Herbert G. Göpfert, München – Wien 1977, S. 915. Die Erwähnung des ›Brigitten-Kirchtages‹ ist zweifellos eine Reverenz vor Franz Grillparzers sieben Jahre zuvor erschienener Musikernovelle *Der arme Spielmann*, deren Handlung ebenfalls am Brigittenauer Kirchweihfest beginnt. An diesem Ort ist ein Pierrot-Auftritt Mozarts jedenfalls nicht nachzuweisen.
14 *Schubert. Die Dokumente seines Lebens*. Gesammelt und erläutert von Otto Erich Deutsch, Kassel u. a. 1964 (= Neue Ausgabe sämtlicher Werke. Supplement 5), S. 342.

wähnt Arnold Schönbergs epochaler Liederzyklus *Pierrot lunaire*, dessen dritte Miniatur »Der Dandy« auch der Grazer Komponist Joseph Marx unter dem Titel *Pierrot Dandy* vertonen sollte, der Auftritt Lulus im Pierrot-Kostüm sowohl in Frank Wedekinds Bühnenstück wie auch im Prolog und in der ersten Szene von Alban Bergs prinzipiell unvollendbarem Operntorso sowie die ›taghelle Mystik‹ der ersten Begegnung der Zwillingsgeschwister Ulrich und Agathe am Beginn des zweiten Teils von Robert Musils *Der Mann ohne Eigenschaften*, an welchem beide in so zufällig gewählten wie symmetrisch korrespondierenden Pierrot-Kleidern erscheinen. (Zu veritablen Schlagern entwickelten sich, am Rande bemerkt, in der Zwischenkriegszeit das Robert-Stolz-Lied »Pierrot, komm trag mich nach Haus«, was man angesichts der überaus gelungenen Plattenaufnahme von Milva aus dem Jahr 1979 noch heute durchaus nachvollziehen kann, und selbstverständlich das Pierrot-Lied »Zwei Märchenaugen« aus Imre Kálmáns Operette *Die Zirkusprinzessin*, Wien 1926.)

Im Jahr 1891/92 konzipierte Richard Beer-Hofmann, der enge Freund von Hugo von Hofmannsthal und Arthur Schnitzler, eine zu Lebzeiten nie gedruckte Pantomime mit dem Titel *Pierrot Hypnotiseur*,[15] die jedoch gleichsam ›inoffiziell‹ kursierte und von den Mitgliedern von »Jung-Wien« lebhaft rezipiert wurde: Pierrot, gleichzeitig an seinem akademischen Karrierehöhepunkt und einer intensiven ›midlife-crisis‹ angekommen, sehnt sich nach Jugend und nach Vereinigung mit Colombine, worauf der geheimnisvoll-androgyne Nochosch auf den Plan tritt. Colombine, die ihrerseits vom Alkoholiker Arlequino ein Kind erwartet, wird durch Hypnose zwar gefügig gemacht, gleichzeitig jedoch zur seelenlosen Puppe degradiert. Pierrot entwickelt sein Begehren im Verlauf der Pantomime zwar auch in geistig-seelische Dimensionen, sieht jedoch angesichts der rohen Drohungen Arlequinos nur noch den Doppelselbstmord als Ausweg.

Arthur Schnitzler, der sich bereits zwei Jahre zuvor im *Anatol* mit der Hypnose auseinandergesetzt hatte, reagierte auch mit einer Pantomime auf die ›Vorlage‹ von Beer-Hofmann, nämlich mit dem Pantomimenlibretto *Der Schleier der Pierrette* aus dem Jahr 1903.[16] 1910 kam es am Königlichen Opernhaus in Dresden zur Uraufführung des Werkes mit der Musik von Ernst von Dohnányi, die Schnitzler überaus beeindruckte: Nach ihrer Hochzeit kehrt Pierrette reumütig zu Pierrot zurück, fädelt einen Doppelselbstmord mit zwei Giftbechern ein, doch verlässt sie im letzten Augenblick der Mut, und nur Pierrot stirbt am Todestrank. Erst als während eines Hochzeitsfestes der Schleier Pierrettes auftaucht und einen Eifersuchtsanfall Arlequinos aus-

---

15 Nunmehr gedruckt in: Richard Beer-Hofmann, *Werke. Große Richard Beer-Hofmann-Ausgabe in sechs Bänden,* hrsg. von Michael M. Schardt u.a., Bd. 1, Oldenburg 1998, S. 61 ff.
16 Arthur Schnitzler, *Die dramatischen Werke*, Frankfurt am Main 1962, Bd. 2, S. 321 ff.

löst, stirbt Pierrette im dritten Bild durch einen von ihrem rasenden Gatten gemischten Giftbecher in den Armen des toten Pierrot.

1904 begann Schnitzler mit der Pantomime *Die Verwandlungen des Pierrot*, einer urwienerischen Verbindung des Pierrot mit dem ›Großen Wurstel‹, selbstverständlich am Schauplatz des Wiener Praters.

Gewiss weniger bekannt als Schnitzler und Beer-Hofmann ist der Dichter und konservative Essayist Richard Schaukal,[17] in den letzten Tagen des Krieges noch von Kaiser Karl nobilitiert, der 1902 in Wien die damals viel gelesene Gedichtsammlung *Pierrot und Colombine oder das Lied von der Ehe* publizierte, die von dem Maler Heinrich Vogeler illustriert wurde. Das Gedicht *Pierrot pendu*[18] gibt einen anschaulichen Eindruck von der epochentypisch-dekadenten Grundstimmung des Zyklus:

PIERROT PENDU

Und ich sah dich nachts an der Laterne:
bleich und traurig hingst du, Pierrot.
Trübe schimmerten die späten Sterne,
als der Mond, dein alter Freund, entfloh.

Da im Gassendunkel deine Züge
schmerzlich schienen und gedankenbang,
sann ich über deines Lebens Lüge,
armer Narr am selbstgeknüpften Strang.

Ach ich hab dich doch nicht abgeschnitten,
rührte leise nur an deine Hand ...
Husch! Ein Schatten war hinweggeglitten,
der verstohlen mir im Rücken stand.

Nicht im Zentrum der Wiener Moderne, aber doch mittelbar mit ihren Tendenzen verbunden war Rainer Maria Rilke, der bekanntlich seine zuletzt entstandene fünfte *Duineser Elegie* der Inspiration durch Pablo Picassos Gemälde *Les Saltimbanques* verdankt. Naturgemäß weniger kommentiert, aber umso aufschlussreicher ist Rilkes Brief vom 28. Juli 1915 an Marianne von Goldschmidt-Rothschild, in welchem er eine atemberaubend-synästhetische Interpretation von Picassos Bild *La Mort d'Arlequin* gibt – nur auszugsweise kann hier aus diesem Brief, einem Kardinaldokument eines geradezu mystisch zu nennenden, jähen Umschlags von visueller in akustische Wahrnehmung, zitiert werden: »Pierrot liegt grau, spinngewebgrau, auf stark milchglasblauer Unterlage, Helligkeit ist eigentlich nur im Licht des Kissens, gegen das die Gesichts- und Handtöne, der Kragen und die Stulpen an den Ärmeln als zweierlei Bleichen sich auseinandersetzen. Der größere Zuschauer erscheint

---

17 Der 1995 erschienene Roman *Der letzte Österreicher* von Alfred Kolleritsch schildert das Leben von dessen Sohn Wolfgang Schaukal.
18 Richard Schaukal, *Der ausgewählten Gedichte zweiter Teil*, Leipzig 1909, S. 69.

in welkem Rosa, von dem kleineren sind nur die bleichen Hautfarben zu sehen, damit wäre alles angegeben, wenn nicht auf dem rechten Ärmel des Sterbenden vier Farbflicken vorkämen: ein Rosa, ein Gelb, ein fast Schwarz und ein Blau, mit mildester Hand angelegt, aber aus dem Vollen, vollkommen deckend, dicht und leicht zugleich, einig alle vier und doch keine ihre innere Entlegenheit aufgebend, sich behauptend und doch aneinander gestillt, ja als kämen sie unwillkürlich zu einem Glück zusammen, zu Pierrots Verklärung, zu seiner ewigen Seligkeit. Es ist, als wehte das ganze Bild gleichsam an andre Sinne und schlüge erst an dieser vierfachen Stelle ins rein Sichtbare um, etwa wie die Nachtluft lautlos durch einen Garten streicht, nur Fühlbarkeit, nur Atem, – bis irgendwo oben eine Aeolsharfe sie auffaßt und nun hinüberströmt in die Welt des Gehörs. Man möchte fast versucht sein, von diesem viertönigen Anschlag aus den späteren Picasso zu begreifen, als ob, nach Pierrots Tode, die zerschlagene Welt nur noch in solchen schönen Scherben zusammenkäme.«[19]

›... die zerschlagene Welt nur noch in solchen schönen Scherben zusammenkäme‹ – Rilkes inkommensurable Wendung hat uns unversehens wieder in die Wiener Staatsoper vom 10. Januar 1921 zurückgeführt, wo Richard Mayr als Pierrot die zerschlagene Welt Österreichs auf der Bühne zumindest für einige Minuten in ästhetisch schöne Scherben zusammenzukitten vermochte. Vieles kam in diesem Moment zusammen: der historische Zusammenbruch und die darauf folgende soziale Krise, die Wiener Oper und ihre Tradition, entlastende ästhetische Weltflucht zu offerieren, die Persönlichkeit des beinahe zwei Jahrzehnte in Wien bekannten und tief verehrten Richard Mayr sowie der soziokulturell nur zu gut verständliche ›Code‹ der Pierrot-Figur. Als wichtigstes Element, das für diesen Welterfolg verantwortlich war, bleibt selbstverständlich – doch dies haben wesentlich Kompetentere bereits eindringlich analysiert – die Musik von Erich Wolfgang Korngold, die während dessen Ständchen der Figur des Pierrot und damit einem zentralen Faden der österreichischen Kultur- und Geistesgeschichte im 20. Jahrhundert jene Bedeutung verleiht, für die man auf die Worte aus Richard Powers' zu einer Art Kultbuch des anbrechenden 21. Jahrhunderts avanciertem Roman Der Klang der Zeit zurückgreifen könnte: »Er war ein umgekehrter Orpheus: Blickst du voraus, wird alles, was du liebst, vergehen.«[20] – »Mein Sehnen, mein Wähnen, es träumt sich zurück ...«!

---

19 In: Rüdiger Görner, Rainer Maria Rilke. Im Herzwerk der Sprache, Wien 2004, S. 221–222.
20 Richard Powers, Der Klang der Zeit, Frankfurt am Main 2004, S. 12.

Harald Haslmayr

Epilog

Am 2. September 1921 erschien in der Wiener *Neuen Freien Presse* ein von Leonhard Adelt redigiertes Interview mit Giacomo Puccini, das meines aktuellen Wissens in der deutschsprachigen Korngold-Literatur noch nicht angemessen beachtet wurde. Nach kritischen Bemerkungen Puccinis über Strauss sowie vor allem über Pfitzner und Schreker kommt die Sprache auf Julius und Erich Wolfgang Korngold: »In Wien stehe ich den beiden Korngolds, Vater und Sohn, freundschaftlich nahe, und für mich ist Erich Wolfgang Korngold die stärkste Hoffnung der neuen deutschen Musik, eine eminente Begabung von stupendem technischen Können und, was wichtig ist, voller musikalischer Einfälle. Denn – das sei Schreker gesagt – ohne Einfälle geht es in der Musik nun einmal nicht. Korngold ist jung und will noch zu viel. Ein guter Musiker muß alles können, aber nicht alles geben. Wenn sich dieser junge Wiener von dem Ballast freimacht, den er manchmal noch mitschleppt, dann wird er ein Musiker allerersten Ranges sein. Mit der ›Toten Stadt‹, die er mir im Klavierauszug vorgespielt hat, ist er auf dem besten Wege dazu.«[21]

---

21 *Neue Freie Presse*, 2. September 1921.

Dirk Wegner

Liebestod oder Apotheose?

Überlegungen zur authentischen Textgestalt von Erich Wolfgang Korngolds Oper *Das Wunder der Heliane*[1]

Wer den Klavierauszug und die Partitur von Korngolds vierter Oper *Das Wunder der Heliane*, die 1927 uraufgeführt wurde, miteinander vergleicht, wird sehr schnell zahlreiche Unterschiede im Noten-, Gesangs- und Regietext bemerken. Insbesondere müssen dabei zweifelsfrei die beiden verschiedenen Schlüsse im Klavierauszug und in der Partitur ins Auge fallen, lautet doch die letzte Regieanweisung im Klavierauszug: »Der Fremde küßt [sic!] Helianes Haupt, sie fällt sterbend an ihm nieder. Er kniet noch einen Augenblick bei ihr, dann sinkt auch er entseelt über die Tote hin. Immer noch verwandelt sich die Welt, der Vorhang schließt sich über Licht und Schönheit.« In der Partitur hingegen heißt es: »Engumschlungen gehen die beiden Menschen in den Himmel. Immer noch verwandelt sich die Welt. Der Vorhang schließt sich über Licht und Schönheit.« Die Frage, welcher dieser beiden Schlüsse als gültiges Ende der Oper anzusehen ist, steht dabei paradigmatisch für die Frage, welche der zahlreichen Varianten im Noten-, Gesangs- und Regietext von Korngold autorisiert und intendiert und somit als authentisch zu werten sind.[2]

Da in der Leihabteilung des Schott-Verlags, der das Notenmaterial des Werkes auf Anfrage leihweise zur Verfügung stellt, keine Aufzeichnungen über den Stand der Korrekturen in den Aufführungsmaterialien des *Wunders*

---

1 Zur Frage der Authentizität des Notentextes des *Wunders der Heliane* vgl. grundlegend Dirk Wegner, *Studien zu den Musikquellen von Erich Wolfgang Korngolds Oper »Das Wunder der Heliane«*, Hildesheim u. a. 2007 (= Studien und Materialien zur Musikwissenschaft 46). Neben einer Beschreibung und Bewertung der wichtigsten Musikquellen der Oper, unter anderem historischer Aufführungsmaterialien aus Berlin, München, Lübeck und Wien, findet sich in dieser Publikation auch eine ausführliche Darstellung ihres Entstehungsprozesses.
2 Ein authentischer Notentext liegt dann vor, wenn der Komponist ihn autorisiert, das heißt ihn selbst geschrieben oder seine Autorschaft und/oder die textliche Richtigkeit durch Signatur und/oder Korrekturen auf einer Handschrift oder Druckvorlage bezeugt hat (vgl. Georg Feder, *Musikphilologie. Eine Einführung in die musikalische Textkritik, Hermeneutik und Editionstechnik*, Darmstadt 1987, S. 51 ff.). Nach Georg von Dadelsen kann es mehrere authentische Fassungen einer Komposition geben (vgl. *Editionsrichtlinien musikalischer Denkmäler und Gesamtausgaben*, hrsg. von Georg von Dadelsen, Kassel u. a. 1967, S. 14).

der *Heliane* vorhanden sind und auch unbekannt ist, inwieweit die Leihmaterialien an die Inszenierungen in den verschiedenen Opernhäusern angepasst wurden, kann die Frage nach der Authentizität und der Richtigkeit des Notentextes der Oper seitens des Verlags nicht beantwortet werden. Fest steht nur, dass das in der Leihabteilung des Schott-Verlags verfügbare *Heliane*-Material mehrmals von verschiedenen Personen zu unterschiedlichen Zeiten in unterschiedlicher Intensität nach verschiedenen Vorlagen korrigiert und von zahlreichen Bühnen gemäß der jeweiligen Inszenierung für ihre Aufführungen eingerichtet wurde.[3] Insofern können die von der Leihabteilung des Schott-Verlags zur Verfügung gestellten Materialien nur mit größter Vorsicht verwendet werden. Eine genaue textkritische Untersuchung der das Werk bezeugenden Musikquellen soll deshalb Aufschluss darüber geben, welche Quellen einen authentischen Text überliefern und welcher der beiden Opernschlüsse somit als von Korngold intendiert betrachtet werden kann.

I

Der Notentext des *Wunders der Heliane* liegt in Form handgeschriebener und gedruckter Partituren und Stimmen vor, zwei Ausschnitte des Notentextes sind zudem als vom Komponisten korrigierte Druckbögen erhalten. Daneben existieren handschriftliche Entwürfe[4] – ein Particell und ein Konvolut umfangreicher Orchesterskizzen – sowie handgeschriebene und gedruckte Klavierauszüge, die Vorstufen, Einrichtungen, Autorvarianten und Lesarten des Notentextes überliefern. Es muss dabei als großer Glücksfall gelten, dass so viele Handschriften und Drucke von Korngolds Werken die Wirren des Zweiten Weltkriegs unbeschadet überstanden haben und in den Theatern, Bibliotheken, Sammlungen und Archiven erhalten geblieben sind.[5] Dies ist umso erstaunlicher, als Korngolds Haus in der Sternwartestraße 35 in Wien, das die junge Familie im Jahr 1938 bewohnte, direkt nach dem Einmarsch der deutschen Truppen im März 1938 besetzt und Musiknoten, Bücher, Kunstwerke

---

3 Dies geht vor allem aus den Briefen Willy Streckers an Erich Wolfgang Korngold hervor, die hauptsächlich im Archiv des Schott-Verlags in Mainz und der Handschriften-, Autographen- und Nachlass-Sammlung der Österreichischen Nationalbibliothek in Wien (A-Wn) aufbewahrt werden.
4 Darunter sind sämtliche Vorstufen der Originalpartitur zu verstehen, also alle Arten von Skizzen und Konzepten (vgl. Feder, *Musikphilologie* [Anm. 2], S. 79). Vgl. zum Begriff des Entwurfs auch Peter Benary, »Skizze – Entwurf – Fragment«, in: *Die Musik in Geschichte und Gegenwart. Allgemeine Enzyklopädie der Musik*. Zweite, neubearbeitete Ausgabe, hrsg. von Ludwig Finscher, Sachteil, Bd. 8, Kassel u.a. 1998, Sp. 1506–1519, bes. Sp. 1509.
5 Eine exakte Auflistung der Quellen und ihrer Aufbewahrungsorte findet sich bei Wegner, *Studien zu den Musikquellen von Erich Wolfgang Korngolds Oper »Das Wunder der Heliane«* (Anm. 1), S. 14, Anm. 31.

und Möbel gestohlen oder zerstört wurden.[6] Korngold, der sich zu diesem Zeitpunkt in Hollywood aufhielt und an der Filmmusik zu *The Adventures of Robin Hood* arbeitete, telegrafierte an seinen Verleger Weinberger nach Wien mit der Bitte, möglichst viele seiner Autographe zu retten. Unter großer persönlicher Gefahr gelang es zwei Angestellten des Verlags, in das bereits besetzte Haus Korngolds einzudringen und beinahe die gesamte Bibliothek aus dem Haus zu schaffen, die Bände in 8.000 Einzelblätter zu zerlegen und, zwischen Noten versteckt, nach und nach in die USA zu verschicken.[7]

Die meisten dieser Materialien[8] werden heute in der Musiksammlung der Library of Congress in Washington aufbewahrt, wobei die teilautographe Bleistiftpartitur und die korrigierten Druckbögen zweier Abschnitte aus dem II. Akt und dem Zwischenspiel bedeutende Quellen für die Ermittlung der authentischen Textgestalt des *Wunders der Heliane* darstellen. Im Archiv des Schott-Verlags in Mainz lagert neben einer Kopisten-Abschrift der Partitur das einzige nachweisbare Exemplar einer zweiten Auflage des Klavierauszugs, das wichtige Textänderungen überliefert. In der Musiksammlung der Österreichischen Nationalbibliothek in Wien sind die bei den Wiener Aufführungen verwendete Dirigierpartitur sowie die Stimmen der meisten Instrumente erhalten, was insofern bemerkenswert ist, als das Stimmenmaterial den Opernhäusern eigentlich nur als Leihmaterial zur Verfügung gestellt wurde. Diese Eigentümlichkeit hängt mit einer besonderen Klausel im Vertrag zwischen dem Schott-Verlag und der Wiener Staatsoper zusammen, die nicht nur das Aufführungsrecht, sondern das Material selbst erwarb.[9] Weitere wichtige Quellen wie Regie- und Klavierauszüge von Dramaturgen, Regisseuren, Dirigenten, Sängerinnen und Sängern können in Opernhäusern sowie in Bibliotheken, Archiven und Sammlungen in vier der elf Orte nachgewiesen werden, in denen zu Lebzeiten Korngolds Aufführungen des *Wunders der*

---

6 Julius Korngold, *Postludien in Dur und Moll* [Typoskript, 1944]. Veröffentlicht unter dem Titel: *Die Korngolds in Wien. Der Musikkritiker und das Wunderkind – Aufzeichnungen von Julius Korngold*, Zürich – St. Gallen 1991, S. 333.
7 Vgl. Johann Michel und Richard Toeman, *100 Jahre Bühnen- und Musikalienverlag Josef Weinberger 1885–1985. Die Geschichte des Bühnen- und Musikverlages Josef Weinberger anläßlich seines hundertjährigen Bestehens*, Wien 1985, S. 57 sowie Brendan G. Carroll, *The Last Prodigy. A Biography of Erich Wolfgang Korngold*, Portland/Oregon 1997, S. 273–274.
8 Eine Auflistung der historischen Musikquellen zu *Das Wunder der Heliane* findet sich bei Wegner, *Studien zu den Musikquellen von Erich Wolfgang Korngolds Oper »Das Wunder der Heliane«* (Anm. 1), S. 16 ff.
9 Vgl. die nicht datierte »Vereinbarung«, die in einen auf den 14. Mai 1927 datierten internen Vermerk der »Direktion der [Wiener] Staatsoper« eingelegt ist (Österreichisches Staatsarchiv/Archiv der Republik, Bundesministerium für Unterricht, Wiener Staatsoper – Direktion, GZ 544/1927).

Heliane stattgefunden haben, nämlich in Berlin, Lübeck, München und Wien.[10]

II

Die in der Library of Congress lagernde, teilautographe Bleistiftpartitur ist die wichtigste Handschrift des *Wunders der Heliane*.[11] Ihre vor allem auf den ersten Seiten sehr saubere Anlage mit schwarzer und roter Tinte, Buntstiften sowie Bleistift weist sie als Kombination von Erstniederschrift und Reinschrift aus. Die musikalische Notation aller drei Akte einschließlich der dynamischen Zeichen, der Tempobezeichnungen und der Taktstriche, die Gesangstexte, die Abbreviaturen der Instrumentennamen, die Seitenzahlen, nachträglich ergänzte Notenzeilen und Annotationen sowie Bühnenanweisungen wurden bis auf wenige Ausnahmen mit verschiedenen Bleistiften geschrieben. Ergänzend wurden verschiedene schwarze Tinten, eine rote Tinte sowie Buntstifte in unterschiedlichen Farben verwendet.

Trotz der zahlreichen und teilweise massiven Radierungen und Korrekturen wurde die Notation sehr viel sauberer ausgeführt als in den beiden ebenfalls in Washington aufbewahrten Entwürfen, dem Particell und den Orchesterskizzen. Dabei besteht jedoch ein substanzieller Unterschied zwischen den ersten beiden Akten und dem III. Akt, in dem keine Tinte mehr verwendet wurde und in dem die Stimmen einzelner Instrumente teilweise nicht vollständig ausgeschrieben, sondern durch Verweise auf Parallelstellen ersetzt wurden. Vor allem aber wurden im III. Akt Noten und Gesangstexte sowie die Abbreviaturen von Instrumentennamen teilweise nicht von Korngold, sondern von einem zweiten Schreiber notiert. Bei diesem zweiten Schreiber handelt es sich um Korngolds Hauptkopisten für *Das Wunder der Heliane*, Josef Kornfeld-Ryba, den wichtigsten und zugleich problematischsten[12] der mindestens zehn an der Materialproduktion beteiligten Kopisten, der unter anderem sämtliche Stimmen der Oper autographiert sowie etwa zwei Drittel der im Schott-Archiv in Mainz lagernden Kopisten-Abschrift angefertigt hat.

Die Bleistiftpartitur überliefert als mehrfach vom Komponisten signierte, datierte und korrigierte Originalpartitur den Urtext aller drei Akte der Oper. Bis auf die fehlenden Takte 4 und 5 nach Ziffer 142 und das nicht ver-

---

10 Zu den Aufführungen der Oper nach Korngolds Tod am 29. November 1957 vgl. Wegner, *Studien zu den Musikquellen von Erich Wolfgang Korngolds Oper »Das Wunder der Heliane«* (Anm. 1), S. 10, Anm. 23.
11 Zum Terminus des Teilautographs vgl. von Dadelsen (Hrsg.), *Editionsrichtlinien* (Anm. 2), S. 75.
12 Im September 1926 führte ein Betrug Kornfeld-Rybas dazu, dass Korngold kurz in Erwägung zog, die Uraufführung der Oper zu verschieben; vgl. den Brief Willy Streckers, Mainz, vom 15. September 1926 an Erich Wolfgang Korngold, Klamm am Semmering, Villa Budischofsky (Schott-Verlag, Mainz).

zeichnete Zwischenspiel entspricht ihre musikalische Abfolge derjenigen in der gedruckten Schott-Partitur. Durch die explizite Datierung aller drei Akte auf den 29. Juni 1926 (Akt I), »Ende Januar 1927« (Akt II) und den 9. August 1927 (Akt III), die vierfache autographe Signierung, die relativ saubere Notation der ersten beiden Akte sowie die Verwendung einer einzigen Papiersorte – das Particell, die erste erhaltene Ausarbeitungsstufe der Oper, ist noch auf neun verschiedenen Notenpapieren niedergeschrieben – dokumentierte Korngold implizit die immense Bedeutung, die er diesem Notentext beimaß. Es besteht also kein Zweifel, dass Korngold die vor Beginn der Probenarbeit abgeschlossene Bleistiftpartitur als gültige Textfassung seines Werkes angesehen hat und sie deshalb als der authentische Urtext des *Wunders der Heliane* gelten muss. Der Gesangstext und die Regieanweisungen entsprechen dabei in weiten Teilen noch der Erstfassung des Librettos – vor allem ist noch der ursprüngliche Opernschluss mit dem Tod Helianes und des Fremden verzeichnet –, weisen aber auch schon einige Elemente der Zweitauflage des Textbuches auf. An einigen Stellen weichen sie jedoch von beiden Fassungen ab und überliefern einen eigenständigen Gesangstext sowie eigene Regieanweisungen.

Für das Zwischenspiel zwischen dem II. und III. Akt, das in der Bleistiftpartitur nicht enthalten ist, stellt die im Archiv des Schott-Verlags aufbewahrte Kopistenabschrift als unbedingt autorisierte Abschrift der Partitur die gewichtigste Quelle dar. Diese vollständige, mit autographen Signaturen versehene Abschrift aller drei Akte und des Zwischenspiels der Partitur ist in Wien entstanden[13] und wurde von vier Schreibern ausgearbeitet, von denen einer als Kornfeld-Ryba identifiziert werden kann. Sehr wahrscheinlich hat auch Emmy Rebay, die Schwester des Komponisten Ferdinand Rebay, der die Klavierauszüge zu sämtlichen Opern Korngolds eingerichtet hat, an der Partiturabschrift mitgearbeitet; die anderen beiden Kopisten sind nicht bekannt.[14] Das Manuskript wurde von Kornfeld-Ryba signiert und zumindest teilweise von Korngold selbst korrigiert. Der I. Akt ist als »Op. 20« markiert, der II. Akt auf den 12. Februar 1927, das Zwischenspiel »im Februar 1927« und der III. Akt auf den 22. September 1927 datiert.

---

13 Diese Partiturabschrift muss in Wien entstanden sein, da der II. und III. Akt sowie das Zwischenspiel in der Datierung die Ortsangabe »Wien« enthalten, die beiden Hauptkopisten Kornfeld-Ryba und Emmy Rebay in Wien lebten und zudem aufgrund der Zeitproblematik bei der Entstehung des Werkes die Partitur in räumlicher Nähe zu ihrem Entstehungsort kopiert worden sein muss.

14 Es ist nicht ganz auszuschließen, dass Luzi Korngold, die Ehefrau Erich Wolfgang Korngolds, an der Kopistenabschrift mitgewirkt hat. Vgl. dazu ausführlich Wegner, *Studien zu den Musikquellen von Erich Wolfgang Korngolds Oper »Das Wunder der Heliane«* (Anm. 1), S. 31, Anm. 65.

Das Manuskript wurde vermutlich als Korrekturexemplar der Partitur-Autographie[15] sowie zumindest für die Korrekturproben in Wien als Dirigierpartitur verwendet; wahrscheinlich diente die Abschrift auch als Vorlage für die Autographie der Partitur und der Stimmen sowie als Dirigierpartitur der ersten Wiener Aufführungen, was bedeutet, dass sie möglicherweise Lesarten enthält.[16] Deshalb ist der dort enthaltene Notentext des Zwischenspiels mit dem Ausschnitt aus dem Zwischenspiel zu vergleichen, der in den unbedingt autorisierten, korrigierten Druckbögen überliefert ist, die in der Library of Congress verwahrt werden. Der Notentext der drei Opernakte hingegen ist – wie bereits zuvor ausgeführt – in der teilautographen, am 9. August 1927 vollendeten Bleistiftpartitur als Urtext überliefert, der wohl am ehesten der ursprünglichen Imagination des Autors vor dem Beginn der Proben in Hamburg und Wien entspricht.

III

Der Beginn der Probenarbeit in Hamburg und Wien lässt sich nicht mehr exakt feststellen, doch ist er frühestens Ende Mai 1927 anzusetzen,[17] da zu diesem Zeitpunkt die ersten beiden Akte des Klavierauszugs nach Hamburg und Wien versandt wurden. Eine intensive Probenarbeit setzte aber sicher erst einige Wochen nach Abschluss der Komposition am 9. August 1927 ein. Die ersten Proben in Hamburg wurden möglicherweise bereits in der zweiten Augusthälfte abgehalten,[18] in Wien begannen sie spätestens am 6. September. Die ursprünglich für Juni 1927 geplanten Korrekturproben fanden in Wien ab dem 21. September 1927 statt, die Bühnenproben ab dem 3. Oktober und die zwei Generalproben an den beiden Tagen vor der Wiener Premiere am 27. und 28. Oktober 1927.[19]

Korngold war wohl bei den meisten, vielleicht sogar bei allen Wiener Korrekturproben anwesend und hat sie genutzt, um Verbesserungen in meh-

---

15 Vgl. den Brief Willy Streckers, Mainz, vom 9. September 1927 an Erich Wolfgang Korngold, Wien (A-Wn Autogr. 942/6-9).
16 Vgl. Wegner, *Studien zu den Musikquellen von Erich Wolfgang Korngolds Oper »Das Wunder der Heliane«* (Anm. 1), S. 32, bes. Anm. 67 ff.
17 Vgl. die zwei Briefe Willy Streckers, Mainz, vom 25. Mai 1927 an Erich Wolfgang Korngold, Gmunden (Schott-Verlag, Mainz).
18 Ein Brief von Korngolds Mutter an ihren Sohn vom 22. August 1927 ist an das Stadttheater Hamburg adressiert, weshalb sich Korngold zu diesem Zeitpunkt dort aufgehalten haben muss. Dies kann ein Indiz für den Beginn der Proben sein, doch wäre es auch möglich, dass sich Korngold wegen Vorbesprechungen zur Uraufführung in Hamburg aufgehalten hat.
19 Zu den Probenterminen in Wien vgl. Wegner, *Studien zu den Musikquellen von Erich Wolfgang Korngolds Oper »Das Wunder der Heliane«* (Anm. 1), S. 361 und S. 405 ff.

rere Exemplare der Partitur einzutragen.[20] Es ist anzunehmen, dass er bei dieser Gelegenheit den Dirigenten und die Musiker auf Fehler hingewiesen hat, die dann vermutlich in der Wiener Dirigierpartitur und in den Stimmen verbessert wurden. Jedenfalls wurden in der Wiener Dirigierpartitur sowie in den Stimmen Kürzungen und verschiedenartige Änderungen vermerkt, bei denen nicht gesagt werden kann, ob es sich um von Korngold intendierte oder nur genehmigte Abwandlungen handelt, die von dem Operndirektor und Dirigenten Franz Schalk, von Sängern oder Instrumentalisten eingefordert wurden. Immerhin hat Korngold *Das Wunder der Heliane* viermal selbst in Wien dirigiert[21] und dabei das Werk sehr wahrscheinlich mit den in Wien üblichen Kürzungen zur Aufführung gebracht.[22] Er hat somit die Kürzungen allem Anschein nach zumindest insoweit akzeptiert, als er nicht nur ihre Ausführung zugelassen, sondern sein Werk selbst in der entsprechenden Bearbeitung aufgeführt hat.

Die im Zusammenhang mit diesen Hamburger und Wiener Proben und Aufführungen entstandene Textfassung – der Notentext einer zweiten Redaktion – liegt in keiner Handschrift und keinem Druck vollständig vor und muss anhand verschiedener Textzeugen rekonstruiert werden. Der Gesangstext, die Regieanweisungen, der Notentext der Sänger mitsamt den Ossia-Notationen, das Tempo, die Dynamik und die Vortragsbezeichnungen dieser zweiten Redaktion werden am authentischsten in der Zweitauflage des Klavierauszugs überliefert, weil für den Klavierauszug die häufigsten Korrekturen, die vermutlich zum Teil durch Korngold selbst vorgenommen wurden, belegbar sind.

Diese zweite, mehrfach korrigierte Auflage des im März 1928 gedruckten Klavierauszugs enthält im Gegensatz zur Erstauflage das auch in der Schott-Partitur enthaltene Opernende mit der Apotheose Helianes und des Fremden. Die in der Zweitauflage des Klavierauszugs verzeichneten Änderungen gegenüber der Erstauflage sind zum Teil als Korrekturen, zum Teil als Autorvarianten, in seltenen Fällen auch als neu entstandene Fehler zu bewerten. Zudem wurden zahlreiche Kürzungen und Ossia-Notationen neu in den Klavierauszug aufgenommen, wobei die hinzugefügten Ossia-Notationen in den Gesangsstimmen vermutlich zu großen Teilen in den ersten Aufführungen der *Heliane* in Hamburg und Wien erprobt worden sind. Sie dienen dazu, eine besonders schwere Partie zu erleichtern oder für einen besonders guten

---

20 Vgl. die Briefe Willy Streckers, Mainz, vom 9. September 1927 an Erich Wolfgang Korngold, Wien (A-Wn Autogr. 942/6-9) sowie vom 16. September 1927 an Erich Wolfgang Korngold, Wien I, Franz-Josefs-Kai 3 (Schott-Verlag, Mainz).
21 Die Aufführungen fanden am 24. Mai 1928, 12. Juni 1928, 13. Juni 1929 und 4. Februar 1930 im Wiener Opernheater statt. Dies geht aus den Theaterzetteln hervor, die im Theatermuseum Wien ohne Signatur als Loseblattsammlung in einem Umschlag aufbewahrt werden.
22 Vgl. Wegner, *Studien zu den Musikquellen von Erich Wolfgang Korngolds Oper »Das Wunder der Heliane«* (Anm. 1), S. 387, Anm. 979.

Sänger anspruchsvoller zu gestalten, die Ausführung durch einen Sänger eines anderen Stimmfachs zu ermöglichen[23] oder aber die musikalische Notation derjenigen Takte anzupassen, die neu eingetragenen Kürzungen vorausgehen oder folgen. Somit muss bei ihnen ein starker aufführungspraktischer Hintergrund angenommen werden.

Bezüglich der im Klavierauszug verzeichneten Kürzungen ist eine Bewertung besonders schwierig. Ein Vergleich der in ihm abgedruckten Streichungen mit den Kürzungen in der Wiener Dirigierpartitur und den Stimmen zeigt, dass von den sechzehn in der Neuauflage des Klavierauszugs vermerkten Kürzungen fünfzehn auch in den Wiener Aufführungsmaterialien eingetragen wurden.[24] Der Vermerk »Sämtliche mit ›Vi-de‹ bezeichneten größeren wie kleineren Kürzungen sind erprobt und daher bei Theateraufführungen durchzuführen«, der sich in den »Bemerkungen« der im März 1928[25] erschienenen Neuauflage des Klavierauszugs unterhalb des Verzeichnisses der Orchesterbesetzung findet, deutet darauf hin, dass diejenigen Kürzungen, die sich in Wien als praktikabel erwiesen hatten und die Korngold künstlerisch vertreten konnte, als Grundlage der späteren Angaben in der Zweitauflage des Klavierauszugs dienten. Diese Kürzungen wurden mit großer Wahrscheinlichkeit auch als Vorschläge an andere Theater weitergegeben, unter anderem an die Opernhäuser in Berlin, Lübeck und München, in deren Aufführungsmaterialien sich ebenfalls fast sämtliche Kürzungen der Zweitauflage des Klavierauszugs wiederfinden.

Schwierigkeiten bereitet indes die Tatsache, dass die bereits oben zitierte Anmerkung »Sämtliche mit ›Vi-de‹ bezeichneten größeren wie kleineren Kürzungen sind erprobt und daher bei Theateraufführungen durchzuführen«, die sich in der Zweitauflage findet, unterschiedlich gedeutet werden kann. Einerseits lässt die Formulierung keinen Zweifel daran, dass »sämtliche« Streichungen vorzunehmen sind, andererseits deuten Zusätze wie »Wenn gesprungen wird«[26] oder »ad libitum«,[27] die bei insgesamt vier der sechzehn Kürzungen erscheinen, darauf hin, dass diese Streichungen doch freiwillig sind. Zudem stellt sich die Frage, warum Korngold, der bei der Korrektur des

---

23 Die Partie des Schwertrichters kann von einem Tenor oder einem hohen Bariton gesungen werden, für den in der Neuauflage einige Passagen tiefer gestaltet wurden.
24 In der Dirigierpartitur weichen zwei Kürzungen, in den Stimmen weicht eine Streichung um jeweils einen Takt von denjenigen in der Zweitauflage des Klavierauszugs ab.
25 Dies geht aus zwei Briefen Willy Streckers, Mainz, vom 29. Februar 1928 an Erich Wolfgang Korngold, Wien (Schott-Verlag, Mainz) und vom 23. März 1928 an Erich Wolfgang Korngold, München (Staatstheater; A-Wn Autogr. 942/7-1) sowie aus dem Datum »30. III. 28« hervor, das auf dem Umschlag des beim Schott-Verlag archivierten Exemplars der Zweitauflage des Klavierauszugs notiert ist.
26 Dieser Zusatz findet sich bei drei Kürzungen: S. 74–76, T. 3 vor Z. 100 bis T. 3 nach Z. 102; S. 83–86, T. 2 nach Z. 112 bis T. 5 vor Z. 115; S. 151–155, T. 5 vor Z. 205 bis T. 1 nach Z. 211.
27 Diese Anmerkung findet sich bei der Streichung der Stelle S. 271–272, T. 4 nach Z. 329 bis T. 5 nach Z. 330.

Klavierauszugs sehr sorgfältig vorgegangen ist und selbst kleinere, rein gestalterische Änderungen eingefordert hat, es hätte zulassen sollen, dass Stellen, die er endgültig aus dem Werk gelöscht haben wollte, weiterhin im Klavierauszug verzeichnet werden. Nicht auszuschließen ist zwar, dass Korngold auf die Tilgung der betreffenden Passagen verzichtete, weil diese Umarbeitung des Klavierauszugs zu viel Zeit in Anspruch genommen hätte und so zudem gewährleistet war, dass alle Auflagen des Klavierauszugs aufgrund der gleichen Seitenzahlen parallel benutzt werden konnten. Allerdings hätte in diesem Fall auch die Möglichkeit bestanden, die entsprechenden Seiten vollständig auszustreichen, was aber nicht geschehen ist. Zu bedenken ist ferner, dass die Kürzungen auf eine Bitte Willy Streckers hin verzeichnet wurden[28] und in den »Bemerkungen« mit einem Verweis auf ihre erfolgreiche Anwendung bei Theateraufführungen des Werkes begründet werden, was einen rein pragmatischen Aspekt betont. Aus all diesen Gründen kann der Hinweis in den »Bemerkungen« als eine an den Gegebenheiten der damaligen Aufführungssituation orientierte Konzession Korngolds gewertet werden, die seinen eigentlichen künstlerischen Intentionen wohl nicht entsprochen hat.

Die Neuauflage des Klavierauszugs vom März 1928 kann somit als eine zweite, aus der Aufführungspraxis hervorgegangene Redaktion des Werkes angesehen werden, die neben vielen Korrekturen zahlreiche Autorvarianten beinhaltet. Die das Orchester betreffenden Änderungen sind dabei in der Klavierstimme angedeutet und können anhand der Wiener Orchesterstimmen sowie der Wiener Dirigierpartitur erschlossen werden, die beinahe alle im Klavierauszug verzeichneten Änderungen enthalten. Lediglich die Streichung dreier Takte im I. Akt ist in keiner Partitur und keinem Stimmenmaterial nachweisbar und muss philologisch rekonstruiert werden.[29]

IV

Es scheint damit evident, dass zwei Textfassungen des *Wunders der Heliane* als authentisch zu werten sind, nämlich zum einen der Urtext, der vor allem in der einzigen Originalpartitur,[30] der Bleistiftpartitur, den ursprünglich von Korngold imaginierten Notentext als Idealgestalt überliefert, und zum anderen die zweite Redaktion, deren Noten-, Gesangs- und Regietext Veränderungen enthält, die nach den Proben und ersten Aufführungen in Hamburg und

---

28 Vgl. den Brief Willy Streckers, Mainz, vom 28. November 1927 an Erich Wolfgang Korngold, Wien (A-Wn Autogr. 942/6-17).
29 Allerdings waren dem Verfasser nicht sämtliche in der Leihabteilung des Schott-Verlags lagernden Partituren und Materialien zugänglich, so dass nicht auszuschließen ist, dass die Kürzungen in irgendeiner Inszenierung doch durchgeführt und die Anpassungen auch in der dort verwendeten Partitur oder den Stimmen verzeichnet wurden.
30 Für das Zwischenspiel, das in der Bleistiftpartitur nicht enthalten ist, weisen die Kopisten-Partitur sowie die Druckbögen die beste Fassung des Urtextes auf.

Wien vorgenommen wurden. Die Schwierigkeit im Umgang mit dem Urtext liegt darin, einzuschätzen, inwieweit die klingende Realisierung dieser reinen Imagination den Vorstellungen Korngolds im Einzelnen tatsächlich entspricht. Das Problem bei der Verwendung der zweiten Redaktion besteht darin, abzuwägen, an welchen Stellen Fehler verbessert wurden oder Korngold die Komposition ändern wollte, und welche Veränderungen durch den Einfluss von Dirigenten, Sängern, Instrumentalisten, Kritikern oder Regisseuren zustande gekommen sind.

Was aber bedeutet diese Feststellung im Hinblick auf die zu Beginn gestellte Frage nach dem authentischen Opernschluss? Sind mit den beiden authentischen Redaktionen des Operntextes auch beide Schlüsse authentisch, Liebestod und Apotheose somit nach Belieben austauschbar?

Ein Blick in die beiden Auflagen des Textbuches zeigt, dass die Erstauflage – wie die Bleistiftpartitur und die ersten Drucke des Klavierauszugs – die Oper mit dem Tod der Liebenden beschließt, während die frühestens Mitte September 1927[31] gedruckte zweite Auflage des Textbuches das neue Ende mit der Apotheose aufweist. Diese Änderung im Textbuch korrespondiert mit der Umgestaltung des Opernschlusses in dem nochmals korrigierten Gesamtdruck des Klavierauszugs vom September 1927, der die Oper nun ebenfalls mit der Apotheose enden lässt.[32] Das neue Opernende wurde damit bereits vor der Hamburger Uraufführung am 7. Oktober 1927 verbindlich in den Klavierauszug übernommen und ist nicht als Ergebnis der ersten Aufführungen zu werten, sondern als bereits vor der Uraufführung festgelegte Modifikation. Das wiederum indiziert, dass dieser Schluss mit der Apotheose Helianes und des Fremden in den Textfassungen beider Redaktionen als gültiger Abschluss der Oper angesehen werden kann, der das ursprüngliche Ende ersetzen sollte.

---

31 Die zweite Auflage des Librettos wurde nicht vor Mitte September 1927 gedruckt, da Willy Strecker in seinem Brief vom 9. September 1927 davon spricht, dass die von Hans Müller gewünschten Änderungen eventuell in einer neuen Auflage des Textbuches berücksichtigt werden könnten; vgl. den Brief Willy Streckers, Mainz, vom 9. September 1927 an Erich Wolfgang Korngold, Wien (A-Wn Autogr. 942/6-9).

32 Vermutlich handelt es sich bei drei Klavierauszügen, die in der Universitätsbibliothek der Universität für Musik und darstellende Kunst Wien aufbewahrt werden (Signaturen II-22241, II-9719 und II-9778) sowie bei zwei Klavierauszügen, die sich in der Musiksammlung der Wienbibliothek im Rathaus befinden (Signaturen M 16812 1. Ex. und M 16812 2. Ex.), um fünf Belegexemplare dieser Korrekturstufe des Erstdrucks. Bezüglich der dem Gesamtdruck des Klavierauszugs vorausgehenden Teildrucke vgl. Wegner, *Studien zu den Musikquellen von Erich Wolfgang Korngolds Oper »Das Wunder der Heliane«* (Anm. 1), S. 346 ff. und 374 ff.

V

Die bisherigen Ausführungen lassen erahnen, welche grundlegenden Fragen durch quellenkundliche Studien an Werken Korngolds aufgeworfen und – zumindest teilweise – beantwortet werden können. Eine genaue Quellenuntersuchung erlaubt im Fall des *Wunders der Heliane* eine vergleichende Analyse und Interpretation des Gesangs- und Regietextes, der die Libretto-Vorlage,[33] die in den beiden Auflagen des Textbuches abgedruckten Varianten des von Hans Müller verfassten Librettos[34] sowie den tatsächlich von Korngold vertonten Text der ersten und zweiten Redaktion umfasst und so das Verständnis für die Aussageintention Korngolds zu vertiefen hilft. Bezüglich des Notentextes kann zum einen der Urtext mit der zweiten Redaktion verglichen werden, zum anderen kann anhand des Particells und der Orchesterskizzen der Kompositionsprozess der Oper minutiös nachvollzogen werden. Eine Darstellung der Aufführungs- und Rezeptionsgeschichte darf sich in Zukunft nicht mehr nur auf Zeitungsrezensionen beziehen, sondern sollte auch die Regie- und Klavierauszüge von an der Aufführung Beteiligten berücksichtigen, wodurch die in den Inszenierungen verwirklichten Bearbeitungen der Oper erstmals in ihrer vollen Dimension dargestellt werden können. Besonders ergiebig hierfür wäre beispielsweise eine Untersuchung der Wiener Inszenierung des *Wunders der Heliane*, von der nicht nur die Dirigierpartitur und das Orchestermaterial, sondern auch die von Regisseur Lothar Wallerstein und den Dirigenten, Sängerinnen, Sängern und Bühnentechnikern benutzten Klavierauszüge erhalten sind, darunter die Klavierauszüge des damaligen Staatsoperndirektors Franz Schalk sowie Lotte Lehmanns, Maria Nemeths, Alfred Jergers und Franz Markhoffs.

Intensive Quellenforschung an den Werken Korngolds, die häufig lediglich im Erstdruck oder in einem dessen Notentext bewahrenden Nachdruck vorliegen, kann somit zweierlei bieten: Sie trägt erstens dazu bei, mit den authentischen Notentexten die Grundlage für weitere hermeneutische Auseinandersetzungen zu ermitteln, und gewährt zweitens tiefere Einblicke in Korngolds künstlerisches Selbstverständnis, indem sie die Entstehungs- und Rezeptionsprozesse seiner Kompositionen präziser erfasst.

---

33 Das Libretto des *Wunders der Heliane* basiert auf dem Mysterium *Die Heilige* des mit 24 Jahren verstorbenen expressionistischen Dichters Hans Kaltneker (1895–1919).

34 Hans Müller, auch Hans Müller-Einigen (1882–1950), hat für Korngold die Libretti von *Violanta* und *Das Wunder der Heliane* sowie den Prosaentwurf des I. Aktes der *Toten Stadt* ausgearbeitet. Der studierte Philosoph und promovierte Jurist verfasste Gedichte und Erzählungen, schrieb zahlreiche erfolgreiche Theaterstücke, schuf Libretti und Drehbücher, war Feuilletonist, Bearbeiter fremder Bühnenwerke und Chefdramaturg zweier verschiedener Filmgesellschaften.

Jens Malte Fischer

Das befremdende Hauptwerk

Erich Wolfgang Korngolds *Das Wunder der Heliane*

I

Es soll versucht werden, das eigenartige, befremdende Hauptwerk Korngolds, die Oper *Das Wunder der Heliane*, in einer bestimmten Perspektive zu beleuchten und sich dabei speziell auf einen Punkt, nämlich die Konzeption und Darstellung der Titelgestalt zu konzentrieren. Die traurigen Fakten sind bekannt: Weder in *Pipers Enzyklopädie des Musiktheaters* noch im *New Grove Dictionary of Opera* gibt es einen *Heliane*-Artikel, und in Ulrich Schreibers doch insgesamt hoch schätzenswertem Lebenswerk eines *Opernführers für Fortgeschrittene* ist schon die Abschnittsüberschrift »Filmmusik als Oper« mit einem kräftigen Hauch Diskriminierung belegt, wie auch der kurze *Heliane*-Abschnitt in den uns vertrauten Klischees vom »Über-Schreker« und der »Überinstrumentation« sowie dem Abdriften der Musik »ins Triviale« verbleibt.[1] Es gibt die allseits (mit ›allseits‹ meine ich ›unter uns‹) bekannte Gesamtaufnahme von 1993,[2] es gab 1995 eine konzertante Aufführung im Concertgebouw Amsterdam, es wird in wenigen Wochen eine konzertante Aufführung in London geben,[3] und es gab die wohl einzigen szenischen Aufführungen nach 1933 in Gent 1970 und in Bielefeld 1988.

Lassen Sie mich an einem Punkt ansetzen, der Ihnen zunächst vielleicht ridikül vorkommt, vielleicht sogar unangemessen, der uns aber dennoch an einen zentralen Ort der Werk- und Gestaltkonzeption dieser Oper heranführen wird, wie sie bei Hans Kaltneker präformiert ist, der die Stückvorlage

---

1 Ulrich Schreiber, *Opernführer für Fortgeschrittene. Die Geschichte des Musiktheaters*, Bd. 3/1: Das 20. Jahrhundert I. Von Verdi und Wagner bis zum Faschismus, Kassel 2000, S. 465 ff.; zum *Wunder der Heliane* vgl. S. 472 ff., hier S. 473.
2 Mit Anna Tomowa-Sintow (Heliane), Hartmut Welker (Der Herrscher), John David de Haan (Der Fremde), Reinhild Runkel (Die Botin), dem Rundfunk-Chor Berlin und dem Rundfunk-Sinfonieorchester Berlin unter der Leitung von John Mauceri, Decca 436 636-2.
3 Die hier genannte konzertante Aufführung fand am 21. November 2007 in der Royal Festival Hall, London, mit dem London Philharmonic Orchestra unter der Leitung von Vladimir Jurowski statt (Anmerkung des Herausgebers).

schrieb, die dann durch den Librettisten Hans Müller und den Komponisten Erich Wolfgang Korngold zur Oper geformt wurde.

Heliane soll die Bahrprobe leisten. Sie soll durch die Auferweckung des toten Fremden beweisen, dass sie rein ist, dass es keine ›fleischliche Vermischung‹ zwischen ihr und dem Fremden gegeben hat. Sie geht am Ende des II. Aktes darauf ein, und die zweite Szene des III. Aktes lässt uns an dieser Probe teilnehmen. Sie setzt, die Hand des Toten zu sich ziehend, ein: »Im Namen Gottes sag ich dir: steh ... steh ...«. Dann bricht sie nieder mit dem schluchzenden Aufschrei: »Ich kann nicht, ich kann nicht! Ich hab ihn geliebt!!« Nachdem sich der angemessene Aufruhr gelegt hat, fährt sie fort: »Ja! Ja! Ich hab ihn geliebt! An seinem Mund hab ich Süße getrunken! Begnadet und schuldig sind wir zusammen gesunken. Ja! Ja! Ich hab ihn geliebt! Und er hat mich geliebt! Nicht göttlich bin ich, nicht rein! Menschen sehnen sich! Menschen entbrennen! Ja! Ich bin ein Weib! Ein Weib nur und sein bis zum Tode.«[4]

Was aber bedeutet das? Arne Stollberg hat in einem Aufsatz zur Weiblichkeitstopik in Korngolds Opern den Schluss gezogen, dass es in der Tat zu einer sexuellen Vereinigung des Fremden und Helianes gekommen sei: »›Heilig‹ ist Heliane gerade deshalb, *weil* sie ihren Körper in ehebrecherischer Liebe dem Fremden hinschenkt, wobei der ›sündhafte‹ Verstoß gegen das siebente Gebot paradoxerweise zum Sinnbild dafür avanciert, daß zwei Liebende sich nur außerhalb von Konvention und Gesetz in völliger Reinheit und Wahrhaftigkeit begegnen können.«[5] In Fortführung von Überlegungen Dirk Wegners[6] weist er darauf hin, dass Helianes Leib, der vom Fremden nicht aus Zufall mit einem Altar verglichen wird, »im Moment der Hingabe zur fleischlichen Manifestation der Liebe Gottes« geworden sei.[7]

Das Eros-Agape-Motiv, der ganze christologische Kontext, der die Figur des Fremden wie eine Aura einhüllt, ist überhaupt nicht zu bestreiten und von Wegner ausführlich dargestellt worden. Dennoch gehen meine Überlegungen ansatzweise in eine andere Richtung. Für die genannte Interpretation spricht etwa der Satz des Fremden nach seiner Auferstehung: »An Leib und Geist hast du dich hingeschenkt«,[8] ihr widerspricht aber, so scheint es, Helianes Verteidigungsrede. Dort entgegnet sie auf die Frage des Schwertrichters,

---

4 *Das Wunder der Heliane*. Oper in drei Akten (frei nach einem Mysterium H. Kaltnekers) von Hans Müller. Musik von Erich Wolfgang Korngold, Opus 20. Klavierauszug von Ferdinand Rebay, Mainz – Leipzig o. J. [Copyright B. Schott's Söhne 1927], S. 261 ff.
5 Arne Stollberg, »Hetäre und Heilige – Verführerin und Engelsbild. Zur Topik des Weiblichen in den Opern Erich Wolfgang Korngolds«, in: *Frauengestalten in der Oper des 19. und 20. Jahrhunderts. Symposion 2001*, hrsg. von Carmen Ottner, Wien – München 2003 (= Studien zu Franz Schmidt 14), S. 233–254, hier S. 244.
6 Dirk Wegner, *Studien zu Erich Wolfgang Korngolds Oper »Das Wunder der Heliane«*. Zulassungsarbeit zur Musikwissenschaftlichen Prüfung im Fach Schulmusik, Universität Heidelberg (Musikwissenschaftliches Seminar) 1995.
7 Stollberg, »Hetäre und Heilige – Verführerin und Engelsbild« (Anm. 5), S. 245.
8 *Das Wunder der Heliane* (Anm. 4), S. 285.

ob sie sich dem Fremden hingegeben habe: »Ich war sein in Gedanken ... ja, ich wars! [...] Nicht hab ich ihn geliebt. Nicht ist mein Leib in Lust entbrannt. Doch schön war der Knabe, schön wie ein Stern im Vergehen. [...] Nicht hat Lust meines Blutes zu jenem Knaben mich getrieben, doch sein Leid hab ich mit ihm getragen und bin in Schmerzen, in Schmerzen sein geworden. Und nun tötet mich.«[9] Heliane ist hier nicht ganz klar in ihrer Aussage: Hat sie den Fremden nur ›in Gedanken‹ geliebt, oder ist sie ›in Schmerzen sein geworden‹? Wie geht das zusammen? Da ihre Äußerungen meist zwei- oder mehrdeutig bleiben, wird man die Irritation bei Ehemann, Gerichtspersonal und Volk gut verstehen können.

Erneut die Frage: Was heißt das? Was bedeutet das? Was geschah im I. Akt, und was geschah im II. Akt? Das *Whodunit* und *What have they done* scheint von oberflächlichem, eher voyeuristischem Interesse, ist aber mehr als das. Die christologische bzw. auf die christliche Transsubstantiationslehre aufbauende Interpretation der sexuellen Vereinigung als höchstem Ausdruck mitleidender, letztlich göttlicher Liebe ist unauflöslich mit der Frage verbunden, ob diese denn stattgefunden habe. Die eindeutige Antwort ist: nein. Am Ende des I. Aktes bittet der Fremde Heliane zwar in der vierten Stufe seiner Anmutungen darum, aber diese vierte Stufe wird nicht vollzogen. Nach dem Haarauflösen, dem Darbieten der nackten Füße und dem Sich-Entkleiden, was Heliane alles mit einigem Zögern gewährt, verweigert sie sich zunächst dem vierten und letzten Wunsch, indem sie stattdessen erklärt, sie werde für sie beide beten und sich in die Kapelle wendet, um eben das zu tun. Erstaunlicherweise lässt sich der Fremde von dieser Abwendung keineswegs irritieren und jubelt ihr hingerissen nach: »Mir errungen! In Sünden heilig!«[10]

Apropos Entkleidung: Brendan G. Carroll berichtet in seiner Korngold-Biografie, dass der Regisseur Lothar Wallerstein bei der Wiener Erstaufführung vor dem Problem stand, die Nacktheit Helianes in dieser Szene darzustellen. Da Nacktheit auf der Bühne damals nicht möglich war, habe er sich mit dem Kompromiss beholfen, Lotte Lehmann, die Wiener Heliane, in einem weißen Nachtgewand zu präsentieren.[11] In der Tat: Nacktheit war damals nicht möglich. Während wir heute, zumal im Sprechtheater, bereits konsterniert sind, wenn ein männlicher oder weiblicher Schauspieler bekleidet auftritt und dann an dieser Marotte auch noch eigensinnig bis zum Schluss festhält, war dies bis vor etwa zehn, fünfzehn Jahren das Normale auf dem Theater. Es ist aber nicht so, dass Librettist Hans Müller und Korngold Nacktheit wirklich vorsehen, sich wohl bewusst, dass diese nicht realisiert werden würde. Sondern sie haben eben das vorgeschrieben, was Wallerstein, wenn auch nicht ganz so radikal, durchführte, nämlich die Ablegung eines strengen

---

9 Ebenda, S. 124 ff.
10 Ebenda, S. 68.
11 Brendan G. Carroll, *The Last Prodigy. A Biography of Erich Wolfgang Korngold*, Portland/Oregon 1997, S. 202.

Gewandes, aber das Übrigbleiben eines »hauchdünne[n] Hemde[s]«, durch das die »Glieder wundervoll durchstrahlen«, wie es heißt.¹² Dieses Motiv ist nicht etwa von Müller und Korngold erfunden worden, denn wir finden es nahezu wortgleich bei Hans Kaltneker in seinem der Oper zugrunde liegenden Mysterium *Die Heilige*, von dem nur Fragmentfetzen erhalten sind, aber eben auch diese Schlussszene des I. Aktes mit derselben Situation. Kaltneker musste auf Zensurbedenken keine Rücksicht nehmen, als er seine Dichtung schrieb. Seine wenigen übrigen publizierten Texte beweisen, dass er *in sexualibus* kaum Tabus kannte. In seinem vollständig erhaltenen, weil gedruckten Mysterium *Die Schwester*, einem fulminanten Zeitstück mit grotesken und zum Teil direkt von Karl Kraus und den *Letzten Tagen der Menschheit* beeinflussten radikalen Szenen, liegt die Hauptgestalt Ruth am Ende eines Kreuzweges syphilitisch verwüstet, missbraucht und zerstört im Rinnstein und wird noch ihres letzten Hemdes von Kolleginnen beraubt, mit der Anweisung, dass sie nackt dazuliegen habe.

Ich kann, nebenbei gesagt, nur allen Korngoldianern dringend nahelegen, ihr Bild des früh verstorbenen Hans Kaltneker nicht einzig aus dem zu beziehen, was Hans Müller daraus gemacht hat – die *Heilige* bzw. *Heliane* ist eher untypisch für den in der Tat eminent begabten Kaltneker, der die entscheidende Stimme des österreichischen Expressionismus hätte werden können, wenn er nicht so früh gestorben wäre, und der sehr viel näher an seiner Zeit war, als dieses Mysterium suggeriert.

Kaltneker hatte also keine Sorge um Nacktheit. Was er und damit auch Müller und Korngold hier – am Ende des I. Aktes des *Wunders der Heliane* – mit diesem zunächst peripher erscheinenden Detail sagen wollten, ist, dass Heliane keusch bleibt. Der erste Kuss findet in der Gerichtsszene des II. Aktes statt, unmittelbar bevor sich der Fremde erdolcht, aber das ist eine *unio mystica*, eine »bewußtlose Entsunkenheit«, wie es in der Regieanweisung heißt.¹³ Wenn immer wieder darauf hingewiesen wird, dass die musikalische Steigerung von Helianes zentraler Arie »Ich ging zu ihm« nichts anderes sei als die musikalische Darstellung einer sexuellen Vereinigung, dann ist das richtig. Sie ist dies unendlich subtiler, raffinierter als die berühmten Anfangstakte des *Rosenkavalier* oder gar als die krud-vulgären Vergewaltigungs- und Beischlafszenen – Proletkult im wahrsten Sinne des Wortes, nur nicht in dem der stalinistischen Kultusbehörden – in Schostakowitschs *Lady Macbeth von Mzensk*, einem Stück, das ja nicht zuletzt deshalb in den letzten Jahren Karriere gemacht hat, weil es der Durchpornografisierung dieser Zivilisation fröhliche Begleitmusik spielt, zumindest in solchen Szenen. Diese Diagnose stimmt also für »Ich ging zu ihm«, nur dass hier musikalisch eine sexuelle Vereinigung nachgezeichnet wird, die nicht stattgefunden hat. Die Musik dieser Szene, die zu Korngolds Großartigstem gehört, sagt also nichts anderes, als dass He-

---

12 *Das Wunder der Heliane* (Anm. 4), S. 64.
13 Ebenda, S. 157.

liane lügt, wenn sie behauptet: »Nicht ist mein Leib in Lust entbrannt.«[14] Das ist die Lüge, zu der sie sich im III. Akt bekennt und deretwegen sie glaubt, die Bahrprobe nicht bestehen zu können. Die Wahrheit ist, dass sie körperliche Lust sehr wohl empfunden hat. Bevor sie sich dem Fremden entzieht, um in der Kapelle zu beten, sagt die Szenenanweisung so deutlich, wie das zu dieser Zeit wiederum überhaupt ging, dass sie als *virgo intacta* bereits in der bloßen Umarmung des Fremden jene Lust empfunden hat, die sie später negiert: »Heliane in seinen Armen. Ihre Augen verschleiern sich, ein Zittern unsäglichen Ausdruckes rinnt von ihren Schultern den entblößten Körper hinab.«[15] Die orgasmische Qualität der Situation kann kaum klarer bezeichnet werden (dieser Aspekt hat bei Kaltneker in der erhaltenen Szene keine Entsprechung). Was aber soll dann im III. Akt heißen: »Begnadet und schuldig sind wir zusammen gesunken. Ja! Ja! Ich hab ihn geliebt! Und er hat mich geliebt!«[16] Von ›Zusammensinken‹ kann, wie wir sahen, nicht die Rede sein. Erneut lügt Heliane, indem sie etwas bekennt, das sich so nicht ereignet hat. Warum lügt sie? Sie lügt, um zu sterben, um getötet zu werden. Sie gibt vor, dass das, was sich nur in ihrem orgasmischen Empfinden des I. Aktes und in ihrer erinnernden Imagination in der Arie des II. Aktes abgespielt hat, was sich also der kruden Eindeutigkeit des Verständnisses von Schuld und Unschuld, von Reinheit und Unreinheit beim Volk, bei der Botin und bei ihrem Gemahl völlig entzieht, Realität gewesen sei, um sich dem Holzstoß überantworten zu können – ein Liebestod besonderer Art, in dem sich Isoldes und Brünnhildes Schicksale auf eigenartige Weise verbinden.

Ist das alles so wichtig? – Doch, das ist es, denn die penible Lektüre führt uns zurück auf ein zentrales Motiv der Oper und einen zentralen Stichwortgeber, nämlich auf das Motiv der Keuschheit und auf Otto Weininger. Merkwürdigerweise taucht der Name Otto Weiningers in der Literatur zur *Heliane* und in den Biografien überhaupt nicht oder nur am Rande auf. Ich muss mich hier auf Stichworte beschränken: Weiningers 600 Seiten-Pamphlet, eigentlich seine Dissertation *Geschlecht und Charakter* erschien 1903 in Wien, verbunden mit der Nachricht, dass sich der 23-jährige Verfasser im Sterbehaus Beethovens eine Kugel in den Kopf geschossen hatte. Nach Weiningers Vorstellungen ist die Frau von ihrer Geschlechtlichkeit gänzlich ausgefüllt, pure Sexualität gewissermaßen, sie stellt gegenüber dem Mann eine weniger entwickelte Bewusstseinsstufe dar. Je emanzipierter sich eine Frau verhält, desto größer ist der Anteil des männlichen Prinzips an ihrem Wesen, von Weininger in den Typen M und W sowie in prozentualen Verhältnissen gefasst. Typ W bildet – wie gesagt – eine weniger entwickelte Stufe des Bewusstseins. Typ M in unverdünnter Form ist Bewusstsein auf höchster Stufe, also Genie (wie zum Beispiel Beethoven, Wagner und Nietzsche). W ist ohne

14 Ebenda, S. 125.
15 Ebenda, S. 67.
16 Ebenda, S. 262.

Logik, ohne Moral, ohne Ich, ohne Persönlichkeit. Der Mann muss sich von der Geschlechtlichkeit der Frau, die ihn demoralisiert und seine geistigen Fähigkeiten untergräbt, lösen, und in letzter Konsequenz müssen beide Geschlechter bis zur Verweigerung von Geschlechtlichkeit überhaupt gehen. Als radikaler Kantianer ist Weininger der Ansicht, dass eine Person immer nur als Selbstzweck existieren darf, nicht als Mittel zum Zweck. Da im Geschlechtsakt mindestens eine Person als Mittel benutzt wird, vor allem zur Fortpflanzung der elenden Menschheit, ist er abzulehnen: »Alle Fécondité ist nur ekelhaft«, so Weiniger wörtlich.[17] Die Menschheit muss nicht fortgepflanzt werden, die Verneinung der Sexualität tötet bloß den körperlichen Menschen und gibt damit dem geistigen erst das volle Dasein. Beide Geschlechter müssen also auf den Sexualakt verzichten. Dass die Menschheit ewig bestehe, ist nach Weininger kein Interesse der Vernunft; wer die Menschheit verewigen will, will nur ein Problem und eine Schuld verewigen.

Das Buch Weiningers mit seinem Antifeminismus und auch einem – allerdings genauer Prüfung und Definition bedürftigen – Antisemitismus begeisterte viele Zeitgenossen. Was bei der kurzen Referierung abstrus, geradezu pathologisch vorkommen mag, hat bei genauerem Hinsehen auch beeindruckende und verblüffend radikale Einsichten zu bieten. Wer von dem Buch beeindruckt war, musste keineswegs ein misogyner Antisemit sein, auch wenn es diese unter den Weiningerianern sicherlich gab. In dem auf 1911 datierten Vorwort zu seiner *Harmonielehre* spricht Arnold Schönberg von jenen tiefen Denkern, die aufzeigten, dass es ungelöste Probleme gebe. Zu ihnen rechnet er Strindberg, Maeterlinck und eben Weininger, der zu jenen gehöre, »die ernsthaft gedacht haben«.[18] Weiningers Wirkung reichte bis Hermann Broch und Robert Musil, war darüber hinaus eine europaweite. Elias Canetti erzählt in seinen Erinnerungen, dass noch im Wien der 1920er Jahre Weininger eine zentrale Rolle in den Diskussionen spielte, und Ludwig Wittgenstein nennt ihn in einem Brief des Jahres 1931 »großartig und verschroben«: »Es ist nicht nötig oder vielmehr unmöglich, mit ihm übereinzustimmen, doch seine Größe liegt in dem, worin wir anderer Meinung sind.«[19] Das Buch erhielt in anderthalb Jahren sechs Auflagen. Karl Kraus und August Strindberg reagierten begeistert; wer in Wien oder Berlin über Geschlechterproblematik sprach und Weininger nicht kannte, musste sich schämen. Strindberg soll gesagt haben: »Ein furchtbares Buch, das aber wahrscheinlich das schwerste von allen Problemen gelöst hat. [...] Ich buchstabierte, aber er setzte zusammen. Voilà un homme!«[20]

---

17 Otto Weininger, *Geschlecht und Charakter. Eine prinzipielle Untersuchung* [1903], Wien ⁹1907, S. 469.
18 Arnold Schönberg, *Harmonielehre*, Leipzig – Wien 1911, S. VI.
19 Zitiert nach Jacques Le Rider, *Der Fall Otto Weininger. Wurzeln des Antifeminismus und Antisemitismus*, Wien – München 1985, S. 228; dort auch weitere Belege für die enorme Wirkung Weiningers (S. 220 ff.).
20 Zitiert nach Karl Kraus, *Die Fackel* 5 (1903/04), Nr. 144 (17. Oktober 1903), S. 17.

Ob Müller und Korngold je Weininger gelesen haben, damals also durchaus ein ›Kultbuch‹, ist nicht direkt belegt. Bei Korngold kommt Weininger-Lektüre in der mir zugänglichen Literatur nicht vor, aber da er ein Vielleser war, der in Wien aufwuchs, ist es unwahrscheinlich, dass ihm Weininger entgangen ist. Bei Müller ist die Kenntnis von Weininger bis zum Beweis des Gegenteils sozusagen als selbstverständlich vorauszusetzen, bei Kaltneker ist sie schon deshalb sicher, weil er, wie seine Karl Kraus-Anleihen in der *Schwester* beweisen, ein Krausianer war, und wer vor 1914 Krausianer war, kam an Weininger nicht vorbei. Es erscheint mir unabweisbar, dass Kaltnekers Konzeption der *Heiligen* (bzw. *Helianes* in der Fortführung Müllers und Korngolds) eine Weininger'sche ist. In einem der letzten zusammenfassenden Kapitel seines Buches weist Weininger der Frau eine entscheidende Aufgabe zu. Wenn nämlich alle Weiblichkeit Unsittlichkeit sei, dann müsse das Weib aufhören, Weib zu sein und Mann werden.[21] Das bedeutet für Weininger, dass die Frau, wie er sich ausdrückt, dem Koitus innerlich und wahrhaft, aus freien Stücken entsagen muss. Das sei nicht gleichbedeutend mit Askese. Askese erkläre die Lust für unsittlich, sei damit selbst unsittlich: »Der Mensch darf die Lust anstreben, er mag sein Leben auf der Erde leichter und froher zu gestalten suchen: nur darf er dem nie ein sittliches Gebot opfern [...]. Nur wenn der Trieb zur Lust den Willen zum Wert besiegt, dann ist der Mensch gefallen.«[22]

Da sind wir am Kern der Heliane-Konzeption: Die Lust, die der Fremde sich erhofft und die Heliane bereits empfunden hat, ist als solche keineswegs verwerflich, sie ist aber nur dann mit Sinn erfüllt, wenn sie als Durchgangsstadium zu einem höheren Zustand fungieren kann. Das ist der Sinn der Worte, die der auferstandene Fremde an Heliane richtet: »Nicht hast du selbst im andern dich gesucht, an Leib und Geist hast du dich hingeschenkt: so darfst du rein dich Seinem Antlitz nahn!«[23] Und natürlich verweist der Wagnerianer Weininger hier auf Parsifal und Kundry. Auf jeden Fall war Heliane im Weininger'schen Sinne am Ende des I. Aktes keineswegs zur Askese entschlossen, denn in ihrer Arie bekennt sie ja, dass das Gebet, zu dem sie sich in die Kapelle zurückgezogen hatte, nur dem Zweck diente, ihr die Kraft zu verleihen, sich dem Fremden hinzugeben: »Auf meinen Knien bat ich zu Gott, daß er die Kraft mir schenk, dies zu vollenden.«[24] Hiermit wird rückwirkend erklärt, warum der Fremde im I. Akt nicht resigniert, als Heliane sich in die Kapelle zurückzieht, sondern – wie zitiert – in Jubel ausbricht. Denn er hat genau verstanden, dass das Gebet, zu dem sie in die Kapelle geht, die Vorbereitung für das ist, was er sich von ihr wünscht, was auch sie wünscht, was sich aber nicht mehr ereignen kann, weil der Herrscher dazwischentritt. Helianes Bekenntnis zur Liebe, zum Licht, das der Fremde in ihr Leben und das

21 Weininger, *Geschlecht und Charakter* (Anm. 17), S. 463 ff.
22 Ebenda, S. 466.
23 *Das Wunder der Heliane* (Anm. 4), S. 285.
24 Ebenda, S. 124.

Leben anderer gebracht hat, sowie der Entschluss zum Tod setzen das Mysterium in Gang. Dem Auferstandenen wagt sie sich, weil sie sich sündig glaubt, nicht zu nahen, aber er bedeutet ihr, dass sie nicht eigensüchtig gehandelt habe. Das erklärt auch die merkwürdige Formulierung des Fremden, sie habe sich ›an Leib und Geist hingeschenkt‹: Die Bejahung der Lust ist bereits ein Äquivalent zum Schenken des Leibes, die Realisierung dieses Aktes ist dann obsolet geworden. Genau dieses Stadium ist nun im Tode überwunden, im Tode beider: »Wer hin sich schenkt, der hat sich überwunden, und Erdenkerker wird Himmelsdom«[25] – und dann der entscheidende Wink in der Szenenanweisung: »Sie streifen die Angst ab und umschließen sich enger, in entkörpertem Glück.«[26] Das Glück ist ›entkörpert‹, das heißt, es ist jene höhere Existenz, die ganz im Geiste Weiningers auf der Verneinung des Koitus, auf der Bejahung der Keuschheit beruht. Die *virgo intacta* Heliane und der kinderlose Jüngling gehen in einen anderen Zustand ein, in dem es keine Nachkommenschaft, keinen Fortpflanzungszwang, keine Sexualität geben wird.

Hier avanciert Kaltnekers Werk, avanciert Müllers und Korngolds Oper regelrecht zum Gegenentwurf zu Hofmannsthals und Strauss' *Die Frau ohne Schatten*, in der Kinderlosigkeit zum Makel erklärt wird, die Stimmen der Ungeborenen fordernd plärren und dann zuletzt in Hofmannsthals unangenehm goetheisierenden, den *Faust II*-Schluss nachbildenden Versen Mutterschaft und Kindschaft gefeiert werden, eine vertonte Mutterkreuzverleihung, hier als Prämie auf künftiges Gebären verliehen. Kaltneker kann, wenn die *Heilige* im Sommer 1917 entstanden ist, *Die Frau ohne Schatten* nicht gekannt haben, denn das Erscheinen des Textbuches wie auch Prosafassung und Opernpremiere fallen in das Jahr 1919, aber natürlich kannten Korngold und Müller das Werk, zu dem das Ende ihrer Oper in einem deutlichen Widerrufsverhältnis steht, gerade deshalb, weil beide Schlüsse sich auf die *Zauberflöte* zurückbeziehen.

»Wir werden nicht geboren, um zu sterben. Wir sterben, um geboren zu werden« heißt es in Kaltnekers Tragödie *Die Opferung*, gleichzeitig das Motto des Werkes, und: »Wer liebt, trägt ab. Wer leidet, trägt ab. Erlöst sich selbst, erlöst die anderen, erlöst am Ende – wo gibt es ein Ende? – die Welt – das ist der Sinn von Golgatha.«[27] Die Gestalt der Heliane ist in diesem Sinne eine der raffiniertesten, subtilsten, aber auch kompliziertesten Frauenkonzeptionen der Opernliteratur. Ich bin mir ziemlich sicher, dass diese komplizierte Konstruktion wesentlich zur unseligen Wirkungsgeschichte der Oper beigetragen hat, denn sowohl das Publikum wie auch die Darstellerinnen der Titelrolle waren und sind hier vielleicht doch überfordert.

---

25 Ebenda, S. 302–303.
26 Ebenda.
27 Hans Kaltneker, *Dichtungen und Dramen*, hrsg. von Paul Zsolnay, eingeleitet von Felix Salten, Berlin u. a. 1925, S. 151, 149.

II

Mit dieser hoch eigenartigen Konzeption, speziell auch mit der Mysterienkonzeption, ist Hans Kaltneker, sind Müller und Korngold dem Expressionismus verpflichtet, in anderer Hinsicht aber ist die Figur der Heliane tief verwurzelt im *fin de siècle*, das Ganze also ein Werk des ›Expressionècle‹.

Heliane ist nicht nur Mysterienfigur, sondern auch eine Summe der Frauengestalten des *fin de siècle*. Was bei den Frauengestalten Franz Schrekers noch sozusagen typologisch sauber getrennt und verteilt ist auf Grete im *Fernen Klang* und ihre kindliche Sinnlichkeit, auf Carlotta in den *Gezeichneten* in ihrer Mischung aus zärtlicher Tochter und dekadenter Lüsternheit sowie auf die halb verruchte, halb unschuldige Els im *Schatzgräber*, ist bei Heliane in die überzeugende Verkörperung einer Mischform von *femme enfant* und *femme fragile* eingeflossen. Kaltnekers eigenständige Erfindung ist die Mischung dieses Typus mit der gotischen Schlichtheit der Uta von Naumburg. In den wenigen überlieferten Fragmenten des Mysteriums *Die Heilige* heißt es als Angabe für Ort und Stil: »Zeit: Legendäre Gotik, Tracht: Figuren der großen Kathedralen (Naumburger Dom)«.[28] Entsprechend dann in der Oper der erste Auftritt Helianes: »Die Königin trägt ein edles Kleid, das in steilen, knittrigen Falten an ihrem Körper hinabfällt; ihr Blondhaar ist von einer weißen Binde zusammengehalten, in ihren schmalen, fast durchsichtigen Händen bringt sie einen gefüllten Krug Weines.«[29] Aber dann vermischt der Text diese gotischen Elemente (die bei Karl Vollmoeller in seinem *Mirakel*-Spiel, das Max Reinhardt inszenierte, so erfolgreich ausgebeutet wurden) geschickt mit dem Frauenbild des *fin de siècle*: »Kindweib« nennt der Fremde Heliane, die »mit einer unendlich zarten, keuschen Bewegung aus ihren Schuhen« tritt.[30] Sie hat, wie zitiert, ›fast durchsichtige Hände‹, ist von geradezu überirdischer Schlankheit – das ist die *femme fragile*, wie sie in vielen Büchern steht, mit Elementen der *femme enfant*, der Kindfrau, angereichert. Dieser Typus ist vorgeformt in den meisten Frauengestalten bei Edgar Allan Poe (Ligeia, Morella), durch Maurice Maeterlinck und seine *Princesse Maleine* wird er in die Literatur der *décadence* eingeführt. Diese *femme fragile* ist von zarter, zierlicher Gestalt, blassem, durchscheinendem Teint, mit übergroßen Augen und überreichem Haarwuchs, prototypisch bei Maeterlincks und Debussys Mélisande (das Haarmotiv ist auch bei Heliane penibel ausgearbeitet). Der Haarfetischismus, also die motivische Forcierung der Üppigkeit und Vitalität der Haare im Kontrast zur körperlichen Zartheit, zur Avitalität der ganzen Gestalt, ist in den Texten des *fin de siècle* auffallend in den Vordergrund gerückt.

---

28 Hans Kaltneker, *Die Heilige. Mysterium für Musik*, zitiert nach Emmy Wohanka, *Hans Kaltneker*, Diss. Wien 1933. Abdruck des Zitats bei Wegner, *Studien zu Erich Wolfgang Korngolds Oper »Das Wunder der Heliane«* (Anm. 6), S. 10.
29 *Das Wunder der Heliane* (Anm. 4), S. 38.
30 Ebenda, S. 68, 59.

Die *femme fragile* ist eine männliche Erfindung und Projektion: Potenzängste im weiteren Sinne spielen dabei eine Rolle, das Vordringen der Frau in den Arbeitsprozess, die großen Traktate sozialistischer Provenienz über die Frauenfrage von August Bebel bis zu Clara Zetkin weckten Ängste und Verunsicherung bei den Männern des *fin de siècle*. Prototypisch das Gedicht einer tertiären Lyrikerin wie Maria Janitschek, in dem ein ›modernes Weib‹ ihren männlichen Beleidiger zum Duell fordert: »›So wisse, daß das Weib / gewachsen ist im neunzehnten Jahrhundert!‹ / sprach sie mit großem Aug', und schoß ihn nieder.«[31] Vor derartigen Frauen hatte man Angst, verständlicherweise – und eine Antwort auf solche Herausforderung ist die *femme fragile*, die *femme enfant*, die selbst an ihrer Zartheit, gelegentlich auch an Tuberkulose zugrunde geht, bevor sie dem Manne des ausgehenden Jahrhunderts wirklich gefährlich werden kann. Zerstört werden kann dieser eigentlich nur durch die mänadische, manchmal geradezu vampirische *femme fatale* – Heliane scheint von diesem Typus weit entfernt zu sein, aber das täuscht. Nachdem der Fremde sich im II. Akt getötet hat, fragt sie der Herrscher, ob sie bereit sei, die Bahrprobe auf sich zu nehmen. Die anschließende Szenenanweisung lautet: »Heliane hat sich dicht über den Toten gebeugt. Sie ist ganz nahe bei ihm. Ihr Atem berührt seine Lippen, ihre Augen hängen in seinen Augen. Über ihr schneeweißes Gesicht, dessen Mund zittert, geht ein unsagbarer Ausdruck von Sehnsucht, von irrem Verlangen.«[32] Das nekrophile Element dieser Szene, ein typisches *fin de siècle*-Motiv, beim deutsch-polnischen Autor Stanisław Przybyszewski seinerzeit zur skandalösen Manier ausgebaut, das Mänadisch-Vampirische dieser Heliane ist nicht zu übersehen.

III

Eine solche Figurenkonzeption wie die der Heliane in ihrer Mischung aus expressionistischen Mysterien- und dekadenten *fin de siècle*-Elementen ist in der Opernliteratur, soweit ich sehe, einmalig. Sie wirft jedoch für die sängerische Interpretation erhebliche Fragen und Probleme auf, und auch dieses Faktum hat die Wirkungsgeschichte nicht unerheblich belastet. Gefordert ist eigentlich, was Richard Strauss einmal von seiner Salome sagte: die Sechzehnjährige mit Isoldenstimme. Wenn wir uns die bisherigen Rollenvertreterinnen ansehen, dann erkennen wir sofort die Schwierigkeit: Anna Tomowa-Sintow in der bisher einzigen Gesamteinspielung,[33] als *lirico spinto*-Sopran in den Rollen Puccinis und Strauss' am ehesten zu Hause, war zum Zeitpunkt der Aufnahme über den Zenit ihrer Karriere hinaus. Das ist beachtlich gesun-

---

31 Zitiert nach Jens Malte Fischer, *Fin de siècle. Kommentar zu einer Epoche*, München 1978, S. 65.
32 *Das Wunder der Heliane* (Anm. 4), S. 189.
33 Siehe Anm. 2.

gen, aber überreif, üppig, eindeutig *femme fatale* und nicht *femme fragile*, schon gar nicht *femme enfant*.

Dann ist da natürlich die berühmte Aufnahme der Szene »Ich ging zu ihm« mit Lotte Lehmann, der Heliane der Wiener Erstaufführung, die die Hamburger Uraufführung schnell in den Schatten stellte.[34] Ich muss hier an einem Denkmal kratzen: Diese Aufnahme ist mit Geschmack, Musikalität und Seele gesungen, aber es fehlt primär die Atemtechnik für die weiten Bögen. Lehmann war mit ihrem sonnigen Wesen (Thomas Mann nannte sie »Frau Sonne«) und der Fähigkeit, ihre Gestalten mit einem ›Seelenton‹ auszustatten, eine wunderbare Sieglinde, Elsa und Eva, auch Leonore. Aber Brandenburg ist kein guter Boden für *femmes fragiles*. Der breithüftigen Perlebergerin mit den stämmigen Beinen, die immer unter weiten Gewändern verborgen werden mussten, fehlt alles zu einem Weib der *décadence*, gar zu einer *femme fragile*. Lehmann stand immer mit beiden Beinen auf der Erde, sie war eine *femme terrestre*.

Maria Jeritza, die Korngold eigentlich wollte, wäre es als kapriziöser Primadonnentypus im Hinblick auf die *femme fatale*-Elemente schon eher gewesen, wie ihre Aufnahme von »Glück, das mir verblieb« aus der *Toten Stadt* zeigt. Sie verkörperte die Partie der Marietta/Marie erfolgreich bei der Wiener Erstaufführung 1921 und dann auch an der Metropolitan Opera, während Lehmann dieselbe Rolle in Berlin sang (auch in diesem Fall scheint mir die berühmte Aufnahme der Lehmann von »Glück, das mir verblieb« vor allem durch Richard Tauber geadelt zu werden). Allerdings wecken die auf vielen Jeritza-Aufnahmen zu hörenden Mängel der Intonation und das Ausweichen vor Spitzentönen Zweifel, ob sie die Partie auch gesanglich überzeugend bewältigt hätte. Leider hat Maria Jeritza die Heliane nicht gesungen und deshalb auch keine Aufnahme der Arie »Ich ging zu ihm« hinterlassen. Bei der Uraufführung der *Frau ohne Schatten* sang sie die Kaiserin, Lotte Lehmann die Färberin – Heliane ist eindeutig eine Partie, die sich am vokalen Beispiel der Kaiserin orientiert und nicht an dem der Färberin.

Erst kürzlich erschien eine Aufnahme von »Ich ging zu ihm«, die nun endlich dem Ideal nahekommt. Die amerikanische Sopranistin Renée Fleming hat auf einem Recital Helianes große Szene gesungen und erfüllt auf Anhieb alle Anforderungen dieser schwierigen Partie. Ob ihre stimmliche Kraft für eine konzertante oder szenische Aufführung des gesamten Werkes ausreichen würde, bleibt fraglich; aber auf jeden Fall ist diese Aufnahme die bisher bei weitem beste.[35]

---

34 Diese Aufnahme, die 1928 entstand, ist auf verschiedenen Lotte Lehmann-LPs und -CDs veröffentlicht worden. Hier: *Das Lotte Lehmann Album*, Electrola Dacapo (LP), C 147-29 116/117, o.J.
35 *Homage. The Age of the Diva*. Renée Fleming (Sopran) und das Orchester des Mariinsky-Theaters St. Petersburg unter der Leitung von Valery Gergiev, Decca 475 8070, 2006.

IV

Das Wunder der Heliane gehört zu jenen Meisterwerken, die unbegreiflich vernachlässigt werden. Die ersten beiden Akte sind musikalisch grandios, und wer Korngold die Neigung zum Kitsch und das Schielen nach dem Erfolg vorwirft, sollte sich diese beiden ersten Akte unvoreingenommen vergegenwärtigen. Das Problem ist der III. Akt. Die Bahrprobe hat noch große Momente, aber zuvor und danach sinkt die Qualität der Musik leicht ab. Das Schlussduett, angefangen mit »Am siebten Tore nun«, umschifft die Klippen der Trivialität nicht gänzlich und nicht mit Glück. Aber das kann man vom Duett zwischen Kaiserin und Kaiser im III. Akt der *Frau ohne Schatten* weidlich genauso sagen, und eine Entgleisung wie Baraks Gesang »Nun will ich jubeln, wie keiner gejubelt« findet sich in Korngolds gesamtem Werk nicht. Der Unterschied ist: Bei Korngold ist der III. Akt problematisch, bei Strauss ebenfalls – nur dass dort auch der I. und II. Akt missglückt sind. Der eminente Kritiker Paul Bekker hat dies schon bei der Wiener Uraufführung des Strauss'schen Machwerkes erkannt (das Libretto, nicht so sehr die Erzählung, ist, nebenbei gesagt, auch ein Tiefpunkt im Œuvre Hofmannsthals): »Eine Musik, aus der uns nur das Gespenst einer leeren, abgelebten Vergangenheit erkennbar wird, eine Musik, aus der wir die abgebrauchten Formeln einer billigen Gefälligkeitsmelodik, einer künstlichen Temperamentserhitzung, einer gewaltsamen Steigerungsmanier, einer psychointellektuellen, illustrativen Kompositionstechnik heraushören. Es ist eine Musik, die nichts mehr in uns zu bewegen vermag, der wir nur noch staunend, nicht anteilnehmend folgen, die uns hier und da durch irgendwelche artistische Geschicklichkeiten fachliches Interesse abnötigt, darüber hinaus aber gleichgültig läßt, so daß es im Grunde nichts bedeutet, ob sie vorhanden ist oder nicht.«[36] *Quod erat citandum.*

Natürlich hat es Korngolds *Heliane* nicht nötig, gegen *Die Frau ohne Schatten* ausgespielt zu werden. Aber wenn wir uns die internationalen Spielpläne der letzten 40 Jahre anschauen, dann hat sie es offensichtlich doch nötig, auch wenn es taktisch sicherlich töricht wäre, das wirklich zu tun. Wäre ich allerdings Kulturminister Europas, ein Posten, der mir bisher nicht angeboten wurde – ich würde jedes Opentheater, das es wagt, *Die Frau ohne Schatten* anzusetzen, unter Androhung einer gewaltigen Geldstrafe dazu zwingen, stattdessen *Das Wunder der Heliane* zu spielen. Das nach anfänglich gutem Weg sich bald abzeichnende Scheitern der *Heliane* an diesen und jenen Umständen und am Zeitgeist war für Korngold die zentrale Verletzung seines künstlerischen Lebens, wie es die erzwungene Emigration für seine Lebensführung insgesamt war. Aus ›Helianes Leiden‹ sollten wir, die wir von dem Werk und seinem Schöpfer überzeugt sind,

---

36 Paul Bekker, »Die Frau ohne Schatten. Uraufführung im Wiener Operntheater am 10. Oktober 1919«, in: ders., *Kritische Zeitbilder*, Berlin 1921, S. 118–134, hier S. 127.

mitnehmen, was der Fremde am Schluss dem Volk zubilligt: »Was nicht dem Ärmsten fehlen soll: ein Atmen Hoffnung, aus ihrem Leiden nehmt es mit! Geht, geht in den Morgen!«[37]

---

37 Das Wunder der Heliane (Anm. 4), S. 293–294.

Till Gerrit Waidelich

Kalkulierte Volkstümlichkeit in Korngolds *Die Kathrin*[1]

I

Als sich der im Metier des Musiktheaters bereits weltberühmte Korngold in den 1930er Jahren mit seinem letzten großen Opernprojekt befasste, als er entschied, sich zugunsten einer neuen ›Volkstümlichkeit‹ von den bislang bevorzugten Sujets, die noch dem Geschmack des *fin de siècle* verpflichtet waren, abzuwenden, geschah dies paradoxerweise genau zu jener Zeit, als der Begriff des ›Volkstums‹ durch den Missbrauch nationalistischer Kreise dauerhaft in Misskredit geriet. In dieser Epoche der radikalen politischen und gesellschaftlichen Umbrüche gewann bekanntlich der Film, der Tonfilm, als neues Massenmedium ganz besonderen Einfluss auf die Menschen und ihre Wahrnehmung der Umwelt. Aufgeschlossen, wie Korngold war, ergriff er die Gelegenheit, sich als Komponist im Rahmen des neuen Mediums zu versuchen, und dies in einem politisch verhältnismäßig offenen Staat, den USA, wo der Film nicht, wie in den totalitären Systemen Europas, als Teil einer übergreifenden Propagandamaschinerie fungierte.

Korngold wird bewusst gewesen sein, welche Optionen der Film und dessen weltweite Vermarktung durch die Kinos darboten. Einerseits konnte Musik in diesem Rahmen gleichsam überall und von fast jedem Bürger der westlichen Welt gehört werden, erreichte also eine große Zahl an Rezipienten, doch war und blieb sie andererseits immer nur ein Teilaspekt des gesamten Erlebnisses, der unterschwellig, teils unbewusst, wahr- und aufgenommen wurde. Filmmusik nahm nie jenen Stellenwert ein, den Korngold als Komponist im Musiktheater gewohnt war und erwarten durfte. Zwar vermochte man dank der weiten Verbreitung des reproduzierbaren Mediums ein Massenpublikum zu adressieren – wenn man so will: das ›Volk‹ –, doch um ›volkstümliche Musik‹, also um Melodien, die im Volk heimisch waren oder durch die Vermarktung heimisch wurden, handelte es sich hier nur im Ausnahmefall.

Bedenkenswert ist darüber hinaus, dass – für damalige Verhältnisse – im Tonfilm zwar optisch viel Frappierendes möglich war, akustisch jedoch kein auch nur annäherungsweise adäquates Klangbild vermittelt werden konnte. Oder anders gesagt: Man erlangte das Klangbild nur bei der Produk-

---

[1] Für zahllose Hinweise und die Bereitstellung vielfältiger Materialien sei Bernd O. Rachold (Korngold-Archiv, Hamburg) sowie Arne Stollberg (Bern) herzlich gedankt.

tion und Aufzeichnung der Musik selbst, vermochte es aber für die Wiedergabe auf der Tonspur nicht entsprechend zu konservieren.² Als wenig erfreulich musste ein Komponist, der den Sängern bislang weit dimensionierte melodische Kantilenen ›in die Kehle‹ geschrieben hatte, zudem die Tatsache empfinden, dass Filmmusik im Grunde ein melodramatisches Genre war.³ Filme, in denen gesungen wurde, gab es zwar seit den 1930er Jahren zuhauf, doch blieben auch hier akustische Qualität und klangliche Differenzierung weit hinter dem zurück, was im Opernhaus realisiert werden konnte. Man musste die noch ärmlichen Mittel der Wiedergabe also mit einkalkulieren, um wirkungsvolle Filmmusik zu schreiben.

Es mag sein, dass Korngold in der Geschichte des deutschsprachigen Tonfilms unter anderen politischen Verhältnissen eine vergleichbar bedeutende oder gar noch bedeutendere Rolle zugekommen wäre. Doch hätte er es sich nicht nehmen lassen, ließ er es sich nicht nehmen, weiter für die Bühne zu schreiben – und diese Entscheidung ist bestens nachvollziehbar. Gleichwohl darf gefragt werden, ob Korngold etwas von seinen Erfahrungen mit dem Film in die neue Opernkonzeption einzubringen gedachte, zumal gleich am Beginn der *Kathrin* ein Kino auf der Bühne zu sehen ist, Filmplakat-Werbung und ein – damals wohl noch nötiger – Ausrufer des Kinoprogramms.

Dass Korngold nach seinem erfolgreichen Einsatz für die Operette in den 1920er Jahren um 1930 nun selbst den Wunsch verspürte, etwas Populäres oder – mit dem heute umstrittenen Begriff – ›Volkstümliches‹ zu schaffen, kann man ohne weiteres verstehen. Doch ist festzuhalten: Es war eine Illusion, wenn er glaubte, mit seinem Interesse am einfachen Menschen und an der einfachen, klaren Liebesgeschichte auch wirklich selbst schon volksnah zu sein und Popularität erzielen zu können. Gerade die Tatsache, dass er mit dieser neuen Simplizität auf der Opernbühne liebäugelte, zeigt eine Haltung, wie sie Marie Antoinette bei den bäuerlichen Aktivitäten in ihrem Weiler im Park von Versailles praktizierte – eine historisch verbürgte Tändelei, die bereits 1911 für die Bühne adaptiert wurde: in der Figur der Blanchefleur und ihrem Spiel mit dem Schweizer Primus Thaller in Wilhelm Kienzls sogenanntem »musikalischem Schauspiel« *Der Kuhreigen*. Hier ergötzt sich ein überzi-

---

2 Vgl. Luzi Korngold, *Erich Wolfgang Korngold. Ein Lebensbild*, Wien 1967 (= Österreichische Komponisten des 20. Jahrhunderts 10), S. 80: »Die Orchesteraufnahmen [für einen Film], die er [Erich Wolfgang Korngold] alle selber leitete, waren seine größte Freude [...]. ›Ist es nicht großartig‹, bemerkte er oft, ›daß man sich seine Musik mit einem ausgezeichneten Orchester sofort vorspielen kann? Um sie dann allerdings‹, setzte er hinzu, ›zum letztenmal gehört zu haben.‹ Denn gegen den Chef des ›Sound Departments‹, der zugunsten der Geräusche die wertvollste Musik unterdrückte, war der Komponist machtlos.«

3 Vgl. Antje Tumat, »Zwischen Oper und Filmmusik. Erich Wolfgang Korngolds Schauspielmusiken zu William Shakespeares ›Viel Lärmen um Nichts‹ und Hans Müllers ›Der Vampir oder die Gejagten‹«, S. 261–286 des vorliegenden Bandes.

vilisiertes, dekadentes Wesen, dem alle virtuos beherrschten Kunststücke und Raffinements zu Gebote stehen, an der Schlichtheit und Natürlichkeit des geradlinigen Zeitgenossen. Die Einstellung Korngolds und seines Librettisten Ernst Decsey zu ihren volkstümlichen Gestalten war natürlich von anderen Intentionen geleitet. Und doch dokumentieren zahlreiche Äußerungen beider, dass sie eine Art naives Wohlgefallen an ihren schlichten *dramatis personae* empfanden und keineswegs bestrebt waren, Letztere aus jener gebrochen-ironischen Perspektive zu schildern, die etwa Rudolf Hans Bartsch gegenüber den Figuren seiner Novelle *Die kleine Blanchefleure* eingenommen hatte, der literarischen Vorlage von Kienzls *Kuhreigen*.

II

Im Folgenden sei die komplizierte Entstehungsgeschichte der *Kathrin* resümiert, wobei der zumindest einseitig erhaltene Briefwechsel zwischen Korngold und seinem Librettisten Decsey[4] sowie die Korrespondenz herangezogen werden soll, die Korngold einerseits mit dem Schott-Verlag in Mainz und andererseits mit der Staatsoperndirektion in Wien führte.[5] Auffallend oft kommen in diesen Quellen bereits jene Schlagworte vor, die die Intention der Autoren unterstreichen, ein durch und durch einfaches, ›volkhaftes‹ Werk zu schreiben.

Korngolds ursprüngliche Sujetwahl für sein neues Musiktheater-Werk, das Märchenspiel *Le Chapeau chinois* von Franc-Nohain, war an rechtlichen Problemen bzw. an den überzogenen finanziellen Forderungen der französischen »Société des Auteurs« gescheitert. Sein Interesse an einem brauchbaren Buch hatte der Komponist dann sogar öffentlich bekannt gegeben, woraufhin er zahlreiche Angebote durchsehen und begutachten musste. Die Wahl fiel schließlich auf den 1931 im Zsolnay-Verlag erschienenen Roman *Die Magd von Aachen* des Berliner Autors und Musikschriftstellers Heinrich Eduard Jacob,[6] der seit 1927 in Wien als Chefkorrespondent des *Berliner Tag-*

---

[4] Aufbewahrt in der Handschriftensammlung der Österreichischen Nationalbibliothek Wien (A-Wn), Nachlass Erich Wolfgang Korngold.

[5] Sofern nicht anders angegeben, werden Original-Dokumente nach den Kopien des Korngold-Archivs (Hamburg) zitiert. Hervorhebungen innerhalb der Zitate entsprechen jeweils dem Original.

[6] Während Jacobs bekanntes Mozart-Buch (*Mozart oder Geist, Musik und Schicksal*, Frankfurt am Main 1955) inzwischen etwas künstlich literarisiert und ein wenig betulich wirkt, zeugen die Romane vom starken Interesse des Autors an den politischen, gesellschaftlichen und sozialen Themen der Zwischenkriegszeit. Gerade deshalb hatte er nach der Okkupation Österreichs durch die Nationalsozialisten keine Chance auf ein ferneres Wirken in seinem Metier als Literat und Journalist – er wurde erst nach Dachau, dann nach Buchenwald verschleppt und überlebte nur dank der Intervention seiner Verlobten, die seine Ausreise nach Amerika durchzusetzen und zu organisieren wusste. Zur Biografie und dem Schaffen Jacobs vgl. Anja Clarenbach, *Finis libri. Der Schriftsteller und*

blatts wirkte, wo auch der Erstdruck des Romans in Fortsetzungen erfolgt war.[7] Willy Strecker, einer der Eigentümer des Schott-Verlags, zeigte sich in einem Brief an Korngold vom 28. September 1932 noch »sehr begierig« auf dessen »neue Opernpläne«, und am 24. Oktober 1932 wurde eine vertragliche Vereinbarung zwischen Jacob und Korngold entworfen, die Letzterem die Verwendung des Sujets zusicherte und Jacob an den Tantiemen beteiligte. Ein Librettist war noch nicht festgelegt, und auch die definitive Zustimmung von Schott galt es erst zu erwirken. Das diesbezügliche Treffen mit Strecker fand am 30. Oktober in Passau statt – ohne positives Ergebnis, da der Verleger aufgrund des politischen Aspekts der Handlung die größten Probleme befürchtete.[8] Mitte November 1932 ließ Jacob ihm daher durch Korngold positive Besprechungen seines Romans aus Zeitungen aller weltanschaulichen Lager bis hin zu solchen rechtskonservativer Couleur zustellen,[9] wusste die Bedenken damit allerdings nicht zu zerstreuen. Und so musste Korngold am 30. November 1932 gegenüber Willy Strecker einräumen, es sei noch kein »Ausweg aus dem politischen Dilemma unserer armen Oper gefunden« worden.

Die Handlung des Romans sei knapp skizziert: Während der Zeit der Besetzung aller deutschen Gebiete westlich des Rheins nach dem Ersten Weltkrieg hat die Dienstmagd Marie, das Vorbild für Korngolds Kathrin, eine Liebesaffäre mit einem Besatzungssoldaten. Sie wird schwanger und steht damit – als »eine von siebentausend«, wie es im Untertitel des Romans heißt – für alle jungen Mädchen, die unverschuldet in diese Not geraten sind. In ihrem Fall ist der Vater des Kindes, der Belgier Pieter Rijsmond, zwar etwas leichtsinnig, doch liebt er Marie und zieht nur gezwungenermaßen mit seiner Truppe ab. Marie, die aufgrund der Schwangerschaft von ihren früheren Brotgebern entlassen wurde, findet eine neue Stellung bei dem wohlhabenden Komponisten Rosselius. Das Mädchen unternimmt mit glücklichem Erfolg den Versuch, ihren Bräutigam in Belgien ausfindig zu machen. Doch Pieter, der ehemalige Soldat, vermag die Familie nicht zu ernähren, und so droht das Glück an der Macht der Verhältnisse zu scheitern. Durch den großherzigen Rosselius wird das Paar jedoch gerettet: Er sichert den jungen Leuten die finanzielle Existenzgrundlage.

Journalist Heinrich Eduard Jacob (1889–1967), Diss. Hamburg 2000 (Volltext online: www.sub.uni-hamburg.de/disse/948/dissertation.pdf) sowie *Between Two Worlds. Biobibliographische Angaben zu Heinrich Eduard Jacob 1889–1967*, zusammengestellt von Hans Jörgen Gerlach, Aachen 1997.

7 Heinrich Eduard Jacob, *Die Magd von Aachen. Eine von siebentausend*, Berlin u. a. 1931.
8 Vgl. L. Korngold, *Erich Wolfgang Korngold* (Anm. 2), S. 57.
9 Brief Heinrich Eduard Jacobs an Erich Wolfgang Korngold vom 9. November 1932: »Wahllos in meine Sammlungen greifend, ziehe ich den Beweis hervor, dass alle, aber auch alle deutsche [sic!] Zeitungen, ohne Unterschied der Parteirichtung, mein Werk gelobt und empfohlen haben. [...] Nein, ich begreife es nicht, dass Sie auf Bedenken oder gar auf Ablehnung gestossen sind. Das ist ganz unsinnig, und Sie müssen den Widerstand niederlegen!«

Dass Jacobs – und auch Korngolds – ursprüngliche Intention dahin ging, eine Parabel über die »Aussöhnung verfeindeter Nationen durch das Band der Liebe« zu schreiben,[10] war in der Zeit um 1930 schon problematisch genug. Jacobs allgemein bekannte politische Positionierung und seine jüdische Herkunft trugen ein Übriges dazu bei, die Stoffwahl für Korngolds Oper unmöglich zu machen.

Die Entscheidung, Jacobs Buch seiner neuen Oper zugrunde zu legen, traf Korngold sehr rasch und völlig naiv im Hinblick auf die politische Großwetterlage. Das Libretto vertraute man – offenbar auf Anraten von Julius Korngold – dessen Kollegen Ernst Decsey an, einem als Musikschriftsteller damals wie heute sehr geachteten Autor. Korngolds Begeisterung für das Projekt dürfte dazu geführt haben, dass das Werk bereits vor den unabdingbaren Absprachen mit dem Verlag bis zu einer Skizzierung des I. Aktes gediehen war. Entgegen dem noch im Herbst 1932 erfolgten Votum der Leiter des Schott-Verlags, die eine Verbrüderung von Deutschen und Belgiern, wie sie bei Jacob thematisiert ist, angesichts der noch nicht verheilten Wunden des Ersten Weltkriegs für unzeitgemäß erklärten, ließ Korngold sich nicht beirren und hielt grundsätzlich an dem Sujet fest, das in der Tat ein damals viel diskutiertes Thema wirkungsvoll behandelt. Obwohl Willy Strecker zufolge sogar ein unabhängiger Gutachter davor gewarnt hatte, belgische Besatzungssoldaten auf die Bühne zu bringen, weil während der Vorstellungen Tumulte im Publikum zu befürchten seien,[11] brachte Korngold diesen Bedenken offenbar erst nach mehreren deutlichen Mahnungen Verständnis entgegen. Selbst der Idee einer Verlegung der Handlung in die Empire-Zeit, also die Zeit Napoleons, wie sie von den Verfassern offenbar erwogen wurde, räumte der Verlag kaum Chancen ein. Immer wieder bekräftigte die Familie Strecker ihre Skepsis und warnte Korngold äußerst wohlmeinend, aber dezidiert davor, in das Sujet noch mehr Zeit zu investieren.

Korngold scheint die Warnungen nicht völlig in den Wind geschlagen zu haben, denn er sann über Abhilfe nach. Eine Idee von Ludwig Herzer, mit dem er bereits im Zuge seiner Tätigkeit als Arrangeur von Operetten zusam-

10 Arne Stollberg, »Erich Wolfgang Korngold: ›Die Kathrin‹. Schicksalswege einer ›unpolitischen‹ Oper zwischen 1932 und 1950«, in: *Das (Musik-)Theater in Exil und Diktatur. Vorträge und Gespräche des Salzburger Symposions 2003*, hrsg. von Peter Csobádi u. a., Anif/Salzburg 2005 (= Wort und Musik. Salzburger Akademische Beiträge 58), S. 392–406, hier S. 395.
11 Brief Willy Streckers an Erich Wolfgang Korngold vom 10. November 1932: »Die Erbitterungen über die Besatzungszeit und die traurigen, Deutschland auferlegten Erniedrigungen sind zu gross, um ein derartiges Thema menschlich oder historisch heute schon zu behandeln. Ein sehr erfahrener Herr in Frankfurt, dem ich gestern ohne Ihren Namen zu nennen, das Sujet vortrug, sagte mir, es sei überhaupt nur nötig, eine Ouvertüre und Musik für die ersten 3 Minuten zu komponieren, weiter käme man nicht, da der Lärm des Publikums nach Aufgehen des Vorhangs sobald die belgischen Soldaten und die Kaserne auf der Bühne sichtbar werden, garantiert so gross sei, dass man von dem Rest der Musik doch nichts mehr höre.«

mengearbeitet hatte, führte zu dem Opernentwurf *Die Hochzeit der Ariane*,[12] den er am 22. August 1933 wiederum an den Schott-Verlag zur Begutachtung sandte, in der Hoffnung, dass auch die Streckers davon zu überzeugen wären, bereits vorliegende musikalische Ideen in diesem neuen Gewand zu retten – vergeblich.

Ein weiterer der offenbar zahlreichen Pläne, das Sujet durch die Verlegung in andere Zonen und Zeiten politisch zu ›entschärfen‹, ist in einem undatierten, vermutlich aber recht frühen Brief Decseys an Korngold angedeutet: »Ihre Anregung, unsern belgisch-deutschen Konflict in einen österreichisch-russischen zu verwandeln und ins Jahr 1917 zu legen, halte ich für sehr glücklich, zumal da die Österr. siegreich wären. Aber etwas beunruhigt mich doch dabei: wohin geht Katharine im Jahr 1917/18? Nach Österreich kann sie nicht, dort ist ja noch Krieg, und ein Kriegsstück wollen wir nicht schreiben. Also könnte sie erst 1921/22 kommen u. z. mit einem 3jährigen Kind an d. Hand, was wieder butterflyhaft aussieht. [...] Was würden Sie aber zu folgender Idee sagen, die mir kam, um aus der Not eine Tugend zu machen? Zu der Idee näml., Katherine überhaupt erst in der ›Gegenwart‹, d.h. im Aufführungsjahr der Oper, also 1934 kommen zu lassen? Sie hätte dann eine 17jährige Tochter bei sich. Und diese Tochter könnte [...] das Talent ihres Vaters geerbt und sich eine Position im Blauen Vogel als Chanteuse errungen haben? Diese Tochter wäre es, in die sich dann unser François verliebt, um durch sie allmählich zur Mutter zurückgeführt zu werden, wobei einige Büsser-Motive aus d. ›Auferstehung‹ anklingen könnten,[13] aber vollständig ins Heitere gewendet. Was würden Sie dazu sagen?«[14]

Am 4. Oktober 1933 trafen Korngold, Herzer und Decsey vorläufige Vereinbarungen, wie ein Vertrag bezüglich des umgearbeiteten Werkes aussehen könnte; auch ein Schlüssel zur Verteilung etwaiger Tantiemen wurde bestimmt.[15]

Einen Ausweg aus dem Dilemma, die Grundidee des Jacob-Sujets zu ›entpolitisieren‹, ohne sie völlig verwerfen zu müssen, fand schließlich erst Korngolds Frau Luzi während einer Urlaubsreise. Sie schlug vor, den Konflikt

---

12 Inspiriert durch Paul Czinners Film *Ariane* (1931) nach dem Roman *Ariane. Ein russisches Mädchen* (Berlin u. a. 1924) von Claude Anet.
13 Anspielung auf den Roman *Auferstehung* (1899) von Leo Tolstoi.
14 A-Wn Autogr. 965/19-10. Auf eine Veränderung der Orthografie in Decseys nicht immer durchkorrigierten Typoskripten wird verzichtet.
15 Decsey machte sich unverzüglich daran, neue Ideen zu Papier zu bringen, wie er am 3. November 1933 gegenüber Korngold bekundete (A-Wn Autogr. 965/18-3): »[...] ich habe ein kurzes exponirendes *Szenarium*, d.h. einige knappe Szenen gemacht, die *sich gut* für Musik eignen, und zu meiner grossen Freude bei unsrer heutigen Zusammenkunft die Billigung Dr. H.s [Herzers] gefunden haben. Mit einigen Abänderungen werden sie nun endgiltig festgestellt und Ihnen zur Einsicht übersendet werden. Viell. gefallen sie auch Ihnen.« Wegen der Heraustrennung der Postwertzeichen ist das Blatt beschnitten, die kursiv geschriebenen Worte »Szenarium« und »sich gut« passen inhaltlich und von der Länge her in die Lücken.

zwischen der Bevölkerung und den verhassten Besatzern »durch die übliche Abneigung der Studenten gegen die Soldaten einer Garnison« zu ersetzen, harmlos begründet allein damit, dass die Soldaten im Hinblick auf die ›verfügbaren‹ Mädchen der Stadt eine unwillkommene Konkurrenz darstellen.[16] Durch diese Idee war all das, was bereits fertig vorlag, noch in irgendeiner Weise verwendbar, wenn auch auf Kosten einer vollständigen Privatisierung und Trivialisierung des ursprünglich politischen Themas. Immerhin konnte der Librettist Decsey seine neuen Verse der bereits existierenden Musik anpassen, ein Verfahren, wie es vielfach praktiziert wurde, gerade auch im Bereich der Operettenkomposition.[17]

Im Vergleich zu der Figur in Jacobs Roman ist François, der Liebhaber Kathrins und Vater ihres unehelichen Kindes (zuvor der belgische Pieter), weit aktiver geworden. War der Soldat bei Jacob charakterlich eher ein Drückeberger und Schwächling, so mutiert er bei Decsey und Korngold zu einem leidenschaftlichen Mann, der um seiner Liebe willen die stellvertretende Abbüßung einer Gefängnisstrafe in Kauf nimmt und sich anschließend mit großem Einsatz auf die eigentlich aussichtslose Suche nach seiner Geliebten macht.

In Decseys Briefen an den Komponisten lässt sich die weitere Arbeit detailliert verfolgen. So heißt es etwa am 1. August 1935: »Ich habe zwei Fassungen [des Couplets von François im II. Akt] mit Alternativen gemacht und dabei auf den genius loci – Nachtlokal in Marseille – Rücksicht genommen, also absichtl. frivole Wendungen gebraucht. François ist eben gezwungen, derlei Animir-Lieder zu singen, die seinem innersten Wesen widersprechen, seit er Kath'rin liebt. [...] Jedenfalls freue ich mich aufrichtig, dass Sie unsre Kath'rin schon so weit fertig haben und Sie bald vollenden werden. Nie glaubte ich so sehr an ein Werk wie an dieses, denn es hat, soweit ich die Musik kenne, Ihren eigentlichen Menschen, die bis jetzt verborgene Schicht Ihrer Person aufgenommen. Es ist mit einer natürlichen, nicht gewollten Kindlichkeit durchtränkt, also echt im schönsten, verheissungsvollsten Sinn. (Dabei ganz abgesehen von Ihrer reifen Artistik und klugen Theatralik)[.] Hoffentlich haben Sie mit Ihrem Glückskind auch Glück und erreichen eine Aufführung in USA.«[18]

---

16 L. Korngold, *Erich Wolfgang Korngold* (Anm. 2), S. 63.
17 Decsey schrieb Korngold am 11. Juni 1934 (A-Wn Autogr. 965/18-7): »Ich habe mich heute ein bisschen mit d. Umarbeit befasst. Manches geht leicht wie z. B. das erste Couplet des Fr. [François] oder die Szene der beiden Mädchen. Dagegen wird wol der Humor in d. Familien-Szene entfallen müssen und, leider, ebenso die ganze Chor-Szene vor d. Kirche wegen des Kusses. Ob es dann ebenso wirkt? Konziser wird es dagegen auf jeden Fall. Sehr wichtig wäre mir eine bessere Kenntnis der Musik. Da ich weder die Rytmik [sic!], noch die melod. Führung genau kenne, fühle ich mich beim Versifizieren nicht sicher.«
18 A-Wn Autogr. 965/19-7. Eine auf den 30. Juli 1935 datierte Beilage enthält den kompletten Text des Couplets.

Inzwischen war Korngold in Hollywood erfolgreich und damit etwas unabhängiger vom europäischen Opernbetrieb geworden. Doch verfolgte er nach wie vor die Idee einer Uraufführung in Wien und ließ sich von Decsey und anderen stets die heimischen Gegebenheiten schildern. Am 10. Oktober 1934 erzählt Decsey, ein mit ihm bekannter Jude habe eine Reise nach Deutschland gemacht, und schildert lang und ausführlich dessen Eindrücke: »[...] es gährt in Deutschland bereits. Ich glaube auch nicht, dass es morgen ausgegährt haben und dass die Hitlerei übermorgen gestürzt sein wird – aber ich glaube, dass es noch vor 1000 Jahren wieder Licht und dass Ihre Oper nicht pour le roi de Prusse geschrieben sein wird.«[19]

Hinsichtlich des Planes, die Aufführung der Oper in Wien zu betreiben, schrieb Decsey am 3. Januar 1935 an Korngold nach Hollywood: »Denken Sie, Weingartners[20] erste Tat (›Förderung d. österr. Production‹) war die Annahme von Salmhofer. Ich habe Weingartner noch nicht persönl. gesehen u. gesprochen, weiss daher kein Aufführungsdatum, doch hoffe ich die Dame im Traum[21] wird die Kath'rin nicht geniren. Wahrscheinl. bringen Sie sie so gut wie fertig mit, nicht wahr? Sonst hat W. in seinem Actionsprogramm, von Ravels Span. Stunde abgesehen, keinerlei Novität. Er wird sich sicher um Sie ebenso bemühen wie Cl. Kr.«[22] Und am 1. Februar 1935 zeigte sich der Librettist in einem offenbar wieder nach Hollywood gerichteten Schreiben noch zuversichtlicher: »Weingartner ist auf Novitäten aus – er ›beabsichtigt‹ sogar eine neue Operette mit Nachlassmusik von J. Strauss (Stalla) aufzuführen – und es wäre sehr vorteilhaft, wenn er von Ihrem schönen Werk Kenntnis erhalten möchte. Bis jetzt scheint er nicht viel aufgestöbert zu haben und, wie Sie sich denken können, braucht er sehr dringend eine wirklich wirksame Novität. [...] Ich glaube, W. griffe mit beiden Händen nach ›Kath'rin‹ und ich würde ihm den Triumph einer Uraufführung gönnen, falls Sie eben nicht mit

---

19 A-Wn Autogr. 965/19-2.
20 Felix Weingartner, Direktor der Wiener Staatsoper (bzw. Hofoper) von 1908 bis 1911 und nochmals 1935/36.
21 *Dame im Traum*. Oper von Franz Salmhofer, Textbuch von Ernst Decsey und Gustav Holm. Uraufführung in der Wiener Staatsoper am 26. Dezember 1935.
22 A-Wn Autogr. 965/19-4. Mit »Cl. Kr.« ist Clemens Krauss gemeint, Direktor der Wiener Staatsoper von 1929 bis 1934. Korngold hatte ihm am 4. Oktober 1933 in einem Brief die Frage vorgelegt, ob sich die seinerzeit geplante Fassung der Oper unter dem Titel *Die Hochzeit der Ariane* realistische Chancen auf eine Uraufführung in der Staatsoper ausrechnen dürfe. Clemens Krauss' Antwort ist nicht dokumentiert, scheint aber, wenn man der Formulierung von Decsey glauben darf, grundsätzlich positiv ausgefallen zu sein. Vgl. den Abdruck des betreffenden Briefes bei Götz Klaus Kende, *Höchste Leistung aus begeistertem Herzen. Clemens Krauss als Direktor der Wiener Staatsoper*, Salzburg 1971, S. 118–119.

der Metropolitan kämen, was natürl. alles schlagen würde. Schlage doch, gewünschte Stunde, komme doch gewünschter Tag ...!«[23]

Korngolds Sorge, deutsche Politiker könnten auch in Österreich bestimmenden Einfluss gewinnen, suchte Decsey am 6. April 1935 vorerst zu zerstreuen: »Die Wiener Oper steht noch wie sie stand und wird voraussichtlich niemals in den Besitz Görings übergehen, was nächst Gott Benito Mussolini verhindern wird. Sie haben also noch reichlich Zeit mit dem Exil ... Im Gegenteil. Ich glaube, Weingartner wird die ›Kath'rin‹ für die Saison 1936/37 sehr gern erwerben, da er kaum auf eine andre starke Novität rechnen kann. Zwar hat er selbst wieder eine Oper fertig, da es sich aber um ein ›biblisch‹ Lied handelt, dürfte sie nicht gerade die Herausreisserin werden.«[24] Trotz dieser scheinbar positiven Aussichten erwogen Decsey und der Verlag Josef Weinberger, bei dem *Die Kathrin* nach der Ablehnung durch Schott herausgekommen war, ob es nicht sinnvoll sein könnte, eine Uraufführung in Amerika anzustreben.

In einer Zeitungsnotiz vom Herbst 1936 äußerte sich Korngold programmatisch zu dem neuen Werk und bemerkte hier zunächst, er sei erstmals seit der *Toten Stadt* wieder zu einem zeitgenössischen Sujet zurückgekehrt: »Decseys Buch mit seinem Farbenreichtum, seiner poetischen Gestaltung, bot mir die reichsten musikalischen Möglichkeiten. Zwei volkstümliche Figuren stehen im Mittelpunkt der Handlung. Max *Reinhardt*, der das Libretto seit langem kennt, bezeichnete sein Wesen als ›dramatisch-episch‹, derart nämlich, daß das Ganze wie ein Entwicklungsprogramm zwei Menschenleben von Stufe zu Stufe steigert, aber zugleich jedes einzelne Bild, wie er sich ausdrückte, einen dramatischen Pfeil bis an sein spezielles Ende besitze. Der Musik ist entsprechend dem Charakter des Buches eine gewisse volkstümliche und gemütvolle Natur zu eigen, namentlich im ersten und dritten Akt, während der zweite durch die Aenderung des Milieus einer ›modernen‹ dramatischen Jazzatmosphäre nähergerückt erscheint. Indes auch er rundet sich zum Schluß durch das Alleinbleiben der Heldin auf der Bühne zu jener gewissen Volkstümlichkeit, wie sie der Charakter dieser Partie bedingt. Diese Rolle schlägt in das Fach der Jugendlich-Dramatischen, ist also, mit dem klassischen Beispiel ausgedrückt, eine Lehmann-Figur, während der Held lyrischer Tenor ist. Dann gibt es noch einen ›schwarzen‹ Bariton, eine Koloratur-

---

23 A-Wn Autogr. 965/19-5. In Bachs hier von Decsey zitiertem Kantatentext (BWV 53) heißt es vielmehr: »Schlage doch, gewünschte Stunde, / Brich doch an, du schöner Tag!«

24 A-Wn Autogr. 965/19-6. Mit der Wendung »›biblisch‹ Lied« bezieht sich Decsey auf eine Textpassage aus Wagners *Meistersingern von Nürnberg* (»'s wär' wohl gar ein biblisches Lied?«). Bei dem erwähnten Werk von Weingartner handelt es sich vermutlich um die unveröffentlichte Oper *Der Apostat* op. 72.

soubrette und viele kleinere, aber wichtige Partien, da jedes einzelne Bild Episodenrollen gemäß der ihm eigenen Atmosphäre besitzt.«[25]

Anfang 1935 hatte Korngold Felix Weingartner im Hinblick auf *Die Kathrin* kontaktiert, doch da dieser mittlerweile zurückgetreten war, brachte der Komponist am 8. Juli 1936 gegenüber dem neuen Operndirektor Erwin Kerber als Dirigenten Bruno Walter ins Gespräch. Kerber war tatsächlich von Walter bereits aufgesucht worden und respektierte Korngolds Wunsch. Am 1. Oktober 1936 versicherte Kerber, man habe vor, mit der neuen Oper die nächste Saison zu eröffnen, wolle das Werk jedoch aus diplomatischen Erwägungen heraus erst ankündigen, wenn alle anderen Pläne für die Spielzeit feststünden. Nach einigem Hin und Her kam es am 5. Oktober 1936 endlich zu einem Vertragsabschluss hinsichtlich der Aufführungsmaterialien und Rechte, wobei Kerber wegen der angespannten Lage gezwungen war, Korngold manche Illusion zu nehmen. Es wurde zwar eine Uraufführung bis Ende März des Folgejahres garantiert, doch musste Korngold nachträglich zusagen, die Staatsoper nicht auf Zahlung einer Konventionalstrafe zu verklagen, falls widrige Umstände die Premiere verzögern sollten.

Am 24. Januar 1938 sagte die Staatsoperndirektion Korngold eine Uraufführung als erste Premiere der Saison 1938/39 verbindlich zu. Die vorgesehene Besetzung umfasste Bruno Walter als Dirigenten, Lothar Wallerstein als Regisseur sowie als Liebespaar auf der Bühne Jarmila Novotna (in dem betreffenden Briefdokument: Nowotna) und Richard Tauber, selbst für den Fall von deren Absage bot man beachtliche Alternativen an. Doch obwohl Korngold das Werk auf dem Frontispiz des Klavierauszugs mit einem gewissen Kalkül der »Wiener Staatsoper und ihren Künstlern« gewidmet hatte,[26] sollten sich die Versprechungen und Zusagen als haltlos erweisen: Nach der Verschiebung des Premierendatums vom Herbst 1937 auf das Frühjahr 1938 war jegliche Chance einer Wiener Uraufführung unter normalen Umständen vertan, und der ›Anschluss‹ Österreichs an das Deutsche Reich ließ alle Vereinbarungen hinfällig werden. Am 20. Mai 1938 meldete sich die Staatsoperndirektion beim Verlag und sagte die Uraufführung definitiv ab; Decsey konnte am 26. Mai 1938 nur noch unter Pseudonym mit den Korngolds Kontakt aufnehmen, deren Briefe aus Amerika er bis dato nicht erhalten hatte.

Im Sommer und Herbst 1938 unternahm Otto Blau, Mitarbeiter des Verlags Weinberger, den Versuch, Verhandlungen mit der Direktion des Berner Stadttheaters und namentlich mit dessen ambitioniertem künstlerischen Leiter Walther Brügmann zu einem positiven Abschluss zu bringen. Doch erwiesen sich Korngolds finanzielle Forderungen als unerfüllbar, zumal der

---

25 »E. W. Korngold über seine neue Oper«, in: [o. A.] (Korngold-Archiv, Hamburg). Der Terminus »Lehmann-Figur« spielt offenbar auf die von Korngold besonders geschätzte Sopranistin Lotte Lehmann an.
26 *Die Kathrin*. Oper in drei Akten (9 Bildern) von Ernst Decsey. Musik von Erich Wolfgang Korngold op. 28. Vollständiger Klavierauszug mit Text von Ferdinand Rebay, Wien 1937.

Komponist auch erwartete, dass man ihm die Anreise aus Amerika bezahlen möge. Bedenken gegen eine Uraufführung in der Schweiz meldete auch Korngolds Vater an: Julius Korngold war Mitte März über die Schweiz nach Paris geflohen und hatte auf der Reise schon in Innsbruck und Zürich zahlreiche Demütigungen über sich ergehen lassen müssen. Er warnte Erich in einem nicht abgesandten Brief von Anfang September 1938 gar explizit vor dem »halb wertlose[n], halb gefährliche[n] Bern«, in dem er eine »Nazi-Zentrale« vermutete. Es sei in höchstem Grade heikel, die Amerikaner mit einem Urlaubsgesuch wegen der Teilnahme an einer Opernuraufführung zu düpieren, außerdem laufe Erich Gefahr, dass sich in Hollywood der gleichfalls aus Wien gebürtige Konkurrent Max Steiner immer unentbehrlicher machen könne und nur mehr ihm lukrative Angebote unterbreitet würden.

Nachdem sich die Pläne für eine Uraufführung in Bern zerschlagen hatten, erfolgte sie – ohne Anwesenheit des Komponisten und in einer schwedischen Übersetzung des Dirigenten Herbert Sandberg – in Stockholm, an so ungewöhnlicher Stelle also, dass man fragen darf, ob es nicht besser gewesen wäre, Korngold hätte völlig darauf verzichtet. Denn hier war das Sujet, von dem in Mitteleuropa immerhin die Grundidee nachvollzogen werden konnte, wohl kaum verständlich bzw. so fern, dass das Werk nicht zu berühren schien. Die fünfmal wiederholte Aufführung erzielte nur einen Achtungserfolg, und mindestens eine Zeitung reagierte sogar mit offenen antisemitischen Anfeindungen.[27]

Nach dem Zweiten Weltkrieg wurden in New York und Los Angeles Bruchstücke der Oper aufgeführt, bis es schließlich 1950 zu der für Korngold gleichfalls sehr desillusionierenden Erstaufführung in Wien kam – desillusionierend, weil der Komponist, wie einem Brief an seine Mutter vom 19. März 1950 zu entnehmen ist, darauf gehofft hatte, mit der für Juni geplanten Neuinszenierung der *Toten Stadt* im Theater an der Wien und der anschließenden *Kathrin*-Erstaufführung im Oktober das ihm inzwischen entfremdete Wiener Publikum zurückzugewinnen. Man zollte dem 1941 verstorbenen Musikkritiker Decsey in den Besprechungen durchaus Respekt, war jedoch von seinem Libretto über alle Maßen enttäuscht. Dass nicht der Textautor allein, sondern vor allem die widrigen Umstände der Entstehung Schuld daran trugen, dass Szenarium, Dramaturgie, Verse und Reime letztlich misslungen waren, liegt auf der Hand, doch vermochte diese unselige Konstellation die Rezeption der *Kathrin* nicht zu verändern. Der Kritiker »A. W.« ging in der *Neuen Wiener Tageszeitung* mit dem Werk unter der Überschrift »Vertonter Fünfkreuzerroman« hart ins Gericht, obwohl zu spüren ist, dass er den frühen Korngold durchaus geschätzt hatte und ihn daher die »Eklektizismen« mit ihrer »Einfalls-

---

27 Vgl. Brendan G. Carroll, *The Last Prodigy. A Biography of Erich Wolfgang Korngold*, Portland/Oregon 1997, S. 293.

armut« und dem »völligen Mangel an Tiefe« nun doppelt befremdeten.[28] Publizistischen Beifall erhielt *Die Kathrin* nur von erzkonservativen Avantgarde-Verächtern wie etwa dem Kritiker »Y«, der am 21. Oktober 1950 im *Neuen Österreich* schrieb, Korngold sei auch in dieser Oper »Melodiker vom reinsten Wasser und echter Erfinder«, bekenne sich zur »Prävalenz des Einfalls und zur alleinseligmachenden Kraft der aus tiefer Kenntnis der menschlichen Stimme gestalteten Führung einer weitgeschwungenen Gesanglinie. Es ist starker Gefühlsausdruck und dramatische Kraft in dieser Melodik und zugleich eine volkstümliche Schlichtheit, die auch vor Eingängigkeit und Gemeinverständlichkeit nicht zurückschreckt.«[29] Hans Rutz meinte demgegenüber in der Hamburger *Zeit*, »diese Konzession an den Publikumsgeschmack« sei »nicht mehr zu unterbieten«,[30] und kritisierte in der *Neuen Zeitung* die »Pseudo-Veristik«, mit der das Buch »musikalisch ausstaffiert« werde.[31] Im Fachblatt *Musica* ließ sich derselbe Autor dann nochmals und am ausführlichsten über *Die Kathrin* aus, mit der Schlussfolgerung, dass Korngolds Partitur inzwischen unzeitgemäß sei.[32] Noch schonungsloser formulierte »nb« das Fazit in der Wiener *Weltpresse*: »Die absolute Bankrotterklärung dieses Hauses [der Wiener Staatsoper] vor seiner Verpflichtung, die Kunst unserer Zeit zu spiegeln, nicht aber den Begriff des Volkstümlichen, der uns teuer bleiben soll, in einem sentimentalen Zerrspiegel zu verhöhnen.«[33]

Nachdem bereits terminierte Aufführungen aus organisatorischen Gründen oder aufgrund von Unpässlichkeiten der Darsteller abgesagt worden waren, verschaffte Korngold seiner Enttäuschung in zwei Briefen an die Staatsoperndirektion vom 2. November und 21. Dezember 1950 Luft. Darin erwähnte er zunächst, am 2. November, den durchaus bemerkenswerten Erfolg der Premiere, dann jedoch auch die »giftspritzende Weltpresse« (womit die Wiener Zeitung gleichen Namens gemeint war – siehe oben) und ortete seine Gegner in »kommunistischen, nazistischen und vor allem [...] atonalhasserfüllten Blätter[n]«. Der Adressat des Briefes, Egon Hilbert, Leiter der österreichischen Bundestheaterverwaltung, wies am 6. Dezember Korngolds Unterstellung zurück, man habe das Werk nicht mit dem nötigen Einsatz produziert und nicht mit dem erforderlichen Nachdruck im Repertoire verankert (zwischen der Premiere am 19. Oktober 1950 und der Derniere am 2. Fe-

---

28 A. W., »Vertonter Fünfkreuzerroman. Erich Wolfgang Korngolds ›Kathrin‹ in der Volksoper«, in: *Neue Wiener Tageszeitung*, 21. Oktober 1950 (Korngold-Archiv, Hamburg).
29 Y., »»Die Kathrin««, in: *Neues Österreich*, 21. Oktober 1950 (Korngold-Archiv, Hamburg).
30 H. R. [Hans Rutz], »Korngolds Wiederkehr«, in: *Die Zeit*, 9. November 1950 (Korngold-Archiv, Hamburg).
31 Hans Rutz, »Korngolds ›Kathrin‹. Verspätete Premiere in Wien«, in: *Neue Zeitung*, 27. Oktober 1950 (Korngold-Archiv, Hamburg).
32 Hans Rutz, »Das verlorene Opernparadies«, in: *Musica*, Dezember 1950 (Korngold-Archiv, Hamburg).
33 nb, »Korngolds ›Kathrin‹ oder – das geduldige Wien«, in: *Die Weltpresse*, 20. Oktober 1950 (Korngold-Archiv, Hamburg).

bruar 1951 kam es zu insgesamt acht Vorstellungen). Korngold jedoch weigerte sich bis zuletzt, den Misserfolg seinem Werk selbst anzulasten, und blieb hartnäckig bei der Anschuldigung, die Staatsoper habe gleichsam einen künstlerischen Mord an dem Stück begangen (Brief an Hilbert vom 21. Dezember): »Wenn Sie [...] mir schreiben: ›wir müssen es eingestehn, es wurde eben kein Erfolg‹, so erwidere ich, dass mit ebenderselben Berechtigung einem Kinde, dem man nach der Geburt den Schädel einschlägt, nachgesagt werden könnte, dass es gestorben sei, weil es zum Leben nicht getaugt habe.«

Dass gerade diese Oper, die einen Schritt auf das Publikum zugeht, im Haus der Wiener Volksoper am Währinger Gürtel erstaufgeführt werden musste, da sich das Staatsopernensemble wegen seiner noch nicht wieder aufgebauten Spielstätte dort und im Theater an der Wien hatte einrichten müssen, mag dazu beigetragen haben, dass die eigenwillige Stellung des Werkes nicht wahrgenommen wurde. Im Gebäude der Volksoper wirkte das, was Korngold und sein Librettist zitathaft in ihr Werk integriert hatten, das ›einfache Lied‹, der Talmiglanz im halbseidenen Etablissement des II. Aktes und die dort kurzzeitig erklingenden Jazzrhythmen, nicht so eigenwillig, wie dies im repräsentativen Haus am Ring der Fall gewesen wäre, denn in der Volksoper war jenes Genre, das Korngold als Kontrast zu seiner sonstigen Tonsprache anzudeuten versuchte, realiter zu Hause. Möglicherweise trug dieser Aspekt dazu bei, dass Publikum und Presse die Oper weit weniger zu würdigen wussten, als es unter ›normalen‹ Bedingungen 1938 hätte geschehen können.

III

Selbst wenn der wohl bereits fertig konzipierte I. Akt des ursprünglich geplanten Werkes nach Jacobs Sujet von Decsey gleichfalls umformuliert werden musste, bleibt er vergleichsweise konturiert und im Aufbau überzeugend. Die dramaturgischen Mängel sieht der Betrachter, bemerkt der Hörer vor allem im II. und erst recht im III. Akt. Sobald die anfängliche Inspirationsquelle, Jacobs *Magd von Aachen*, nicht mehr Pate steht, wirkt die Dramaturgie an den Haaren herbeigezogen. Im Sommer 1934, als es diese Probleme zu lösen galt, war der Austausch zwischen den Autoren sehr intensiv. Eine Dokumentation der überlieferten Äußerungen Decseys vermag zu klären, dass er durchaus beflissen war, alle anstehenden Schwierigkeiten im Einvernehmen mit Korngold aus dem Weg zu räumen, und man ihm wahrlich nicht allein die Misere der Endfassung anlasten darf, die letztlich Korngolds vollständige Billigung erlangte.[34]

---

34 Zu relativieren ist insofern auch die retrospektive Vermutung von Luzi Korngold, ihr Mann sei wohl – »ohne daß er es eingestehen wollte – [...] nicht immer einverstanden [gewesen] mit Decseys dramatischen Vorschlägen«, doch habe »der so viel ältere, emp-

Am 3. Juni meldete Decsey zunächst: »Ich schicke Ihnen hier die Fortsetzung der Operndichtung. Blatt 3-bis elf. Sie werden daarsaus [sic!] ungefähr den Stil und den Aufbau sehen. Der Stil, halb Märchen, halb Realismus dürfte Ihnen zusagen.«[35] Später am selben Tag bat er darum, den neuen II. Akt noch nicht allein nach der ersten Szene zu beurteilen.[36]

Dass die Idee, eine drastisch von der vorherigen Idylle abweichende Episode zu interpolieren, ursprünglich von Korngold herrührte, erfährt man aus einem Brief Decseys vom 13. Juni: »Auf Ihren Verzweiflungs-Brief, der Ihrem künstlerischen Gewissen alle Ehre macht, kann ich nur folgendes erwidern: Sie selbst haben den Stilbruch herbeigeführt. Sie erklärten: jetzt brauche ich ein mondänes Milieu, Cabaret od. Hotel und Sie selbst fantasirten in dieses Milieu eine Mordtat hinein. Schon Schott empfand den Stilbruch. Ich setzte ihn nur konsequent fort, od. vielmehr, ich suchte ihn durch Festhaltung des Soldatenmilieus zu verschleiern. Nun kehren Sie zur ursprüngl. Idee des einfachen Menschenpaares zurück. Wollen Sie trotzdem im 2. Bild ein mondänes Milieu, so könnte es nur das einer auf dem Land lebenden aristokrat. Familie sein, in das die beiden primitiven Menschen hineingeraten, und woselbst sie allerlei Verwickelungen erleben, bis sie im 3. Akt zur reinen Landluft zurückkehren: zu meiner Mühle, die Sie ursprüngl. verworfen haben. [...] Lassen wir die Sache also vorläufig [sic!] weiter ruhen, nachdem sie schon so lange geruht hat. Ich verliere gewiss nicht die Geduld mit Ihnen, aber ich komme mir wie ein Steuermann vor, dem der Kapitän immer eine andre Fahrtrichtung angibt. Bitte, ich will in der rustikal-primitiven, in der naiven, volkhaften Richtung den Faden weiterzuspinnen versuchen, fürchte aber, dass sie dann eines Tages erklären werden: das ist mir zu idyllisch, es fehlt der mondäne Kontrapunkt. Vorläufig ziehe ich mich also auf das noch leere Schloss bei Marseille zurück. Vielleicht kann ichs über den Sommer bevölkern – falls Sie mir nicht unterdessen mit einer neuen Herzeriade kommen wie voriges Jahr.[37] An mir solls nicht fehlen. Aber auch Sie müssen jetzt fest bleiben.« Als Postskriptum fügte Decsey noch an: »Sie dauern mich eigentlich. Sie sind ein Heautontimoroumenos: ein Selbstquäler. Sie hätten, nach eignem Eingeständnis, sogar den Butterfly-Stoff abgelehnt, hätt' ich ihn gebracht. Nichts für ungut!«[38]

Am 17. Juni musste sich Decsey – mit Bleistift, sehr blass und flüchtig notiert – sogar gegen Interventionen von Vater Korngold wehren: »Ich arbeitete heute, bin gut im Fluss, am 3. Akt weiter – wurde aber durch einen Anruf J. K.s

---

findliche und von seiner Arbeit begeisterte Mann [...] es einem schwer [gemacht], etwas einzuwenden« (L. Korngold, *Erich Wolfgang Korngold* [Anm. 2], S. 63).
35 A-Wn Autogr. 965/18-5.
36 A-Wn Autogr. 965/18-6.
37 Gemeint ist der oben beschriebene Versuch, die Oper auf der Grundlage eines von Ludwig Herzer entworfenen Szenariums mit dem Titel *Die Hochzeit der Ariane* gänzlich neu zu gestalten.
38 A-Wn Autogr. 965/18-8.

gestört, der Einwendungen gegen unsere Skizze des 2. Akts erhob. Es wäre mir lieb, da ich sonst unsicher werde, <u>nur</u> mit Ihnen zu arbeiten. Im Schreiben wird jedes Stück doch anders als in d. Skizze. Diese Telefon. Nebenstelle zeugt zwar von gr. Eifer – lieber doch wäre sie mir nach Schluss d Arbeit [...].«[39]

Trotz allem stellte der geplagte Librettist immer wieder seine Änderungsbereitschaft und Flexibilität klar, so etwa am 10. Juli: »Ich sende Ihnen hier – zur Auswal [sic!] – ein paar Verse für den Landsknecht- oder Soldaten-Chor. Sicher fallen mir noch andre ein, falls diese nicht taugen sollten. Ein Schluss mit (schaurigem) Hurrah wäre gut – aber ich weiss nicht, ob Sie die vorhergehenden Reime alle auf a haben wollen, oder nicht. Und wie viel Strophen? Bin sehr erfreut, dass Sie ›bei Stoss‹ sind, also weiterarbeiten können, und hoffe, dass keine Abhaltung Ihnen hinderlich wird. Bewundere dabei Ihren Instinct, der an dem Stoffe festhielt, und dessen Weiterführung behauptete. Die Lösung des 2. Aktes ergab sich sogar zwanglos, und die Idee, die Tat durch eine dritte Person begehen zu lassen, ist die einzig mögliche. Nur Monique kann Mal. töten, und die Dekoration kommt ihr dabei wesentlich zu Hilfe. Die Führung der Handlung ergab sogar einen sardou'schen Effect oder Tric oder Kniff (aber unbeabsichtigt): indem Mal. ahnungslos die Mordwaffe ihr, Monique, zuwirft. Nun, wenn Sie so weit sind, oder Verlangen danach haben, sende ich Ihnen die Schluss-Szenen des zweiten Aktes. Vorläufig [sic!] lasse ich sie bei mir dunsten.«[40]

Dass Decsey konstruktiver Kritik seitens des Komponisten aufgeschlossen gegenüberstand, belegt sein Brief vom 15. Juli: »Ich danke Ihnen für Ihren herzenswarmen Brief, der mir darum so wertvoll ist, weil es für den Librettisten keine grössere Genugtuung gibt als den Chef befriedigt zu wissen, und weil er mit richtigem Theater-Instinct den Finger auf die kranke Stelle legt. Der wunde Punkt dieses Finales ist die Abwesenheit der Heldin. Wenn mich eines dabei entschuldigt, so war es meine Erwägung, dass der Edelmuth der beiden Leute, die einander zu entlasten und die Schuld auf sich zu nehmen suchen, leicht <u>komisch</u> wirken kann, unfreiwillig komisch, was immer sehr gefährlich ist. Nun habe ich eine zweite Fassung dieses Finales versucht, in der die Heldin auftritt und die Szene bis zum Schluss beherrscht. [...] Bitte, lesen Sie jetzt das Finale daraufhin, ob es nicht von allzuviel Edelmuth triefe. Wahrscheinlich werden Sie mit Ihrem Scharfsinn eine Kombination beider Fassungen vollziehen, werden noch Breiten kürzen, und schliesslich mit mir darüber ausführlich sprechen, nicht wahr? Jedenfalls freue ich mich aufrichtig auf Ihre Musik. Zweifeln Sie keinen Augenblick an der Fülle Ihrer musikal. Gesichte. Der neue Stoff wird Sie, zu Ihrem Erstaunen mit ganz neuen Eingebungen erfüllen. Sehe ich doch schon aus dem entzückenden Schneider-Menuett den

---

39 A-Wn Autogr. 965/18-10.
40 A-Wn Autogr. 965/18-13. Die Abkürzung »Mal.« bezieht sich auf die *dramatis persona* Malignac, der »sardou'sche Effect« auf den französischen Dramatiker Victorien Sardou.

E. W. K. einer neuen Schaffensperiode (von allem andern abgesehen!!!) [...].«⁴¹

Am 7. August meldete sich Decsey von seinem Urlaub auf der steirischen Teichalpe und schrieb nach einer Äußerung zu den politischen Verhältnissen und der Dollfuß-Affäre: »Künstler, glaube ich, haben nichts zu fürchten. [...] Ja ich kehrte zu Kathrin zurück, und da ich dachte, dass Sie eilig vorwärtskommen, wollte ich mich nicht überholen lassen und machte den dritten Akt fertig. Er ist sehr heiter und sehr rührend ausgefallen. Und die schichtweise Abtragung des Missverständnisses, die Reinigung der Seelen im Vollmondschein ergab ein schönes, grosses Schlusduett [sic!], das mir von allem zuerst einfiel. Ich lasse den (kurzen) Akt jetzt kopiren, und falls Sie ihn haben oder sehen wollen, steht er gern zu Ihrer Verfügung. Ich möchte ein Dankgebet zum Himmel schicken, dass dieses Buch beendet ist, das so unvollendbar schien. So aber ist es mit originellen Stoffen: sie lassen sich lange bitten, erst der richtigen Formulierung unterliegen sie dann willig. [...] Lassen Sie sich, verehrter Herr Erich, auf keinen Fall und durch nichts, von der Komposition abhalten. Denken Sie an Boccaccio, der, weil er sich eines Tags ›von gar schweren und unermesslichen Leiden ungemein bestürmt‹ sah, ja bis zu Tode verletzt war, der gerade deshalb, seine Meisternovelle Urbano niederzuschreiben beschloss, um weiterzuleben. Und eine Meistermusik wird die Ihre. Wir wissen es beide und, weiss Gott, wie oft, summen in uns Ihre volkhaften Melodieen nach. Also greifen Sie getrost allmorgendlich in die Saiten Ihres Pianino und vollenden Sie das carmen carminum!«⁴²

Am 11. August erwähnte Decsey, er sei knapp vor einer misslichen Erkrankung Anfang August »mit dem 3. Akt fertig geworden, den ich Ihnen nun in erster Reinschrift als Skizze sende. Sie wissen, Verehrter, was ich unter Skizze verstehe: alles noch breit und abänderungsfähig. Die Hauptsache jedoch: die Führung d. Handlung ist da. Sie wünschten den Akt sehr kurz, darum beschränkte ich ihn auf blos 4 Personen. (Wäre es ein Sprechstück, so hätte ich dabei Gottfried Keller auftreten lassen, der Sommergast bei Kathrin ist und diese Novelle unter allerhand heitern Ratschlägen miterlebt ...) Hoffentl. erringt die Skizze Ihr Wolgefallen, d. h. verleitet Sie zum leichten Komponiren.«⁴³

Offenbar etwas ernüchtert davon, dass die Arbeit an der *Kathrin* letztlich sehr viel komplizierter war als ursprünglich erwartet, es aufgrund von Korngolds Verpflichtungen in Hollywood immer schwieriger wurde, mit ihm

---

41 A-Wn Autogr. 965/18-14.
42 A-Wn Autogr. 965/18-15.
43 Ohne Datum, aber sicherlich Mitte 1934 schrieb Annemarie Decsey an Luzi Korngold (A-Wn Autogr. 965/17-1): »Ich habe hier schon ziemlich viel fertig gebracht und arbeite noch fleissig, während mein Mann unermüdlich an der Oper arbeitet. Sie ist zwar schon fertig, doch feilt er immer wieder daran. Ich freue mich schon, wenn sie komponiert sein wird; da ich ja einen Teil kennen und lieben gelernt habe, bin ich überzeugt, dass die ›Catherin‹ das schönste Werk Ihres Mannes werden wird.«

persönlich zusammenzutreffen, und der Komponist zudem wesentliche Momente der Konzeption des Buches für sich reklamierte, stellte es Decsey ihm in einem versöhnlich-diplomatischen Brief vom Oktober 1934 anheim, eigenständig einen Autoren-Vertrag für das Werk aufzusetzen, in dem die Rechte des Librettisten entsprechend berücksichtigt werden sollten. Auf Korngolds Ersuchen entwarf Decsey auch ein ausführliches Schreiben an Jacob und formulierte darin das Angebot, ihn mit fünf Prozent Tantiemen am potenziellen Erfolg der Oper zu beteiligen, wobei allerdings dezidiert festgehalten wurde, dass das ursprüngliche Sujet im neu überarbeiteten Werk nicht mehr wahrnehmbar sei. In einer Nachschrift zu dem Entwurf warnte Decsey Korngold freilich davor, einen derartigen Brief an den von ihm offenbar als sehr eitel eingeschätzten Jacob abzusenden, da dieser die Affäre publizistisch ausschlachten könnte. Nüchtern betrachtet handelt es sich also um eine Art ›Schweigegeld‹ des Komponisten an Jacob hinsichtlich der Tatsache, dass dessen Roman Korngold ursprünglich inspiriert hatte. Abgesandt wurde aber am 21. Oktober 1934 offenbar nur eine knappe Vereinbarung über die Beteiligung Jacobs an den Tantiemen, die damit begründet wurde, dass »der Keim des volkhaften Stoffkreises mit seinen beiden naiven volkstümlichen Menschen« als »Saat« schließlich Decseys endgültiges Libretto »gezeitigt« habe.

Am 11. November 1934 hoffte Korngold noch, Schott – und sich selbst – durch die Vergabe von Filmrechten früherer erfolgreicher Werke gute Einnahmen verschaffen zu können, erklärte jedoch in demselben Brief an Willy Strecker ausgerechnet *Die Kathrin* zu seinem *opus summum*, indem er das Libretto unter Berufung auf Kenner als »mein bestes Buch« und die Musik als »meine schönste« bezeichnete. Strecker begrüßte am 6. Dezember alle Initiativen Korngolds, Filmrechte zu vergeben, doch stellte er keine Änderung seiner Möglichkeiten hinsichtlich der neuen Oper in Aussicht. Das Kapitel *Kathrin* war für ihn abgeschlossen.

IV

Will man ein generelles Problem der Oper *Die Kathrin* konstatieren, dann ist es die schier unendliche Reihe von Assoziationen, die die Musik und insbesondere das Textbuch Decseys erwecken. Alle wesentlichen dramaturgischen Momente, die meisten Charakterzüge der Protagonisten sowie ihr klischeehaftes Verhalten ähneln einem zusammengesetzten Puzzle von Versatzstücken aus anderen Zusammenhängen, wobei hier nur wenige Bezugspunkte genannt seien.

Eine Balkonszene nach Art von derjenigen aus Shakespeares *Romeo and Juliet* führt zu dem Sündenfall mit Folgen, der freilich schon zu Korngolds Zeit längst kein Aufsehen mehr erregen konnte, zumindest auf der Bühne nicht. Die Darstellung sogenannter ›gefallener Mädchen‹ war spätestens seit Vincenzo Bellinis *Norma* (1831) und Giuseppe Verdis *La traviata* (1853) in der

Oper kein Wagnis mehr, doch führt das Thema in der Regel zu tragischen Konsequenzen, nicht zu einem solch elegisch-wohligen *lieto fine* wie in *Die Kathrin*. Eine Art Kathrin ist bereits Leoš Janáčeks Jenůfa (*Její pastorkyňa*, 1904), doch nimmt auch hier die Handlung einen tragischen Verlauf, ebenso in Giacomo Puccinis *Suor Angelica* (1918), wo ein Schicksal wie jenes der Kathrin gleichsam retrospektiv aufgearbeitet wird. Natürlich gemahnt das Sujet in einigen Einzelheiten sogar an die Opernadaptionen des Prévost-Romans *Manon Lescaut* (1731), an die *Lulu* von Wedekind/Berg (1937) oder gar an die *Giuditta* Franz Lehárs (1934) – schließlich wird Kathrin in ein Etablissement entführt, in dem sie als Dirne wirken soll. Selbst in den 1930er, aber erst recht in den 1950er Jahren war ein Spiel mit derartigen Zusammenhängen auf der Bühne jedoch eigentlich nur dann erfolgreich, wenn die Frau sich zumindest teilweise mit dieser neuen Rolle arrangiert. Führt man sich vor Augen, dass nur wenige Jahre nach der Wiener Erstaufführung der *Kathrin* jene des Musicals *Irma la Douce* (1956) stattfand, wird im Grunde klar, dass die damalige Zeit, so bieder sie sich auch geben mochte, eine gewisse Schlüpfrigkeit erwartete und es kaum mehr anging, dieses Moment gleichsam in andere Frauenfiguren ›auszulagern‹, während die eigentliche Protagonistin von Anfang bis Ende als makelloser Ausbund an Tugend gezeichnet wird. Schon Verdis Violetta Valéry überzeugt ja gerade deshalb, weil sich ein Zwiespalt auftut zwischen ihrem Dasein als Kurtisane und der wahren Liebe zu Alfredo.

Es geht keineswegs darum, zu behaupten, das Sujet der *Kathrin* sei *per se* – und bereits in den 1930er Jahren – obsolet gewesen, doch zur Zeit der Wiener Erstaufführung vermochte es kaum mehr zu überzeugen. Zudem erwartete man just von Korngold etwas anderes; schließlich hatte er in seiner *Toten Stadt* mit dem Überblenden von Identitäten virtuos gespielt und die engelsgleiche Marie in der Fantasie Pauls als aufreizend-lüsterne Marietta wiederkehren lassen. Nichts von alledem in *Kathrin*: Jeglicher nur denkbare Ansatz von Schlüpfrigkeit wird in den Rollen der Wirtin, der Chouchou und der Monique ausgekostet, die sich als würdige Wiedergeburten der Blumenmädchen im *Parsifal* (1882), der Blanchefleure aus Kienzls *Kuhreigen* sowie der Zerbinetta (*Ariadne auf Naxos*, 1916) und Fiakermilli (*Arabella*, 1933) bei Strauss erweisen.

An vielen Stellen des Librettos wird deutlich, dass Korngold manches liebgewordene Detail aus der Erstfassung des Buches bewahrt wissen wollte, er und Decsey jedoch nicht in der Lage waren, eine völlig neue dramaturgische Logik zu entwickeln. Vieles wird sehr inkonsequent gehandhabt, so etwa das gegenseitige Nichtverstehen – und Missverstehen – des Liebespaares aufgrund sprachlicher Barrieren, ein in Jacobs Roman noch reizvoll durchgeführtes Moment.[44] Verlegenheit bereitet erst recht das Pseudo-Schweizer-

---

44 Detailliert wird dieses Problem erörtert von Yvonne Steiner, *Erich Wolfgang Korngold: »Die Kathrin« – eine zu Recht vergessene Oper?* Hausarbeit, vorgelegt 2005 am Institut

deutsch des Bübli und des Schneiders im III. Akt (die gleichfalls aus der Schweiz gebürtige Kathrin spricht es übrigens nicht). Es nimmt Wunder, dass Decsey und Korngold diesen offenkundigen ›Defekt‹ des Librettos übersahen – mit einem vergleichbar klischeehaften und hanebüchenen Pseudo-Wienerisch hätten sie zweifellos Mühe gehabt. Doch mag die dialektale Färbung der Sprache, um einen Lokalkolorit zu erzielen, an Hofmannsthals Textbuch zum *Rosenkavalier* (1911) orientiert gewesen sein, vielleicht auch an verschiedenen Operetten dieser Jahre wie *Schwarzwaldmädel* von Leon Jessel (1917) oder *Im weißen Rössl* von Ralph Benatzky (1930).[45]

Die Probleme des Buches treten erst recht zutage, wenn man die avantgardistische Sozialdramatik des Naturalismus und Expressionismus zum Vergleich heranzieht, seien es Werke von Gerhart Hauptmann, Carl Sternheim oder gar Ferdinand Bruckner. Auch in Ödön von Horváths *Geschichten aus dem Wiener Wald* (1931) geht es – wie in *Kathrin* – um soziale Konflikte, um ein uneheliches Kind und um Prostitution, doch ist Horváths Kunstsprache der Kleinbürger bei aller Eigenwilligkeit genauso nüchtern wie diejenige eines Büchner oder Wedekind, und gerade deshalb kommt die Demaskierung der maroden Gesellschaft äußerst effektvoll und zugleich angemessen ›authentisch‹ zur Anschauung.

V

Korngold ging davon aus, mit seinem absichtlich und ausdrücklich *nicht* der Avantgarde verpflichteten Werk gerade beim konservativen Wiener Publikum, und insbesondere bei jenem der Volksoper, auf Interesse zu stoßen. Dies formulierte er explizit in folgenden programmatischen Zeilen anlässlich der Erstaufführung: »Die Musik zur ›Kathrin‹ stellt vielleicht noch mehr als meine früheren Opern den Sänger und alles Gesangliche in den Vordergrund. Einer Reihe von Arien, volkstümlichen Gesängen, lyrischen Duetten, geschlossenen Ensemblenummern, Märschen und Tänzen steht im 2. Akt eine ›mondäne‹ Welt mit wirbelnden Jazz- und Tanzrhythmen gegenüber, die sich im 3. Akt zur volkhaft-lyrischen Sphäre der Kathrin und des François zurückrundet. Ob – wie heute gerne behauptet wird – wohl wirklich alles ›Opernhafte‹, aus dem Herzen Gesungene und Musizierte, alles menschlich Bewegende, Seele, Ausdruck, Wohlklang, Melodie, Gesang, Gefühl als ›unzeitgemäss‹, ›veraltet‹ empfunden wird? Ich persönlich glaube an die ›Oper‹.

---

für Theaterwissenschaften der Ludwig-Maximilians-Universität München, unveröffentlichtes Typoskript (Korngold-Archiv, Hamburg).
45 Gerade auf dieses Moment seines Librettos war Decsey besonders stolz, wie er am 8. September 1934 gegenüber Korngold bekannte (A-Wn 965/19-1): »Ich las es [das ›Opernbuch‹] gestern abends noch einmal laut, und fand einen neuen Reiz in dessen Dreisprachigkeit – Deutsch, Französ., Schwyzer Mundart – die mich sehr originell anmutete (hoffentlich auch unser künftiges Publikum). Tonnerre de Dieu, wenns anders wär!«

Ich glaube, dass auf Menschen, die selber Schmerz und Lust empfinden, die menschliche Stimme, der menschliche Gesang, dessen Wirkung, sei es im Dramatisch-Leidenschaftlichen, sei es im Lyrischen, Schmerzlichen, Rührenden, eine unwiderstehliche ist, auf der Opernbühne – und besonders auf der Wiener Opernbühne – noch lange, lange ihre Bezauberung ausüben werden.«[46]

Wie oben bereits angedeutet wählte Korngold, um dieses musikalische Konzept zu realisieren, nach eigener Aussage bewusst einen »volkhaften Stoffkreis mit [...] naiven volkstümlichen Menschen«.[47] Doch darf man fragen, ob das Personal einer Spieloper, einer Operette in jener Zeit – und auch schon in anderen Zeiten zuvor – wirklich ›volkstümlich‹ war im Sinne mancher Werke außerhalb des deutschen Repertoires, etwa *Háry János* von Zoltán Kodály (1926), Jaromír Weinbergers *Švanda dudák* (*Schwanda, der Dudelsackpfeifer*, 1927) oder *Ero s onoga svijeta* (*Ero, der Schelm*, 1935) des kroatischen Nationalkomponisten Jakov Gotovać.

Immerhin gab es im deutschen Sprachraum auch nach Humperdincks und Siegfried Wagners Märchenopern Beispiele dafür, wie sich ein – wenn man so will – ›volkhafter‹ Stoff mit eingängiger und (zumindest an der Oberfläche) strukturell einfach wirkender Musik verbinden konnte. Doch muss hier differenziert werden: Kienzl lässt sich in den berührendsten oder, pejorativ formuliert, sentimentalsten Momenten des *Evangelimann* (1895) und den derben Tanzszenen in *Das Testament* (1916) weit mehr auf Volkstümlichkeit ein als etwa Julius Bittner in seinem explizit als »deutsches Singspiel« bezeichneten Werk *Das höllisch Gold* (1916), das keineswegs die für das Singspiel normalerweise üblichen gesprochenen Dialoge, sondern einfache Rezitative vorsieht. Die Partitur Bittners weist eine völlig andere Konzeption auf als diejenige Korngolds, insofern sie klare Gliederung und ›klassische‹ Formgebung an die Stelle des allgegenwärtigen orchestralen Flusses spätromantischer Musikdramen treten lässt und instrumentatorische Effekte sparsam dosiert. Korngold hingegen entfernt sich selbst beim schlichten Sujet der *Kathrin* kaum von der seit Wagner und Strauss üblichen sinfonischen Durchgestaltung und setzt über weite Strecken ganz auf motivische Arbeit in einem polyphon aufgefächerten, luxuriös instrumentierten Klanggewebe. Doch unmittelbar neben diese hochkomplexe Struktur, wie sie sich namentlich in der Gestaltung des Dialogverlaufs niederschlägt, tritt zuweilen eine forcierte Simplizität, ja Trivialität, die Anschluss an das – vermeintlich – Volkstümliche der Operette zu suchen scheint. Hierbei ist allerdings zu bedenken, dass sich umgekehrt die Operette damals auch der Oper angenähert hatte, einerseits durch Werke mit ›tragischem‹ Ausgang wie Lehárs *Der Zarewitsch* (1927), *Das Land des Lächelns* (1923/1929) und *Giuditta* (1934), andererseits dank einer Reihe von Sängern, die in beiden Metiers tätig waren – erinnert sei etwa an die für die

---

46 Undatiertes Typoskript mit handschriftlichen Ergänzungen.
47 Brief Erich Wolfgang Korngolds an Heinrich Eduard Jacob vom 21. Oktober 1934.

Uraufführung der *Kathrin* vorgesehenen Jarmila Novotna und Richard Tauber –, so dass die Übergänge zwischen den Gattungen fließend geworden waren.

Als Vehikel für die ›volkstümlichen‹ Nummern dient Korngold vor allem die Figur des Sängers François, dessen in die Handlung eingebaute Lieder betont schlicht gehalten sind, wodurch sie den Effekt eines ›als-ob‹ erzielen. Damit wird, auf den Spuren von Kienzls *Evangelimann* und Strauss' *Arabella*, fast das Grundprinzip älterer Opern umgekehrt, dass eine geschlossene Nummer gerade komplexer zu sein hat als die überleitenden dramatisch-dialogischen Passagen. Selbst die kokette Chouchou singt, wenn man die Melodien auf ihre Grundstruktur zurückführt, vergleichsweise einfache Kantilenen, deren Simplizität nur durch gespreizte Intervallik, durch die Umkehrung von Prim- und Sekundfortschreitungen in Septim-, Non- oder Oktavsprünge, zur Extravaganz mutiert.

***

Ist *Die Kathrin* mit Aussicht auf Erfolg heute noch szenisch aufführbar? Am 30. Mai 1999 wurde im Stadttheater Trier neuerlich der Versuch gewagt, das Werk auf die Bühne zu bringen. Doch mag auch hier das mehrheitlich verhaltene Presse-Echo darauf schließen lassen, dass die endgültige Version der gerade in ihrer Rückkehr zu einer neuen Einfachheit durchaus ambitioniert geplanten Oper nicht mehr dauerhaft wiederzubeleben ist – zu entstellend scheinen die Narben der ständigen Eingriffe in die Substanz des ursprünglichen Konzeptes. Eine Option aber wäre erwägenswert: ein Film, der die Partitur verwendet, sich im Drehbuch jedoch weitgehend vom Originallibretto löst. Gesetzt den Fall, dieser Film würde tatsächlich produziert, hätte er Aussicht, populär oder gar ›volkhaft‹ zu werden? Die Antwort liegt auf der Hand.

Kevin Clarke

»Der Walzer erwacht – die Neger entfliehen«

Korngolds Operetten(bearbeitungen) von *Eine Nacht in Venedig* 1923 bis zur *Stummen Serenade* 1954

Korngold und die Operette – das ist ein faszinierendes Thema, weil es den Komponisten im Spannungsfeld von ideologischen Widersprüchen der 1920er Jahre zeigt, anhand derer sich viel von dem beleuchten lässt, was ohnehin spannend ist an der Beschäftigung mit Operette in der Zeit des Interbellum. Die Meinungen zu Korngolds Leistung auf dem Gebiet der Operette gehen dabei weit auseinander. Während die einen Korngold (damals) zum Retter der ›klassischen Operette‹ (v)erklärten, galt er anderen als (typisch ›jüdischer‹) Schmarotzer und Profiteur. Beides sind Urteile, die bis in die Gegenwart wiederholt werden, meist in völlig anderem Kontext. Um sie zu begreifen, muss man wissen, welche Ansprüche und Erwartungen an die Kunstform sich dahinter verbergen, warum Korngold derart zwischen die Fronten geraten konnte – und immer noch gerät.

Als Kompass für die Beschäftigung mit Korngolds Operettenschaffen soll hier das Werkverzeichnis aus Kurt Gänzls *Encyclopedia of the Musical Theatre* dienen, dem Standardwerk zum Thema. Dort findet sich folgende Liste: »*Eine Nacht in Venedig* 1923 (Theater an der Wien); *Cagliostro in Wien* 1927 (Wiener Bürgertheater); *Rosen aus Florida* 1929 (Theater an der Wien); *Die Fledermaus* 1929 (Deutsches Theater, Berlin); *Eine Nacht in Venedig* 1929 (Hofoper [bzw. Staatsoper], Wien); *Walzer aus Wien* 1930 (Wiener Stadttheater) ›arranged with Julius Bittner‹; *Die schöne Helena* 1931 (Theater am Kurfürstendamm); *Das Lied der Liebe* 1931 (Metropoltheater); *Die geschiedene Frau* (= *Abenteuer im Schlafcoupé*) 1933 (Theater am Nollendorfplatz); *Die stumme Serenade* 1954 (Städtische Bühnen, Dortmund).«[1]

Da zu den Werken jede zusammenhängende Darstellung fehlt und überhaupt das Operettenschaffen Korngolds von der Forschung bislang ignoriert wurde (trotz des anhaltenden internationalen Erfolgs einzelner Titel), sei hier der Versuch unternommen, erstmals eine generelle Präsentation von Korngolds Operettenœuvre zu bieten. Dabei stehen folgende Fragen im Vordergrund: Was bedeutet ›Operette‹ als Bezeichnung für eine spezielle Spielart des Musiktheaters, und wie passen Korngolds Operettenarbeiten in dieses Konzept? Wie wurden Korngolds Operettenbearbeitungen von der

---

1 Kurt Gänzl, *The Encyclopedia of the Musical Theatre*, New York – Toronto 1994, S. 791.

zeitgenössischen Kritik beurteilt, und welche Maßstäbe wurden damals angelegt, die möglicherweise anders sind als unsere heutigen? Welchen Stellenwert haben Korngolds Operettenbearbeitungen aus gegenwärtiger Sicht?

»Der Jazzmusik wird heimgegeigt«

Operette ist gegenwärtig eine ›tote‹ Kunstform, das heißt sie wird von zeitgenössischen Komponisten kaum mehr benutzt. Somit stellen die zwischen circa 1850 und 1950 entstandenen Stücke des Genres einen abgeschlossenen Werkkanon dar, dem man sich als einem zeitgeschichtlichen Phänomen der Vergangenheit nähert. Das ist ein fundamentaler Unterschied zur Situation, in der sich Korngold in den 1920er Jahren der Operette zuwandte. Die Operette erlebte damals als lebendige Theaterform eine Phase der Blüte und kreativen Weiterentwicklung, die sie für innovative Köpfe (unter anderem Arnold Schönberg) interessant machte.[2] Operette war damals außerdem Teil einer internationalen Unterhaltungsindustrie, die ohne staatliche Subventionen auskam und an Privattheatern von speziellen Operettendarstellern dargeboten wurde, also selten von Opernsängern an Opernhäusern – eine Situation vergleichbar mit dem, was wir heute vom Broadway oder dem Londoner West End als kommerzielles Musicaltheater kennen. An einer solchen kommerziell-internationalen Operettensituation änderte sich in Deutschland erst 1933 etwas, 1938 auch in Österreich, als Privattheater verschwanden und der Staat die Spielpläne durch Subventionsverteilung diktierte.[3] Damit endete auch weitgehend das, was ich die ›authentische Operette‹ nennen möchte.

Die authentische Operette nach Art von Stammvater Offenbach war immer schon ein ins Groteske verzerrter, unterhaltender Kommentar auf die unmittelbare Gegenwart, angereichert mit freizügigster Erotik, wie man sie in der Oper niemals erleben konnte,[4] und ausmusiziert mit den neuesten Modetänzen. Was bei Offenbach der skandalöse Can-Can war, war kurz darauf in Wien der rauschhafte Walzer. Nach 1918 – also zur Zeit von Korngolds Operettentätigkeit – war es amerikanische Tanzmusik bzw. ›Jazz‹. Als vollkommerzielles Massenentertainment dicht am Puls der Zeit, tänzelte die Operette mit Anbruch der 1920er Jahre darum im synkopierten 4/4-Takt. Kálmán machte mit der *Bajadere* und dem Schlager »Fräulein, bitte woll'n Sie Shimmy tanzen« 1921 den Anfang. Bald folgten unter anderem Eduard Kün-

---

2 Vgl. Reiner Zimmermann, »Von heute auf übermorgen: Operette und künstlerische Avantgarde in den 1920er Jahren«, in: *Operette unterm Hakenkreuz. Zwischen hoffähiger Kunst und ›Entartung‹*, hrsg. von Wolfgang Schaller, Berlin 2007, S. 17–25.
3 Vgl. Boris von Haken, *Der »Reichsdramaturg« Rainer Schlösser und die Musiktheater-Politik in der NS-Zeit*, Hamburg 2007.
4 Vgl. hierzu die Einleitung »Homosexualität und Operette« in: *Glitter and be Gay. Die authentische Operette und ihre schwulen Verehrer*, hrsg. von Kevin Clarke, Hamburg 2007, S. 1–13.

neke, Ralph Benatzky, Oscar Straus, Bruno Granichstaedten, Mischa Spoliansky, Kurt Weill[5] und als Höhepunkt Paul Ábrahám, dessen *Blume von Hawaii* (1931) das erfolgreichste Bühnenwerk der Weimarer Republik war.[6]

Fast alle Operettenkomponisten orientierten sich in jenen Jahren am Broadway, von wo die US-Operetten von Sigmund Romberg (*Student Prince*), Rudolf Friml (*Rose-Marie*) und Vincent Youmans (*No, No Nannette*)[7] nach Deutschland und Österreich importiert wurden und als Vorbilder dienten. Aus dieser transatlantischen Synthese ergab sich eine radikale Erneuerung der Kunstform, die aus dem kakanischen Dunstkreis in jene eklektischen Twenties hinüberglitt, die man aus den Bildern von Dix und Grosz oder den Romanen von Isherwood, Döblin oder Klaus Mann kennt. Was bei Isherwood Sally Bowles und der Kit-Kat-Club sind, das war im echten Berlin unter anderem die Haller-Revue, wo Lea Seidl als »Marie von der Haller-Revue« das optische Vorbild für Liza Minelli in der Verfilmung von *Cabaret* abgab.[8] Direktor Hermann Haller brachte 1930 auch eine verjazzte *Csárdásfürstin* heraus, nachdem Erik Charell am Großen Schauspielhaus zuvor den *Mikado, Wie einst im Mai* und *Die lustige Witwe* verjazzt produziert hatte. Über den *Mikado* schrieb die *BZ am Mittag*, stellvertretend für die vielen anderen, nach gleichem Muster adaptierten Stücke: »[Es ist] ein Mikado à la mode, à l'americain, à la Charell. Aus dem Orchester steigt eine Musik auf, die Sullivan in Jazz-Seligkeit fortreißt. [...] Befruchtet von der glühenden Phantasie Ernst Sterns wird der Übergang gefunden zu den Erscheinungen des Jahres 1927. Regie-Fülle, Bändigung und neue Gesichtswinkel – das ist Eric Charell im Mikado geglückt. Ich bekenne, daß man die alte Operette nur so spielen darf, daß man ihre Seele nimmt und sie in einen neuen, springlebendigen Körper setzt. Nur keine falsche Scham! Auch Operettendichter sind sterblich, und sie doppelt und dreifach.«[9] Damals entwickelte sich das Genre als avantgardistische, anti-realistische Kitschkunst *avant la lettre* in Richtung Revueoperette, Tonfilmoperette, Kabarettoperette und dem, was in den USA kurz darauf als Mischung all dessen das Musical werden sollte. Die Grenzen waren fließend, in beide Richtungen. Denn die

---

5 Karl Westermeyer rechnet Kurt Weills *Dreigroschenoper* in seinem Operettenbuch von 1931 zu den richtungsweisenden Werken für »ein realistisch witziges Genre der Zukunft«; vgl. Karl Westermeyer, *Die Operette im Wandel des Zeitgeistes*, München 1931, S. 138.

6 von Haken, *Der »Reichsdramaturg« Rainer Schlösser* (Anm. 3), S. 93.

7 *No, No Nanette* wurde 1925 in Berlin herausgebracht und wird von Westermeyer als »Jazz-Operette« beschrieben; vgl. Westermeyer, *Die Operette im Wandel des Zeitgeistes* (Anm. 5), S. 173.

8 Auf dem Titelblatt von *Ich bin die Marie von der Haller-Revue!* ist eine Tänzerin zu sehen, deren Kostümierung und Make-up identisch sind mit denjenigen von Liza Minelli als Sally Bowles, während der im *Cabaret*-Film verwendete Name des Kit-Kat-Clubs (der sich in der Romanvorlage nicht findet) aus der Tonfilmoperette *Die drei von der Tankstelle* (1930) entlehnt ist, als Beispiel für einen typischen deutschen, mondänen Nachtclub.

9 Erich Urban, »Die Mikado-Revue«, in: *BZ am Mittag*, 2. September 1927.

besten deutschsprachigen Werke liefen ebenso erfolgreich in New York und dem Rest der Welt als begehrter Exportartikel.

Die transatlantische Spielart war konservativen Operettenliebhabern ein Dorn im Auge, sahen sie doch diese Entwicklung des Genres als Ausverkauf tradierter Werte. Unter der Überschrift »Vienna Is Alarmed By Inroads of Jazz« berichtete die *New York Times* im Zusammenhang mit Kálmáns Charleston-Operette *Die Herzogin von Chicago* 1928: »All musical-minded Viennese [...] have been busy for more than a week asking each other the questions: ›What will the future bring in the operetta? Will American jazz conquer us and force into oblivion our standard of operetta forms for decades past, or will some way be found by us to humanize jazz or at least harmonize it with our litter of musical traditions?‹«[10]

In dieses Spannungsfeld von Tradition und Moderne geriet auch Korngold, als er sich 1923 der Operette zuwandte und sich bewusst gegen die transatlantischen Ideale stellte, indem er Bearbeitungen von Johann Strauß-Operetten herausbrachte. Die *Neue Freie Presse* schrieb zu Korngolds Operetten-Erstling *Eine Nacht in Venedig*: »Es war höchste Zeit, daß man sich auch in der Operette auf sein besseres Ich besann. Längst war uns klar, daß der Tag wieder kommen müsse, da man [...] auf die leichte, geschmackvolle Heiterkeit früherer, besserer Zeiten zurückgreifen werde, für die uns Johann Strauß ein zwingendes Symbol geworden ist. Wir meinen eine geistige Heiterkeit, die durch die Dekadenz, die beispiellose Geschmacksverwirrung und Verwilderung der letzten Jahre immer mehr verschüttet wurde. Natürlich kann eine Erscheinung wie Johann Strauß niemals ganz aus dem wienerischen Bewußtsein verdrängt werden. Aber immerhin gab es Zeitabschnitte, in denen Strauß, wenigstens in seinen schmächtigeren Kundgebungen, durch die sich patzig gebärdende ›Moderne‹ beiseite geschoben wurde. Mit gelegentlichen Aufführungen der ›Fledermaus‹ und des ›Zigeunerbaron‹ ist da nichts getan. Die richtige Wiederkunft Straußens müßte alle seine lebensfähigen Bühnenwerke umfassen. Das kann die tiefere Bedeutung dieser [...] beifallsumrauschten ›Nacht in Venedig‹-Aufführung werden, daß sie die Morgenröte einer Johann Strauß-Renaissance ankündigt. Nicht hoch genug kann die geschmackläuternde und beispielgebende Wirkung einer Kunst, deren Humor ein wahrhaft echter ist [...], eingeschätzt werden. Johann Strauß ist in Wahrheit das Wesen, an dem die Welt des Wienertums genesen könnte.«[11]

Die Wiener sollten also durch die Rückbesinnung auf Strauß in Zeiten der (politischen und künstlerischen) Orientierungslosigkeit wieder zu sich selbst finden. Reitler meint mit Blick auf die an den USA orientierte Kultur der Nachkriegszeit: »[U]m wie vieles überzeugender tritt das wurzelechte, im besten Sinne nationale Element Straußens in Erscheinung, wenn die Strauß-Ope-

---

10 [o. A.], »Vienna Is Alarmed By Inroads of Jazz«, in: *The New York Times*, 15. April 1928.
11 r. [Josef Reitler], »Eine Nacht in Venedig«, in: *Neue Freie Presse*, 29. Oktober 1923 (Korngold-Archiv, Hamburg).

Korngolds Operetten(bearbeitungen)

rette dem krankhaften Internationalismus gegenübergestellt wird, der die überdies durch einen hysterischen Hang zu einer verlogenen Sentimentalität beschwerte Gattung seit Jahr und Tag beherrscht.«[12] Das sind Töne, die man – nur wenig abgeändert – nach der Machtergreifung der Nationalsozialisten verstärkt hörte, wenn etwa auf dem Titelblatt des *Simplicissimus* vom 1. April

Simplicissimus, 1. April 1933 (Titelblatt)

12 Ebenda.

1933 ironisch überspitzt zu lesen (und zu sehen) war: »Der Jazzmusik wird heimgegeigt. Der Walzer erwacht – die Neger entfliehen«.

Kommerz außer Konkurrenz

Als Korngold ans Theater an der Wien kam, war das Traditionshaus in einer Phase des Umbruchs: Direktor Karczag lag im Sterben, sein Schwiegersohn Hubert Marischka sollte die Führung übernehmen. Nach dem Tod Karczags im Herbst 1923 machte sich Marischka daran, das Theater und den daran angeschlossenen Verlag zu einer ersten Adresse für Jazz-Operetten werden zu lassen, als deren Hauptexponent neben Kálmán vor allem Bruno Granichstaedten gelten kann. Bevor Marischka mit der *Gräfin Mariza* 1924 die sensationell erfolgreiche Serie von modernen Operetten seines Hauses und Verlags begann, kam 1923 eine Wiederausgrabung von Johann Strauß heraus, die Teil einer ganzen Reihe von bewusst ›altmodischen‹ Werken war, mit denen Marischka auch ein den Jazz ablehnendes Publikum zufriedenstellen wollte. Der Marischka-Spielplan bewegte sich also zweigleisig: Die modernen Operetten waren vor allem für das Auslandsgeschäft gedacht, die Wien-Titel für das lokale Publikum.

Bearbeitungen älterer Operetten waren in den 1920er Jahren in Mode. Charells Jazz-Adaptionen von Klassikern wurden bereits erwähnt, ebenso Hallers *Csárdásfürstin*. Auch in Wien kamen nach 1918 vielfach alte Werke musikalisch aufgefrischt heraus, wobei die Wiener Bearbeiter weit weniger radikal vorgingen als ihre Berliner Kollegen, da sie die Klassiker mit größerer Ehrfurcht behandelten. Korngold selbst schilderte 1933 rückblickend, wie es zu seiner *Nacht in Venedig* kam: »Eigentlich bin ich ein Feind aller Bearbeitungen [...]. Ich kann ja als selbstschaffender Künstler gar keinen anderen Standpunkt einnehmen, habe ich doch auch, als meine ›Tote Stadt‹ mit der Jeritza [...] in Amerika zur Aufführung gelangte, gegen alle Striche und Verstümmelungsversuche auf das schärfste protestiert; allerdings hat es nichts genützt ... Es ist nun freilich ein Unterschied, ob man daran denkt, [...] ein [...] anerkanntes, unantastbares Werk der Opernliteratur zu bearbeiten, oder ob es sich darum handelt, Operetten, die ja doch mehr oder weniger für den Tag geschrieben waren, [...] zu modernisieren und dem heutigen Publikumsgeschmack näherzubringen. Aber eines ist sicherlich allen Werken gemeinsam: der Wille ihres Schöpfers, ihnen *diese* und *keine andere* Gestalt zu geben. [...] Als ich 1923 als Dirigent der [...] ›Nacht in Venedig‹ ans Theater a. d. Wien verpflichtet worden war, hatte ich nur *ein* Ziel vor Augen: die Operette so gut als möglich, im Geist ihres Schöpfers und mit zeitgemäßer Wirkung aufzuführen. Nur in dieser Absicht begann ich an der Instrumentation zu feilen, den Klang pikanter zu gestalten, habe ich schwache Musikstücke entfernt und durch stärkere Strauß-Musik ersetzt, habe ich aus einer kleinen Tenorpartie eine richtige Richard Tauber-Partie geschaffen, Einfluß auf Buch und Szene genommen – und bei der Première war plötzlich eine regelrechte Neufassung da, die seither über hundert Bühnen gegangen ist, in die Opernhäuser von Berlin, Wien, Frankfurt, Monte Carlo und Köln einzog und den Auftakt zu einer förmlichen Johann Strauß-Renaissance gebildet hat.«[13] In der Tat war die Neufassung der *Nacht in Venedig* erfolgreich und wurde vielfach nachgespielt, interessanterweise nicht an den bedeutenden Operettenbühnen der Welt, sondern von Opernhäusern. Damit entzog sich Korngold der direkten Konkurrenz zu seinen Operettenkollegen und erreichte ganz andere Aufführungszahlen, er wandte sich auch an ein anderes Publikum und an andere Interpreten.

Die Aufführung des Theaters an der Wien wurde von Marischka opulent ausgestattet und erstklassig besetzt. Marischkas Trumpf war, dass er neben sich selbst und seiner Partnerin Betty Fischer Richard Tauber als Gast aufbot, der nach 1926 als Lehár-Sänger zum vermutlich berühmtesten Operettentenor aller Zeiten avancieren sollte. Für Tauber schuf Korngold ein neues Auftrittslied (»Sei mir gegrüßt, du holdes Venezia«). Auch das erste ›Tauber-Lied‹ findet sich in der *Nacht in Venedig*: »Treu sein, das liegt mir nicht« war eine weitere Korngold-Ergänzung, auf die kaum ein Tenor später verzichten wollte, weswegen gerade diese beiden Lieder noch heute fast immer in Aufführungen der Operette auftauchen, zum Ärger der Strauß-Gesellschaft, die sich bemüht, die Originalfassung gegen Korngolds Bearbeitung durchzusetzen.

Dass keine der beiden Originalversionen der *Nacht in Venedig* sich bis heute etablieren konnte, liegt einerseits daran, dass die Leihgebühren für die Korngold-Fassung günstiger sind und Theater, die besonders bei Operettenproduktionen bis zur Unanständigkeit sparen, aus Kostengründen lieber auf Korngold zurückgreifen, obwohl für dessen Bearbeitung Tantiemen anfallen. Zum anderen ist die für Opernsänger konzipierte *Nacht in Venedig* Korngolds für den modernen Operettenbetrieb im Opernhaus besser geeignet als die von Strauß für andere Sänger- und Theatertypen gedachte Berliner Urfassung, ebenso die für Wien überarbeitete Zweitfassung.

Schon bei Korngolds erstem Operettenausflug zeigte sich etwas, das später Standard werden sollte: Der Komponist leitete seine Bearbeitung selbst und erwies sich als faszinierender Operetteninterpret. In der *Neuen Freien Presse* war zu lesen: »Korngolds sprühende Musikalität hat die wunderbare Gabe, alles, was sie berührt, in Flammen zu setzen. Und er müßte nicht erst von frühester Kindheit an in der Liebe zu Strauß erzogen sein, um nicht mit einem Blick alles Essentielle der ›Nacht in Venedig‹-Partitur zu erfassen. Ihre opernhaften Keime zu lustspielmäßiger Entfaltung zu bringen, ihre operettenhaften Grundelemente, von aller faden und gedankenlosen Schablone gereinigt, in den Glanz einer feinziselierten melodischen Linienführung, einer bald zart, bald energisch akzentuierten Rhythmik emporzuheben, war sein

---

13 Erich Wolfgang Korngold, »Operettenbearbeitungen«, in: *Der Zuschauer. Blätter des »Theaters am Nollendorfplatz«*, Berlin 1933 (Korngold-Archiv, Hamburg).

erstes Bestreben.«[14] Fazit: »[E]s ist wie eine Verheißung, daß die jüngste Strauß-Renaissance von einem wahrhaftigen Musiker ihre Impulse empfängt. Dadurch ist ihr jener geschäftsmäßige Zug genommen, der nicht nur dem heutigen Operettenbetrieb, sondern auch früheren Regenerationsbestrebungen einen etwas schalen Beigeschmack gab.«[15]

Diese Beurteilung ist natürlich lächerlich, denn selbstverständlich war die von Korngold mit initiierte Strauß-Renaissance alles andere als ›nicht geschäftsmäßig‹: Korngold selbst profitierte von seinen beachtlichen Anteilen an den Tantiemen, die Witwe Adele Strauß davon, dass diese neue Fassung das gerade ablaufende Copyright an der Operette erneuerte, und der Verlag erwirtschaftete (und erwirtschaftet bis heute) mit dem Verleih des Notenmaterials ebenfalls Gewinn. Dass der Rezensent der *Neuen Freien Presse*, der ein persönlicher Freund der Familie Korngold war, den Eindruck erweckt, als wäre diese Art der Operettenpflege nicht kommerziell und damit künstlerisch hochwertiger, ist erstaunlich. Genauso erstaunlich ist es, dass über die Kommerzialität von zeitgenössischer Oper (beispielsweise von Richard Strauss) kaum je gesprochen wird, während man der Operette der 1920er Jahre derlei immer wieder vorwirft.

Original versus Bearbeitung

Nach einer Pause von vier Jahren kehrte Korngold 1927 zur Operette seines Idols Strauß zurück. Hatte er mit der *Nacht in Venedig* ein vergessenes Meisterwerk ins Repertoire zurückgeholt, so wiederholte er am Wiener Bürgertheater diesen Versuch mit einem anderen vergessenen Titel: *Cagliostro in Wien*. Der Erfolg dieser Produktion war nicht so durchschlagend wie bei der *Nacht in Venedig*, die dramaturgisch und musikalisch bereits im Original das stärkere Werk ist. Die *Reichspost* notierte: »Es wäre schade gewesen, wenn diese Operette des Walzerkönigs dauernd der Vergessenheit anheim gefallen wäre, denn jetzt, da die Musik unter Erich W. Korngolds genialer Bearbeitung und Neuinstrumentierung eine wahre Flut entzückender Melodien über die Hörer verstreut, fühlt man erst, welche musikalische Schönheit solange ungenützt blieb. Das schlechte Textbuch trug am meisten die Schuld daran, daß der ›Cagliostro‹ vom Spielplane der Wiener Bühnen verschwunden war. Dr. Ludwig Herzer machte den Versuch, durch eine gründliche Umarbeitung den Text genießbarer zu machen. Ganz gelungen ist ihm dieses Bestreben allerdings nicht [...]. Ueberragendes hat dafür Korngold geleistet. Aus seiner Straußbegeisterung heraus reinigte er diese köstlichen musikalischen Kleinode von Staub und Schlacken, ergänzte dort, wo in der alten Fassung die Musik zu kurz gekommen war, durch Uebernahme anderer Straußscher Melo-

---

14 r. [Josef Reitler], »Eine Nacht in Venedig« (Anm. 11).
15 Ebenda.

dien und vor allem nahm er eine Neuinstrumentierung vor, in der die Schönheit der Musik ganz zur Geltung kommt. Dazu brillierte Korngold als Dirigent.«[16]

Ein Grund, warum *Cagliostro* nicht den *Venedig*-Erfolg wiederholen konnte und es nur auf siebzehn Aufführungen brachte, mag auch die Besetzung gewesen sein. Für die Neuproduktion wurde nicht das Duo Fischer/Marischka aufgeboten, auch ein Tauber stand nicht zur Verfügung. Sondern: »Die Titelrolle sprach Herr Feldhammer, nicht immer imstande, die Dämonie Cagliostros zur Wirkung zu bringen, aber mit Erfolg bemüht, einen leichten Lustspielton in die Operette einzuführen.«[17] Das waren nicht die besten Voraussetzungen, um einem schwachen Werk wieder auf die Beine zu helfen. Man könnte meinen, Marischka habe der Produktion keine besondere Bedeutung beigemessen, sonst hätte er sie besser besetzt und vermutlich auch im Theater an der Wien gespielt. So verschwand *Cagliostro* abermals in den Archiven und erlebte erst unter den Nationalsozialisten ein neuerliches Revival.

Deutlicher als bei der *Nacht in Venedig* wird von der Presse im Zusammenhang mit *Cagliostro* gefragt, ob eine Bearbeitung wirklich nötig war, oder ob man nicht besser dem Original eine zweite Chance hätte geben sollen. Die Frage nach dem Wert der Bearbeitung gegenüber dem Original wird die gesamte weitere Operettengeschichte und auch Korngolds weitere Karriere auf diesem Gebiet begleiten; es ist eine Frage, die in den folgenden Jahrzehnten unterschiedlich beantwortet werden sollte, denn bei Operetten gab es niemals eine Tradition der Aufführung von ›Urtexten‹, die vielfach gar nicht vorhanden sind. »Operettentexte sind [...] als *Manuskripte* zu beurteilen«, meint Martin Lichtfuss in seiner Studie zum Operettenlibretto, »nicht als künstlerische Endprodukte«. Sie bilden »eine Arbeitsgrundlage und werden [...] in der Theaterpraxis immer wieder aufs neue modifiziert«.[18] Was Korngold in den 1920er Jahren im Zusammenhang mit Strauß tat, entsprach also gängiger Aufführungspraxis; der Unterschied zu den vielen anderen Bearbeitern bestand darin, dass Korngold als Komponist selbst prominent war. Man kann seine Fassungen darum vergleichen mit Felix Mendelssohns Bach-, Richard Wagners Gluck-, Richard Strauss' Mozart- und Benjamin Brittens Purcell-Bearbeitungen: Sie stellen zum einen Meilensteine der Rezeptionsgeschichte des jeweiligen Werkes bzw. Komponisten dar, zum anderen wird ihnen durch die Prominenz des Bearbeiters ein musikgeschichtlich höherer Stellenwert zugebilligt (ob zu Recht, sei dahingestellt).

---

16 Tr., »Cagliostro in Wien«, in: *Reichspost*, 16. April 1927.
17 Ebenda.
18 Martin Lichtfuss, *Operette im Ausverkauf. Studien zum Libretto des musikalischen Unterhaltungstheaters im Österreich der Zwischenkriegszeit*, Wien 1989, S. 14.

Versuch einer Jazz-Operette

Korngolds nächste Operettenbearbeitung weicht vom bisherigen Schema ab, da es sich nicht um Retuschen an einem bereits existierenden Original handelt, sondern um die Rekonstruktion eines unvollendeten Werkes von Leo Fall, der 1925 gestorben war und drei nicht komplettierte Operetten hinterlassen hatte: *Jugend im Mai, Rosen aus Florida* und *Liebst du mich?* Da Fall einer der erfolgreichsten Operettenkomponisten der frühen 1920er Jahre war, mussten seine nicht fertiggestellten Operetten als Kapitalanlagen gelten, die ungenutzt liegen zu lassen Irrsinn gewesen wäre. Also kamen die Erben Falls (vor allem seine Witwe Bertha) zusammen mit dessen Verlag auf die Idee, mit den unvollendeten Stücken etwas zu unternehmen. Rolf Marben berichtet: »1926 kam man mit einem Wust von losen Partiturblättern der ›Rosen aus Florida‹ zu Korngold. Jedem andern war die Entzifferung von Schrift und Zusammenhang unmöglich. Korngold fand durch einen Zufall schon nach wenigen Stunden den Schlüssel zur Partitur. ›Beim Anfang muß man Glück haben, akkurat wie beim Rösselsprung.‹ Nach zwei Tagen standen dann die meisten Nummern in der Instrumentation fix und fertig. Es ging ans Bearbeiten der Finale, an den musikalischen Ausbau, ans Komponieren. Mit seinem Freunde Marischka, dem Direktor des Theaters an der Wien, setzte er sich hin und knobelte szenisch-musikalische Einfälle aus.«[19]

Obwohl der Vertrag mit den Erben Falls aus dem Jahr 1926 stammt, kamen die *Rosen aus Florida* erst 1929 zur Uraufführung, im Theater an der Wien in der Regie Marischkas und mit diesem selbst in der Hauptrolle sowie mit der populären Rita Georg und Stummfilmstar Ossi Oswalda. Das waren, für damalige Verhältnisse, ideale Voraussetzungen für den Erfolg einer kommerziellen, zeitgenössischen Operette. Die *BZ am Mittag* urteilte über die Uraufführung: »Etwa anderthalb Jahre vor seinem Tode brachten Leo Fall die Herren Willner und Reichert den Text mit der großen Massaryrolle der Irina Naryschkin, jener russischen, fürstlichen Emigrantin, die in Amerika landet und einen Unterschlupf im Bankhause Armstrong sucht. Damals sind noch so viele russische Blaublütler vor der Revolution ausgerissen, damit sich in Amerika ihr Operettenschicksal erfülle. Fall reizte der Vorwurf, aber er hatte erst einige Nummern skizziert und eine Menge loser Themen in sein Notenbuch eingetragen, als ihm der Tod die Notenfeder entwand. Marischka veranstaltete erst jetzt [...] die verspätete Gedenkfeier für [...] Fall [...]. Erich Wolfgang Korngold [...] hat [...] das Skizzenmaterial zu einer hochwertigen Partitur ausgebaut und pietätvoll nur echte Fall-Musik für seine Restaurationsarbeit berücksichtigt. Aber gerade diese feinsinnige Erneuerung, die uns mit achtzehn neuen Fall-Nummern und zwei großen, in der musikalischen Architektur bewunderungswürdigen Finali beschenkte, bedeutet eine sehr glückliche Berei-

---

19 Rolf Marben, »Das Wunderkind vom 11er Jahr. Ein Gespräch mit Erich Wolfgang Korngold«, in: *Hamburger Fremdenblatt*, 22. August 1929 (Korngold-Archiv, Hamburg).

cherung unserer Operettenliteratur. Korngolds Setzkunst und Musikalität haben uns diese noble, zierliche Lustspielmusik [...] in einer eleganten, blendenden Faktur geboten. Durch aparte, orchestrale Färbung und unaufdringliche Verwendung des Saxophons erhält die Partitur auch einen ganz modernen Anstrich.«[20]

Rosen aus Florida war ein momentaner Erfolg in Wien, wurde auch mehrfach in der Provinz nachgespielt, konnte sich aber nicht dauerhaft halten oder international durchsetzen. Dafür war das transatlantische Thema inzwischen zu vertraut und interessierte besonders im anglo-amerikanischen Raum niemanden. Der Broadwayproduzent Lee Shubert erklärte 1930: »Wir haben in Amerika große Erfolge mit Operetten aus Europa gehabt [...]. Komisch finde ich es, daß in den europäischen Operetten stets so viele Amerikaner und Amerikanerinnen vorkommen. [...] Es gibt ein Klischee des Amerikaners in den Wiener und deutschen Operetten, das man unserem Publikum drüben nicht zumuten kann. Die Librettisten sollten lieber ihre Figuren aus Gegenden beziehen, die auch die Amerikaner nicht kennen. [...] Das Wienerische Milieu [...] findet bei uns noch immer Erfolg.«[21] Entsprechend schlug auf dem anglo-amerikanischen Markt ausgerechnet die jazzige *Rössl*-Revue von 1930 ein wie eine Bombe: mit Girls im Dirndl und Boys in Lederhosen, Berggipfeln und Jodlerinnen. So verabschiedete sich Korngold nach einem einmaligen Versuch von der modernen Operette und kehrte zum vertrauten ›Wiener Milieu‹ und zu Strauß zurück.

Zusammenarbeit mit Max Reinhardt

Interessanterweise ist Korngolds nächste Strauß-Bearbeitung die eines Stückes, das sicher nicht wiederentdeckt werden musste und von dessen Original auch (damals) niemand fand, dass es unpassend sei für den modernen Geschmack. Trotzdem war Korngolds folgender Operettenausflug *Die Fledermaus*, die zu einer seiner weltweit erfolgreichsten Arbeiten werden sollte und auch biografisch entscheidend für ihn war, da sie ihn erstmals mit Max Reinhardt zusammenbrachte. Luzi Korngold berichtet, dass Reinhardt Offenbachs *La Vie Parisienne* inszenieren wollte und bei Korngold anfragen ließ, ob er die musikalische Leitung/Bearbeitung übernehmen wolle. Korngold lehnte ab mit dem Hinweis, er halte das Stück »für ein schwaches Werk«, woraufhin man sich auf *Die Fledermaus* als Alternative einigte. »Er könne«, erklärte Korngold, »wenn ihm für Rosalinde, Adele und Alfred drei erstklassige Sänger zur

---

20 Emil Kolberg, »Uraufführung von Falls ›Rosen aus Florida‹«, in: *BZ am Mittag*, 23. Februar 1929.
21 [o. A.], »Der Mann der dreihundert amerikanischen Theater«, in: *Die Stunde* [Wien], 28. Mai 1930.

Verfügung stünden, die übrigen Rollen der Operette für die Schauspieler des Deutschen Theaters arrangieren«.[22]

Es ist bezeichnend für Korngolds Operettenverständnis, dass er ein Meisterwerk wie Offenbachs *Pariser Leben* für ein ›schwaches Werk‹ hielt. Fühlte er sich Adele Strauß so verbunden, dass er die Gelegenheit einer Reinhardt-Inszenierung nutzen wollte, um Strauß statt Offenbach zu spielen und damit eine Neufassung zu schaffen, welche die 1929 fast abgelaufene Schutzfrist der *Fledermaus* erneuert hätte?

Für *Die Fledermaus* hatte Reinhardt nicht nur Korngold engagiert, sondern auch Carl Rössler und Marcellus Schiffer mit der Auffrischung des Textes betraut. Eine wesentliche Änderung war, den androgynen Prinzen Orlowsky von einer typischen Cross-Dressing-Rolle der Wiener Operette in einen Tenorpart zu verwandeln, vermutlich weil Korngold damit dem Genre mehr Glaubwürdigkeit geben wollte. Nachwirkungen dieser ›Geschlechtsumwandlung‹ finden sich bis in die Gegenwart und bei vielen Einspielungen der Operette, selbst wenn sie nicht auf die Korngold-Fassung zurückgreifen. Man kann es nachträglich fast fatal nennen, dass Korngold den Orlowsky maskulinisierte und damit einen Realismus-Anspruch in die Operettenaufführungspraxis brachte, der dort fehl am Platz ist. Offensichtlich konnte Korngold mit den typischen Verfremdungseffekten, der Groteske und der Frivolität der authentischen Operette nichts anfangen, womit sich möglicherweise auch seine Abneigung gegen ein so durch und durch grotesk-frivoles Werk wie *Pariser Leben* erklären ließe.

Die Presse reagierte auf diese *Fledermaus* positiv, was besonders der Inszenierungskunst Reinhardts geschuldet war. In der *Neuen Freien Presse* konnte man lesen: »Wer bisher geglaubt hat, die ›Fledermaus‹ sei wienerisch genug, kann sich im Deutschen Theater davon überzeugen, daß sie noch wienerischer werden konnte. [...] Das Publikum raste vor Begeisterung.«[23] Doch nicht von allen Seiten kam Beifall. »Was war das einst, vor dreißig Jahren, für ein Jubel, als die ›Fledermaus‹ unter Richard Strauß ins Königliche Opernhaus einzog und wahrhaft gesungen wurde«, schreibt die *Neue Zürcher Zeitung*. »Jetzt jubelt man ebenso, da sie den entgegengesetzten Weg geht.«[24] Der Rezensent fährt fort: »Trotzdem kommt die Musik ohne allen Glanz heraus. Man erinnert sich nicht, die Ouvertüre je so matt gehört zu haben, wie unter Erich Wolfgang Korngold, der sich als gebürtiger Wiener bereit findet, die Extratouren auf dem Flügel zu begleiten.«[25] Diese begleitenden Extratouren wurden fortan zu einem Markenzeichen: Korngold saß in allen weiteren von ihm ge-

---

22 Luzi Korngold, *Erich Wolfgang Korngold. Ein Lebensbild*, Wien 1967 (= Österreichische Komponisten des 20. Jahrhunderts 10), S. 50.
23 [o. A.], »Zur Erstaufführung der ›Fledermaus‹ in der Neubearbeitung von Carl Rössler, Marcellus Schiffer und Erich Korngold«, in: *Neue Freie Presse*, 16. Juni 1929 (Korngold-Archiv, Hamburg).
24 M. M., »[o. A.]«, in: *Neue Zürcher Zeitung*, 12. Juni 1929 (Korngold-Archiv, Hamburg).
25 Ebenda.

leiteten Operettenaufführungen selbst am Klavier und bestimmte von dort den Puls der Aufführung. Da er sich dabei als besonders guter Pianist und Dirigent von Walzeroperetten erwies, nahm man seine Bearbeitungen der jeweiligen Stücke in Kauf.

Die Fledermaus wurde ein künstlerischer und finanzieller Erfolg, »Reinhardts ›Fledermaus‹-Aufführungen haben in diesem schlechtesten aller Theater-Sommer tagtäglich etwa 6–7000 Mark gebracht«, schrieb das *Hamburger Fremdenblatt*.[26] Anders als seinerzeit die *Nacht in Venedig* wurde das Stück nicht von Opernhäusern nachgespielt, sondern vor allem von Privattheatern im In- und Ausland. Die wichtigste dieser Folge-Inszenierungen fand am Broadway unter dem Titel *A Wonderful Night* statt, allerdings ohne dass dabei die Namen Reinhardts oder Korngolds genannt wurden, was zu erheblichen Rechtsstreitereien führte. Die Zeitschrift *Variety* meinte damals zu der illegalen *Fledermaus*-Kopie: »Wonder of this enterprise is why anybody should go back so far as 60 years to resurrect a remarkably dull musical comedy book, just to hang a charming Strauss score on. This version is astonishingly tiresome. If a score could retrieve a sad book, this jaunty Strauss music would do it, but it's questionable. Production is elaborate – strikingly elaborate – but by no means beautiful or fascinating.«[27] Offensichtlich wurde in den USA anders über Strauß als Klassiker des Unterhaltungstheaters gedacht als in Österreich oder Deutschland.

Geburt der Tonfilmoperette

Während seines Aufenthaltes in der deutschen Hauptstadt kam Korngold in Kontakt mit Vertretern der lokalen Filmszene. Es begannen Verhandlungen, um im gerade aufkommenden Genre des Tonfilms aus der *Fledermaus* eine Tonfilmoperette zu machen. Diese Idee wurde wieder fallen gelassen, da damals rund um die *Fledermaus* Rechtsstreitigkeiten mit den französischen Urhebern des Stückes liefen und ein Ufa-Film der *Fledermaus* natürlich international herausgebracht werden musste, um die Produktionskosten wieder einzuspielen. Alternativ dachte man daran, Korngold mit *Der Kongress tanzt* zu beauftragen. Auch aus diesem Projekt wurde jedoch nichts, wie aus einer Postkarte von Ufa-Produzent Erich Pommer an Korngold von 1930 deutlich wird. Da heißt es: »Sehr geehrter Herr Professor, wie Ihnen wahrscheinlich Herr Dr. Hans Müller mitgeteilt hatte, werden voraussichtlich beide Filme, über die wir bei Ihrem Berliner Besuch gesprochen haben, nicht gedreht werden. Bei der ›Fledermaus‹ ist die Rechtslage hinsichtlich der Autorenrechte nach wie vor eine so komplizierte, dass ich bis jetzt beim besten Willen keinen gangbaren Weg sehe, sich an die Vertonfilmung dieses Stoffes heranwa-

---

26 Marben, »Das Wunderkind vom 11er Jahr« (Anm. 19).
27 Rush, »A Wonderful Night«, in: *Variety*, 1. November 1929.

gen zu können. Es ist auch kaum anzunehmen, dass eine Klärung der Sachlage so schnell herbeigeführt werden kann, um die Produktion des Films in diesem Jahre noch zu ermöglichen. Auch der zweite Stoff ›Der Kongress tanzt‹ wird voraussichtlich nicht gemacht werden können. Die Herstellung dieses Sujets müsste in ganz grossem Rahmen erfolgen. Bei den momentan noch immer herrschenden Patentschwierigkeiten ist das Absatzgebiet unserer Filme ein sehr beschränktes und so wäre es ein grosses Risiko, einen so teuren Film zu produzieren, der in Europa amortisiert werden müsste. Wenn wir also leider in diesem Jahre kaum zu einer Zusammenarbeit kommen dürften, so hoffe ich doch, dass uns die Zukunft hierzu recht bald Gelegenheit geben wird.«[28]

Der *Kongress* wurde später von Erik Charell inszeniert, der sich den jungen Schlagerkomponisten der Ufa, Werner Richard Heymann, holte. Der konnte, was Korngold in all seinen Operettenbearbeitungen nicht glücken wollte: einen eigenen Schlager komponieren. Heymann schüttelte diese aus dem Ärmel und landete mit »Das gibt's nur einmal« und »Das muss ein Stück vom Himmel sein« gleich zwei Welthits in einem Film.

Venezia Revisited

Direkt vom *Fledermaus*-Engagement kehrte Korngold nach Wien zurück und widmete sich dort einer neuerlichen Bearbeitung der *Nacht in Venedig*, die an der Wiener Staatsoper gezeigt werden sollte – mit einer Besetzung, die zwar nicht Tauber aufbieten konnte, aber Namen brachte, die das Unterfangen zum Ereignis machten: »Marie Jeritza, Adele Kern, Lillie Claus, Hubert Marischka a. G., Josef Kalenberg, Alfred Jerger und Koloman Pataky« listete das Wiener *Journal* auf und fuhr fort: »Jeritza wird die Hauptrolle dreimal singen. In den späteren Aufführungen tritt Vera Schwarz auf.«[29] Mit Hubert Marischka betrat erstmals ein Operettenstar, der kein Opernsänger war, die Bühne der Wiener Staatsoper. »Er spricht seine Texte deutlich aus, sorgt für Laune und Temperament und fürchtet sich nicht, die Heiligkeit des Hauses dann und wann, durch einen derben Witz zu unterbrechen. Den anderen haftet noch ein wenig Würde an.«[30] Und: »Er überraschte mit kräftig ins Haus geschmetterten Tönen, zog virtuos alle Register seiner liebenswürdigen Persönlichkeit und hat vor den meisten Opernsängern die sorgfältige Wortbe-

---

28 Brief Erich Pommers an Erich Wolfgang Korngold, Berlin, 16. Mai 1930 (Korngold-Archiv, Hamburg).
29 [o. A.], »›Nacht in Venedig‹ in der Staatsoper«, in: *Journal*, 28. Mai 1929 (Korngold-Archiv, Hamburg).
30 lp., »Strauß-Feier in der Staatsoper«, in: *Das kleine Blatt*, 25. Juni 1929.

handlung und, ein vorbildlicher Tänzer, die Sicherheit in der Bewegung voraus.«[31]

Die Staatsoper öffnete mit der *Nacht in Venedig* dem dritten Strauß-Werk ihre Pforten. Die Zeitschrift *Adaxl* bemerkte pointiert: »Wenn man früher in irgendeinem Operettentheater ›Eine Nacht in Venedig‹ aufführte, gipfelte die Weisheit der Kritiker gewöhnlich in dem Ausspruche: ›Das Werk ist eigentlich eine komische Oper.‹ Seit es bekannt wurde, daß sich die Direktion der Wiener Staatsoper für dieses Werk interessiert, nennt man es beharrlich eine Operette. Entweder verstand man damals nichts von der Operette, oder man versteht heute nichts davon, oder man versteht überhaupt nichts, denn heute, da ein genialer Regisseur das urblöde Textbuch dieses Werkes durch Ausstattungsglanz und Szeneriewunder belebte, nennt man es gar eine Johann Strauß-Revue.«[32] Die *Neue Freie Presse* meinte: »Muß die Frage der Opernfähigkeit eines Johann Straußschen Werkes überhaupt noch aufgeworfen werden? Der Musik nach ist jedes dieser Werke dem Besten der heiteren Opernliteratur ebenbürtig.«[33]

Die Premiere geriet zum Triumph. Josef Reitler bemerkte: »Der Beifall [...] nahm auch bei offener Szene nach den schlagkräftigsten Nummern solche Dimensionen an, daß viele dieser Nummern zwei-, drei- und viermal wiederholt werden mußten. Es war ein Abend der Sensationen [...].«[34] Kritik erregten nur einige für Wiener Verhältnisse allzu radikale Passagen: »Als gleich am Anfang ein entzückender Straußwalzer sozusagen ›modern rhythmisiert‹ ertönte, malte sich Entsetzen auf den Gesichtern der Straußmusikkenner, und diese einzige, allerdings unerhörte Geschmacklosigkeit muß unbedingt verschwinden – aber was sonst Neues geschaffen wurde, war wunderbar, war genial.«[35] Diese modern rhythmisierten Teile der Partitur fanden keinen Eingang ins Material, das bis heute vom Verlag Josef Weinberger als Korngold-Fassung vertrieben wird, und es hat sich für eine moderne Aufführung bislang auch niemand die Mühe gemacht, die Wiener Fassung von 1929 zu rekonstruieren.

Ein Vater/Sohn-Duell

Auf der Erfolgswelle weiterreitend, machte sich Korngold 1930 daran, die nächste Strauß-Operette herauszubringen. Er wählte diesmal jedoch einen neuen Weg; statt einer Bearbeitung oder Rekonstruktion schuf er eine gänz-

---

31 r. [Josef Reitler], »Eine Nacht in Venedig«, in: *Neue Freie Presse*, 24. Juni 1929 (Korngold-Archiv, Hamburg).
32 Adaxl, »Strauß spielt auf!«, in: *Adaxl* Nr. 48/49, 1929 (Korngold-Archiv, Hamburg).
33 Josef Reitler, »Opernthater«, in: *Neue Freie Presse*, 25. Juni 1929 (Korngold-Archiv, Hamburg).
34 r. [Josef Reitler], »Eine Nacht in Venedig« (Anm. 31).
35 Ebenda.

lich neue Operette über den Konflikt zwischen Johann Strauß Vater und Sohn, unter Verwendung von deren jeweiliger Musik. Damit setzte Korngold die Tradition der wohl erfolgreichsten musikbiografischen Operette fort: die des *Dreimäderlhauses*, in der unter Verwendung von Schuberts Musik die unglückliche Liebesgeschichte des Komponisten zu den Tschöll-Töchtern erzählt wird. Die Musik zu diesem Pasticcio hatte Heinrich Berté genial arrangiert, das Textbuch stammte von Alfred Maria Willner und Heinz Reichert (die bei den *Rosen aus Florida* auch Korngolds Partner gewesen waren).

Dass *Das Dreimäderlhaus* Vorbild war, wird daran deutlich, dass Marischka die Librettisten Willner und Reichert auch für die *Walzer aus Wien* verpflichtete. Wie beim *Dreimäderlhaus* wurde ein nostalgisches Wien auf die Bühne gezaubert. Diese Realitätsflucht ins Wien der Vergangenheit war damals auch im Kino populär. Korngolds Librettisten zeigen in den *Walzern aus Wien*, ganz wie im Film (zum Beispiel *Walzertraum*), die Donaumetropole als Märchenwelt. Darin wird die Geschichte vom Streit zwischen Strauß Vater und Sohn erzählt. Sie erinnert als Generationenkonflikt und als Konflikt zwischen alter und neuer Musik an Kálmáns *Zigeunerprimas* (1912), wo sie dramatisch jedoch effektvoller auskomponiert ist.

Durch die zeitliche Nähe und Ähnlichkeit der Machart bietet *Walzer aus Wien* interessante Vergleiche zu dem ebenfalls mit Strauß-Melodien neu geschaffenen *Casanova* von Benatzky/Charell, 1928 am Großen Schauspielhaus herausgekommen. Wo Korngold mehr oder weniger einen ›klassischen‹ Strauß-Klang anstrebte und die Musik nicht auffallend modernisierte, machte Benatzky aus Strauß etwas radikal Neues, eine wirkliche Revueoperette der 1920er Jahre mit allen klanglichen Raffinessen. Außerdem garantierte Charell, dass *Casanova* eine durch und durch mit Erotik aufgeladene und damit im besten Sinne des Wortes authentische Operette wurde (inklusive einer zu wild gewordenen Xylophon-Klängen aufmarschierenden Keuschheitskommission), neben der *Walzer aus Wien* von einer schier unerträglichen Harmlosigkeit ist (sogar *Das Dreimäderlhaus* bietet im Vergleich dazu mehr Erotik). Trotz der Keuschheit und Klischeehaftigkeit (oder gerade deswegen) entpuppte sich *Walzer aus Wien* in London und New York als Hit und entwickelte unter dem Titel *The Great Waltz* ein Eigenleben, das zu einer Vielzahl von Neubearbeitungen führte, die mit dem Korngold-Original teils wenig bis gar nichts zu tun haben.[36]

Bei der Wiener Premiere wurde Korngold übrigens nicht als Bearbeiter auf dem Programmzettel genannt, stattdessen las man dort, das Stück sei eine Arbeit von Julius Bittner, die Musik von Korngold »für die Karczag-Bühnen eingerichtet«. Diese etwas seltsam anmutende Formulierung hatte vertragliche Gründe, denn Korngold hatte sich gegenüber dem Schott-Verlag

---

36 Alfred Hitchcock verfilmte *Waltzes from Vienna* 1934 erfolgreich mit Esmond Knight und Jessie Matthews. Diese Fassung, die sich dicht ans Korngold-Original hält, liegt inzwischen auf DVD vor.

verpflichtet, Strauß' *Spitzentuch der Königin* zu adaptieren. Da diese Arbeit noch nicht fertig war, konnte er nicht offiziell (noch dazu bei einem anderen Verlag) mit den *Walzern aus Wien* herauskommen. Darum wurde Bittner vorgeschoben und auch an den Tantiemen beteiligt. Dennoch wussten Insider schon damals, dass die eigentliche Arbeit von Korngold geleistet worden war.

Singspiel als Ideal

Bevor es zum *Spitzentuch* kam, bearbeitete Korngold abermals für Reinhardt eine Operette, diesmal doch noch ein Werk von Offenbach: *Die schöne Helena*. Wie schon bei der *Fledermaus* ließ Reinhardt das Libretto auffrischen, in diesem Fall von Egon Friedell und Hans Saßmann. Und ebenfalls wie schon bei der *Fledermaus* löste Reinhardt das Stück revuehaft in Einzelbilder auf, statt der klassischen Struktur mit drei Akten zu folgen. Auf eine Vermännlichung der Hosenrolle des Orest verzichtete der Regisseur und bot die attraktive Friedl Schuster im knappen Griechenkostüm. Die Titelrolle übernahm Jarmila Novotna, Hans Moser spielte den Menelaus. Auch sonst war die Besetzung außergewöhnlich prominent und gut. Dass der *Helena* dennoch nicht der Erfolg der *Fledermaus* vergönnt war, hatte mit den Räumlichkeiten des anderen Theaters zu tun – und vielleicht auch damit, dass Korngold keinen rechten Zugang zu Offenbachs Musiksprache fand, die eine andere (grotesk überzeichnete) Spielart von Operette darstellt als Strauß, zumindest im Hinblick darauf, wie Korngold diesen interpretierte. Versüßlicht man Offenbach in Richtung Wiener Walzer-Operette, wie Korngold das in Berlin tat, nimmt man ihm viel von seiner elementaren Wirkung. Korngold, der diese *Helena* unter dem Titel *Helen!* im Januar 1932 in London bei Aufführungen im Adelphi Theatre dirigierte (mit Evelyn Laye in der Titelrolle und einem englischen Text von A. P. Herbert), sollte sich erst im amerikanischen Exil erneut mit Offenbach auseinandersetzen, abermals mit der *Helena*.

Reinhardt seinerseits holte sich für seine nächste Offenbach-Inszenierung 1931 den Dirigenten Leo Blech, um am Großen Schauspielhaus *Hoffmanns Erzählungen* musikalisch bearbeitet herauszubringen. In der Folge der damaligen Offenbach-Renaissance brachte Reinhardt 1932 am Großen Schauspielhaus nochmals seine *Helena*-Inszenierung, deren Aufführungsserie teils von Korngold dirigiert wurde, wobei Max Hansen den Menelaus spielte. Da Hansen ein ausgewiesener Benatzky-Interpret war, komponierte dieser für ihn neue Couplets, die in die Korngold-Fassung der *Helena* eingefügt wurden. Christiane Niklew, die in der Akademie der Künste den Benatzky-Nachlass betreut, sagt: »Wir wissen nur aus den Tagebüchern, dass RB [Ralph Benatzky] für Reinhardt die Lieder geschrieben hat, aber nicht, ob sie auch Verwendung gefunden haben. Und Titel sind leider auch nicht überliefert.«[37]

---

37 Chistiane Niklew, E-Mail an den Autor, 13. Dezember 2007.

Nach dem Offenbach-Ausflug und der anonymen *Walzer aus Wien*-Arbeit stellte Korngold Ende 1931 für den Schott-Verlag doch noch die Neufassung vom *Spitzentuch der Königin* fertig, von der bereits 1925 gesprochen worden war und die nun als Weihnachtspremiere in Berlin herauskommen sollte – mit Richard Tauber in der Hauptrolle. Tauber war zu der Zeit auf dem Höhepunkt seines Ruhmes angelangt. In jenen Jahren – unter anderem durch Tauber ausgelöst – war das Engagement von Opernstars für Operettenproduktionen in Mode: Adele Kern sang Kálmáns *Veilchen vom Montmartre*, Vera Schwarz mit Tauber *Das Land des Lächelns*, und Gitta Alpár triumphierte 1931 als *Dubarry*, einer Theo Mackeben-Bearbeitung der alten Millöcker-Operette.

Mit dem zu *Das Lied der Liebe* umgetauften *Spitzentuch* wandte sich Korngold abermals dem Thema ›Alt Wien‹ zu, von dem er nicht loszukommen schien. Er und sein Librettist Ludwig Herzer benutzten wieder einmal »das Kolorit eine[s] glücklicheren Oesterreich vor dem Kriege« und zeigten ein »wenn auch nicht überlustiges, so doch behagliches Wiener Leben«.[38] Diese nostalgische Behaglichkeit der Operette, die heutzutage das Image der Gattung bestimmt und von den Nationalsozialisten nach 1933 zum Standard erhoben wurde, hat im Grunde Korngold mit seinen Wien-Operetten vorbereitet. Seine Arbeiten führten, genauso wie Lehárs opernhafte Spätwerke, weg von der authentischen Operette hin zu einer witzlosen und rückwärtsgewandten Spielart der Gattung, die letztendlich ihr Untergang werden sollte. Während 1931 in Berlin Presse und Publikum zumindest noch wussten, dass diese Form von Operette keine echte Operette ist, und das Stück entsprechend beurteilten, hat die Nachwelt die Kenntnis dessen, was authentische Operette bedeutet, weitgehend verloren und sieht gerade Stücke wie *Das Lied der Liebe* als typische Beispiele für das Genre an, obwohl sie das gerade nicht sind. Die *BZ am Mittag* meinte: »Zwar ist das Libretto des Dr. Ludwig Herzer ein sauberer Versuch, und es fehlen nicht dramatische Verknotungen[,] auch nicht das alte tragische Missverständnis; dennoch bleibt die Geschichte das, was man in Wien fad, in Berlin langweilig zu nennen geneigt ist. [...] Und wenn sich jemand die Zigarette mit einem Scheck anzündet, so macht das heute keinen Eindruck mehr. [...] [D]ie Sandrock als Fürstin Pauline Metternich, die hat mit ihren Aphorismen zur Lebensweisheit einen Sondererfolg. Foxtrott wird nicht getanzt; vielleicht weil zur Zeit der Fürstin Pauline, wie sie selbst einmal behauptete, dieser Tanz nur unter der Bettdecke möglich war. Allerdings wäre damals auch ein solches Donau-Ballett, wie das gestrige, nur zwischen vier Wänden möglich gewesen. Die Bühne hat drei.«[39]

---

38 n. n., »Das Lied der Liebe«, in: *Der Tag*, 25. Dezember 1931 (Korngold-Archiv, Hamburg).
39 V. Wittner, »Strauß, Korngold, Tauber«, in: *BZ am Mittag*, 24. Dezember 1931.

Der Schlager »Du bist mein Traum« war eine Neuschöpfung von Korngold. Er hat aber nie die Durchschlagskraft und Prägnanz von Korngolds früherem Tauber-Lied aus der Nacht in Venedig erreicht, von Lehárs Tauber-Liedern ganz zu schweigen. Es fehlen zum einen die erotischen Untertöne, die Taubers Gesang erst zum Ereignis machen. Zum anderen ist die Melodie einfach unspektakulär. Oder wie es Oscar Bie ausdrückt: Die Lieder zeigen keinen »Geist und Witz. Es ist oft schrecklich pathetisch.«[40] Zusammenfassend meint er: »[M]an nimmt [...] hier bloß die alte Musik und erfindet sich dazu eine höchst konventionelle und typische Geschichte.«[41] Das war für einen echten Operettenerfolg (in Berlin) zu wenig, woran auch Korngolds routiniertes Dirigat nichts ändern konnte.

Dass es auch anders geht, belegt die erwähnte *Dubarry* von Millöcker/ Mackeben, wo die Neubearbeitung trotz der opernhaften Titelrolle die Operette nicht verrät, sondern ein erfolgloses altes Werk, wirklich modern aufpoliert, neu zur Diskussion stellt. *Der Tag* schreibt: »[A]uf interessante Johann-Strauß-Ausgrabungen ließ sich Korngold kaum ein, kein Zweifel, daß Mackeben das bei seiner Millöckerschen ›Dubarry‹ sorgfältiger und auch neckischer handhabte.«[42] Das Wort ›neckisch‹ deutet es an: Korngolds Operettenbearbeitungen insgesamt verleugnen die erotisch-frivole Ebene der authentischen Operette und verwandeln sie zu einer Art leicht verdaulichem Singspiel. Mit vergleichendem Blick auf die Oper hatte Korngold 1929 erklärt: »Die Operett' soll nöt nach der größeren Schwester schiel'n, nöt nach der sentimentalen, nöt nach der lyrischen und schon gor nöt nach der tragischen! Sie soll bei der Spieloper bleib'n, ihrer Mama!«[43] Diese verniedlichende Definition des Genres als verkapptes ›Singspiel‹ ist Lichtjahre entfernt von dem, was damals anderswo an Operetten zu sehen war, besonders den wirbelwindartigen Stücken von Paul Ábrahám. Sie übertrafen Korngolds Operettenbemühungen in der Publikumsresonanz um ein Vielfaches und stellten, vor dem endgültigen Niedergang des Genres in Deutschland nach 1933, das Ideal dar, dem Korngold nicht folgen wollte – oder nicht folgen konnte, weil ihm diese Art des Musizierens fremd war.

Abschied aus Europa

Gerade weil Korngold sich mit der frivolen Ebene der authentischen Operette schwer tat, verwundert es, dass seine letzte in Europa geschaffene Operettenbearbeitung ausgerechnet die eines Werkes ist, in dem es von Anfang bis Ende um Sex geht: Leo Falls Ehebruchskomödie *Die geschiedene Frau*. Dabei

---

40 [Oscar] Bie, »Das Lied der Liebe«, in: [o. A., 1931] (Korngold-Archiv, Hamburg).
41 Ebenda.
42 n. n., »Das Lied der Liebe« (Anm. 38).
43 E. W. Korngold zitiert nach Marben, »Das Wunderkind vom 11er Jahr« (Anm. 19).

handelt es sich um eine nachgerade klassische Operette in der unmittelbaren *Witwe*-Nachfolge, die vor der Jazz-Zeitenwende in der Operettengeschichte entstand und deren Musik somit aus Sicht der 1930er Jahre vollkommen veraltet erscheinen musste. Es war darum naheliegend, dass Victor Léon, der Textdichter, die Idee begrüßte, seinen Klassiker zu bearbeiten und dem neuen Zeitgeschmack anzupassen. Im Grunde wäre Charell der ideale Mann für eine Neugestaltung der *Geschiedenen Frau* gewesen, doch hatte er sich nach dem *Rössl*-Triumph 1930 vom Großen Schauspielhaus verabschiedet, war zum Film gegangen und 1932 nach Los Angeles gezogen. Der andere ideale Neugestalter für *Die geschiedene Frau*, Hermann Haller vom Admiralspalast, war Konkurs gegangen und stand nicht zur Verfügung. Also wandte sich Korngold – der die Idee zu dieser Fall-Erneuerung hatte – ans Theater am Nollendorfplatz, um dort eine revuehaft aufgelöste Fassung der *Geschiedenen Frau* zu präsentieren.

Für die von Korngold neu geschaffenen Couplet-Einlagen für die Rolle der Gonda van der Loo (ursprünglich eine Frauenrechtlerin und »Verfechterin der freien Liebe«, hier nun, weit weniger originell: ein Filmstar) engagierte man den jungen Texter Max Kolpe und die Soubrette Lucie Mannheim, die die Nummern als perfekte Massary-Kopie darbot, was eindrucksvoll auf den erhaltenen Tondokumenten zu hören ist. Ihr zur Seite stellte man als seriösen Gegenpart die Opernsängerin Maria Rajdl, die zeigte, dass Opernsänger nur begrenzt geeignet sind, um im Operettenfach zu brillieren. Edwin Neruda bemerkte: »Frau Rajdl sang ihren Part, den sie höchst dezent darstellt, mit der Noblesse der Solistin, die aus edleren Kunstregionen stammt. Der füllige Herr von Oppenheim tenorisiert seine Rolle recht sympathisch; er gefiel auch mit einer Solonummer, ist aber für das Genre denn doch viel zu schwer: er opert ...«.[44]

Korngold erzählte im Programmheft, wie es zu der Arbeit kam: »Die Idee zur Bearbeitung der ›Geschiedenen Frau‹ kam mir auf einer Reise Wien-Berlin, die ich mit Direktor Miksa Preger verplauderte, im – Schlafcoupé (›O Schlafcoupé, o Schlafcoupé!‹). Ich habe schon als kleiner Bub [...] diese Operetten-Musik als eine besonders hübsche, inspirierte, lustspielmäßig-beschwingte geliebt. Direktor Preger griff meine Idee sofort auf und gewann den Original-Autor, Herrn Victor Léon, für die Umarbeitung seines Buches, die dieser gemeinsam mit Heinz Reichert [...] in wenigen Wochen durchführte. Die Witwe Leo Falls stellte mir die letzten zwei Tangomelodien, die ihr Mann in Argentinien komponiert hatte, zur Verfügung, von denen ich eine für das Tangolied des Karel, die andere im Verein mit einem unbenutzten Walzermotiv aus ›Der Rebell‹ (Falls erster Operette) für ein Walzerlied der Jana bestimmte. Außerdem verwendete ich noch zur Ergänzung der Musik Motive aus den entzückenden Soldatenliedern Leo Falls. Die Glanznummern der Partitur, wie ›O Schlafcoupé‹, ›Gonda, liebe kleine Gonda‹,

---

44 Edwin Neruda, »Die geschiedene Frau«, in: [o. A.] (Korngold-Archiv, Hamburg).

›Kind, du kannst tanzen‹ oder ›Man steigt nach‹ blieben selbstverständlich – von kleinen Orchesterretuschen abgesehen – unverändert. Lediglich das zweite Finale, das kein Chor-Finale mehr, sondern ein lyrisch-dramatisches Duo zwischen den beiden geschiedenen Ehegatten geworden ist, mußte aus dem bestehenden Musikmaterial gänzlich neu gebaut werden. Wenn nun die ›Geschiedene Frau‹ den Abschluß meiner Bearbeitertätigkeit, zumindest für längere Zeit, bilden soll – ich habe die Komposition einer neuen Oper begonnen – so wünsche ich ihr, meiner letzten Operettenbearbeitung den gleichen Erfolg, den meine erste, die der ›Nacht in Venedig‹, errungen hat.«[45]

Kurz nach der Premiere kamen die Nazis an die Macht, und in Deutschland stand auch für die Operette eine Zeitenwende bevor, von der gerade Korngold und Leo Fall betroffen sein sollten. Ihre Namen verschwanden dauerhaft von den Spielplänen.

Lullaby of Broadway

Nach der *Geschiedenen Frau* hatte Korngold nur mehr in den USA mit Operette zu tun, vorwiegend wegen Reinhardt. 1935 gab es Pläne für eine Verfilmung der *Tales of Hoffman* in der Regie von Reinhardt für Warner Brothers, mit Korngold als ›musical supervisor‹, auf ein neues Libretto von Thornton Wilder und Franz Werfel. Ein Exposé für dieses Projekt existiert, auch wenn der Film selbst nicht verwirklicht wurde. 1936 dachten Reinhardt und Warner Brothers über eine Verfilmung von Offenbachs *Pariser Leben* nach, wobei (ausgerechnet) Korngold der musikalische Bearbeiter sein sollte, trotz seiner offenkundigen früheren Abneigung gegen das Stück. Auch dieses Projekt wurde nicht realisiert. Dafür kam im Oktober 1942 am Broadway eine Neufassung der Reinhardt'schen *Fledermaus* heraus (die zuvor als Plagiat unter dem Titel *A Wonderful Night* ebendort ein Misserfolg gewesen war), diesmal – um Verwechslungen zu vermeiden – unter dem Titel *Rosalinda*. Sie entpuppte sich als Hit. Die allmächtige *New York Times* urteilte: »A performance of much prevailing liveliness and excellence of Johann Strauss's ›Fledermaus‹ [...] was given by the New Opera Company [...]. The audience greatly enjoyed the piece. Enough of the English was understood for the jokes and the situations to drive home. The score captivated the ear, as it always does. It is music of which it could be said that, like Shakespeare, it is full of quotations. It never stales. There are several fine, fresh voices in the cast, and there was some first-class singing. The supper scene and the ballet of the second act, a crescendo of gayety and élan, with some new and delightful choreography by George Balanchine, was an experience that made one regret the fall of the curtain and wish that the moment might lin-

---

45 E. W. Korngold, »Operettenbearbeitungen« (Anm. 13).

ger. [...] The book has of course lost most of its original flavor, which is less jazzy than last night's specimen, pepped up, presumably, to the newer standards. Erich Korngold, who conducted, made additions to the music from other Strauss scores, as the interpolation of the ›Vienna Woods‹ waltz at the beginning of the first act; the duett which accompanied the pleasing scene of Rosalinda's changing of costumes in Act 2, which comes from a little known Strauss operetta, ›Knight Pazman‹; the additions to the ballet scene, and a most appropriate one, of the waltz, ›Wine, Woman and Song,‹ and finally the accompaniment of Orloffsky's toast, in the form of a cadenza played by Mr. Korngold on the piano, in waltz rhythm, without melody, to accentuate the spoken text. As a conductor he was energetic, rhythmical, authorative, but heavy handed and often too noisy for the singers [...]. But this is a fine, gay show, which no doubt will tighten up as the performance is repeated.«[46]

Rosalinda lief für phänomenale 521 Aufführungen *en suite*. Trotzdem wird von der Produktion in Broadway-Fachkreisen heute kaum Notiz genommen. Richard C. Norton, Autor der *Chronology of American Musical Theater*, meint dazu: »*Rosalinda* was indeed a big hit. The ecstatic reviews will confirm this for you, and the length of the run was great indeed. The only reason why it isn't better remembered today is because it wasn't recorded. Old musicals today survive in the public's imagination only if they are recorded.«[47]

Das 1943er Offenbach-Projekt einer *Orpheus*-Produktion, wiederum mit dem Gespann Reinhardt/Korngold, wurde nicht verwirklicht, sondern umgewandelt in *Helen Goes to Troy*, eine Neufassung der Berliner *Helena*, die am 24. April 1944 im New Yorker Alvin Theatre Premiere hatte. Dass man sich 1944 nochmals mit einer Operette an den kommerziellen Broadway wagte, wo Operette als Kunstform weitgehend von Musicals wie *Oklahoma* ersetzt worden war, lag daran, dass die vorangegangene *Rosalinda* sowie *Merry Widow* (mit Marta Eggerth und Jan Kiepura) als nostalgische Exoten aus der Alten Welt in Kriegszeiten finanzielle Erfolge in der Neuen Welt waren. »The New Opera Co., which cleaned up on ›Rosalinda‹ and ›Merry Widow‹ on Broadway during the past season, has a very good chance to duplicate with its newest effort«, schreibt *Variety*, spricht im Weiteren von der *Schönen Helena* als »sexy semi-classic« und prophezeit: »Chances are that the new musical will command a draw from the Metropolitan Opera crowd, another example of converting static grand opera into popular form.«[48] Damit erwähnt *Variety*, womit Korngold von Anfang an beschäftigt war: der (ruinösen) Vermischung der Genres, die eine Veredelung der Operette bedeutete, um sie als populäre Oper dem entsprechenden Opernpublikum

---

46 Olin Downes, »Music in Review: Rosalinda«, in: *The New York Times*, 29. Oktober 1942.
47 Richard C. Norton, E-Mail an den Autor, 12. Dezember 2006.
48 Ibee, »Helen Goes to Troy«, in: *Variety*, 26. April 1944.

schmackhaft zu machen, womit die Operette als Gattung viel von ihrem ursprünglichen und eigentümlichen Reiz verlor und zu einem nicht vollwertigen (›semi-classic‹) Abklatsch der Oper mutierte – ein Image, mit dem sie bis in die Gegenwart zu kämpfen hat.

Auch diese *Helena* ist in Broadway-Fachkreisen heute weitgehend vergessen, trotz der prominenten Namen. Das liegt wiederum daran, dass keine Aufnahmen überliefert sind, mit Ausnahme der Barcarole, die unter dem Titel »Every dream that rustles the trees« von Jarmila Novotna eingespielt wurde. *Helen Goes to Troy* verschwand sang- und klanglos in den Broadway-Annalen. In New York setzte sich die modernisierte Form des Musicals nach dem Modell von Rodgers & Hammerstein durch, für nostalgische Walzeroperetten à la Korngold war kaum mehr Platz. Erst 1973 sollte eine Art Walzeroperette am Broadway neuerlich Furore machen: Stephen Sondheims *A Little Night Music*, vollständig im 3/4-Takt (und Ableitungen davon) komponiert. Doch dieses Stück bewegte sich auf einem anderen intellektuellen und künstlerischen Niveau als alle Korngold-Operetten zusammen und wurde zu einem Klassiker des modernen amerikanischen Musiktheaters. Korngolds Broadway-Operetten dagegen haben diesen Schritt nicht geschafft, was auch daran liegt, dass Korngold die Modernität und Intellektualität der Kunstform in all seinen Bearbeitungen konsequent negierte.

Operette auf dem Nullpunkt

Nach dem Ende des Dritten Reichs war in Deutschland und Österreich die Operettenszene gründlich verändert. Nicht nur, dass viele ehemals erfolgreiche Werke von jüdischen Komponisten nie den Weg zurück ins Standardrepertoire fanden, es gab auch keine lebendige Operettenkultur als kommerzielles, sich stets erneuerndes und weiterentwickelndes Musiktheater mehr. Operette nach 1945 heißt weitgehend: Pflege der ›Klassiker‹, wobei damit fast ausschließlich die Wiener Operetten des 19. Jahrhunderts und Werke gemeint sind, die man in irgendeiner Weise ›folkloristisch‹ interpretieren und damit zu Volksstücken umfunktionieren konnte.

Korngold interpretierte den Operettenboom der Nachkriegsjahre auf seine Weise. Er meinte, sich nun mit einem eigenen Werk als Operettenkomponist etablieren zu können, nicht mehr nur als Bearbeiter – vermutlich dachte er angesichts der überall gespielten Trivialoperetten, dass er so etwas auch schreiben könnte. Er wählte einen Stoff um einen Modesalonbesitzer auf revolutionären Umtrieben im Neapel des frühen 19. Jahrhunderts, aus dem ein parodistisch begabter Komponist mit genügend zündenden Schlagern vielleicht eine erfolgreiche Operette im Stil des ›Absurden Theaters‹ mit italienischem (Klang-)Flair hätte machen können, oder wenigstens eine typische Nonsense-Revue, wie man sie auch aus dem Kino der Zeit kennt. Da Korngold jedoch nie als Schlagerschreiber aufgefallen war, mussten die Voraussetzungen, um aus dem Libretto der *Silent Serenade* ein erfolgreiches Werk zu machen, als eher mäßig gelten. Außerdem war Korngolds Gespür für versteckte Erotik und groteske Witze schon in seinen Operettenbearbeitungen nicht besonders ausgeprägt gewesen.

Die stumme Serenade erlebte ihre späte Uraufführung im österreichischen Radio und kurz darauf als »Musikalische Komödie« 1954 in Dortmund auf der Bühne. Hört man die Aufnahme des ORF, so begreift man, weshalb der Kritiker der *Kölnischen Rundschau* in Bezug auf die szenische Premiere von »Operette auf dem Nullpunkt« sprach. Er schreibt über seine Erwartungen und Enttäuschungen: »So durfte man also mit einiger Zuversicht zur Welturaufführung der Komödie in Dortmund fahren, eingedenk der höchsten künstlerischen Weihen, die alles, was mit Komödie und Musik zu tun hat, durch Richard Strauß und seinen ›Rosenkavalier‹ empfangen hat. Allenfalls meldeten sich leise Zweifel, da man weiß, daß Korngold seit mehr als fünfzehn Jahren zu den erfolgreichen Hollywooder Musikmachern gehört. Auch Honegger und Milhaud haben Filmmusiken geschrieben, und Schönberg hätte sich gern mit Hollywood eingelassen, wenn man seine Bedingungen erfüllt hätte, an der Partitur nichts zu ändern. Nach der Welturaufführung der Komödie, die sich als zähflüssige Operette entpuppte, weiß man's nun genau, so genau, wie man es besser nie erfahren hätte: daß Korngold in der Anonymität billiger Musikkonfektion untergegangen ist. Seine Musik [...] hat das gesichtslose Gesicht einer meist süßlich-klebrigen Amüsiermusik angenommen – Massenmusik wäre zu umfassend gesagt, Barmusik zu intim. Es ist eine Allerweltsmusik, wie sie jeder mittelmäßige Unterhaltungspianist aus dem Stehgreif improvisiert.«[49]

Ähnlich vernichtend äußerten sich auch andere Kritiker, so dass das Werk nirgendwo nachgespielt wurde. Es entsprach nicht dem Zeitgeschmack, da die Musik weder folkloristische Italiensehnsüchte der Epoche bediente (in der ganzen Partitur schimmert nirgends eine italienische Note durch), noch befriedigte eine Operette um Todesurteile und Revolutionen das Harmoniebedürfnis des Publikums in jenem Jahrzehnt. Erst 2007 erlebte *Die stumme Serenade* eine Wiederaufnahme, die sogar erfolgreich war – vermutlich, weil das moderne Publikum jede Ahnung von dem, was den authentischen Reiz des Genres ausmacht, verloren hat und der Operette heute mit minimalen Erwartungen begegnet. Der Trick der Neuproduktion im Münchner Haus der Kunst bestand darin, dass sie das Stück bewusst als Exil-Operette anging und die Korngold-Partitur mit Schlagern des in Nazi-Deutschland verbliebenen Franz Grothe (später musikalischer Leiter von *Zum blauen Bock*) kombinierte. Damit bekam das Werk einigen politischen Reiz, auch wenn es nicht in der Nazi-Zeit entstanden ist und direkt auch nichts mit der Politik in Nazi-Deutschland zu tun hat.

---

49 E., »Operette auf dem Nullpunkt«, in: *Kölnische Rundschau*, 12. November 1954 (Korngold-Archiv, Hamburg).

Korngolds Bearbeitungen heute

Heute werden Korngolds umfangreiche Operettenbearbeitungen – mit Ausnahme der 1923er *Nacht in Venedig* – fast nie gespielt, und wenn doch, dann meist nicht als bewusste Entscheidung für Korngold, sondern weil das Korngold-Material zufällig am leichtesten (oder am billigsten) zu beziehen ist. Ein solches Ignorieren der Korngold-Fassungen durch die Operettenszene und -forschung ist merkwürdig, da Korngold in Fällen wie *Die Fledermaus/Rosalinda* und *Die schöne Helena/Helen Goes to Troy* faszinierende Alternativversionen von regelmäßig gespielten Meisterwerken geschaffen hat, die unbedingt moderne Aufführungen verdient hätten, nicht nur wegen Korngold, sondern auch wegen der genialen, von Reinhardt engagierten Textdichter (Egon Friedell, Marcellus Schiffer usw.) und ihren Neuinterpretationen, die eigenen Werkcharakter beanspruchen können.

Im Theaterbetrieb des neuen Millenniums suchen Regisseure und Dramaturgen oft (verzweifelt) nach neuen Interpretationsansätzen für viel gespielte Werke und dekonstruieren diese gern bis zur Unkenntlichkeit – meist ohne nennenswerten künstlerischen Erfolg. Auf die Idee, von vornherein eine historisch wichtige (und darum interessante) Zweit- oder Drittfassung einer Operette aufzuführen, wie beispielsweise *Die Fledermaus* von Reinhardt/ Korngold, kommt niemand, nicht einmal in Berlin, wo zeitweise drei *Fledermaus*-Inszenierungen parallel liefen. Gerade in solch einer Situation wäre es naheliegend, verschiedene Fassungen zur Diskussion zu stellen und damit auch die Vielseitigkeit des Genres aufzuzeigen, zumal es sich bei diesen historischen Alternativfassungen um Bearbeitungen aus einer Zeit handelt, in der Operette noch eine lebendige Kunstform war. Im Fall der *Geschiedenen Frau* wurde die Korngold-Neufassung sogar vom Schöpfer des originalen Textbuches, Victor Léon, erstellt, so dass man wirklich von einer autorisierten Alternativversion sprechen muss.

Eine Öffnung des Operettenspielplans, die auch wichtige Neufassungen von Werken berücksichtigt, hat bislang nicht stattgefunden, auch deshalb, weil die notwendigen Rekonstruktionen häufig mit Mühen und Kosten verbunden sind, die Theater im Fall von Operetten leider scheuen. Somit widerfährt Korngolds Operettenœuvre das Schicksal vieler anderer wichtiger Operettenbearbeitungen: Sie werden von heutigen Theatermachern ignoriert oder abgelehnt, oft aus Unkenntnis. Eine Grundvoraussetzung, um an diesem Zustand etwas zu ändern, wäre, die Alternativfassungen ins allgemeine Bewusstsein zurückzuholen, das entsprechende Aufführungsmaterial zugänglich zu machen und die Versionen als Aufnahmen zu veröffentlichen. Denn ansonsten beschränkt sich jede Diskussion (und auch jede Verdammung der Korngold-Bearbeitungen) auf bloßes Hörensagen. Wie die zitierten Uraufführungskritiken beweisen, urteilten zahlreiche Rezensenten positiv über viele Aspekte von Korngolds Operettenadaptionen, basierend auf einer wirklichen Kenntnis der Gattung und ihrer authentischen Möglichkeiten. Das sollte modernen Kritikern doch zu denken geben.[50]

---

[50] Eine erweiterte Version dieses Beitrags erscheint als Online-Publikation in der *Frankfurter Zeitschrift für Musikwissenschaft* (www.fzmw.de).

Antje Tumat

Zwischen Oper und Filmmusik

Erich Wolfgang Korngolds Schauspielmusiken zu
William Shakespeares *Viel Lärmen um Nichts* und
Hans Müllers *Der Vampir oder die Gejagten*

Korngolds Werkbiografie gliedert sich im Hinblick auf die Gattungen seiner Bühnen- und Filmkompositionen in zwei Phasen: Seine fünf Opern schrieb er zwischen 1913 (*Der Ring des Polykrates*, Uraufführung 1916) und 1937 (*Die Kathrin*, Uraufführung 1939). In Hollywood begann schließlich seine zweite Karriere als Filmmusikkomponist: Hier arbeitete er bis 1946 an mehr als 20 Filmen mit. Diese werkbiografische Abfolge hat dazu geführt, dass seine Filmmusiken oft auf die Werkgruppe der Opern bezogen und Filme mit seiner Musik als »verkappte Oper[n]«[1] (»opera minus singing«[2]) beschrieben wurden,[3] um Erstere gattungsästhetisch aufzuwerten: Korngold habe »für den

---

1 Robbert van der Lek, »Oper ohne Gesang? Zur Gattungsbestimmung von Korngolds Musik für den Film«, in: *Die Musikforschung* 53 (2000), S. 401–413, hier S. 401; dort auch weitere Belege für diese Sichtweise.
2 Tony Thomas, *Music for the Movies*, South Brunswick 1973, S. 132. Vgl. auch das Kapitel »Operas Without Singing« bei Brendan G. Carroll, *The Last Prodigy. A Biography of Erich Wolfgang Korngold*, Portland/Oregon 1997, S. 245 ff. (eine Auflistung der Filme mit Korngolds Musik findet sich hier auf S. 403 ff.); siehe ebenfalls Jessica Duchen, *Erich Wolfgang Korngold*, London 1996 (= 20th-Century Composers), S. 221.
3 Korngold habe »die Drehbücher wie Opernlibretti behandelt« (Helga de la Motte-Haber und Hans Emons, *Filmmusik. Eine systematische Beschreibung*, München – Wien 1980, S. 87). Gestützt wurde diese Perspektive durch Korngolds eigenen programmatischen Ausspruch: »Never have I differentiated between my music for the films and that for operas and concert pieces. Just as I do for the operatic stage, I try to invent for the motion picture dramatically melodious music with symphonic development and variation of the themes« (Erich Wolfgang Korngold, »Some Experiences in Film Music«, in: *Music and Dance in California*, hrsg. von José Rodríguez, Hollywood 1940, S. 137–139, hier S. 139; zitiert nach Robbert van der Lek, *Diegetic Music in Opera and Film. A Similarity Between Two Genres of Drama Analysed in Works by Erich Wolfgang Korngold*, Amsterdam 1991, S. 6). In dieselbe Richtung deutet auch Luzi Korngolds Vergleich der Arbeitsweise ihres Mannes bei der Filmmusikkomposition mit der Arbeit an einer Oper: »Die ›Story‹ des Films wurde ihm zum Opernbuch – zumindest legte er es sich so zurecht –, und er gab sich, während er komponierte, der vielleicht bewußten Täuschung hin, ein Opernwerk zu schaffen« (Luzi Korngold, *Erich Wolfgang Korngold. Ein Lebensbild*, Wien 1967 [= Österreichische Komponisten des 20. Jahrhunderts 10], S. 80). Robbert van der Lek hat schließlich 2001 in einem Aufsatz den Versuch unternommen, die enge Verknüpfung der beiden Werkgruppen zu entzerren, um den Eindruck zu relativieren, »Korngolds Doppelkarriere in Oper und Film könne, ja müsse als eine Art Einheit aufgefasst werden

Film gleichwertig wie für die Oper komponieren wollen«.[4] Sein »Weg von der Oper zum Film« wird vor allem ökonomisch begründet: »Er hat [...] nur aus der Not des Exils heraus für den Film komponiert.«[5] Der Vergleich der Filmpartituren mit seinen Opernkompositionen bezieht sich zumeist auf die ungewöhnlich große Menge an Musik,[6] die in Korngolds Filmpartituren vorgesehen ist, zudem aber auch auf die semantische Eigenständigkeit seiner Tonsprache im Vergleich zur Wort- und Bildsprache des Films: »Sie [die Filmmusik Korngolds] bewahrt volle Eigenständigkeit und unterstützt die Sprache so, daß die Dialoge oft mit Duetten verglichen wurden.«[7]

In den folgenden Ausführungen soll dagegen ein anderer gattungsästhetischer Bezugspunkt von Korngolds Filmpartituren aufgezeigt werden: seine Schauspielmusiken. 1918 schrieb er die Musik zu William Shakespeares Komödie *Much Ado About Nothing* in der Übersetzung von Adolf von Wilbrandt als *Viel Lärmen um Nichts*[8] und 1922 eine Bühnenmusik zu Hans Müllers Drama *Der Vampir oder die Gejagten*.[9] Die beiden Werke entstanden zur Zeit seiner frühen Opernkompositionen, und der Übergang von der Opern- zur Filmmusik erfolgte schließlich über das Arrangement einer Schauspielmusik für den Film: Korngolds Karriere als Filmkomponist begann mit seiner Einladung nach Hollywood durch Max Reinhardt, für dessen Film er Mendelssohn Bartholdys Schauspielmusik zu Shakespeares *Sommernachtstraum* arrangierte.[10]

---

und deshalb würden sich seine beiden Werkgruppen nicht prinzipiell unterscheiden« (»Oper ohne Gesang?« [Anm. 1], S. 401). Vgl. hierzu auch Christoph Henzel, »Korngold und die Geschichte der Filmmusik«, S. 287–302 des vorliegenden Bandes.

4 De la Motte-Haber und Emons, *Filmmusik* (Anm. 3), S. 87.

5 Helmut Pöllmann, *Erich Wolfgang Korngold. Aspekte seines Schaffens,* Mainz u. a. 1998, S. 8–9.

6 De la Motte-Haber und Emons (*Filmmusik* [Anm. 3], S. 87) sprechen für bestimmte Filme von einem »nahezu ununterbrochene[n] Fluß von Musik. In *Anthony Adverse* schweigt die Musik nach 28 Minuten zum ersten Mal.«

7 Ebenda, S. 88.

8 *Viel Lärmen um Nichts,* in: *William Shakespeare's Dramatische Werke.* Übersetzt von Adolf von Wilbrandt (1837–1911), Friedrich Bodenstedt (1819–1892) und Ferdinand Freiligrath (1810–1876). Nach der Textrevision und unter Mitwirkung von Nicolaus Delius mit Einleitung und Anmerkungen hrsg. von Friedrich Bodenstedt, Bd. 5, Leipzig 1867; Erich Wolfgang Korngold, *Eine Musik zu Shakespeare's »Viel Lärmen um Nichts« für Kammerorchester* op. 11, Partitur, Mainz o. J. [Copyright B. Schott's Söhne 1921]. Namen und Zitate aus Shakespeares Komödie werden im Folgenden der Partitur entsprechend wiedergegeben.

9 Hans Müller, *Der Vampir oder die Gejagten. Schauspiel in 5 Akten,* Wien u. a. 1923; Erich Wolfgang Korngold, *Der Vampir, eine diskrete Bühnenmusik* [unvollständiges Manuskript]. US-Wc, Korngold Collection, box 24, folder 12. Abdruck des Notenbeispiels (S. 285–286) mit freundlicher Genehmigung von Kathrin Korngold Hubbard.

10 Siehe hierzu Panja Mücke, »Verwandlungsmusik bei Mendelssohn, Bermann und Korngold. *A Midsummer Night's Dream* auf der Bühne und im Film«, in: *Verwandlungsmusik. Über komponierte Transfigurationen,* hrsg. von Andreas Dorschel, Wien u. a. 2007 (= Studien zur Wertungsforschung 48), S. 334–360.

Nicht nur aus dieser werkbiografischen Perspektive erscheint es sinnvoll, sich im Hinblick auf Korngolds kompositorische Filmtechniken den Schauspielmusiken zuzuwenden, muss doch das Sprechtheater mit Musik generell als Vorläufer des Filmtheaters mit Musik angesehen werden.[11] Während sich bestimmte musikalische, vor allem illustrative Mittel der Filmmusik sowohl an Techniken der Oper als auch an solchen der Schauspielmusik oder anderen programmmusikalischen Gattungstraditionen orientieren,[12] gibt es zwischen Schauspielmusik und Filmmusik zusätzliche Parallelen,[13] die weit über diejenigen zwischen Oper und Film hinausgehen.

11 Zur Musik im Sprechtheater siehe beispielsweise Detlef Altenburg, »Schauspielmusik«, Abschnitte I.1–II.2, in: *Die Musik in Geschichte und Gegenwart. Allgemeine Enzyklopädie der Musik*. Zweite, neubearbeitete Ausgabe, hrsg. von Ludwig Finscher, Sachteil, Bd. 8, Kassel u. a. 1998, Sp. 1035–1040; Oliver Huck, *Von der Silvana zum Freischütz. Die Konzertarien, die Einlagen zu Opern und die Schauspielmusik Carl Maria von Webers*, Mainz 1999 (= Weber-Studien 5); *Musik zu Shakespeare-Inszenierungen*, hrsg. von Arne Langer und Susanne Oschmann, Berlin 1999 (= Kleine Schriften der Gesellschaft für Theatergeschichte 40/41); Detlef Altenburg, »Das Phantom des Theaters. Zur Schauspielmusik im späten 18. und frühen 19. Jahrhundert«, in: *Stimmen – Klänge – Töne. Synergien im szenischen Spiel*, hrsg. von Hans-Peter Bayerdörfer, Tübingen 2002 (= Forum Modernes Theater 30), S. 183–208; *Carl Maria von Weber und die Schauspielmusik seiner Zeit*, hrsg. von Dagmar Beck und Frank Ziegler, Mainz 2003 (= Weber-Studien 7); Antje Tumat, »›Der Componist hat hier dem opernhaften Elemente einen zu weiten Spielraum gegönnt‹. Zwei Schauspielmusiken zu Shakespeares *Sturm* in der zweiten Hälfte des 19. Jahrhunderts«, in: *Die Musikforschung* 58 (2005), S. 131–150.

12 Vgl. hierzu etwa de la Motte-Haber und Emons, *Filmmusik* (Anm. 3), S. 115: »In ihrer langen imitativen Tradition hat Musik eine breite Palette deskriptiver patterns für natürliche und zivilisatorische Schallquellen entwickelt: Gewitterszenen von Mozarts Idomeneo bis zu Strauss' Alpensinfonie, Brandungsdonner von Haydns Schöpfung bis zu Wagners Holländer-Ouvertüre [...].«

13 Gerade für den Beginn der Filmindustrie ist hier der Charakter der Gebrauchsmusik zu nennen, der die Gestaltung der jeweiligen Musik stark beeinflusste: In den Stichwortblättern, den ›cue sheets‹, die die Edison Company 1909 zur musikalischen Begleitung der Stummfilme produzierte, wurden die Szenen eines Films allgemeinen musikalischen Charakteren wie ›Agitato‹ oder ›Misterioso‹ zugeordnet; ein vergleichbares Prinzip findet sich in den zahlreichen Zwischenaktbänden der Theater des 19. Jahrhunderts, in denen eine Einteilung der Musiken nach Lust-, Trauer- und Schauspielen vorgenommen und teilweise der Grundaffekt des Stückes durch einen programmatischen Titel konkretisiert wurde, um den Einsatz der Musik zu flexibilisieren und zu ökonomisieren. So »skrupellos – vor allem im Hinblick auf formale Relationen –«, wie schließlich Stücke für die Kinoorchester der 1910er Jahre durch »eingeflickte Wiederholungen und Sequenzierungen, die bei kürzeren Szenen entfallen konnten«, bearbeitet wurden (de la Motte-Haber und Emons, *Filmmusik* [Anm. 3], S. 79; vgl. auch Hartmut Krones, »Optische Konzeption und musikalische Semantik. Zum *Allgemeinen Handbuch der Film-Musik* von Hans Erdmann, Giuseppe Becce und Ludwig Brav«, in: *Bühne, Film, Raum und Zeit in der Musik des 20. Jahrhunderts*, hrsg. von Hartmut Krones, Wien u. a. 2003, S. 119–142), verfuhren auch die Kapellmeister am Ende des 19. Jahrhunderts mit Bearbeitungen für Zwischenaktmusiken im Schauspiel. Peter Larsen hat bereits für die Zwischenaktbände des Kapellmeisters Traugott Maximilian Eberwein aus den 1820er Jahren beschrieben, wie sich diese durch ihre vielfältigen Reihungsformen (Lied-, Tanz- und Rondoformen)

Musik erfüllt im Sprechtheater dramaturgisch eine ähnliche Rolle wie im Film, denn auch hier ist sie – im Unterschied zur Oper – kein selbstverständlicher Teil im Dialog der Handelnden: »Music is the primary condition for opera, its most essential component, whereas in film it is an added element.«[14] Allein die Tatsache, *dass* Musik erklingt, kann im Sprechtheater oder Film eine Wirksamkeit entfalten, die in der Oper oder opernnahen Gattungen wie dem Singspiel, in dem das Singen einen selbstverständlichen Teil der dramaturgischen Anlage bildet, nicht automatisch gegeben ist.[15] So stellen sich jenseits der Rahmenmusiken (Ouvertüre, Zwischenaktmusiken und gegebenenfalls Schlussmusik) im Schauspiel für die drameninhärente Musik, die »Bühnenmusik«,[16] zunächst ganz ähnliche Probleme wie für die Musik im Film, etwa die Frage nach der dramatischen Motivation der musikalischen Nummern. Das Problem, wie Gesang in einem Umfeld von gesprochener Sprache als Dialogmedium motiviert wird, und die Frage, wie viel Gewicht die Musik an dieser Stelle einnehmen darf, wurden in den Abhandlungen über Musik im Sprechtheater seit Beginn des 19. Jahrhunderts genauso kontrovers diskutiert[17] wie in den aktuellen Debatten der Filmmusikforschung.[18]

beliebig an die Länge des Umbaus zwischen den Akten anpassen konnten (Peter Larsen, *Traugott Maximilian Eberwein (1775–1831). Hofkapelldirektor und Komponist in Rudolstadt*, Göttingen 1999, S. 76). Diese Zwischenaktmusiken waren primär an den praktischen Erfordernissen der Theaterrealität orientiert, indem sie durch ihre Form dem Dirigenten die Möglichkeit eröffneten, spontan auf den Beginn des folgenden Auftritts zu reagieren.

14 Van der Lek, *Diegetic Music in Opera and Film* (Anm. 3), S. 8.
15 Wie vehement diese Frage der dramaturgischen Motivation von Musik für das Singspiel diskutiert wurde, hat Thomas Betzwieser in seiner Habilitationsschrift über die Dialogoper ausgeführt (*Sprechen und Singen. Ästhetik und Erscheinungsformen der Dialogoper*, Stuttgart – Weimar 2002).
16 Zu dieser Terminologie vgl. Altenburg, »Schauspielmusik« (Anm. 11).
17 Etwa anhand der musikalischen Umsetzung von Einlageliedern, denn diese sollten sich als einfache, in das fiktive Bühnengeschehen integrierte Lieder mit zurückhaltender Musik in den Ablauf der Handlung einpassen. Die zeitgenössischen Rezensionen zeigen immer wieder, dass eine zu aussagekräftige Musik im Schauspiel als irritierend wahrgenommen wurde. Siehe hierzu Antje Tumat, »Singspielmusik und Schauspielmusik – ein Vergleich«, in: *Kongressbericht »Theater um Mozart«. Jahrestagung der Gesellschaft für Musikforschung 2007*, hrsg. von Silke Leopold u. a., Druck in Vorbereitung.
18 Van der Lek beschäftigt sich etwa mit dem Problem der Motivation von Klängen inmitten gesprochener Sprache: »If the dialogue in a film were suddenly to switch from speech to singing, there would have to be a very special reason for this in order for it not to appear extremely peculiar, if not absurd« (*Diegetic Music in Opera and Film* [Anm. 3], S. 10). Pöllmann thematisiert im Falle Korngolds die starke Gewichtung der Musik in seinen Partituren: »Das Verhältnis zwischen Film und Musik ist angeblich das einer einseitigen Abhängigkeit: einer Abhängigkeit in dem Sinne, daß die Musik dem Film unbedingt untergeordnet sein müsse, und die in nahezu der gesamten Filmmusikliteratur als in der Natur der Sache liegend, als dem Wesen des Films entsprechend angesehen wird. Eine Analyse der Filmmusiken Korngolds aber legt eine andere Auffassung nahe, eine, wonach beide durchaus als ebenbürtig, als in ästhetischer Hinsicht ›kompatibel‹ zu betrachten sind« (*Erich Wolfgang Korngold* [Anm. 5], S. 9).

Musikalische Nummern im Schauspiel können zum einen als »Realitätszitat integraler Bestandteil der [Bühnen-]Handlung« sein (Einlagelieder, Hochzeitsmärsche, Schlachtmusiken etc.);[19] diese Form von in die fiktive Handlung integrierter Musik wird im Umgang mit Filmmusik meist als *diegetische Musik* bezeichnet. Solche Nummern, die auch im sogenannten durchkomponierten Musiktheater[20] häufig eingesetzt werden, können in geschlossenen musikalischen Formen komponiert sein.

Zum anderen entwickelte sich für Musik im Sprechtheater die Tradition, ganze Szenenkomplexe durch Klänge in die Sphäre des Übernatürlichen, des Geisterhaften zu überführen; vor allem göttlichen und überirdischen Wesen war im Schauspiel der Gesang vorbehalten. Der Wechsel von Sprache zu Musik zeigte in diesen Fällen den Wechsel von der fiktiven Realität der Handlung in die Welt des Numinosen an;[21] dies beinhaltete auch Traum- oder Wahnsinnsszenen. Oft wurden zudem Liebesszenen zur Verstärkung des affektiven Gehalts mit Musik unterlegt.

Diese Traditionen, nach denen bestimmte Szenentypen von Musik begleitet wurden, setzten sich in der Filmmusik fort. Korngold nahm sie in seine Schauspielmusiken und anschließend in seine Filmpartituren auf. Dementsprechend beschreibt Helmut Pöllmann, dass Musik auch »im filmmusikalischen Kunstwerk zwei grundsätzlich voneinander verschiedene Existenzformen kennt: Musik als filmisches Requisit, sogenannte Inzidenzmusik (diegetische Musik nennt sie Robbert van der Lek) und solche, die, von außerhalb des Bildes einwirkend, als Autorenkommentar fungiert.«[22] Eine Möglichkeit eines solchen musikalischen ›Autorenkommentars‹ ist auch hier die Unterlegung von Mono- oder Dialogen mit Musik zur Unterstützung des affektiven Gehalts.[23] In Schauspielen geschah dies seit dem Ende des 18. Jahr-

---

19 Altenburg, »Schauspielmusik« (Anm. 11), Sp. 1037.
20 Zur Diskussion um die Vielfalt möglicher Gattungsbezeichnungen im Spannungsfeld von Schauspiel und Oper siehe Jörg Krämer, *Deutschsprachiges Musiktheater im späten 18. Jahrhundert. Typologie, Dramaturgie und Anthropologie einer populären Gattung*, Tübingen 1998 (= Studien zur deutschen Literatur 149), S. 29. Krämer plädiert hier dafür, die Vorstellung von reinem Musik- und reinem Sprechtheater vor allem im 18. Jahrhundert durch das Bild einer »gemeinsamen Achse« zu ersetzen, deren »Enden zwar einerseits von der Oper, andererseits vom Sprech-Theater (mit akzidentieller Musik) markiert werden, die aber intern durch eine Fülle von Zwischenformen verbunden sind und in gegenseitiger Wechselwirkung stehen«. Im Hinblick auf einen heuristischen Erkenntniswert wird im Bewusstsein der Problematik typisierender Gattungskategorien im Folgenden die künstliche Trennung ›Sprechtheater‹ versus ›durchkomponiertes Musiktheater‹ für die hier besprochenen Fragestellungen beibehalten; vgl. zu dieser Diskussion Tumat, »Singspielmusik und Schauspielmusik – ein Vergleich« (Anm. 17).
21 Vgl. Altenburg, »Schauspielmusik« (Anm. 11), Sp. 1038.
22 Pöllmann, *Erich Wolfgang Korngold* (Anm. 5), S. 83.
23 Während der von Pöllmann als ›Autorenkommentar‹ bezeichnete Teil der Musik im Sprechtheater zusätzliches Gewicht in den Zwischenaktnummern erhalten kann, erklingt er im Film (außer im Vorspann) vor allem während der Handlung. Die Art der musikalischen Ausgestaltung eines Einlageliedes kann aber gleichfalls als Autorkom-

hunderts vor allem im Melodram. Üblicherweise wurden etwa zentrale Entscheidungsmonologe der Protagonisten, zum Beispiel der Monolog der Sais in Mozarts Musik zu *Thamos, König in Ägypten*,[24] oder aber Liebesdialoge mit Musik unterlegt. Sie waren dadurch aus der sie umgebenden Handlung herausgehoben, und die Vertonung konnte die innere, affektive Welt des Sprechenden offenbaren. Auch in Filmen mit Musik Korngolds werden Dialoge nach vergleichbaren Kriterien vertont. Pöllmann beschreibt anhand von *The Private Lives of Elizabeth and Essex* (1939), wie Korngold immer dann Dialoge orchestral einbettet, wenn sie einen eher »kontemplativen« oder »affektiven« Charakter haben, »sachbezogene Dialoge werden ausgespart«.[25] Korngold benutzt zur musikalischen Untermalung im Film ein kompositorisches Prinzip, das in der frühen Melodramtechnik bereits angewandt wird: »Wenn der Dialog so dominant war, daß die Musik kaum eine Chance hatte, daneben zu bestehen, [...] hat er meistens gleich ganz darauf verzichtet, das Material thematisch prägnant durchzugestalten.«[26] In den filmmusikalisch unterlegten Dialogen würden, einer inhaltlichen Gliederung entsprechend, den einzelnen Abschnitten einzelne musikalische Formteile zugeordnet, ein Themenwechsel im Gespräch bringe gleichzeitig einen Themenwechsel in der Musik mit sich.[27] Diese Orientierung an Sprache und Szene etwa, zu deren Gunsten die Anlage oder Geschlossenheit der musikalischen Form vernachlässigt wird (das umgekehrte Prinzip ist in den meisten Formen des sogenannten durchkomponierten Musiktheaters der Fall, so etwa auch in den stark am Nummernprinzip orientierten Opern Korngolds[28]), ist typisch für im Schauspiel bereits früh angewandte Melodramtechniken.

    mentar aufgefasst werden, denn die Art und Weise, wie ein Lied komponiert wird, ermöglicht auch hier sehr unterschiedliche musikalische Aussagen, etwa durch eine affektive oder ironische Vertonung.

24 Vgl. hierzu Antje Tumat, »Mozart und die Schauspielmusik«, in: *Mozart-Jahrbuch* 2006, S. 229–242, Druck in Vorbereitung.

25 Pöllmann, *Erich Wolfgang Korngold* (Anm. 5), S. 96. Pöllmann vergleicht die musikalische Begleitung von Dialogen in Filmmusiken Korngolds gerade nicht – wie oben beschrieben (de la Motte-Haber und Emons, *Filmmusik* [Anm. 3], S. 88) – mit Opernduetten, sondern mit den Strukturen im (Konzert-)»Melodram«, in dem »Musik und [gesprochene] Sprache zusammen[gehören]«: »Nun ist ein mit Musik unterlegter Dialog nichts, was der Tonfilm erst hätte erfinden müssen; das Melodram ist älter als dieser und ebenso eine musikalische Gattung wie eine literarische. Wenn die Musik im Film den Dialog soweit stört, daß sie heruntergeregelt werden muß, dann entpuppt sich der Sachzwang schnell als Unfähigkeit: entweder der Autor konzipiert ein Melodram, dann gehören Musik und Sprache zusammen, oder einen reinen Dialog, dann ist die Musik überflüssig. Was meistens fehlt, ist die Fähigkeit, Dialoge in musikalischen, das heißt melodramatischen Zusammenhängen zu denken« (*Erich Wolfgang Korngold* [Anm. 5], S. 95).

26 Ebenda, S. 95.

27 Ebenda, S. 96.

28 Vgl. hierzu etwa Arne Stollberg, *Durch den Traum zum Leben. Erich Wolfgang Korngolds Oper »Die tote Stadt«*, Mainz 2003 (= Musik im Kanon der Künste 1), S. 41 ff.

Im Folgenden werden die beiden Schauspielmusiken Korngolds erstmals ausführlich vorgestellt und auch im Hinblick darauf analytisch untersucht, welche musikalischen Gestaltungsmittel in diesen Musiken bereits auf die eben genannten Filmmusiktechniken hinweisen.

Musik der gesellschaftlichen Außenwelt: Tänze und Märsche als Rahmenmusiken in Shakespeares *Viel Lärmen um Nichts*

1918 schrieb Korngold auf Anfrage der Wiener Volksbühne eine Musik zu Shakespeares Schauspiel *Much Ado About Nothing* in der Übersetzung von Adolf von Wilbrandt als *Viel Lärmen um Nichts*.[29] Die Volksbühnenproduktion wurde aus bisher unbekannten Gründen abgesagt, aber das Burgtheater bot eine Produktion an, und die Premiere fand schließlich im kleinen Barocktheater von Schloss Schönbrunn am 6. Mai 1920 statt. Korngold dirigierte hier selbst Mitglieder des Wiener Philharmonischen Orchesters. Zu Beginn war die Kammerbesetzung für neunzehn Spieler, allerdings mit einer großen Perkussionsabteilung, konzipiert.[30] Als die erfolgreiche Produktion andauerte und die Musiker anderen Verpflichtungen nachgehen mussten, schrieb Korngold ein Arrangement für Violine und Klavier, das er zusammen mit dem Geiger Rudolf Kolisch statt der Orchesterfassung spielte. Die von Korngold gleichfalls aus dem Material erarbeitete fünfsätzige Orchestersuite wurde schließlich eines seiner berühmtesten und meistgespielten Werke.[31]

Shakespeares fünfaktige Komödie wurde von Korngold mit vierzehn Nummern Musik versehen, die durch verschiedene musikalische Bezüge miteinander verknüpft sind und damit inhaltliche Vor- und Rückverweise ermöglichen (einen Gesamtüberblick über die Nummern und Tonarten bietet Tabelle 1, S. 272–273). Fast alle Nummern haben die Funktion von Zwischenaktmusiken, sie werden als Vor- und Nachspiele eingesetzt. Nicht nur jeder Akt wird durch eine Zwischenaktmusik des gesamten Orchesters in geschlossener Form eingeleitet, auch die meisten Szenen werden durch Vor- oder Nachspiele beschlossen oder eröffnet, so dass nur sehr wenige, zumeist kurze Szenen direkt ohne musikalische Unterbrechung aufeinanderfolgen (möglicherweise wurden sie in der damaligen Inszenierung nicht als getrennte Auftritte auf der Bühne realisiert oder eventuell ganz gestrichen). Einzig die große Tanz- und Maskenballszene des II. Aktes sowie das Einlagelied des Balthasar fungieren als in die Handlung integrierte Bühnenmusik im eigentlichen Sinne, alle anderen Nummern[32] sind musikalische Reflexion auf

---

29 Vgl. Carroll, *The Last Prodigy* (Anm. 2), S. 129 ff.
30 Flöte/Piccolo, Oboe, Klarinette, Fagott, zwei Hörner, Trompete, Posaune, ein kleines Streicherensemble, Harmonium, Harfe, Klavier und Pauke sowie weiteres Schlagwerk.
31 Vgl. hierzu Carroll, *The Last Prodigy* (Anm. 2), S. 134–135.
32 Der Einsatz von Nr. 11 erfolgt laut Partitur »ad. lib.«, diese Nummer könnte also sowohl als Vor- oder Nachspiel wie auch als Bühnenmusik während der Szene gespielt werden.

zuvor Geschehenes oder Vorwegnahme durch Einstimmung auf Kommendes und rahmen so die Szenen ein, oft in geschlossenen Formen.[33] Zumeist leiten diese Nummern (wie auch die beiden Bühnenmusiken) in Szenentypen über, für die der Einsatz von Musik im Schauspiel traditionell typisch ist. Die Zwischenaktmusiken sind eng an dem jeweils zugehörigen äußeren Handlungskontext orientiert, sie werden hier gleichsam wie vorweggenommene oder nachträglich reflektierte Realitätszitate der fiktiven Bühnenhandlung eingesetzt. So erklingt die Hochzeitsmusik zur *Kirchenszene* Nr. 10 als Zwischenakt vor dem IV. Akt, die Tanzmusiken Nr. 3 und Nr. 14 jeweils vor und nach der entsprechenden Tanzszene oder aber der *Marsch der Wache* Nr. 8 vor dem Auftritt der Wachen. Alle diese Nummern rekurrieren auf Musik aus dem sozialen Leben, der ›Außenwelt‹: auf Tanzmusik, Militär- oder sakrale Musik. Einzig das *Intermezzo* Nr. 7 (= Nr. 13), musikalischer Kommentar zu einer Liebesszene, kann als seltener kurzer Einblick in die innere Welt der Beatrice gedeutet werden.

Der formale Aufbau der jeweiligen Stücke ist typisch für Schauspielmusiknummern: Geht die Nummer direkt in einen Dialog über oder folgt sie auf einen Dialog, so wird der jeweilige Übergang von Musik zu Sprache oder von Sprache zu Musik durch Ausdünnung der Besetzung, langsam abnehmende Dynamik oder verlangsamtes Tempo gestaltet.[34] Meist erfolgt dieser Übergang durch ein formal eigenständiges Vor- oder Nachspiel. Als szenisch eröffnendes Verfahren stehen zudem mehrfach zu Beginn der Nummern als Einleitung einige Takte gehaltene Holzbläserakkorde in für die jeweilige Nummer charakteristischen Harmonien, bevor das volle Orchester mit dem motivischen Material des Hauptteils einsetzt.[35]

Grundthema der Komödie Shakespeares ist die Macht des Scheins und der Täuschung. Durch strukturelle Entsprechungen in den verschiedenen Handlungssträngen wird die Frage von Schein und Sein immer neu variiert.[36] So sind die beiden Liebesgeschichten mit ihren verschiedenen Formen der Annäherung der Paare gegensätzlich angelegt: Hero und Claudio einerseits kennen sich vor ihrer Verlobung kaum, entflammen auf den ersten Blick füreinander und durchlaufen das konventionelle Ritual einer verflachten Liebesromantik, bevor sie erst nach den Wirren der Intrige gereift zueinander finden. Beatrice und Benedikt andererseits müssen zu Beginn ihre aus mangelndem Selbstvertrauen gespeiste Ehefeindlichkeit und den daraus resultierenden allgemeinen Zweifel an einer Partnerschaft überwinden, bevor

---

33 So sind etwa Nr. 6, Nr. 8 und Nr. 12 in ABA-Form komponiert.
34 Dies ist der Fall in Nr. 4, Nr. 5, Nr. 6, Nr. 7, Nr. 8, Nr. 9, Nr. 10 und Nr. 12.
35 Vgl. Nr. 6, Nr. 9 (hier mit leicht veränderter Instrumentation) und Nr. 12. Ein berühmtes Beispiel für dieses Verfahren ist der Beginn von Felix Mendelssohn Bartholdys Ouvertüre zu Shakespeares *Sommernachtstraum*.
36 Vgl. hierzu zusammenfassend Manfred Pfister, »Die heiteren Komödien«, in: *Shakespeare-Handbuch*, hrsg. von Ina Schabert, Stuttgart 1992, S. 435–495, hier S. 477 ff.; dort auch weitere Literatur zur Deutung dieser Komödie.

sie sich ihre umso verlässlichere Zuneigung gestehen können. Gleichzeitig stehen zwei verschiedene Formen der Intrige einander gegenüber: Die Schurken-Intrige Don Juans, mit der er Heros und Claudios Glück beinahe für immer vernichtet, bildet das Gegenstück zu Don Pedros wohlwollender Intrige, die Benedikt und Beatrice ihr gegenseitiges Geständnis entlocken soll. Die Lösung der aus Don Juans Machenschaften resultierenden Konflikte wird schließlich nicht in der höfischen Intrigenwelt der Aristokraten gefunden, sondern in der Tölpelwelt der Gerichtsdiener Holzapfel und Schlehwein, die unbeabsichtigt das Verbrechen Don Juans aufdecken. Auch verschiedene Szenentypen bilden kontrastierende Entsprechungen. So ist etwa der Maskenball in II.1 das Gegenstück zur Enthüllungs- und Hochzeitsszene im letzten Akt: Beide spielen mit dem Motiv der Maskierung und Demaskierung im Kontext von Schein und Sein. Dieser szenischen Entsprechung wird Korngold durch einfache Wiederholungsstrukturen musikalisch gerecht: Dem *Mummenschanz* als Vorspiel zum II. entspricht der *Schlusstanz* nach dem V. Akt – die erste Maskenszene wird mit der schlussendlichen Enthüllung auch musikalisch verbunden.

Die Welten der Liebespaare und der Intriganten werden musikalisch durch kontrastierendes Material charakterisiert. Don Juan, der intrigante Halbbruder Don Pedros, wird schon zu Beginn des Schauspiels mit einem zwölftaktigen kurzen Abschnitt eingeführt, der sich vor allem durch die harmonisch unverbundene Wendung von A-Dur nach c-Moll und schließlich des-Moll sowie klangfarblich durch den Einsatz von Harmonium und gestopften Hörnern auszeichnet. Während der (ungedämpfte) solistische Hörnerklang zu Beginn des Vorspiels zum Tanz in Nr. 3 *Mummenschanz (Hornpipe)* das festliche, fröhliche Treiben signalisiert, sind die gestopften Hörner beim Auftritt des Don Juan in ›gehemmtem‹ Klang akustisches Symbol für Verstellung und Intrige. Die eben genannte Akkordverbindung erklingt wiederholt zum Auftritt des Halbbruders.[37]

Als Tonart bleibt c-Moll mit der Intrigenwelt verknüpft, so auch in den entsprechenden Nummern, in denen Holzapfel und Schlehwein mit der Aufklärung der Intrige beschäftigt sind.[38] Die Welt der Gerichtsdiener aus der unteren gesellschaftlichen Schicht ist darüber hinaus durch musikalische Stilebenen (in Satztechnik oder Stilzitaten) von der Intrigenwelt des Don Juan abgesetzt. Die Wachen Holzapfel und Schlehwein, die sich ihrer eigenen Einfältigkeit nicht bewusst sind, werden durch die groteske und ironische Verzerrung der musikalischen Mittel, die etwa eine seriöse Leibgarde begleiten würden – beispielsweise eines im eigentlichen Sinne heroischen Marsches –,

---

37 In Nr. 2, T. 2 ff., Nr. 2a, T. 2 ff. und Nr. 4, T. 249.
38 Nr. 8, Nr. 8a und Nr. 11 stehen in c-Moll. Einzig Nr. 11 (= Nr. 8) beginnt sogleich mit dem Mittelteil der Nummer in C-Dur, endet aber wie gehabt in c-Moll. Diese Nummer ist möglicherweise als das Vorspiel zu einer positiven Entwicklung im Laufe der Intrigenaufklärung deutbar.

charakterisiert. So lautet etwa die Tempobezeichnung von Nr. 8 *Holzapfel und Schlehwein (Marsch der Wache)* »Zeitmaß eines grotesken Trauermarsches«. Diese geschlossene musikalische Nummer in dreiteiliger Form nimmt traditionelle Elemente der Militärmusik auf (etwa den punktierten Marschrhythmus in T. 2 ff., die Trompetenfanfaren in T. 22 ff. oder den Triller der Piccoloflöte in T. 59–60), setzt diese aber durch das Durchkreuzen von Hörerwartungen gebrochen ein: Die Wirkung der Trompetenfanfare wird durch die versetzt einsetzende dissonante Harmonik in den Streichern verfremdet, die Klangfarbe der Piccoloflöte, die traditionellerweise den gesamten Militärmarsch begleiten würde, durch ihren erstmaligen, extrem kurzen, aber deutlich hörbaren Einsatz ausschließlich in den letzten beiden Takten der Nummer ironisch karikiert.[39] Das Don Juan charakterisierende musikalische Material hingegen wird so verarbeitet, dass es die Bedrohung, die von dem intriganten Halbbruder ausgeht, musikalisch ungebrochen abbildet und so verstärkt.

Die Gegenwelt der Liebe verknüpft Korngold mit Beatrice und Benedikt, deren Liebesszenen durch ein Cellosolo, von Harfe und Klavier begleitet, in C-Dur umrahmt werden (Nr. 7 = Nr. 13). Nur für dieses Liebespaar stiftet hier die Musik affektive Identifikation; damit entspricht Korngolds Interpretation der Charaktere in der Musik dem, was in Shakespeares Komödie bereits angelegt ist; Hero und Claudio wirken gegen Beatrice und Benedikt »blaß und wenig individualisiert«: »Ein Claudio, der in der konventionellen Pose eines mehr in die Liebe als in seine Braut Verliebten befangen bleibt, eine Hero, die an den entscheidenden Wendepunkten verstummt, [...] sorgen dafür, dass [...] die potentielle Tragik der Entfremdung zwischen den Liebenden vom Zuschauer mit innerer Distanz aufgenommen« wird.[40] Die oberflächlichen Liebesgefühle von Hero und Claudio werden vor der Intrigenhandlung musikalisch nicht affektiv verstärkt. Erst durch die Tragik von Heros Geschick in der elegischen Trauermusik Nr. 12 als Vorspiel zum V. Akt, am emotionalen Tiefpunkt der Komödienhandlung, räumt Korngold auch auf musikalischer Ebene ein Identifikationsmoment für Hero ein.

Die fortschreitende Verwirrung der gesamten Intrigenhandlung wird musikalisch vor allem durch wechselnde Tonarten markiert: Während der Beginn der Handlung Zwischenaktmusiken im Bereich von C-Dur, G-Dur und im II. Akt auch D-Dur aufweist, stehen am Tiefpunkt der Intrige im III. und IV. Akt die Musiken in Des-Dur, H-Dur und cis-Moll. Motivisch verwandt, da die zugehörigen Szenen auch inhaltlich aufeinander verweisen, sind dabei etwa die *Trauermusik* als Vorspiel zum V. Akt (Nr. 12, vgl. T. 3 ff., 1. Violine) und das Vorspiel *Mädchen im Brautgemach* (Nr. 9, vgl. T. 7 ff., 1. Violine). Nach der Liebesszene von Benedikt und Beatrice (Nr. 13), die möglicherweise auch als

---

39 Zu diesem musikalischen Verfahren der Ironisierung von Militärmusik durch ein Durchkreuzen der Hörerwartungen vgl. Elisabeth Schmierer, *Die Orchesterlieder Gustav Mahlers*, Kassel 1991, S. 120 ff.
40 Pfister, »Die heiteren Komödien« (Anm. 36), S. 480.

Bühnenmusik in die Handlung integriert wurde, ist erst mit der Lösung im *Schlusstanz* als abschließender Szene der gesamten Komödie C-Dur wieder erreicht.

Helmut Pöllmann hat Korngolds Fähigkeit, »dramatische und Inzidenzmusik« (von ihm verstanden als musikalischer Autorkommentar und in die Handlung integriertes Realitätszitat) miteinander zu verbinden und »ineinander aufgehen zu lassen«, als »das entscheidende Kriterium [seines] filmmusikalischen Kunstwerks« beschrieben.[41] Diese Integration ist in *Viel Lärmen um Nichts* bereits in einer Nummer realisiert, nämlich in der Tanzszene *Festmusik* (Nr. 4). Die Tanzmusik, die hier als ›Realitätszitat‹ tatsächlicher Bestandteil der Bühnenhandlung ist, wird mit einem die Zuschauerperspektive lenkenden Autorkommentar in der Musik verschränkt. Der gesamte Szenenbeginn ist in unregelmäßigen Reihungsformen bis zum Auftritt des Don Juan mit Musik im Dreivierteltakt unterlegt.[42] In den ersten Takten wird das Metrum der Worte Beatrices in das Metrum der Musik aufgenommen – selbst der rhetorische Vergleich der verschiedenen Liebes- und Ehestadien mit unterschiedlichen Tänzen ist teilweise in vereinfachter Form in der musikalischen Umsetzung abgebildet.[43] Im Folgenden ist dann der Dialog jedes Paares, der sich vom Tanzgeschehen abhebt, mit einem eigenen musikalischen Abschnitt unterlegt, der jeweils durch eine signalhaft eingesetzte, wiederkehrende Motivkette und vorausgehende Fermaten markiert wird: Eine Sequenz aus aufsteigender Sexte und absteigendem Achtel-Motiv in Posaune, Cello und Fagott, gefolgt von einer aufsteigenden Linie in Flöte, Oboe und Klarinette, erklingt zunächst, von *e* ausgehend, zum Auftritt von Hero und Don Pedro (T. 27), dann, von *dis* ausgehend, zum Auftritt von Boracchio und Margareta (T. 62), schließlich, von *des* ausgehend, zum Auftritt von Antonio und Ursula (T. 100) und noch einmal, von *fis* ausgehend, etwas verspätet zum Auftritt von Benedikt und Beatrice (hier T. 137) zu Beginn jedes Perspektivwechsels auf der Bühne. Der Dialog von Benedikt und Beatrice geht daraufhin in »allgemeine Tanzmusik« über,

---

41 »Es scheint ihm geradezu eine Herausforderung gewesen zu sein, dramatische und Inzidenzmusik so miteinander zu verweben und ineinander aufgehen zu lassen – das eine könnte auch als das jeweils andere aufgefaßt werden –, daß dadurch jener imaginäre Raum entstehen konnte, in dem Film und Musik als ein Ganzes, Unentwirrbares wahrgenommen wird« (Pöllmann, *Erich Wolfgang Korngold* [Anm. 5], S. 85).

42 Schon hier werden unregelmäßige musikalische Reihungsformen im Sinne des szenischen Ablaufs in einer Weise eingesetzt, wie es auch für Filmmusiken, unter anderem diejenigen Korngolds, als spezifisch beschrieben wird, da die Szenerie, nicht die Musik, als in sich geschlossen dargestellt werden soll; vgl. de la Motte-Haber und Emons, *Filmmusik* (Anm. 3), S. 106, 113.

43 »Denn siehst du, Hero, freien, heiraten und bereuen sind wie eine Courante, ein Menuett und eine Pavana: Der erste Antrag ist heiß und rasch wie eine Courante und ebenso fantastisch, die Hochzeit manierlich, sittsam wie ein Menuett, voll altfränkischer Feierlichkeit (Menuettverbeugung). Und dann kommt die Reue und fällt mit ihren lahmen Beinen in die Pavana immer schwerer und schwerer, bis sie in ihr Grab sinkt« (Übersetzung nach der Partitur, Anm. 8).

die jedoch durch den Auftritt Don Juans ihr jähes Ende findet – mit dem szenischen Fokus auf das Erscheinen des Schurken ist auch die gesamte Tanzmusik für den Zuschauer nicht mehr hörbar. So wird durch die in die Handlung integrierte Tanzmusik gleichsam wie durch einen Scheinwerfer die Perspektive des Zuschauers durch die Musik gelenkt, die damit sowohl ›Realitätszitat‹ in der Handlung als auch musikalischer ›Autorkommentar‹ ist. Gleichzeitig kommentiert der musikalische Stil des jeweiligen Abschnitts die Sprechenden, und das Verstummen der Musik mit dem Auftritt Don Juans kennzeichnet den Auftritt des Schurken. Dieses Verfahren, das Korngold als typisches Bühnenmusikverfahren in seiner ersten Schauspielmusik bereits einsetzt, hat in seiner zweiten Schauspielmusik und schließlich in seinen Filmmusiken eine Fortführung gefunden.

Viel Lärmen um Nichts

Akt	Szene	Musik
		1. *Ouvertüre*, G-Dur, 6/8, sehr leicht und heiter
I	1	
	[2 sehr kurz]	
		2. *Don Juan* [12 Takte], [notiert in] C-Dur, 3/4, ziemlich rasch
	3	
		2a = 2. Don Juans Abgang
		3. *Mummenschanz* (Hornpipe), C-Dur, 2/4, festlich bewegt
II	1	4. *Festmusik*, C-Dur, 4/4, Tempo di Menuett, Stichwort [Beatrice zu Hero]: »Der erste Antrag ist heiß und rasch wie eine [Courante]«[44]
	[2 Don Juan und Boracchio]	
	3	5. *Lied des Balthasar*, G-Dur, [Vorspiel »heiter«, 6/8, viele Taktwechsel] 4/8, ruhig, ohne Eile, Stichwort [Don Pedro]: »Wieviel Kreuz setzt er vor sein Lied. Notieren, Noten, Notiz! Welche Not!«
		6. *Gartenmusik*, D-Dur, 9/8, mäßig, [ab T. 6] etwas rascher
III	1	
		7. *Intermezzo*, bei offener Szene, C-Dur, 3/4, sehr ruhig, Stichwort [Beatrice]: »Daß du mein wert seist, hört' ich andre sagen – / und glaub es selbst, auch ohne wen zu fragen.«

44 Vgl. Anm. 43.

Akt	Szene	Musik
	[2]	
		8. *Holzapfel und Schlehwein (Marsch der Wache)*, c-Moll, [ab T. 28] C-Dur, [ab T. 46] c-Moll, 4/4, Zeitmaß eines grotesken Trauermarsches
	3	
		8a *Verhaftung*, [8 Takte], c-Moll, 4/4
		9. *Mädchen im Brautgemach (Szene: Hero – Margarete)*, Des-Dur, 4/4
	4	
	[5 Holzapfel und Schlehwein]	
		10. *Kirchenszene*, H-Dur, 4/4, langsam und feierlich
IV	1	
		11. *Gerichtsszene* = Nr. 8 ab Ziffer 3 [= T. 46, Beginn mit dem C-Dur-Teil]
	2	
		12. *Trauermusik*, cis-Moll, 4/4, ziemlich langsam
V	1	
	2	13. = Nr. 7 ad. lib.
	[3 sehr kurze Kirchenszene]	
	4	
		14. *Schlusstanz* [Nachspiel], C-Dur, 2/4, festlich bewegt [bis T. 77 identisch mit Nr. 3, dann verändert weiter mit Schlussapotheose], Stichwort [Benedikt]: »Spielt auf, Musikanten!«

Tabelle 1: Erich Wolfgang Korngold, *Eine Musik zu Shakespeare's »Viel Lärmen um Nichts« für Kammerorchester* op. 11 (Anm. 8), Überblicksdarstellung.[45] Die dunkelgrauen Felder kennzeichnen Rahmenmusiken, die hellgrauen Bühnenmusiken.

Psychologische Konfigurationen: Innenwelten in der Bühnenmusik zu Müllers *Der Vampir oder die Gejagten*

Ein halbes Jahr nach der Premiere der Shakespeare-Komödie wurde in Hamburg und Köln Korngolds Oper *Die tote Stadt* zu einem großen Erfolg. Der

---

45 Die Nummern und Titel folgen der Ausgabe des Schott-Verlags (Anm. 8). Wenn die dortigen Szenenangaben mit der Textausgabe nicht übereinstimmen, wurde in dieser Übersicht die Musik dem Text entsprechend zugeordnet. Da das originale Theatermaterial nach Wissen der Autorin nicht überliefert ist, kann nicht ausgeschlossen werden, dass der tatsächliche Ablauf bei der damaligen Inszenierung von dem hier angegebenen abwich.

Schriftsteller, Drehbuchautor[46] und Regisseur Hans Müller, der für Korngold bereits das Libretto zu *Violanta* verfasst hatte und später den Text zu *Das Wunder der Heliane* erarbeiten sollte, hatte sich von dem Projekt des Textes zu *Die tote Stadt* zurückgezogen. 1921 bat er Korngold um Musik zu seinem neuen Schauspiel *Der Vampir oder die Gejagten*,[47] das am Deutschen Volkstheater Wien am 3. Februar 1923 aufgeführt wurde. Das Stück wurde nur neunmal gegeben, und die Musik ist bis heute nicht veröffentlicht;[48] das unvollständige Manuskript von Korngolds Partitur wird in der Library of Congress aufbewahrt. Auch Müllers Schauspieltext ist wenig bekannt. Daher sind im Folgenden eine kurze Inhaltszusammenfassung und einige ausführlichere Erläuterungen zu dem Stück beigefügt.

Der Vampir oder die Gejagten

1. Akt
Johannes Darsatiel, ein handwerklich begabter, aber nicht wahrhaft genialer Bildhauer an der Akademie, ist einer von sieben Künstlern, die ein Denkmal für den Milliardär Thomas Katzwendel entworfen haben. Für das »Denkmal des Ehrgeizes« ist ein Preis ausgeschrieben. Es soll in der Stadt auf dem Freiheitsplatz vor dem Christusdom gegenüber den Katzwendel'schen Banken aufgestellt werden. Darsatiel, gelangweilt von der Lehrtätigkeit an der Akademie, ist süchtig nach Ruhm. Das »Männchen«, eine Art diabolischer Vampir, flüstert ihm ein, dass er sich durch Kontakt mit Stella Katzwendel, der Frau des Milliardärs, den Preis sichern soll. Marie, Darsatiels von ihm wenig beachtete, junge, ehrliche Haushälterin, die ihn abgöttisch liebt, versucht, ihn von solchen unlauteren Methoden abzuhalten.

2. Akt
Die dekadente reiche Gesellschaft trifft sich bei Stella Katzwendel. Marie erbittet von dieser Unterstützung für Johannes, gerät aber mit ihr in eine Auseinandersetzung. Sie wird schließlich von Thomas Katzwendel selbst zu einem Rendezvous erpresst, bei dem sie sich ihm als Gegenwert für den Preis hingeben soll. Johannes Darsatiel seinerseits überzeugt Stella Katzwendel, am selben Abend zu einem Treffen in sein Atelier zu kommen.

3. Akt
Auch der wirklich geniale, aber lungenkranke, jüngere und an der Akademie noch am Anfang stehende Bruder Darsatiels mit Namen Karl – er ist seinerseits in Marie verliebt – hat ein Modell für den Wettbewerb entworfen, wie er seinem erfahrenen Bruder beschämt gesteht. Dieser rügt ihn mit dem Argument, er sei noch nicht so weit, erkennt bei der Ansicht des Entwurfs allerdings, dass sein Bruder im Gegensatz zu ihm wahrhaft genial ist. Nach einem Streit zwischen den Brüdern verweist Johannes Karl des Hauses.
Stella Katzwendel erscheint im Atelier und ist von Johannes' stilistisch konservativer Skulptur ernüchtert. Dieser zeigt ihr daraufhin das expressiv gestaltete Modell seines

---

46 Müller lebte seit 1930 zeitweise als Filmdramaturg in Hollywood.
47 Müller, *Der Vampir oder die Gejagten* (Anm. 9).
48 Carroll, *The Last Prodigy* (Anm. 2), S. 164, 384.

Bruders und stellt es als das seinige dar. Stella ist nun beeindruckt. Im Nebenzimmer hört sie die Stimme ihres Mannes, der auf Marie wartet, und flieht daraufhin.

Als Johannes in Erkenntnis seines eigenen Unvermögens beginnt, sein Modell zu zerstören, greift das »Männchen« ein und versetzt Johannes in einen Traumzustand. In seinen Wahnvorstellungen löst sich sein Kunstwerk auf, ein »Gewimmel von Figuren regt sich über dem Phantasierenden«, die Gestalten werden lebendig »in grauweißen Gipskitteln, dass sie aber eher wie Häftlinge oder Spitalkranke aussehen«. Das »Männchen« zieht peitschend in der Mitte einen flammenden Kreis, um den die Gestalten, von ihren Wünschen getrieben, einen orgiastischen Tanz vollführen. Eine Jünglingsgestalt fordert sie auf, sich zu besinnen. Als die Tanzenden versuchen, den Jüngling im Rausch zu töten, mahnt Marie: »Erkennt ihr nicht das bleiche Gesicht? [...] Er ist vom Leid das Mitleiden!« Marie identifiziert, nachdem sie einer Verführung durch den Körper des Johannes widersteht, den Jüngling als Jesus Christus.

4. Akt
Katzwendel kommt zum geplanten Rendezvous mit Marie. Als Geschenk bringt er ihr den Vampir, das »Männchen«, in einem Käfig. Daraufhin findet er Stellas Cape im Atelier. Marie bricht zusammen, da sie begreift, dass sie von Johannes belogen worden ist. Karl tritt ein und will sich bei Johannes entschuldigen. Marie erzählt ihm, dass sein Bruder nicht der ist, für den sie ihn hielt. Sie erkennt, dass sie sich für jemanden opfern wollte, der es nicht wert war. Karl tröstet sie und fühlt sich durch ihre freundliche Reaktion ins Leben zurückgeholt.
Johannes erwacht wie aus einem ewigen Schlaf und bekennt sich vor seinem Bruder, dem er oft den Tod wünschte, beschämt zu Neid und Eifersucht. Er gesteht, dass er dessen Modell für sein eigenes ausgegeben hat. Karl überlässt ihm sein Kunstwerk, da er nur noch an seine Liebe zu Marie denkt. Johannes wird das Kunstwerk einreichen, um ein einziges Mal Ruhm zu erlangen.

5. Akt
Stella und die Preisrichter betreten das Atelier. Katzwendel erhält durch das »Männchen« die Nachricht, dass er durch den Fall seiner Aktienkurse ruiniert ist. Marie tritt ein, will sich, um Urlaub bittend, verabschieden, da sie erkannt hat, wie wenig sie für Karl das sein kann, was er wünscht. Johannes gesteht ihr, dass er selbst den Preis für das Kunstwerk Karls annehmen will. Sie ist entsetzt, gesteht ihm aber ihrerseits, dass sie sich für ihn opfern wollte, Katzwendel sie allerdings verschmähte. Johannes begreift erst, als sie geht, was er für sie empfindet. Karl betritt mit einem Abschiedsbrief von Marie den Raum. Marie fleht ihn an, er möge Johannes vor der Lüge der Falschangabe retten. Johannes erhält dennoch für Karls Kunstwerk den Preis und überdeckt Marie daraufhin mit Küssen. Er preist seine Wandlung zum neuen Menschen in der Hoffnung auf Erlösung: »Wir wollen Menschen sein – und Menschen achten [...]. Vielleicht liegt darin die Kraft der Überwindung?« Sein Bruder Karl antwortet: »Wir wollen Menschen sein und unseren Teil am Licht selbst schaffen – vielleicht wird so der Leib erlöst!«

Die Figur des Vampirs in Müllers expressionistisch beeinflusstem Schauspiel spielt auch auf den zeitgenössischen expressionistischen Film an.[49] In dem fünfaktigen Schauspiel ist sie ironisch auf ein »Männchen« reduziert, einge-

---

49 1920 erschien Robert Wienes *Das Cabinet des Dr. Caligari*, 1922 Friedrich Wilhelm Murnaus *Nosferatu* und Fritz Langs *Dr. Mabuse, der Spieler*; vgl. hierzu Lotte Eisner, *Dämonische Leinwand. Die Blütezeit des deutschen Films*, Wiesbaden 1955.

führt als »klein, alterslos, pergamenten – eine Art grauen geflügelten Schmetterlings. Nur der Mund ist ein hellroter Fleck und die Flügel schimmern korallig.«[50] Es »schnupft aus einer Dose Blutkügelchen« und weidet sich am »Saft von einer roten Engelslippe«.[51] Das diabolische Wesen verführt die Figuren des Dramas zu übertriebenem Ehrgeiz und fungiert so als psychologische Instanz, als die Stimme ihrer dunklen Leidenschaften, von denen es seinerseits genährt wird: »Mark aus ihren Knochen! Saft aus ihren Süchten! Blut aus ihren Enttäuschungen ... ah!!«[52] In der messianisch inspirierten Schlüsselszene des III. Aktes offenbart das Wesen seine Identität, als es sich in der Traumvision des Künstlers Johannes Darsatiel einer Jesus-Gestalt mit Dornenkrone und Nägeln, dem »alte[n] Material«, und den Worten nähert: »Gib frei den Muttersohn, mit dem ich mich zweitausend Jahre messe«.[53] Im letzten Akt verschwindet das »Männchen« mit den Worten: »Ich bin der Engel Nimmeruh, Lucifers Bruder.«[54]

Mit seinen plakativen Charakteren, die bis zum Schluss keiner inneren Entwicklung unterliegen, sondern eine spontane Wandlung zum sogenannten »neuen Menschen« im letzten Akt erfahren,[55] der pathetischen, stark lyrisch-monologischen Sprache und den beigeordneten, symbolisch überhöhten Traumbildern versammelt Müllers Drama typische Elemente des expressionistischen sogenannten Protagonisten-, Wandlungs- oder Erlösungsdramas wie etwa Reinhard Johannes Sorges *Der Bettler* (1912) oder Ernst Tollers *Die Wandlung* (1919). Zudem streift Müller in expressionistischen Dramen häufig wiederkehrende Inhalte wie den Metaphysikverlust der Moderne, dem mit einer Utopie der religiösen Ekstase begegnet wird, die Zivilisationskritik an Mechanisierung, Industrialisierung, Kapitalismus und Militarismus sowie die Auseinandersetzung mit der Traditionalität einer in überkommenen ethischen und ästhetischen Vorstellungen erstarrten Wilhelminischen Gesellschaft. Im Rückblick scheinen diese Themen für die Zeit der Uraufführung 1923 nahezu überlebt, war doch in Dramen wie etwa Ernst Tollers *Masse Mensch* (1920) die Utopie des neuen Menschen bereits dem Skeptizismus gewichen und die idealistische Zielsetzung des messianischen Expressionismus als irreal durchschaut worden.

Die Auseinandersetzung mit der expressionistischen Ästhetik wird im Motiv der feindlichen Brüder thematisiert, und zwar dadurch, dass im Konkurrenzkampf von Johannes und Karl Darsatiel kontrastierende Kunstauffassungen zutage treten: Johannes ist ein handwerklich versierter, etablierter,

---

50 Müller, *Der Vampir oder die Gejagten* (Anm. 9), S. 11.
51 Ebenda, S. 29, 30.
52 Ebenda, S. 80.
53 Ebenda, S. 123.
54 Ebenda, S. 187.
55 »Einleitung« zu *Theorie des Expressionismus*, hrsg. von Otto F. Best, Stuttgart 1976, S. 5–25, hier S. 17. Siehe auch Silvio Vietta und H.G. Kemper, *Expressionismus*, München 1975 sowie Walter H. Sokel, *Der literarische Expressionismus*, München [1960].

aber nicht wahrhaft genialer Bildhauer an der Akademie, und sein Bruder Karl, ein »verwachsener, junger Mensch, lungenkrank, schief, mit langen Armen und Beinen«,[56] vertritt die aus romantischer Weltsicht geprägte Rolle des von der Gesellschaft entfremdeten und kränklichen Genies.[57] Während im neoklassizistisch anmutenden, auf großflächige Harmonie und Schönheit angelegten Kunstwerk des Johannes der Ehrgeiz als »Sohn der Götter« dargestellt ist,[58] zeigt Karls expressives, abstrakt gestaltetes Modell[59] das Zerstörerische des Ehrgeizes als einen »Elementargeist, der mit dem brennenden Scheit in den Himmel stößt ... aber zugleich unter seinen Hufen die Liebe zertritt«.[60] Die Liebe ist von ihm dargestellt als »eine Dienende, die unter dem blinden Fuß des Dämons zugrunde geht«;[61] damit bildet Karl in seinem Modell gleichzeitig das Vergehen seines älteren Bruders ab, der die ihm entgegengebrachte Liebe Maries bis zu ihrem Abschied nicht zu würdigen weiß.[62]

Dem entsprechen die durchaus klischeehaft wie polar angelegten Frauenfiguren, ihrerseits ganz dem für die ersten Jahrzehnte des Jahrhunderts typischen Gegensatz von *femme fatale* und Engelsgeschöpf verpflichtet,[63] hier personifiziert durch Stella Katzwendel und Marie. Die Haushälterin des Johannes Darsatiel, die als Waise zu ihm stieß und ihn seitdem verehrt, ein »junges, schönes, blondes Geschöpf, einfach gekleidet«,[64] ist die einzige Figur in

---

56 Müller, *Der Vampir oder die Gejagten* (Anm. 9), S. 20.
57 Zu dem Motiv der Verbindung von Kränklichkeit und zunehmender künstlerischer und intellektueller Verfeinerung vgl. Erwin Koppen, *Dekadenter Wagnerismus. Studien zur europäischen Literatur des Fin de siècle*, Berlin – New York 1973, etwa S. 265 ff. Diesem Thema hatte Thomas Mann in seinen *Buddenbrooks* eine definitive literarische Gestalt gegeben.
58 Müller, *Der Vampir oder die Gejagten* (Anm. 9), S. 98. Die Statue wird beschrieben mit den Worten: »mehr als zehn Gestalten, vom Ehrgeiz hinaufgeführt ... bis zum Himmel ... Ehrgeiz, der Gott, mitten unter ihnen ... monumental [...]« (ebenda, S. 23).
59 Beschrieben als »Kolossalstatue eines Gottes, in Lehm, schmutziggrünlich, dem Zuschauer zumeist nur als Linie erkennbar« (ebenda, S. 85).
60 Ebenda, S. 97.
61 Ebenda, S. 98.
62 Vgl. ebenda, S. 179: Johannes »(sagt einen Laut, der nie von seinen Lippen gekommen ist, den ersten Laut tiefer, menschlicher Sehnsucht): Marie!«
63 Pöllmann (*Erich Wolfgang Korngold* [Anm. 5], S. 16) beschreibt auch hinsichtlich der Frauenfiguren in Müllers Libretti zu Korngolds Opern eine »Vorliebe für zwei extreme Typen, die in wechselnden Konstellationen [...] wiederkehren: die männermordende Femme fatale und das engelsgleiche ›reine‹ Geschöpf. *Violanta* entspricht dem ersten Typus, während *Heliane* dem zweiten entspricht.« Vgl. zu dieser Polarisierung als Primärquelle Otto Weininger, *Geschlecht und Charakter. Eine prinzipielle Untersuchung*, Wien 1903 (Nachdruck München 1980) sowie grundlegend Melanie Unseld, *»Man töte dieses Weib!« Weiblichkeit und Tod in der Musik der Jahrhundertwende*, Stuttgart 2001. Speziell zu Korngold siehe auch Arne Stollberg, »Hetäre und Heilige – Verführerin und Engelsbild. Zur Topik des Weiblichen in den Opern Erich Wolfgang Korngolds«, in: *Frauengestalten in der Oper des 19. und 20. Jahrhunderts. Symposion 2001*, hrsg. von Carmen Ottner, Wien – München 2003 (= Studien zu Franz Schmidt 14), S. 233–254.
64 Müller, *Der Vampir oder die Gejagten* (Anm. 9), S. 14.

der Handlung, in deren Anwesenheit der Vampir zunächst verschwindet. Die Milliardärsfrau Stella Katzwendel beschreibt sie daher auch spöttisch als: »Die Tugend mit dem Heiligenschein. Die Demut.«[65] Stella Katzwendel selbst »trägt ein enganliegendes, schwarzes Kleid«. Sie ist »schlank, als wäre sie ein aufgestellter Gedankenstrich. Zerbrechlich. Blutleere, weiße Wangen, schwarze Augen, dünngelenkige Hände und Füße, das schwarzrote Haar glatt aus der Stirn gestrichen.«[66] Als Gegenfigur zu der mitfühlenden Marie wird sie in ihrem ersten Dialog mit den Worten eingeführt: »Wie wollen wir uns vergessen, als indem wir das Leiden leugnen? Gerechtigkeit ist das unfruchtbarste Prinzip, Mitleid das unzüchtigste. Es gibt vielleicht nur einen Flügel über die Bürgerwelt: Hassenkönnen.«[67] Ihr Mann, der Milliardär Thomas Katzwendel, »geborener Bankrat« und »Großunternehmer«, eine »massig-schwammige, bleich-schwere, bewegungslos beherrschte, hypertrophische Erscheinung«, in dessen Anwesenheit »jeder Laut erstirbt«,[68] versucht vergeblich, die Zuneigung seiner eigenen Frau zu erkaufen: »Wenn ich dich liebte, wärst Du mir längst entschwunden. Liebe ist das unsicherste Fundament unter Menschen. – Du bist der Rechenfehler in meinem Konto. Ich habe dich gekauft, und du bist mir nicht geliefert.«[69]

Korngolds Musik zu diesem Schauspiel wurde von ihm im autographen Manuskript mit »eine diskrete Bühnenmusik« überschrieben. Seine Intention war demnach eine völlig andere Form von Schauspielmusik als diejenige zu *Viel Lärmen um Nichts*. Setzt sich Letztere formal vor allem aus einzelnen Zwischenaktmusiken in geschlossenen Formen zusammen, so handelt es sich beim *Vampir* ausschließlich um in die Handlung integrierte, formal sehr frei gestaltete Bühnenmusik (zusätzliche Zwischenaktmusiken sind nicht überliefert, wurden möglicherweise aber dennoch in der damaligen Inszenierung gespielt). In fast allen Nummern erklingt die Musik gleichzeitig mit gesprochener Sprache (zu einem Überblick vgl. Tabelle 2, S. 282–284). Diese formale Lösung hat ihren Grund in der jeweiligen Funktion der Musiken: Handelt es sich bei den Rahmenmusiken in *Viel Lärmen um nichts* vor allem um funktionale Musiken im Kontext der gesellschaftlichen Außenwelt, die als Realitätszitate der Handlung (oder als Replik auf diese) häufig in geschlossenen Formen dargestellt werden, so ist die Bühnenmusik zu Müllers Schauspiel im Gegensatz dazu vor allem als Abbild der Innenwelt der jeweils Sprechenden, ihrer Wünsche und Konflikte deutbar, die zumeist durch die Figur des Männchens personifiziert werden.[70] Vor allem die Auftritte des »Männ-

---

65 Ebenda, S. 62.
66 Ebenda, S. 43.
67 Ebenda, S. 45.
68 Ebenda, S. 48.
69 Ebenda, S. 53.
70 Zur Musik als Sprache des Unbewussten in der im Umfeld dieser Schauspielmusik entstandenen Oper *Die tote Stadt* vgl. Stollberg, *Durch den Traum zum Leben* (Anm. 28), S. 32 ff.

chens«, das zugleich diabolische Figur und psychologische Instanz ist, sind von Musik begleitet. Das »Männchen« ist während der Traum- und Wahnsinnsszenen der beiden Brüder, die mit entsprechender Musik unterlegt sind, im I. und III. Akt anwesend; hierbei zeigt der Wechsel von Sprache zu Musik, wie oben beschrieben, den Wechsel von der fiktiven Realität der Handlung in die Welt des Wahnsinns an. Selbst vordergründig rein diegetische Musik wie der Klavierfoxtrott in I.4 und II.6, also Klänge, die aus Nebenräumen herüberschallen, kommentieren gleichfalls die Innenwelt verschiedener Personen und sind so auch musikalischer Autorkommentar. Im Falle des Foxtrotts in I.4 ist nicht eindeutig, ob Karl die Musik nur als Teil seines Rausches wahrnimmt oder ob sie auch in der Handlungsrealität zu hören ist. Da exakt dieselbe Musik in II.6 bei Stella Katzwendel zu Hause in einem völlig anderen Kontext erklingt, hat sie schon durch den bloßen Rückbezug, trotz ihrer Anlage als Realitätszitat, gleichzeitig den Charakter eines Autorkommentars.

Die psychologische Gegenwelt zu der Sphäre des Vampirs ist die Seele Maries. Die beiden Welten werden von Korngold immer wieder miteinander konfrontiert, so etwa in I.2 (vgl. Notenbeispiel, S. 285-286) und III.8. Marie und das »Männchen« sind damit auch die einzigen Figuren, die mit wiederkehrendem musikalischen Material ausgestattet werden. Der innere Konflikt des Künstlers Darsatiel ist auf diese Weise in der Musik reflektiert. Eine solche musikalische Gestaltung ist vergleichbar mit entsprechenden klanglichen Gegenwelten in Musiken zu Goethes *Faust* aus dem 19. Jahrhundert, in denen oft Mephistos und Gretchens Sphären musikalisch kontrastiv angelegt sind und damit den inneren Konflikt Fausts abbilden.[71]

Der Vampir wird als Titelgestalt gleich zu Beginn des Schauspiels eingeführt, und seine musikalische Charakterisierung ist über das gesamte Stück hinweg aus dem gleichen Material gestaltet (so in I.1, I.2, I.3 und III.8, vgl. Notenbeispiel zu I.2). Die Tempobezeichnung des im 6/8-Takt gehaltenen Beginns lautet »rasch«. Nachdem der erste erklingende Ton in Klavier und Violoncello ein in C-Dur nicht leitereigenes *gis* ist, beginnen Klavier, Flöte und Harfe mit rhythmisch verschobenen, diatonischen Sechzehnteltriolen bzw. Zweiunddreißigstelläufen aufwärts, die auf unterschiedlichen Tonhöhen einsetzen und mit einem aus leitereigenen Tönen gebildeten Akkord in Terzschichtung enden. Der erreichte Klang wird sogleich durch einen Tritonus-Auftakt in Flöte und Klavier (von *c* zum nicht leitereigenen *fis*) und eine damit einhergehende chromatische Rückung nach Fis-Dur gestört.[72] Chromatische

---

71 So etwa in Peter Joseph von Lindpaintners *Musik zu Goethes Faust* (D-Sl, cod. mus. HB XVII 351 a-e). Zu Deutungen dieser Schauspielmusik vgl. Sieghart Döhring, »Peter Joseph von Lindpaintners Schauspielmusik zum ›Faust‹«, in: *Musik in Goethes Werk – Goethes Werk in der Musik*, hrsg. von Andreas Ballstaedt u. a., Schliengen 2003, S. 335-363 und Beate Agnes Schmidt, *Musik in Goethes »Faust«. Dramaturgie, Rezeption und Aufführungspraxis*, Sinzig 2006 (= Musik und Theater 5), S. 383-416.
72 Vgl. zu dieser Tonartenabfolge Pöllmanns Ausführungen zu Korngolds Sinfonie in Fis op. 40 (*Erich Wolfgang Korngold* [Anm. 5], S. 152 ff.).

Abgänge in den Streichern, wechselnde Akzente auf unbetonten Zählzeiten und starke dynamische Unterschiede in relativ kurzem Zeitablauf (vor allem in I.1) nehmen die Unruhe, das Flatterhafte des diabolischen Wesens sowie die Bedrohung, die es auslöst, als Verunsicherung in die musikalisch unvorhersehbare Struktur auf. Wenn das Männchen zu sprechen beginnt, ist der Orchesterklang zumeist in Fis-Dur angekommen, und die Flöte begleitet mit dem hohen *fis'''* stets die Rede des diabolischen Vampirs, dessen gesungene Liedabschnitte in H-Dur im 3/4-Takt (»im Walzertempo«) notiert sind. Auch der Einsatz von Schlagwerk steht immer im Zusammenhang mit dem Auftritt des Vampirs (siehe etwa in II.7 Tamburin und Triangel).

Die Gegenwelt zu dieser Sphäre bildet die Musik Maries, die gleichfalls sofort bei ihrem ersten Auftritt erklingt (vgl. Notenbeispiel). Sie ist »ruhevoll getragen«, steht *piano* im 3/4-Takt in D-Dur und beginnt im tiefen Register des Klaviers sowie mit einem elegischen Cellosolo (*molto espressivo*) in größtenteils zweitaktigen Phrasen, deren Metrum durch Überbindungen verschleiert ist. Der tonale Rahmen wird hier allenfalls durch Vorhaltsdissonanzen erweitert; rhythmische Verschleierungen entfalten ihre Wirksamkeit nicht als bedrohliche Unsicherheit, sondern im Rahmen der Vorhaltsbildungen als sehnsuchtsvolles Streben. Später wird das Cellosolo durch die hohen Streicher ergänzt, und Maries Auftritt endet mit einer großen dynamischen Steigerung (bei gleichzeitiger Steigerung der Tonhöhen) im gesamten Streichorchester.

Korngolds Einsatz dieser musikalischen Mittel zur Gestaltung einer diabolischen und einer engelsgleichen inneren Sphäre ist sehr traditionell, sowohl im Sinne der musikalischen Rhetorik[73] – das »Männchen« wird mit dem Tritonus, dem ›diabolus in musica‹, der traditionell auf Teuflisches und Sündhaftes verweist, sowie mit Chromatik assoziiert – als auch hinsichtlich Instrumentation und Harmonik: Während das »Männchen« von hohen Flötentönen und Dissonanzen begleitet ist, wird Marie von einem Cellosolo in tonalem Rahmen umgeben. Dieses plakative Verfahren hat möglicherweise dazu geführt, dass sich zwischen Korngolds Musik und Müllers Text, der eine expressionistische Ästhetik propagiert, eine Diskrepanz ergab, der die gesamte Inszenierung nicht standhalten konnte.

Die von Pöllmann als Spezifikum der Korngold'schen Filmmusikpartituren hervorgehobene Integration von Realitätszitat und Autorkommentar hat Korngold in *Viel Lärmen um Nichts* in einer Tanzszene umgesetzt. In *Der Vampir oder die Gejagten* können diese beiden Ebenen nicht mehr voneinander getrennt werden, da das Schauspiel selbst vor allem die Innenwelten der Figuren thematisiert. So überschneiden sich in Johannes' Wahnsinnsszene im III. Akt verschiedene äußere und innere Handlungsebenen: Das »Männchen« erscheint, das als psychologische Instanz und diabolisches Wesen ohnehin stets von unheimlich anmutenden Klängen umgeben ist; es versetzt Johannes

---

[73] Zur Tradition musikalischer Rhetorik und den Anfängen der Filmmusik vgl. Krones, »Optische Konzeption und musikalische Semantik« (Anm. 13).

in einen Traumzustand, der mit Musik untermalt ist, und in dem Marie mit dem ihr zugehörigen Cellosolo dem Träumenden erscheint und einen melodramatischen Dialog mit ihm führt. In derselben Traumrealität wiederum steigen im Wahn des Johannes die Figuren von seinem Kunstwerk herab, begleitet von einem orgiastischen 6/8-Tanzrhythmus mit einer überdeutlichen Triller-Betonung auf der ersten und vierten Zählzeit im Klavier und im Violoncello, während das »Männchen« sie vom Sockel aus peitscht. Die Figuren der Skulptur, die nun den Charakteren des Schauspiels entsprechen, äußern sich zu ihren Wünschen und Begierden (Stella: »Ich will in die Milchstraße«. Bruder: »Ich will in den Venusberg« etc.). Während ihrer Äußerungen schweigt der durchlaufende Rhythmus, als stünde die Zeit still, und im Klavier erklingen Fermatenakkorde in leeren Intervallen wie Quinte und Quarte. Die Figuren wiegen sich in einem Tanzrhythmus, bis in Takt 68 zu einem »festen Tanzzeitmaß« mit Sprechgesang der »Tanz der Grauweißen um den Feuerkreis« beginnt, der erst mit dem Erscheinen der christusgleichen Jünglingsgestalt endet. Damit endet auch die Musik.[74] In vergleichbarer Weise wie in der Tanzszene in *Viel Lärmen um Nichts* wird auch hier die Perspektive des Zuschauers durch die Musik gelenkt: Zuerst hört er die Tanzmusik, während der Sätze der Figuren ist diese nicht mehr wahrnehmbar, anschließend erklingt sie wieder umso stärker zum Sprechgesang der Gepeitschten. Allerdings handelt es sich hier nicht mehr, wie in Shakespeares Komödie, um Tanzmusik zu einem gesellschaftlichen Ereignis, sondern um die Tanzvision eines in Wahnträumen Befangenen.

In seinen beiden Schauspielmusiken hat Korngold verschiedene Techniken der Musik im Sprechtheater erprobt. Zu der von ihm vor allem heiter und leicht interpretierten Shakespeare-Komödie schrieb er zu großen Teilen funktionale, in den gesellschaftlichen Kontext eingebundene Rahmenmusiken in geschlossenen Formen. Sie sind als nachträglich reflektierende oder vorweggenommene Einlagen im Umfeld der Komödienhandlung deutbar, auch wenn sie zumeist nicht als eigentliche ›Bühnenmusiken‹ während der Handlung erklingen. Die Musik erhält hier viel Raum, und in der musikalischen Sprache unterscheidet Korngold durch den Einsatz traditioneller Mittel wie Tonartencharakteristik, Stilzitate oder charakteristische Tanzrhythmen differenziert semantische Ebenen. Einzelne Nummern dieser Musik führten später im Konzertsaal in der Suite für Kammerorchester zu *Viel Lärmen um Nichts*, entfunktionalisiert und vom konkreten Schauspieltext entkoppelt – wie viele Schauspielmusiken aus dem 19. Jahrhundert –, ein Weiterleben als konzertante Programmmusik.

Die Bühnenmusik zu *Der Vampir oder die Gejagten*, die vor allem als Abbild des Inneren der in psychologischen Konflikten und Wahnzuständen befangenen Figuren deutbar ist, geriet nicht nur wegen des offensichtlich äs-

---

[74] Müller, *Der Vampir oder die Gejagten* (Anm. 9), S. 119. Da das autographe Manuskript unvollendet ist, kann nicht ausgeschlossen werden, dass weitere Musik folgte.

thetisch sehr zeitgebundenen und zudem problematischen Schauspiels von Hans Müller in Vergessenheit. In dieser Musik, die vor allem Szenen mit gesprochener Sprache begleitet, gibt es nur wenige und zudem sehr kurze formal geschlossene Einheiten. Die musikalische Struktur ist durch Fermaten, Pausen und Reihungsformen flexibel und offen, gleichsam improvisatorisch angelegt, um genauestens auf die zeitlichen Bedürfnisse von Szene und Text reagieren zu können. Einige wenige wiederkehrende Elemente dienen der Figurencharakteristik, dies allerdings immer im Hinblick auf deren Innenwelt. Die Differenzierung der Musiksprache durch Tonartengebrauch oder den Einsatz verschiedener Stilebenen ist hier weitaus eingeschränkter; die Musik nimmt ohnehin weniger Raum ein als in Shakespeares Komödie. Töne erklingen immer dann zur gesprochenen Sprache, wenn im Text ein Wahn-, Traum- oder anderer emotionaler Extremzustand, etwa die Liebe, ausgedrückt wird. Dennoch erscheint auch dieses musikalische Experiment im Hinblick auf Korngolds spätere Filmpartituren interessant, da wichtige Mittel der Musik zu Müllers Schauspiel bereits auf später von Korngold eingesetzte filmmusikalische Techniken vorausweisen – auch wenn der ›Soundtrack‹ in den meisten seiner Filmkompositionen wieder weitaus mehr Raum einnimmt als in dieser ›diskreten Bühnenmusik‹.

Der Vampir oder die Gejagten

Akt	Nr./Text	Musik
I	1. *Der Vorhang öffnet sich gleichzeitig* T. 14: Männchen [melodramatisch]: *Mein lieber Herr Professor, das ist nichts. In Ihrem Alter hatte Michelangelo, ein überschätzter Bastler aus Caprese, schon dreitausend Fixsterne im Sack ...* […]	[58 Takte] [notiert in] C-Dur, 6/8, *rasch* Flöte, Harfe, Klavier, Becken, 1./2. Violine (pizz.), Violoncello
	T. 34: Männchen [gesungen]: *Wovon sind Floh und Wanze / so fröhlich und fett? / Sie gehen auf das Ganze – / Die Welt ist nur ein Be..e..tt*	H-Dur, 3/4, *Walzertempo* Flöte, Klavier, Triangel, 1./2. Violine (pizz.)
	2. *[mitten im Monolog des] Männchen[s], [melodramatisch]: lass Dich nur nicht irre machen, merk dir die Adresse:* [Musik] *Frau Stella Katzwendel, schwarze Häsin, heute Nacht um halb fünf*	[35 Takte] [notiert in] C-Dur, 6/8, *rasch* Flöte, Harfe, Klavier, Becken, 1./2. Violine (pizz.), Violoncello
	T. 11: *Marie tritt ein*	D-Dur, 3/4, *ruhevoll getragen* Klavier und Streicher, Violoncello solo
	3. *Männchen sitzt mit einemmal ihm gegenüber, wie ein Wirtshausgast*	[5 Takte] [notiert in] C-Dur, 6/8, *rasch* Flöte, Harfe, Klavier, Becken, 1./2. Violine (pizz.), Violoncello

Zwischen Oper und Filmmusik. Korngolds Schauspielmusiken

Akt	Nr./Text	Musik
	4. Marie zum Bruder [als dieser sie verführen will und über Johannes lästert]: [...] *wie niedrig sind sie! Wie reiner, unbeirrbarer Mensch ist er!* [Musik] Bruder (außer sich, ohne Maß [melodramatisch]): *So soll er's zeigen* (Das helle, heiße Surren der Peitschen erfüllt jetzt den ganzen Raum rhythmisch und anjagend wie Musik eine Zirkusmanege) *Ah, ich weiß nicht mehr, was ich will. Wer tanzt mich? Ich will glücklich sein!!!* (dreht sich taumelnd um sich. Klavierklang von außen tritt zum Peitschenrhythmus) *Hörst Du? Drüben in der Tanzschule tanzen die Mädchen schon wieder. Lange, süße, blonde Zöpfe [...].* (Bruder läuft heulend hinaus) [Musik Ende]	[26 Takte] [notiert in] C-Dur, 4/8, *mäßig* Flöte, Harfe, Streicher con sord.: 1. Violine tremolo, 2. Violine pizz., Violoncello flag. T. 9: *Klavierklänge von außen, Zeitmaß eines Foxtrotts* Dazu: Klavier [Foxtrott]
II	5. Stella: *Ich will lachen und Hochmut tanzen auf dem Nacken der Künstler* (Männchen bläst Flöte, Stella tanzt, grotesk) [Musik während des gesamten Gesprächs mit dem Gestorbenen, melodramatisch] T. 11: *Stella: Keine Liebe auf Erden ...*	[32 Takte] [notiert in] C-Dur, 3/4, *nicht zu rasche Viertel* Flöte, Harfe, Klavier, Streicher: 1. Violine (con sord.), 2. Violine (pizz.)
	T. 27: *Katzwendel tritt ein. Alle Gäste neigen sich tief vor ihm*	[notiert in] C-Dur, 2/4 Klavier [sehr tiefe Lage], Tamtam
	6. Männchen [über Katzwendel]: *Zu eurem Trost: Seine Ruhe ist auch nur gespielt! Der Bursche gehört zu meinen gehetztesten Hasen ...* [...] (Man hört durch die geschlossene Tür, verschleiert und nur taktweise, eine Koupletmusik)	[12 Takte] [notiert in] C-Dur, 4/8, *Zeitmaß eines Foxtrotts* Klavier solo [dasselbe wie in I.4]
	7. Männchen [melodramatisch]: *Mark aus ihren Knochen! Saft aus ihren Süchten! Blut aus ihren Enttäuschungen ... ah!!* [...] (Toll, losgebunden, rast er über Stühle und Tische) Vorhang [bis zum Ende des II. Aktes]	[29 Takte] H-Dur, 3/4, *Sehr lebhaftes Walzertempo* Flöte, Klavier, Triangel, Tamburin
III	8. Männchen: [...] *Ist es soweit gekommen, daß Du nicht mehr ein braver Hansjörg bleiben willst?* [Musik beginnt] Johannes (legt sich zurück, holt zum Hiebe gegen seine Figuren aus) Männchen (blitzschnell davorspringend, mit ausgebreiteten Armen, *stößt einen gellenden, unsagbaren Schrei aus, der die Welt vom Schlaf errütteln könnte*. [...] Ein angespannter, vibrierender Ton, wie von einem Cello oder einem älteren Saiteninstrument, klingt an und schwillt stärker zu tragischer Musik)	[130 Takte] [notiert in] C-Dur, 2/4 [sic!], *rasch* Flöte, Harfe, Klavier, Becken, 1./2. Violine (pizz.), Violoncello

283

Akt	Nr./Text	Musik
	T. 8: (*Eine Mädchengestalt, sie gleicht Marie*, löst sich aus ihrer kauernden Stellung vom Denkmal des Bruders, steigt herunter und nähert sich dem Phantasierenden. Ihre Bewegungen sind unwirklich. Sie beugt sich über ihn.) [im Folgenden melodramatischer Dialog von Johannes und Marie zur Musik bis T. 67, er phantasiert – bis zu] *Geh weg! Geh weg! Ich habe zu tun!* [...]	D-Dur, 3/4, *ruhevoll getragen* Klavier und Streicher, Violoncello solo [siehe Nr. 2]
	T. 37: *Marie: (Gewimmel von Figuren regt sich über dem Phantasierenden) Schau, wie sie kommen. Johannes:* [...] *Wer sind die? Die Grauweißen? Marie: Menschen unterwegs. Wandernde. – Weißt Du nicht, wie sie heißen?*	[notiert in] C-Dur, 4/4 [aufsteigende Glissandi in Klavier und Harfe]
	T. 40: *Johannes: (schreit aus dem Traum) Da! Die kenn ich ja!* (*Von Johannes' Runddenkmal, in grauweißen Gipskitteln, in denen sie aber eher wie Häftlinge oder Spitalkranke aussehen, haben sich die Gestalten gelöst und steigen zu ihm herab* [...])	[notiert in] C-Dur, 6/8, *gemessen, allmählich steigernd* Klavier, Violoncello
	T. 48: *Stella: Ich will* [...] *Gestorbener: Ich will in das Leben. Flötist: Ich will in den Tod, oder auf ein Podium* [...]	[notiert in] C-Dur, 3/4 Klavier, Violoncello [zu jedem Herabgestiegenen ein Fermate-Akkord]
	T. 60	[notiert in] C-Dur, 6/8, *wie vorher* Klavier, Violoncello
	T. 68: [Sprechgesang] *Tanz der Grauweißen um den Feuerkreis (im* [...] *Peitschenrhythmus, bacchisch) Wir wollen! Wir wollen!* [...]	[notiert in] C-Dur, 3/4, *festes Tanzzeitmaß* Flöte, Harfe, Klavier, Streicher, (Sprech-)Gesang, Becken

Tabelle 2: Erich Wolfgang Korngold, *Der Vampir, eine diskrete Bühnenmusik* [unvollständiges Manuskript] (Anm. 9), Überblicksdarstellung. In gleicher Farbe markierte Felder kennzeichnen den Einsatz desselben musikalischen Materials. Kursive Angaben sind direkt aus dem Manuskript übernommen, nicht kursive Textstellen wurden aus dem Schauspieltext ergänzt.

I. Akt No. 2

Notenbeispiel: Korngold, *Der Vampir, eine diskrete Bühnenmusik*, I. Akt No. 2

Notenbeispiel (Seite 2)

Christoph Henzel

Korngold und die Geschichte der Filmmusik[1]

Was würde Erich Wolfgang Korngold zu dem Berner Tagungsprogramm sagen? Vermutlich wäre er damit zufrieden: Im Zentrum steht das Bühnenschaffen, und auch das Instrumental- und das Liedschaffen kommen nicht zu kurz. Nur am Rand geht es um die Filmmusik. Gerade dies würde ihm gefallen, da er seine Arbeit für Hollywood selbst nicht als vollgültige künstlerische Tätigkeit betrachtet hat. Dies mag Erstaunen auslösen, wenn man an den Erfolg des Komponisten auf diesem Gebiet denkt, es ist aber andererseits wenig verwunderlich bei einem Komponisten, der fest im romantischen Kunstverständnis verwurzelt war. Der Film war für Korngold eine willkommene Einnahmequelle sowie der Weg, als Komponist im Exil zu überwintern: »Er hätte wahrscheinlich auch für den Film nicht geschrieben, wäre er nicht materiell dazu gezwungen gewesen.«[2] Folgerichtig beendete er nach Kriegsende seine Arbeit für den Film und versuchte, in Europa an seine früheren Erfolge als ›seriöser‹ Komponist anzuknüpfen – vergeblich, da er als ›letzter Romantiker‹ kaum noch auf Verständnis stieß.

Im Unterschied zu Korngolds Selbsteinschätzung besteht in der Filmmusikforschung übereinstimmend eine hohe Meinung von seiner Bedeutung: Korngold gilt neben Max Steiner als Begründer des klassischen Hollywoodstils.[3] Die Anerkennung seiner Maßstäbe setzenden Arbeit für den frühen Tonfilm kann man an den Academy Awards für *Anthony Adverse* (1936) und *Robin Hood* (1938) ablesen.[4] Und nur auf dem Gebiet der Filmmusik hat es eine kom-

---

1 Bernd O. Rachold (Korngold-Archiv, Hamburg) und Glen Wilson (Hochschule für Musik Würzburg) danke ich für Hilfe bei der Materialbeschaffung.
2 Luzi Korngold, *Erich Wolfgang Korngold. Ein Lebensbild*, Wien 1967 (= Österreichische Komponisten des 20. Jahrhunderts 10), S. 80; siehe auch Brendan G. Carroll, *The Last Prodigy. A Biography of Erich Wolfgang Korngold*, Portland/Oregon 1997, S. 274–275.
3 Vgl. zum Beispiel Roy M. Prendergast, *Film Music – A Neglected Art. A Critical Study of Music in Films*, New York – London 1977, ²1992, S. 39; Christopher Palmer, *The Composer in Hollywood*, London 1990, S. 51–67; *Musik multimedial – Filmmusik, Videoclip, Fernsehen*, hrsg. von Josef Kloppenburg, Laaber 2000 (= Handbuch der Musik im 20. Jahrhundert 11), S. 29–30 und 93–96.
4 Max Steiner hatte bereits 1935 einen Oscar für die Musik zu *The Informer* erhalten.

positorische Rezeption (zum Beispiel bei John Williams) gegeben.[5] Dass Korngold – im Unterschied zu Steiner – zu keinem wirklich bedeutenden Film die Musik komponierte, hat sich nicht als hinderlich erwiesen.

Die Differenz zwischen Selbst- und Fremdbild ist im Folgenden der Ausgangspunkt für die nähere Betrachtung von Korngolds ambivalentem Verhältnis zur Filmmusik. In diesem Zusammenhang stellt sich auch die Frage nach der Beziehung zwischen Filmmusik und Kunstmusik in seinem Schaffen. Daran schließt sich eine kritische Beschäftigung mit dem bisherigen musikwissenschaftlichen Blick auf Korngolds Filmmusik an. Es zeigt sich, dass es mit der gängigen Zuordnung zum sogenannten ›Hollywoodstil‹ und der Frage des Vorrangs vor Max Steiner nicht getan ist, sondern dass vielmehr die spezifische Problemstellung des einzelnen Films durch alle Konventionen hindurch in Betracht gezogen werden muss, um den Rang Korngolds als Komponist von Filmmusik näher beschreiben zu können. Es versteht sich von selbst, dass dies hier nur angedeutet und nicht ausführlich dargestellt werden kann.

Korngolds ambivalentes Verhältnis zur Filmmusik

Es steht außer Frage, dass Korngold in seiner Exilzeit über die Arbeitsmöglichkeit bei Warner Brothers und die damit verbundenen Einkünfte erfreut war und sich in der Regel mit echtem Interesse der jeweiligen Aufgabenstellung näherte. Andererseits war er – und darin dürfte ihn sein Vater bestätigt haben – der festen Überzeugung, dass Filmmusik nur von niederem ästhetischen Wert sei. Als Beleg kann ein im Januar 1937 publiziertes Interview dienen, in welchem er angehende Komponisten vor der Unterhaltungsmusik, die Filmmusik eingeschlossen, warnte: »But the young composer should not write fox trots. He should close his eyes to the films and his ears to the radio. He should simply write serious music, as the masters did: a real, a difficult question today, for writing entertainment music is not composing. [...] After all, they are two different things: writing film music, and writing art music. The approach to the one is that of a craftsman, to the other that of an inspired creator.«[6]

Der Text ist ein schönes Beispiel für die ungebrochene Gültigkeit des romantischen Kunstbegriffs. Er liefert die Begründung für Korngolds kurios anmutende Entscheidung, sich bei *Captain Blood* (1936) wegen einiger aus Zeitnot aus Franz Liszts *Prometheus* und *Mazeppa* entliehener Takte nur als

---

5 Auch Alfred Newman wird gelegentlich als Korngold-Adept genannt (vgl. Palmer, *The Composer in Hollywood* [Anm. 3], S. 75–76). Worin allerdings die Korngold-Rezeption, von thematischen Anklängen abgesehen, genau besteht, ist unklar. Vielleicht geht es lediglich um die Wiederbelebung einiger Merkmale des klassischen Hollywoodscores?

6 Erich Wolfgang Korngold, »Composing for the Pictures«, in: *The Etude Music Magazine*, Januar 1937; http://thompsonian.info/korngold-etude-Jan-1937.html (Juni 2008).

Arrangeur kreditieren zu lassen[7] – so gering schätzte er im Vergleich zum klassischen Werk seine eigene Musik ein. Auch nachdem sich der Komponist 1938 auf unbestimmte Zeit in Hollywood niedergelassen hatte, behielt er seine innere Reserve bei. Dies kann man daran ablesen, dass er in einem 1940 publizierten Text seine Sonderstellung als Komponist im Studiosystem, das heißt seine Distanz dazu herausstrich.[8] Ihm zufolge hatte er lediglich einen befristeten Vertrag, der ihn zur Arbeit an zwei Filmen eigener Wahl pro Jahr verpflichtete. Weiter betonte Korngold, dass er frei über den jeweiligen Musikanteil im Film bestimmen könne und dass das Studio keine Zensur an dem fertigen Werk ausübe.

Die Absicht Korngolds ist unübersehbar: Der autonome Künstler wahrt in Hollywood seine künstlerische Freiheit. Ihr waren in der Praxis allerdings enge Grenzen gesetzt. Die Wahl der Filme war durch den Produktionsplan der Warner Brothers bestimmt; selbstverständlich kamen nur Hauptfilme für den bedeutenden europäischen Komponisten in Frage. Darüber hinaus waren der Musikanteil und die Platzierung der Tracks durch genretypische Konventionen bestimmt. Schließlich sind Modifikationen an den fertigen Partituren im Verlauf des Produktionsprozesses nachgewiesen. Sie wurden teils beim Dubbing, teils auch nach der Preview vorgenommen.[9] Dies mag im gegenseitigen Einvernehmen geschehen sein; es zeigt aber, dass die Musikabteilung sehr wohl Einfluss auf die endgültige Gestalt der Musik nahm. Korngold war also letztlich, wie alle anderen Komponisten, ein spezialisierter Beiträger in der industriell organisierten Filmproduktion.[10] Das aber versuchte er zu verschleiern. Dazu passt, dass er weder in dem erwähnten Text noch an anderer Stelle über seine Zusammenarbeit mit den professionellen Orchestratoren des Studios, insbesondere mit Hugo Friedhofer, gesprochen hat. Sie arbeiteten teils nach seinen Vorgaben, teils selbständig die von ihm gelieferten Vorlagen aus. Gelegentlich übernahmen sie auch die Komposition einzelner Tracks.[11]

Korngolds Selbstbild als Künstler, soweit es in dem Text niedergelegt ist, steht nicht nur im Widerspruch zu seiner Rolle als Komponist in Hollywood, sondern auch zu seinen Erfahrungen als Opern- und Operettenkomponist. Auch hier kann von voller künstlerischer Souveränität nicht gesprochen wer-

---

7 Vgl. Jessica Duchen, *Erich Wolfgang Korngold*, London 1996 (= 20th-Century Composers), S. 164; Ben Winters, *Erich Wolfgang Korngold's »The Adventures of Robin Hood«. A Film Score Guide*, Lanham u. a. 2007 (= Scarecrow Film Score Guides 6), S. 42–44.
8 Vgl. Erich Wolfgang Korngold, »Some Experiences in Film Music«, in: *Music and Dance in California*, hrsg. von José Rodríguez, Hollywood 1940, S. 137–139.
9 Zu *Robin Hood* vgl. Winters, *Erich Wolfgang Korngold's »The Adventures of Robin Hood«* (Anm. 7), S. 106–107.
10 Vgl. ebenda, S. 5–15.
11 Vgl. Hugo Friedhofer, *The Best Years of His Life. A Hollywood Master of Music for the Movies*, hrsg. von Linda Danly, Lanham – London 1999 (= Filmmakers Series 66), S. 56–67.

den. So war *Das Wunder der Heliane* in Wien von der Uraufführung an mit einigen Strichen aufgeführt worden, auch unter Korngolds Stabführung.[12] Die Striche sind in der gedruckten Partitur und der Erstauflage des Klavierauszugs von 1927 nicht enthalten. Sie gingen offensichtlich aus der Probenarbeit an der Wiener Staatsoper hervor und fanden teilweise Eingang in die zweite Auflage des Klavierauszugs (1928), hier allerdings mit unklarer Absicht: Teils sind sie als zwingende Vorschrift bezeichnet, teils als *ad libitum*-Variante. Die Widersprüchlichkeit ist aber bezeichnend für den Mittelweg, den Komponist und Verlag zwischen Autorintention und ökonomisch relevanter Theaterwirksamkeit einschlugen. Dieser Aspekt kam noch stärker bei den acht zwischen 1923 und 1932 erstellten Operettenarrangements Korngolds zum Tragen.[13] Der Versuch, die klassische Operette gegen die modernen amerikanisierenden Tendenzen wiederzubeleben, beruhte auf der engen Kooperation des Komponisten mit den Textbearbeitern und auf der Berücksichtigung bestimmter Sängerinnen und Sänger. So ist etwa die Neufassung von *Eine Nacht in Venedig* entscheidend von der Mitwirkung Richard Taubers geprägt. Die Kalkulation des (kommerziellen) Erfolgs war im populären Musiktheater selbstverständlich; in der Oper spielte sie auch eine Rolle: So ist das sogenannte *Lied der Marietta zur Laute* eine nur locker mit der Handlung verbundene Nummer populären Zuschnitts,[14] welche von Schott in einer Bearbeitung für Singstimme und Klavier verlegt und alsbald auf Schallplatte eingespielt wurde.

Zurück zu Korngolds Text: Die Absicht, seine künstlerische Selbstbestimmung als Filmmusikkomponist zu behaupten, lässt sich nicht zuletzt daran ablesen, dass er die funktionale Bindung seiner Musik herunterspielt, indem er ihre Authentizität und Autonomie betont. Er stellt seine Filmmusik als Kunstmusik dar: »Just as I do for the operatic stage, I try to invent for the motion picture dramatically melodious music with symphonic development and variation of the themes.«[15] In diesem Zusammenhang ist auch die von Luzi Korngold überlieferte Ansicht zu sehen, dass ihr Mann die Herstellung von Filmmusik in Analogie zur Opernkomposition betrachtet habe.[16] In beiden Fällen handelt es sich um eine apologetische Äußerung, welche auf die Nobi-

---

12 Vgl. Dirk Wegner, *Studien zu den Musikquellen von Erich Wolfgang Korngolds Oper »Das Wunder der Heliane«*, Hildesheim u. a. 2007 (= Studien und Materialien zur Musikwissenschaft 46), S. 381–388 sowie ders., »Liebestod oder Apotheose? Überlegungen zur authentischen Textgestalt von Erich Wolfgang Korngolds Oper *Das Wunder der Heliane*«, S. 187–197 des vorliegenden Bandes.
13 Vgl. hierzu ausführlich Kevin Clarke, »›Der Walzer erwacht – die Neger entfliehen‹. Korngolds Operetten(bearbeitungen) von *Eine Nacht in Venedig* 1923 bis zur *Stummen Serenade* 1954«, S. 235–260 des vorliegenden Bandes.
14 Vgl. Helmut Pöllmann, *Erich Wolfgang Korngold. Aspekte seines Schaffens*, Mainz u. a. 1998, S. 65–69.
15 E. W. Korngold, »Some Experiences in Film Music« (Anm. 8), S. 139.
16 Vgl. L. Korngold, *Erich Wolfgang Korngold* (Anm. 2), S. 80.

litierung einer als niedrig eingeschätzten Tätigkeit zielte.[17] Dies ergibt sich nicht nur aus der substanziellen Verschiedenheit von Film- und Opernmusik, sondern auch aus der Tatsache, dass Korngold mit der Fokussierung auf den technischen Aspekt der Kunst (›dramatically melodious music with symphonic development and variation of the themes‹) einem konventionellen Argumentationsmuster folgt. Als nämlich der Film seit dem Ende des ersten Jahrzehnts im 20. Jahrhundert einen sozialen und künstlerischen Aufstieg erlebte – Anzeichen dafür waren unter anderem der Langfilm, die Filmpaläste und die Filmstars –, konzentrierten sich die Bemühungen auch auf die Anhebung des Niveaus der Begleitpraxis bzw. der Musik. Letztere rechtfertigte sich vorzugsweise durch den Hinweis auf die von ihr übernommenen Kunstmittel des Musikdramas, besonders der Leitmotivtechnik. Auch Korngold bezieht sich in seiner Wortwahl darauf (›symphonic development and variation of the themes‹). Doch täuscht er damit über fundamentale Differenzen hinweg: Während die Leitmotive in *Die tote Stadt* unbewusste Schichten in der Psyche der Hauptfigur jenseits der Bühnenhandlung freilegen,[18] stehen sie in den Filmmusiken meist in enger Beziehung zur äußeren Handlung und sind eher illustrativ eingesetzt. Als Grund lässt sich die völlig verschiedene Zeitstruktur, aber auch die deutlich geringer ausgeprägte psychologische Dimension zumindest in den historischen Abenteuerfilmen Korngolds anführen.

Die Einheit der Musik

Die für Korngold und die meisten seiner Zeitgenossen verbindliche strikte Trennung zwischen Kunstmusik und Filmmusik will im Zeitalter von Klassik-Radio und Crossover nicht mehr recht überzeugen. Sie wurde schon zu seiner Zeit von einigen jüngeren Komponisten angezweifelt (Hanns Eisler, Aaron Copland), welche dabei aber von ganz anderen ästhetischen Voraussetzungen ausgingen. Sie teilten nicht mehr den romantischen Kunstbegriff. Von daher liegt die Annahme nahe, dass beide Sphären im kompositorischen Schaffen Korngolds fein säuberlich getrennt sind. Paradoxerweise aber bestehen vielfältige musikalische Verbindungen zwischen ihnen. Sämtliche zwischen 1942 und 1952 entstandenen Werke mit Opuszahl, *Theme and Variations for Orchestra* op. 42 ausgenommen, beziehen, wenn auch in unterschiedlicher Weise, Material aus Filmmusiken ein.[19] Umgekehrt griff Korngold bei der Arbeit an Filmmusiken gelegentlich auf bereits vorliegende

---

17 Vgl. Robbert van der Lek, »Oper ohne Gesang? Zur Gattungsbestimmung von Korngolds Musik für den Film«, in: *Die Musikforschung* 53 (2000), S. 401–413, hier S. 412.
18 Vgl. Arne Stollberg, *Durch den Traum zum Leben. Erich Wolfgang Korngolds Oper »Die tote Stadt«*, Mainz 2003 (= Musik im Kanon der Künste 1), S. 96–98.
19 Vgl. Robbert van der Lek, »Concert Music as Reused Film Music. E. W. Korngold's Self-arrangements«, in: *Acta Musicologica* 66 (1994), S. 78–112.

Kompositionen zurück.[20] Dies ist kein Widerspruch zu seiner Geringschätzung der Filmmusik, denn die Verbindungen bestehen auf rein musikalischer Ebene, abgelöst von den – Moden und ökonomischen Erwägungen unterworfenen – Filmhandlungen. Wenn man an die Ermahnungen denkt, mit denen Julius Korngold seinem depressiv gestimmten Sohn im amerikanischen Exil zusetzte, nämlich Einfälle aus den Filmmusiken zur zukünftigen Verwendung zu sammeln,[21] stößt man auf die entscheidenden Voraussetzungen für die wechselseitigen Übernahmen: der Glaube an den Einfall als substanziellen Kern der Komposition und die Überzeugung, dass der Einfall durch seine Ausarbeitung das autonome Kunstwerk begründet. Dies wiederum steht im Zusammenhang mit dem Glauben an den überzeitlichen Wert und die transzendierende Kraft des Kunstwerks als absoluter Musik. Korngold sah sich hierbei mit der deutschen klassischen Musiktradition von Bach bis Mahler verbunden. Aufschlussreich dafür ist sein Vorwort zu dem 1958 erschienenen Essayband *Faith in Music* von Ulric Devaré.[22]

Ein Stück von Korngolds Sichtweise findet sich in dem von ihm mit Musik versehenen Film *The Constant Nymph* (1943). Als der Komponist Lewis Dodd mit dem alten Sanger spricht, erklingt durch die geöffnete Tür eine melodiöse Musik in Klaviertriobesetzung, quasi der kammermusikalische Vorläufer der späteren Sinfonischen Dichtung *Tomorrow* op. 33.[23] Während Dodd seine eigene Musik, ein für Sangers Kinder zufällig wiederbelebtes Abfallprodukt, für kindisch hält, ist Sanger begeistert und spielt die Melodie auf dem Klavier nach. Dodd fragt distanziert: »What will I do with it?« Die Antwort Sangers: »A love scene in an opera, a tone poem, what you will.«

Korngold und der klassische Hollywoodstil

Bekanntlich führte die Durchsetzung des Tonfilms um 1930 beim Spielfilm zunächst zu einer radikalen Reduktion des Musikanteils, nachdem der Stummfilm noch durchgehende Begleitung erfordert hatte.[24] Der Anspruch, die Tonspur quasi realistisch zu gestalten, geriet jedoch bald – ausgehend vom Fantasy-Film – ins Wanken. Als paradigmatisch dafür gilt *King Kong*

---

20 Vgl. Winters, *Erich Wolfgang Korngold's »The Adventures of Robin Hood«* (Anm. 7), S. 44–46.
21 Vgl. Julius Korngold, *Postludien in Dur und Moll* [Typoskript, 1944]. Veröffentlicht unter dem Titel: *Die Korngolds in Wien. Der Musikkritiker und das Wunderkind – Aufzeichnungen von Julius Korngold*, Zürich – St. Gallen 1991, S. 349.
22 Vgl. den Teilabdruck in: Carroll, *The Last Prodigy* (Anm. 2), S. 358–359.
23 Vgl. zu dieser Szene auch Carroll, *The Last Prodigy* (Anm. 2), S. 306–307. Thema ist hier allerdings der Gegensatz von romantisch-melodischem und modern-dissonantem Musikkonzept.
24 Noch in *Dead End* (Warner Bros., 1937) beschränkt sich die Musik auf die Haupt- und Endtitel sowie den Anfang des Films, der in das soziale Milieu der Lower East Side einführt. Dazwischen erklingt lediglich ein Musikautomat im Lokal.

(1933): Nach den Haupttiteln schweigt die Musik für circa achtzehn Minuten. Sie setzt bei der Annäherung der Expedition an Skull Island, die Heimat des Riesenaffen, ein und ist während der Handlung in diesem Fantasieland und auch bei der tragischen Zuspitzung in New York fast ununterbrochen präsent.[25] Der ökonomische Erfolg des Films machte seine Musik zum Modell für den klassischen Hollywoodscore. Dieser ist mehrfach als ein variables Bündel von musikdramaturgischen Konventionen beschrieben worden, unter anderem anhand von Partituren Korngolds.[26] Die bevorzugte und auch erfolgreiche Analysestrategie besteht dabei darin, seine Filmmusiken als Exemplare des klassischen Hollywoodstils unter Verschränkung von kompositionstechnischen und dramaturgischen Aspekten zu beschreiben. Dadurch bleibt freilich eine wichtige Frage außen vor: Gibt es einen spezifischen Beitrag Korngolds bei der Entwicklung des Hollywoodstils?

Chronologisch betrachtet, baute Korngold auf dem von Steiner mit *King Kong*, *The Lost Patrol* (1934) und *The Informer* (1935) in verschiedenen Genres gesetzten Standard der sinfonischen Begleitmusik auf. Möglicherweise hat er lediglich die Tragfähigkeit des von Steiner geprägten Modells mit seinen eigenen Partituren erwiesen. Doch bedarf es zum Beleg dieser These intensiver vergleichender Analysen. Stattdessen trifft man in der (zur Heroengeschichtsschreibung tendierenden) Literatur immer wieder auf die Behauptung, dass Korngolds Musik derjenigen Steiners qualitativ überlegen sei,[27] ohne dass dafür überzeugende Kriterien und Belege beigebracht würden. Carrolls These etwa, dass Korngold, »unlike any other composer working in films at this time (and with few exceptions since), [...] composed his scores along symphonic lines, with themes contrapuntally developed throughout«,[28] lässt sich umstandslos auch auf Steiner beziehen. Ausführlich hat sich zur Spezifik der Filmmusik Korngolds einzig Helmut Pöllmann geäußert. Von ihm stammt nicht nur die These, dass Korngold »durchweg origineller und un-

---

25 Vgl. Kathryn Kalinak, *Settling the Score. Music and the Classical Hollywood Score*, Madison 1992, S. 69-72.
26 Zu *Captain Blood* vgl. ebenda, S. 66-110, zu *The Sea Hawk* Royal S. Brown, *Overtones and Undertones. Reading Film Music*, Berkeley 1994, S. 97-118 und zu *The Adventures of Robin Hood* Pöllmann, *Erich Wolfgang Korngold* (Anm. 14), S. 103-137 sowie Winters, *Erich Wolfgang Korngold's »The Adventures of Robin Hood«* (Anm. 7). Eine Liste der Cues dieses Films sowie knappe Bemerkungen finden sich auch bei Fred Karlin, *Listening to Movies. The Film Lover's Guide to Film Music*, New York 1994, S. 93-99.
27 Vgl. etwa Bryan Gilliam, »A Viennese Opera Composer in Hollywood. Korngold's Double Exile in America«, in: *Driven into Paradise. The Musical Migration from Nazi Germany to the United States*, hrsg. von Reinhold Brinkmann und Christoph Wolff, Berkeley 1999, S. 223-242, hier S. 231: »[...] Korngold created scores unlike those of most of his contemporaries, both in overall quality, style, and sound and in terms of his unorthodox compositional techniques – which [...] were informed by his experience as an opera composer and conductor.«
28 Carroll, *The Last Prodigy* (Anm. 2), S. 252.

verwechselbarer als die meisten seiner Kollegen« komponiert habe.[29] Um sie zu unterstreichen, unterschied er zwischen (gelungenem) Kunstgewerbe und filmmusikalischem Kunstwerk und versuchte anhand einiger Beispiele sowie einer thematischen Analyse der Musik zu *The Adventures of Robin Hood* zu zeigen, dass Korngolds Filmmusik als autonome Musik konzipiert sei.[30] Er bezieht sich dabei zum einen auf die Verschränkung von Hintergrund- und Inzidenzmusik, von Kommentar und fiktiver Realität, und zum anderen auf die Strukturierung des szenischen Ablaufs bzw. die Bildung von Sinneinheiten und -zusammenhängen mit musikalischen Mitteln, zum Beispiel mit Hilfe der thematischen Variationstechnik.

Pöllmann verzichtet, wie alle anderen Autoren, auf Vergleiche; dadurch bleibt seine These bloße Behauptung. Es ist sehr fraglich, ob man die Problematik der musikalischen Autonomie in der Filmmusik alleine auf Korngold beziehen kann. So ist die Überzeugung Steiners überliefert, dass Filmmusik trotz ihrer Verschiedenheit von der Konzertmusik und ihrer funktionalen Bindung in sich schlüssig sei: »I believe that much of the music composed for film backgrounds can stand alone as pure music.«[31] Steiners Stellungnahme ist ein Zeugnis für das Festhalten am Kunstanspruch der Filmmusik, welcher für ihn durch die thematische Erfindung und die sinfonische Verarbeitungstechnik in der Tradition des 19. Jahrhunderts gewährleistet war. Schlüssig erscheint dies, wenn man annimmt, dass Steiner von einem inhaltsästhetischen Musikkonzept ausging, in dem die Form den wechselnden dramaturgischen Erfordernissen (des Films) folgt. Der stilistischen Fortsetzung des 19. Jahrhunderts in der Filmmusik entspricht offensichtlich das Fortwirken ihrer ästhetischen Grundüberzeugungen bei den Komponisten und Kritikern. Ob Korngolds unbestrittene Meisterschaft als Filmmusikkomponist über derjenigen Steiners und anderer steht, ob sie künstlerischer oder handwerklicher Art ist – dies hängt von ästhetischen Vorentscheidungen ab, die außerhalb der Partituren bzw. Filme liegen und viel mit Korngolds eigenen Skrupeln zu tun haben.

Korngold-Analysen

Die Diskussion um Korngold zeigt ein Dilemma der Analyse von Filmmusik, wenn sie sich der Kategorien der absoluten Musik bedient: Sie hat den Kunst-Aspekt der Musik fest im Blick – der aber für das ästhetische Urteil letztlich unerheblich ist, da das Funktionieren der Musik als Filmmusik vom narrativen Kontext und der Beziehung zu den anderen Bedeutung stiftenden Ebenen

---

29 Pöllmann, *Erich Wolfgang Korngold* (Anm. 14), S. 73.
30 Vgl. ebenda, S. 74–137.
31 Zitiert bei Kate Daubney, *Max Steiner's »Now, Voyager«. A Film Score Guide*, Westport – London 2000 (= Film Score Guides 1), S. 51.

des Systems Film abhängt.[32] Dies relativiert die Fragen nach kompositorischer Originalität, autonomer Formbildung usw. und lenkt den Blick auf den einzelnen Film sowie auf seine spezifischen musikdramatischen Probleme und Lösungen. Diese sind übergreifenden und genretypischen Konventionen verpflichtet – wesentlichen Faktoren für die Verständigung zwischen Film und Publikum, denen gegenüber der individuelle Zugriff des Komponisten nicht einfach abzugrenzen ist. Zur Verdeutlichung des Spannungsfelds bei der Analyse von Filmmusik seien im Folgenden zwei Beispiele aus *Juárez* (1939, Regie: William Dieterle) näher betrachtet.[33]

Beispiel 1
Die Erhebung des kleinen Augustín Iturbide zum Kronprinzen Mexikos
(1:05:49–1:08:36)

Eines der Argumente Pöllmanns für die autonome Formkonzeption Korngolds ist die Verschränkung von Hintergrund- und Inzidenzmusik, das heißt die Verschmelzung der im Bild gezeigten Musik mit der Hintergrundmusik. Tatsächlich ragen am Anfang der Sequenz sechs Fanfarentrompeten in das Bild, während eine von vollem Blech, Pauken und Schlagzeug intonierte Fanfare erklingt (Abb. 1). Ihr Ende korrespondiert mit dem Absetzen der Instrumente. Die Musik wird von Streichern in mittlerer und tiefer Lage fortgesponnen; später sind auch Klarinetten und Flöten daran beteiligt. Die rondoartige Wiederkehr der Blechbläserfanfare dazwischen und am Ende erfolgt ohne sichtbare Instrumente. Die Musik verstummt vor der Proklamation der Adoption durch Kaiser Maximilian. Nach den »Viva«-Rufen erklingt die Fanfare noch einmal, diesmal einen Ganzton höher; kurz vorher sehen wir, wie die Trompeten angesetzt werden.

Die Szene ist durch den zeremoniellen Charakter vom filmischen Umfeld abgehoben: Es handelt sich um eine Staatsaktion. Korngolds Verfahren, Inzidenz- und Hintergrundmusik eng aufeinander zu beziehen, sorgt für die Verschmelzung von Szene und Musik zu einem Gesamteindruck, der ganz klar auf Überwältigung zielt. Eine wirkungsvollere Lösung für den affirmativen Szenentypus Aufzug/Zeremonie ist nicht denkbar, das Verfahren an diesen Typus gebunden. Insofern kann die Häufigkeit im Schaffen Korngolds auch nicht aus seinem Streben nach musikalischer Autonomie erklärt werden, sondern mit seiner Vorliebe für das Genre des historischen (Abenteuer-)Films, der den Szenentypus als Standard aufweist; in dieser Hinsicht besteht kein Unterschied zwischen *Juárez* und *Robin Hood*. Der Rückgriff auf das Rondo als in sich geschlossenem Formmodell zur Strukturierung der an innerer Entwicklung armen Handlung lag nahe. Die Voraussetzung dafür bildet jener

---

32 Vgl. James Buhler, »Analytical and Interpretive Approaches to Film Music (II): Analysing Interactions of Music and Film«, in: *Film Music. Critical Approaches*, hrsg. von Kevin J. Donnelly, Edinburgh 2001, S. 39–61.
33 Grundlage der Analyse ist die DVD *Juárez. Edição especial*, Sonopress 2005.

Abb. 1: *Juárez*, 1:05:58

Freiraum für die musikalische Entfaltung, der dem an Dialogen armen Szenentypus inhärent ist.

Dass das Verfahren tatsächlich vorzugsweise an den Szenentypus geknüpft ist, zeigt der Blick auf *The Adventures of Don Juan* (1948, Regie: Vincent Sherman, Musik: Max Steiner).[34] So sind am Anfang des zeremoniellen, von der königlichen Eskorte begleiteten Einzugs des Titelhelden und seines Dieners Leporello in London drei Musiker zu sehen (08:17 ff.). Sie spielen Flöte, Dudelsack und Gitarre. Die real erklingende marschartige Musik ist jedoch orchestraler Art. Sie knüpft allerdings durch den Einsatz von Piccoloflöten und das exotische Idiom der Melodik an die bildliche Information an und suggeriert, dass die Musik aus dem ›On‹ kommt. Dies wird dadurch verstärkt, dass kurz danach Trommler innerhalb der Eskorte im Bild erscheinen. Gleichzeitig erklingen Trommeln zur Akzentuierung des Marschrhythmus. Doch be-

---

34 Die Komposition der Begleitmusik war zunächst Korngold angeboten worden (vgl. Carroll, *The Last Prodigy* [Anm. 2], S. 333). Grundlage der Analyse ist ein Fernsehmitschnitt der deutschsprachigen Version (*Die Liebesabenteuer des Don Juan*), gesendet vom MDR. – Ein modernes, innerhalb der filmischen Erzählung aber klar retrospektives Beispiel bietet *The Polar Express* (2004, Regie: Robert Zemeckis). Vor dem Auftritt des Weihnachtsmannes erklingt eine von Blechbläsern und Schlagzeug intonierte Fanfare, welche durch neun in das Bild ragende, von Wichteln geblasene Fanfarentrompeten (1:05:22 ff.) als zur Handlung gehörig gekennzeichnet wird. Etwas später wird eine unübersehbar große Zahl solcher Bläser gezeigt (1:06:11 ff.); vgl. die DVD *Der Polarexpress*, Warner Bros. Entertainment Inc. 2007.

schränkt sich die Ähnlichkeit mit Korngold nicht auf das Verfahren; sie erstreckt sich auch auf die dramaturgische Funktion und den formalen Aufbau. Auch hier liegt eine rondoartige Struktur vor, die durch das zweimal wiederkehrende Marschtutti gegliedert wird. Dazwischen rückt die Musik in den Hintergrund, denn der Kamerablick richtet sich auf den Dialog zwischen Don Juan und Leporello. Im Anschluss an ihren zweiten Austausch wechselt sogar die Szenerie: Wir sind Zeugen der Auseinandersetzung zwischen Diana und ihrem Vater und erleben das Ende des Aufzugs und damit auch des Marsches aus ihrer Perspektive vom Fenster ihres Hauses aus (11:01 ff.). Auch hier strukturiert die in sich geschlossene Musik also das Geschehen.

Die Anregung zur Verbindung von Inzidenz- und Hintergrundmusik erhielt Korngold im Übrigen möglicherweise von Steiners *King Kong*-Partitur: Vor dem ersten Landgang der Besatzung (ca. 20:50) mischen sich die klar bezeichneten Trommelklänge von der Insel mit der Hintergrundmusik.[35] Die Trommler selbst sehen wir erst einige Minuten später im Zusammenhang mit der Opferzeremonie der Einheimnischen. Steiners Kunstgriff dient hier der Intensivierung der Stimmung (das Expeditionsschiff befindet sich im Nebel vor der geheimnisvollen Insel) sowie der Spannungserzeugung (was werden sie auf der Insel entdecken?).

Beispiel 2
Das Ende Kaiser Maximilians (1:53:42–1:56:50)

Wir haben es hier mit einer komplexen Sequenz zu tun, in welche historische Bildelemente eingewoben sind, um ihr historische Authentizität zu verleihen. So sind die Gruppierung und die Kleidung der an der Erschießungsszene Beteiligten an der Erinnerungsskizze von François Aubert und an der ersten Fassung des Gemäldes von Edouard Manet orientiert (Abb. 2). Auch auf der musikalischen Ebene findet man ein solches authentisches Element: Sebastián de Yradiers *La Paloma*, angeblich das Lieblingslied Maximilians.[36] Das Lied wird im Film als ›Leitmelodie‹ verwendet, indem es zentrale Momente des mit der politischen Geschichte Mexikos untrennbar verknüpften Schicksals des Kaiserpaares markiert: Glück, Trennung und Tod.[37] Der (spanische) Text handelt von der Sehnsucht eines Mannes nach dem von ihm getrennten Mädchen in der Heimat. Er erhält im Zusammenhang mit der hier besprochenen Sequenz über das Koloristische hinaus eine Bedeutung. Denn das Lied wird auf Wunsch des Kaisers gespielt – es ist sein letzter Wunsch vor der Hinrichtung – und dient dabei als Ausgangspunkt für die filmische Inszenierung eines Moments der Verständigung zwischen den räumlich weit voneinander

---

35 Vgl. Kalinak, *Settling the Score* (Anm. 25), S. 71–72.
36 Vgl. Rüdiger Bloemeke, *La Paloma. Das Jahrhundert-Lied*, Hamburg 2005, S. 16–17.
37 Vgl. Robbert van der Lek, *Diegetic Music in Opera and Film. A Similarity Between Two Genres of Drama Analysed in Works by Erich Wolfgang Korngold*, Amsterdam 1991, S. 297–330.

Abb. 2: *Juárez*, 1:56:19

getrennten Liebenden, zwischen Maximilian in Mexiko am Rande des Todes und Carlotta in Wien im Dämmerzustand des Wahnsinns. Der Kamerablick (Maximilians Blick) geht durch das Gitter des Kerkerfensters hindurch nach draußen (in die Freiheit), und er überwindet die weite Entfernung (das Meer) nach Europa. Der spirituelle Kontakt wird wörtlich als lichter Moment dargestellt: Carlotta erhebt sich und öffnet das Fenster des abgedunkelten Raumes, in den sofort Sonnenlicht einfällt (Abb. 3). Ihr »Maxl«, die intime Anrede, ist das erste gesprochene Wort in der Sequenz. Dann ist der Moment schon vorüber. Nach kurzer Überblendung mit einem erneuten, nun angsterfüllten »Maxl« im Off sehen wir Maximilian am Hinrichtungsort ankommen. Nach der Salve fliegt eine weiße Taube (›la paloma‹) auf (Abb. 4).

Die Wirkung des Liedeinsatzes ist durch die äußerst sparsame Musikbegleitung am Beginn der Sequenz verstärkt: Zunächst vernimmt man lediglich einen stockenden Trauermarschrhythmus in den Pauken und Trommeln und darüber einen stehenden dissonanten Streicherklang, welcher sich schließlich in den Anfangsakkord des Liedes auflöst (1:54:14). Der von außen kommende Gesang wird anfangs – in Übereinstimmung mit dem Bild (es wird eine Mexikanerin mit einer Gitarre gezeigt, Abb. 5) – ausschließlich von der Harfe begleitet. Erst bei der Kamerafahrt durch das Gitter (1:54:49) tritt nach und nach das Orchester hinzu. Sequenzen auf entlegenen Tonstufen, vom vollen Orchester gespielt, begleiten den Weg über das Meer. Im Zimmer Carlottas erklingt die Fortsetzung der Liedmelodie in der Orgel dissonant und

Korngold und die Geschichte der Filmmusik

Abb. 3: *Juárez*, 1:55:39

Abb. 4: *Juárez*, 1:56:47

Abb. 5: *Juárez*, 1:54:49

verzerrt (1:55:14). Erst zum einfallenden Licht findet sie ihre normale Fortsetzung (1:55:33), wobei sie durch die hohen Streicher eine gleichsam religiöse Aura erhält. Umso härter ist der Kontrast zum Folgenden: Martialische Rhythmen und Blechbläserklänge führen in die brutale Realität der Hinrichtung zurück (1:55:45).

Korngolds Musik ist durch und durch konventionell, sie beruht auf den musiksprachlichen Konventionen, die zum Gefühlsverständnis der Handlung des populären Mediums Film unverzichtbar waren und sind. Seine Meisterschaft lässt sich an einzelnen kompositorischen Entscheidungen ablesen, die den Handlungsmomenten einen tieferen Sinn verleihen; einen Sinn, der im Bild vielleicht angelegt, aber nicht deutlich erkennbar ist. Dazu zählen die Vorbereitung des Liedeinsatzes und auch die Fortspinnung der Liedmelodie über ihren diegetischen Einsatz hinaus. Letztere bindet nicht nur die filmische Erzählung über die Einstellungswechsel hinaus zusammen, sondern erhebt das Lied und seinen Inhalt zum Medium der spirituellen Vereinigung. Der verklärte Tonfall signalisiert die Vollendung der Liebe zwischen Maximilian und Carlotta. Die Musik taucht sie in ein romantisches Licht, in welchem das nachfolgende physische Ende lediglich als eine Art Nachspiel erscheint. Dadurch tritt der historisch-politische Aspekt der Handlung auf den ersten Blick in den Hintergrund. Die aufliegende Taube, verbunden mit einer melodischen Reminiszenz an *La Paloma* (1:56:47), ist ein klares Indiz dafür. Sie ist kein Friedenssymbol, das auf das Ende des Bürgerkriegs und die Wiederherstellung der legitimen demokratischen Regierung verweist, sondern – vermittels der Musik – ein Symbol der über den Tod hinaus fortdauernden Liebe.

Dieterles *Juárez* ist unter anderem durch das Problem gekennzeichnet, dass die von den Warner Brothers gewünschte politische Tendenz – das vom Titelhelden verkörperte Plädoyer für Demokratie und Selbstbestimmung bzw. gegen die Einmischung auswärtiger Mächte (aktuell Deutschlands) in Südamerika – vor dem Mitgefühl mit dem tragischen Schicksal des getäuschten Kaiserpaares verblasst und die Sympathie auf Kaiser Maximilian gelenkt wird.[38] Korngolds Musik, die an die emotionale Dimension der Handlung *per se* leichter anknüpfen konnte als an diejenige der arrangierten Fakten, trägt ohne Zweifel ihren Teil dazu bei. Die auf das Konto der inneren Widersprüchlichkeit des Drehbuches gehende Durchkreuzung der Intentionen der Produzenten hätte auf der musikalischen Seite nicht wettgemacht werden können. Allerdings lässt sich anhand der Hinrichtungsszene zeigen, dass Korngold die politische Tendenz des Films durchaus vor Augen stand – und ihm ein Anliegen war.

Warum Juárez Maximilian hinrichten lässt, wird innerhalb der Handlung nicht klar. Grund dafür sind Kürzungen am fertig gedrehten Film. Ihnen fiel unter anderem ein Gespräch zwischen Juárez und den europäischen Gesandten zum Opfer, in dem die stellvertretende Verantwortung des Kaisers für den europäischen Kolonialismus festgestellt wird.[39] Korngold lieferte mit seiner Musik eine andere, weniger abstrakte Begründung: Auf den ersten Blick dient sie der (durchaus typischen) Stimmungsmalerei, die mit ihrem martialischen Gestus Militärisch-Heroisches mit Tragischem mischt. Durch das Zitat des Anfangs von Haydns Kaiserhymne in Moll wird dabei ein klarer Bezug auf Maximilian, den Habsburger, hergestellt. Entscheidend jedoch ist, dass der Komponist hier an eine Szene erinnert, in der dieses Zitat in gleicher Weise bereits mehrfach erklang, nämlich bei der Durchsetzung eines Dekrets des Kaisers, das den Waffenbesitz unter Todesstrafe stellt. Zur selben Musik werden im Wechsel Erschießungen von Mexikanern und die Trauer der Angehörigen gezeigt (1:08:58–1:11:30). Maximilian weist das ihm von den Franzosen vorgelegte Dekret zunächst zurück, unterzeichnet es dann aber doch im Affekt, nachdem es während der öffentlichen Vorstellung des kleinen Kronprinzen zum Angriff der Republikaner gekommen war. Beim Tod des Kaisers verweist die Musik – und nur sie! – auf seine Verantwortung für die Massaker an der Zivilbevölkerung. Sie stellt sich dem durch die überaus wirkungsvolle Verwendung von *La Paloma* nahegelegten Verständnis der Szene als bloßem Epilog der Liebesgeschichte in den Weg.

Es ist nun interessant zu beobachten, dass Korngold nur in den beiden genannten Szenen auf die Anfangsphrase der Kaiserhymne zurückgreift.

---

38 Vgl. *Juárez*, hrsg. von Paul J. Vanderwood, Madison 1983 (= Wisconsin/Warner Bros. Screenplay Series), S. 9–41.
39 Vgl. ebenda, S. 238–242.

Christoph Henzel

Abb. 6: *Juárez*, 11:23

Dass ihm am Wiedererkennungswert der Phrase gerade an dieser Stelle gelegen war, lässt sich aus dem Umstand schließen, dass er bei der Ankunft des Kaiserpaares in Mexiko (11:17 ff., Abb. 6) nicht die erste, sondern die letzte Phrase der Hymne (mit geringfügigen Variationen) zitiert. Freilich stellt sich generell die Frage, ob Korngold bei diesem für den nord- und südamerikanischen Markt produzierten Film überhaupt damit rechnen konnte, dass das Filmpublikum die Zitate als historische Ausstattungsstücke (Kaiserhymne) verstehen würde, oder ob er nicht vielmehr ihre historisch missverständliche, aber naheliegende Beziehung auf das Deutschlandlied bewusst einkalkuliert hat – um so auf die aktuelle politische Situation fernab von Mexiko zu verweisen. Sollte dies zutreffen (beweisen lässt es sich nicht), hätte Korngold die antinazistische Intention des Films klarer zum Ausdruck gebracht, als dies auf der filmischen Ebene geschehen konnte.

Brendan G. Carroll

Warum *The Last Prodigy*?

Zur Bewertung von Erich Wolfgang Korngold als möglicherweise größtes komponierendes Wunderkind aller Zeiten

Als ich meine Biografie über Erich Wolfgang Korngold *The Last Prodigy* nannte,[1] hat dies eine beträchtliche Anzahl von Kommentaren und Kritik hervorgerufen, was auch durchaus beabsichtigt war. Wie kann Korngold »das letzte Wunderkind« sein? – so lautete eine häufig gestellte Frage. Schließlich wird die Musikwelt heute mit frühreifen Kindern geradezu überschwemmt, von denen viele um des schnellen Profits willen von den Medien und Plattenfirmen ausgenutzt werden – als neueste Sensation, die es zu vermarkten gilt. »Ein Fall wie Korngold ist kaum einzigartig«, wird mir oft gesagt. Dem möchte ich widersprechen. Korngold war nicht nur ein technisch geschicktes Kind, sondern auch ein höchst begabtes und kreatives *Wunderkind*. Um den Titel meines Buches verständlicher zu machen, möchte ich mit Ihnen die persönliche Erinnerung teilen, wie ich überhaupt dazu kam, eine Biografie über Korngold zu verfassen.

Obwohl mein ursprüngliches Interesse an Korngold sowie meine Bewunderung für ihn von der Liebe zu seiner Filmmusik herrühren, gaben doch seine ganz frühen Kompositionen, die mir Korngolds jüngerer Sohn George bei unserem ersten Treffen 1972 in London zeigte, den Ausschlag dafür, dass ich von diesem bemerkenswerten Musiker dermaßen gefesselt wurde. Die frühen Werke waren damals schon lange vergriffen. Mich faszinierten diese Stücke, in denen nahezu jeder Takt mit Versetzungszeichen und dichten Akkorden durchsetzt war, die kaum von der Hand eines Kindes zu bewerkstelligen gewesen sein dürften. Ich nahm die verblassten Kopien mit nach Hause und begann, sie durchzuspielen – oder versuchte es zumindest. Die Werke erwiesen sich als äußerst anspruchsvoll und gaben nicht den geringsten Hinweis auf die Jugend des Komponisten. Dass ein Kind dieses Alters Musik von solcher Komplexität hervorzubringen vermochte, schien für mich kaum möglich zu sein. George Korngold stellte mir ebenso mehrere Archivaufnahmen

---

1 Brendan G. Carroll, *The Last Prodigy. A Biography of Erich Wolfgang Korngold*, Portland/Oregon 1997. Deutsche Übersetzung von Gerold W. Gruber unter dem Titel: *Erich Wolfgang Korngold*, Wien 2008.

seines Vaters zur Verfügung, auf denen er selbst als Interpret der frühen Kompositionen zu hören war. Nachdem ich den Versuch aufgegeben hatte, Korngolds E-Dur-Sonate, die er im Alter von zwölf bis dreizehn Jahren schrieb, adäquat vom Blatt zu spielen, hörte ich auf diesen Aufnahmen, wie der Komponist selbst den langsamen Satz vortrug. Nun war ich der Faszination Korngolds vollkommen erlegen. Ich begriff, dass es sich hier keineswegs um ein ›gewöhnliches‹ Wunderkind handelte. Tatsächlich bin ich noch immer erstaunt über seine frühen Werke, trotz der 35 Jahre, die seitdem vergangen sind, und bemühe mich zu verstehen, wie es sein konnte, dass ein kleines Kind wie er beinahe ohne Anleitung und ohne fundierte Ausbildung ein derartiges musikalisches Schaffen hervorbringen konnte.

Die frühen und frühesten Jahre Korngolds sind ausreichend dokumentiert – wie er, als Baby in seinem Hochstuhl sitzend, mit dem hölzernen Kochlöffel seiner Mutter perfekt den Takt schlug, während der Vater *Don Giovanni* am Klavier spielte, und wie er etwas später, im Alter von drei Jahren, Themen aus der gleichen Oper nach dem Gehör am Klavier wiederholte. Hinzu kam sein Improvisationstalent, so dass er mit fünf Jahren zu einem bedürftigen Verwandten namens Emil Lamm zum Klavierunterricht geschickt wurde. Bald spielte er mit seinem Vater vierhändig und schrieb sogar kleine Stücke, die mehr und mehr an Substanz gewannen, als der Komponist sieben Jahre alt war. Sein Vater, der respektierte – und gefürchtete – Kritiker Julius Korngold (1860–1945), beschloss, den Sohn bei Robert Fuchs (1847–1927) in Harmonielehre und Kontrapunkt ausbilden zu lassen. Fuchs war ein angesehener Lehrer, der neben vielen anderen auch Mahler, Wolf, Schreker, Zemlinsky, Franz Schmidt und sogar Sibelius unterrichtet hatte. Korngolds Kompositionen ließen rasch Fortschritte erkennen, und 1906 schrieb er mit neun Jahren eine große Kantate, *Gold*, die heute leider nur noch als fragmentarische Skizze erhalten ist. Diese Kantate für Solo, Chor und Klavier, deren Text von Korngolds Schulfreund Wilhelm Fabri stammte, beeindruckte seinen Vater dermaßen, dass er Erich im Juni desselben Jahres Gustav Mahler vorstellte, der zu jener Zeit Direktor der Wiener Hofoper war. Der Rest ist Geschichte: Mahler bezeichnete den Knaben als Genie und drängte Julius Korngold, ihn für weiterführenden Unterricht zu seinem Kollegen, dem Komponisten und Dirigenten Alexander Zemlinsky zu schicken.

Trotz dieser Empfehlung dauerte es mindestens ein Jahr, bis Julius Korngold den Rat Mahlers beherzigte. Der kleine Erich setzte seinen Theorieunterricht bei Fuchs fort, wagte es jedoch nicht, dem verehrten Professor seine eigenen Kompositionen zu zeigen – aus Angst, dass ihre Modernität den alten Mann verärgern könnte. Anfang des Jahres 1907 begann er mit der Arbeit an einer weiteren Kantate, *Der Tod*, deren Text erneut von Fabri stammte. Glücklicherweise blieb sie erhalten und fand als erster Satz Eingang in die *Don Quixote*-Suite, eine Zusammenstellung von sechs Charakterstudien, die von Cervantes' berühmtem Roman inspiriert war und 1909 vollendet wurde.

Warum *The Last Prodigy*?

Abbildung: Korngold, *Der Tod* (1907), Manuskript. Library of Congress, Washington, Korngold Estate

Um die Frage zu beantworten, warum Korngold »das letzte Wunderkind« genannt werden kann, und um festzuhalten, was an seiner Frühreife so einzigartig war, lohnt es sich, einen genaueren Blick auf dieses faszinierende frühe Werk zu werfen. Ich bin der Meinung, dass *Der Tod* passende Antworten bereithält. Korngold komponierte diese Kantate vor seinem zehnten Geburtstag, noch ehe er ein einziges Mal Unterricht bei Zemlinsky gehabt hatte. Und doch begegnet man hier bereits dem ›echten‹ Korngold: Die charakteristische, ausdrucksvolle und komplexe harmonische Palette, die wunderbar prägnante Form sowie die Impulsivität der eröffnenden Phrasen bilden eine im Entstehen begriffene Synthese, die am besten in Korngolds reifen Werken verwirklicht ist. Alles, was man in den Opern *Violanta* (1914/15) und *Das Wunder der Heliane* (1923–27) findet, ist in rudimentärer Form bereits in dieser Komposition vorhanden. Von Anfang an wird der Hörer von der typischen, faszinierenden und fesselnden Deklamation gefangen genommen, die weit über die Musik eines talentierten Kindes hinausgeht. Aus eben dieser Anfangsidee entwickelt sich ein Leitmotiv, das später für die gesamte *Don Quixote*-Suite bestimmend sein wird, die Korngold im Alter von elf Jahren komponierte. Gerade die Arbeitsweise mit einem Leitmotiv belegt, dass Korngold bereits opernhaft zu denken begann. Großzügiger Tritonus-Gebrauch und die charakteristische Färbung durch Verwendung der Ganztonleiter – all dies ist seit den ersten Anfängen Teil von Korngolds stilistischem Profil und wird mit vollendetem Können angewandt, mit einer Beherrschung der Harmonik, die, gemessen am Alter des Komponisten, kaum glaubhaft zu sein scheint.

Es ist offenkundig, dass sich Korngold seine Ideen orchestral vorstellte. Obwohl die Musik wunderbar pianistisch gestaltet ist, ist sie voll mit orchestralen Anklängen – Blechbläser und Schlagwerk werden angedeutet, und sowohl der Wunsch, die gesamte Klaviatur voll auszuschöpfen, als auch die Vorliebe dafür, melodische Linien in Oktaven zu verdoppeln, was die Teilung der ersten und zweiten Violinen im Orchester widerspiegelt, verstärken diesen Eindruck. Wie sich Korngold das Wissen über diese Orchestermethoden angeeignet hat, ist angesichts der Tatsache, dass er bis zum Alter von zwölf Jahren keinen Instrumentationsunterricht erhielt, unerklärlich. Vermutlich beruhte seine Fertigkeit, Orchesterfarben zu gestalten, zu einem großen Teil auf Intuition. Die Sprache seiner Musik, die ›Atmosphäre‹, die den frühen Werken eigen ist, kann nicht im Entferntesten als retrospektiv bezeichnet werden. Sie ist fest in jener Epoche verwurzelt, in der Korngold lebte, selbst wenn er aufgrund seines Alters kaum – wenn überhaupt – Erfahrung mit moderner zeitgenössischer Musik gemacht haben konnte. Obwohl sein Vater einer der führenden Musikkritiker dieser Zeit war und nach allem, was man weiß, ein sehr guter Amateurpianist gewesen ist, bezweifle ich ernsthaft, so wie ich Julius Korngolds musikalischen Geschmack kenne, dass er am Klavier saß und den frühen Schönberg oder den ganzen Tag lang die neuesten Werke von Skrjabin, Schreker oder Zemlinsky spielte. Davon abgesehen wurde der kleine Erich so gut wie nie zu Konzerten mitgenommen, und wenn, dann mit Sicherheit nicht zu Konzerten mit zeitgenössischer Musik auf dem Programm.[2]

---

2 Korngolds erste ›öffentliche‹ Begegnung mit zeitgenössischer Musik war offenbar die Wiener Premiere von Strawinskys *Petruschka*, die ihn am Ende so begeistert applaudieren ließ, dass er von seiner Großmutter mit den mahnenden Worten »Denk an die Stellung deines Vaters!« zurückgehalten werden musste. In einem bemerkenswerten Fall von

Warum *The Last Prodigy*?

Ich habe im Titel des Beitrags meine Meinung zum Ausdruck gebracht, Korngold wäre möglicherweise das größte komponierende Wunderkind aller Zeiten, und möchte diese Behauptung auch begründen. Als ich damit begann, Korngolds Leben zu erforschen, indem ich seine Stellung als Wunderkind einzuschätzen versuchte, beschloss ich, die frühen Werke vieler berühmter Wunderkinder zu untersuchen, um deren Leistungen mit der Leistung von Korngold zu vergleichen. Im Falle Korngolds – was ihn in meinen Augen einzigartig macht – wird ersichtlich, dass er, von einem musikalisch-kompositorischen Standpunkt aus betrachtet, scheinbar keine Kindheit hatte. Sobald ihm die grundlegenden Werkzeuge zur Verfügung standen, um seine Ideen auf Papier zu bringen, gab es für ihn kein Halten mehr. Am bemerkenswertesten war dabei, dass er nicht in seinen eigenen Stil ›hineinwuchs‹, wie das bei allen anderen Wunderkindern vor ihm zu beobachten ist, sondern dass er Korngold *war* – von Anfang an. Lassen Sie uns den Werdegang einiger Wunderkinder betrachten.

Die Beispiele von Händel, Mozart, Schubert und Mendelssohn wurden zwar ausführlich dokumentiert, doch sind sie eigentlich nicht miteinander vergleichbar, wenn man die weit einfacheren Idiome ihrer Zeit in Betracht zieht. Überdies wurden ihre frühen Kompositionen nicht Teil des internationalen Repertoires, wie es bei Korngold der Fall war. Selbst heute gelangen die chronologisch ersten Werke dieser Wunderkinder kaum zur Aufführung. Im Gegensatz dazu wurden Korngolds frühe Stücke überall gespielt – von New York bis Moskau, von London bis Berlin. Er wurde als ›neuer Mozart‹ bejubelt, ähnlich wie man heute Tenöre als ›neuen Pavarotti‹ zu bezeichnen pflegt, doch sind solche Vergleiche zweifellos ohne Bedeutung. Mozarts früheste Werke mögen zwar charmant sein, doch geben sie nicht den geringsten Hinweis auf den reifen Komponisten, der er letztlich werden sollte. Dies findet sich in der bezaubernden Oper *La finta giardiniera* bestätigt, die in nichts auf den Komponisten von *Le nozze di Figaro* und *Don Giovanni* schließen lässt.

Man sollte deshalb den Blick auf besser geeignete Beispiele aus Korngolds Zeit richten. Ein Komponist, der häufig in diesem Zusammenhang erwähnt wird, ist Richard Strauss. Tatsächlich bezeichnete ein Kritiker, der Korngolds bemerkenswerte, im Alter von dreizehn bis vierzehn Jahren geschriebene Sinfonietta op. 5 besprach, den Komponisten als »Richard Strauss in kurzen Hosen« – eine Bemerkung, die allerdings abwertend gemeint war. Strauss war zweifellos ein frühreifes Kind, das bereits mit sechs Jahren Lieder und Tänze komponierte. Einiges dieser frühen Musik blieb erhalten, wobei es sich um gefällige und melodische Stücke handelt, die in einem gänzlich klassischen Stil gehalten sind, so dass man sie als ein Pasticcio im Geiste Mozarts

---

Vorahnung enthalten Korngolds *Märchenbilder* op. 3 mehrere Passagen, die stark von den berühmten, aufeinanderfolgenden bitonalen Akkorden aus Strawinskys Ballett beeinflusst zu sein scheinen – jedoch wurden diese Stücke bereits im Sommer 1910 geschrieben.

und des frühen Beethoven ansehen könnte. Untersucht man Strauss' erstes Klaviertrio, komponiert im Alter von dreizehn Jahren, hört man eher Mendelssohn als Vorbild durchklingen, als dass man eine Spur von Strauss selbst entdecken würde. Der Gegensatz zu Erich Wolfgang Korngolds Klaviertrio op. 1 in D-Dur, das er 1910 ebenfalls im Alter von dreizehn Jahren vollendete, könnte kaum größer sein. Es ist unmittelbar zu sehen, was die Gemüter von damals über die Maßen in Erstaunen versetzte und dazu führte, dass das Klaviertrio augenblicklich zu einem Repertoirestück avancierte. Schon die ersten Takte lassen keine Zweifel aufkommen, um wessen Urheberschaft es sich handelt. Die anspruchsvolle harmonische Gestaltung, das instinktive Gespür für die Balance zwischen den drei Instrumenten und die Frische der Ideen sind nach wie vor außergewöhnlich. Die melodische Gestaltung weist bereits in einem solchen Ausmaß die für Korngold typischen Merkmale auf, dass es beinahe unheimlich ist. Nachdem Felix Weingartner das Klaviertrio in Wien gehört hatte, schrieb er begeistert an Korngolds Vater: »Ich bin von einem Erstaunen ins andere gefallen. Es kommt mir vor, als hätte die Natur Errungenschaften moderner Kompositionsweise, die andere Schritt für Schritt erkämpfen mußten, zusammengerafft und sie diesem merkwürdigen Kinde in die Wiege als Geschenk gelegt. Da ist kein Takt, der nicht eine Überraschung bietet, aber keine schlechten Überraschungen, wie in so vielen anderen neuen Sachen. Welch merkwürdiger Formensinn! Wie eigentümlich laufen die drei Instrumente neben- und miteinander. Begierig bin ich auf die Klangwirkungen mancher Stellen, so z. B. auf den Schluß des dritten Satzes, der äußerst voll und schön wirken muß. Immer fragte ich mich: Wann macht er denn endlich eine Ungeschicklichkeit? Aber es kam keine, so eifrig ich auch suchte. Alle, selbst die extravagentesten [sic!] Stellen – und es gibt deren viele – sind logisch entwickelt. Dieses Kind ist ein Phänomen.«[3]

Etwa zur gleichen Zeit, als Korngold erstmals öffentlich in Erscheinung trat, rief in Berlin ein anderes Wunderkind enorme Aufregung hervor. Es handelte sich dabei um den Ungarn Erwin Nyiregyházi, der 1903 auf die Welt gekommen war. Nyiregyházi konnte rein singen, bevor er ein Jahr alt war, begann mit zwei Jahren zu komponieren und führte mit sechs Jahren mit den Berliner Philharmonikern unter der Leitung von Arthur Nikisch ein Mozart-Konzert auf. Er wuchs zu einem phänomenalen Virtuosen heran und wurde sogar als Reinkarnation von Liszt bejubelt. Interessanterweise wurde er von dem Psychologen und Musiktheoretiker Erich von Hornbostel untersucht, der später dieselbe Untersuchung auch mit Korngold durchführen sollte.[4]

---

3 Der Brief gilt seit 1938 als verloren, wird jedoch zitiert in Julius Korngolds Memoiren: *Postludien in Dur und Moll* [Typoskript, 1944]. Veröffentlicht unter dem Titel: *Die Korngolds in Wien. Der Musikkritiker und das Wunderkind – Aufzeichnungen von Julius Korngold*, Zürich – St. Gallen 1991, S. 157.
4 Erich von Hornbostel (1877–1935) untersuchte Korngold 1908/09. Sein Artikel »Über vergleichende akustische und musikpsychologische Untersuchungen« (in: *Zeitschrift für*

Seine Ergebnisse wurden in dem berühmten Buch *Erwin Nyiregyházi. Psychologische Analyse eines musikalisch hervorragenden Kindes* (Leipzig 1916) von Géza Révész veröffentlicht, wobei es sich vielleicht um die einzige fundierte Beurteilung eines musikalischen Wunderkindes handelt, die überhaupt je geschrieben worden ist. Nyiregyházi zeigte tatsächlich eine außergewöhnliche Begabung – und doch: Untersucht man seine Kompositionen, die er im Alter zwischen sieben und vierzehn Jahren schrieb, so weisen sie keine besonderen Merkmale auf. Diese Werke sind kindlich, epigonenhaft, wirken unbeholfen und sind vollkommen uninteressant. Mit 20 Jahren war Nyiregyházi, soweit es die Musikwelt betraf, am Ende. Er war ausgebrannt und sowohl das Opfer skrupelloser Manager als auch dasjenige seiner ausbeuterischen Eltern geworden. In den späten 1920er Jahren findet sich seine Spur in Hollywood wieder, jedoch nicht als Komponist. Stattdessen hielt er sich mit unbedeutenden Aufgaben über Wasser, indem er etwa im Auftrag des Leiters der Musikabteilung der United Artists Orchesterpartituren auf zwei Notensysteme reduzierte, um so die Musik im Hinblick auf eine mögliche Verwendung in Filmen beurteilen zu können. Sehr viel später wurde er bzw. wurden seine Hände zu einem ›Leinwand-Double‹ der Hände von Cornel Wilde, der 1945 in dem Film *A Song to Remember* Chopin darstellte. Es ist ebenso seine körperlose Hand, die Peter Lorre in dem berühmten Horrorstreifen *The Beast with Five Fingers* (1947) peinigt. In der Folge verlor er sein gesamtes Geld und endete schließlich als Obdachloser auf der Straße. In den späten 1970er Jahren wurde er für kurze Zeit wiederentdeckt und erregte das Interesse der Öffentlichkeit, als eine LP mit ihm herausgebracht wurde. Nyiregyházi veröffentlichte keine Kompositionen mehr, und nach nicht weniger als zehn Ehen starb er vergessen im Jahr 1987.

Ein seriöserer und interessanter zeitgenössischer Fall, bei dem es sich vielleicht um das bemerkenswerteste Wunderkind neben Korngold handelt, war der Rumäne George Enescu, einer der individuellsten, noch heute weitgehend unbeachteten Komponisten des 20. Jahrhunderts. Doch auch hier entdeckt man fehlende Originalität, wenn man die Werke betrachtet, die er *als Kind* komponiert hat. Er mag zwar ein hervorragender Geigen-, Cello- und Klaviervirtuose gewesen sein, der sowohl die Theorie als auch die Harmonielehre beherrschte, bevor er neun Jahre alt war, doch seine frühen Kompositionen sind ganz und gar enttäuschend. Während Enescu später zu einem faszinierenden und höchst modernen Komponisten avancierte und sich dabei in Richtung Atonalität und sogar Mikrotonalität bewegte, ist in jenen Kompositionen, die er sehr früh – mit fünf Jahren – zu schreiben begann, eindeutig Brahms als stilistisches Vorbild erkennbar. Tatsächlich stellte ein Kritiker mit Bezug auf Enescus frühe, im Alter von vierzehn Jahren komponierte *Fantasie für Klavier und Orchester* fest, dass sie im Geiste eines Konzertstücks von We-

angewandte Psychologie und psychologische Sammelforschung 3 [1910], S. 465–487) stellt eine bedeutende Studie über musikalische Frühreife dar.

ber geschrieben sei, jedoch eines Weber, der zuvor Brahms gehört habe. Die erste Klaviersonate von Enescu, die er mit dreizehn Jahren verfasste, leidet unter exzessiven Wiederholungen rhythmischer Muster und einer übermäßigen Inanspruchnahme ständig wiederholter Oktaven in der rechten Hand, um den Effekt bravouröser Virtuosität und musikalischer *gravitas* in der Manier von Liszt zu evozieren (wie es bei talentierten Kompositionsschülern eines Konservatoriums häufig vorkommt). Doch sind sowohl das melodische Material als auch die Form schlichtweg langweilig.

In starkem Gegensatz dazu steht Korngolds erste Klaviersonate in d-Moll, die er 1908/09 im Alter von elf bis zwölf Jahren schrieb.[5] Hier sind weder Zögern noch Unbeholfenheit zu erkennen, und abermals lässt kein einziger Takt daran zweifeln, um welchen Komponisten es sich handelt. Korngold ordnet sein beeindruckendes thematisches Material mit sicherem Können, ohne eines leeren, nichtssagend virtuosen Tastenzaubers zu bedürfen. Die Musik folgt rein der Kraft ihrer melodischen Substanz und ihrer faszinierenden harmonischen Ausdrucksweise. Allein die Wahl der ernsten Tonart d-Moll ist ungewöhnlich für ein fröhliches kleines Kind, das er allem Anschein nach gewesen ist. Die gewundenen Harmonien, die auf anschauliche Art und Weise die *Don Quixote*-Suite charakterisieren, sind hier sogar noch ausdrucksvoller, mit einer beinahe obsessiven Tendenz zur erweiterten Chromatik innerhalb des Materials. Die Tonart ist lediglich *nominell* d-Moll – jeder Takt ist übersät mit Versetzungszeichen, eigenartig alterierte Akkorde sind im Überfluss vorhanden, und die Vorliebe für verminderte Septimen ist unübersehbar. Durch den extravaganten Gebrauch von Nebendominanten, neapolitanischen Sextakkorden und übermäßigen Dreiklängen, die das fließende, deklamatorisch-melodische Material noch interessanter gestalten, platzt die Musik buchstäblich aus allen Nähten.

Insbesondere das Scherzo ist Korngolds Meisterstück, da er genau wusste, wie der Charakter eines solchen Satzes sein sollte. Die beschwingte, wogende und leicht sardonische Stimmung, die durch verschobene Rhythmen verursacht wird, wäre nicht so einprägsam ohne ihre melodische Kraft. Das Scherzo ist demnach keine gefühllose Konstruktion, sondern wird von einem geistreichen melodischen Wechselspiel inspiriert. Eine weitere Charakteristik Korngolds ist in diesem Zusammenhang der häufige Gebrauch von Quarten, während das verführerische Trio als ein ironischer ›Scheinwalzer‹ daherkommt, der ähnlich wie beim Trio des Scherzo-Satzes aus Korngolds Sinfonie in Fis op. 40, die etwa 40 Jahre später entstand, viele Tonarten durchwandert, ohne eine bestimmte zu bestätigen. Vielmehr trotzt dieses äußerst komplexe Trio jeder harmonischen Analyse. Obwohl das Scherzo in D-Dur steht und das Trio drei *b*-Vorzeichen aufweist, lässt es sich weder auf Es-Dur noch auf c-Moll beziehen – dieses harmonische Raffinement ist für ein Kind

---

5 Veröffentlicht von der Universal Edition im Jahr 1910.

von elf Jahren außergewöhnlich, jedoch vollkommen typisch für Korngold, wie seine späteren Werke zeigen.

Betrachtet man das Finale der ersten Klaviersonate, wird man noch viel mehr in Erstaunen versetzt. Es handelt sich hierbei um eine Passacaglia – sein Lehrer Zemlinsky hatte sie Korngold ursprünglich als Hausaufgabe zugedacht –, die aus 20 meisterhaften Variationen besteht, denen ein sieben Takte umfassendes Thema zugrunde liegt, und auf die jeder Komponist stolz hätte sein können, selbst wenn er dreimal so alt wie Korngold gewesen wäre. Ursprünglich stand die Passacaglia in c-Moll,[6] doch Korngold transponierte sie nach d-Moll, der Grundtonart der Sonate, nachdem Gustav Mahler (er hatte sie Korngold spielen gehört) vorgeschlagen hatte, sie der Sonate als Schlusssatz hinzuzufügen. Mahler war mit allen frühen Werken Korngolds vertraut, einschließlich des Trios op. 1, und wachte wohlwollend über seinen jungen Schützling. Auch hier, in dieser Passacaglia, changiert Korngold mühelos zwischen Dur und Moll und färbt das musikalische Geschehen durchgehend mit äußerst instabilen, übermäßigen Dreiklängen. Seine Fähigkeit, mit Tonarten umzugehen, und die ungewöhnliche Art, die ein augenblickliches Erkennen seines harmonischen ›Fingerabdrucks‹ ermöglicht, zählen vielleicht zu den individuellsten Aspekten seiner Kreativität. Fügt man dem noch die scheinbar unerschöpfliche Fantasie hinzu, unzählige Variationen aus einem so begrenzten Material zu schaffen, wie es hier vorliegt, kann man Richard Strauss verstehen, der »Schrecken und Furcht« ob der Frühreife Korngolds bekundete, nachdem er das von Julius Korngold übersandte Druckexemplar des Werkes betrachtet hatte.[7]

Dabei stellt die erste Sonate lediglich ein *hors d'œuvre* dar, wenn man sie mit Korngolds zweiter vergleicht, die er als Zwölf- bzw. Dreizehnjähriger schrieb. Einer viersätzigen *tour de force* gleichend, wurde sie Gegenstand eines aufsehenerregenden Skandals, in den Korngolds Vater und der Klaviervirtuose Moritz Rosenthal verwickelt waren, der die erste Aufführung geben sollte.[8] Letztendlich führte Artur Schnabel das Werk zu großem Erfolg – es wurde sogar eine Notenrolle für Pianola angefertigt, die ich immer noch zu finden versuche.[9] Diese Zemlinsky gewidmete Sonate ist wunderbar pianistisch, voller melodischer Einfälle und außergewöhnlich fortschrittlicher Harmonik. In der Durchführung des eröffnenden Allegro verbindet Korngold das

---

6 Das Manuskript dieser früheren Version blieb im Nachlass erhalten und wurde im Jüdischen Museum Wien im Rahmen der Ausstellung *Die Korngolds – Klischee, Kritik und Komposition* gezeigt (28. November 2007 bis 18. Mai 2008). Katalog hrsg. von Michaela Feurstein-Prasser und Michael Haas, Wien 2007.
7 Brief von Richard Strauss an Julius Korngold, zitiert nach Rudolf Stefan Hoffmann, *Erich Wolfgang Korngold*, Wien 1922, S. 11.
8 Vgl. *Die Korngolds in Wien* (Anm. 3), S. 144–147 sowie Carroll, *The Last Prodigy* (Anm. 1), S. 73–75.
9 Die Rolle wurde von Schnabel im Januar 1912 für die Firma J. D. Philipps in Frankfurt am Main produziert.

markante, heroische Thema mit der Harmonik einer Ganztonreihe und schafft damit bereits 1910 ein echtes Beispiel von Bitonalität. Wie war es möglich, dass der junge Komponist schon in diesem Alter die sinnliche Musik Schrekers gleichsam aufgesogen hatte, Kenntnis von Skrjabins persönlicher Art, die Tonarten zu kombinieren, besaß und sogar die pikante, diffuse Harmonik des frühen Schönberg reflektierte? Es ist und bleibt unerklärlich.

Der langsame Satz ist das emotionale Zentrum der Klaviersonate. Ein Largo zu komponieren, so bewegend und tiefgründig wie dieses, würde vielen hervorragenden und versierten Komponisten Probleme bereiten, gar nicht zu reden von einem zwölfjährigen Kind. Der großzügige Gebrauch von Vorhalten erzeugt die besondere, nachdenkliche Atmosphäre des Satzes. Häufig werden diese Vorhalte in beinahe unerträgliche Länge gezogen, bevor sie endlich zur Auflösung kommen – und selbst das geschieht auf unerwartete und überraschende Weise. Die Raffinesse von Korngolds musikalischer Sprache wird darüber hinaus durch sein geschicktes Können gesteigert, Tonarten innerhalb diffuser und chromatischer Klanglandschaften zu verschleiern. All dies schafft eine sehr besondere, beinahe impressionistische Stimmung. Die Anfangstakte veranschaulichen, wie Korngold Orgelpunkte verwendet, um die Tonalität selbst dann zu bestätigen, wenn eine große Anzahl von Versetzungszeichen die Grundtonart nicht mehr nachvollziehbar macht. Nach dem zentralen »più mosso«-Abschnitt erzeugt er mit synkopierten Akkorden in der rechten Hand, denen eine wellenartige Bassfigur in der linken Hand gegenübergestellt wird, einen zauberhaften Klang. Später scheint Korngold sogar Webern vorwegzunehmen, wenn er mit Melodienoten eine Steigerung herbeiführt, indem er sie – ganz der Art Weberns entsprechend – verschoben über mehrere Oktaven verteilt, was außerordentlich zur Spannung des Satzes beiträgt. Wäre diese Phrase immer in der gleichen Oktave geschrieben worden, würde sie geradezu harmlos und wenig aufregend wirken. Erst in den letzten Takten wird eindeutig eine konkrete Tonart erreicht – ein emphatisches C-Dur beim Mahler-ähnlichen Höhepunkt.

Korngolds Interpretation dieses Satzes, aufgenommen 1951, stellt vielleicht das bemerkenswerteste Tondokument dar, das von ihm überliefert ist.[10] Die viel beachtete Balance zwischen beiden Händen, die überlegte Verwendung des Pedals sowie die daraus entstehende Klangfülle machen unmittelbar verständlich, warum jene, die ihn kannten, immer zuerst sein Klavierspiel nannten, wenn sie nach einer besonderen Erinnerung an Korngold gefragt wurden. In den seltensten Fällen sind Komponisten gute Interpreten ihrer eigenen Werke. Rachmaninow war dahingehend eine Ausnahme, ebenso wie Korngold.

Korngolds Unterricht bei seinem Mentor Zemlinsky endete, als Letzterer im Sommer 1911 Wien verließ, um am Neuen Deutschen Theater in Prag

---

10 Masterseal M46, neu herausgegeben als Varese Sarabande VC81040 im Jahr 1983; beide nicht mehr lieferbar.

die Stelle des Chefdirigenten anzutreten. Doch zu diesem Zeitpunkt war Korngold bereits ein fertig ausgebildeter Komponist. Sein Kontrapunktstudium bei dem berühmten Wiener Pädagogen Hermann Grädener war nur von kurzer Dauer, und als Zemlinsky davon erfuhr, schickte er Korngold eine humorvolle Postkarte aus Prag,[11] die genau diesen *status quo* auf den Punkt brachte und folgendermaßen lautete: »Lieber Erich! Ich höre, du lernst bei Grädener. Macht er Fortschritte?«

Zemlinsky kannte seinen Schüler sehr gut. Korngold machte tatsächlich erstaunliche Fortschritte, und innerhalb eines Jahres wurden seine ersten Orchesterwerke von jedem großen Dirigenten der damaligen Zeit aufgeführt – darunter Busch, Nikisch, Mengelberg, Weingartner, Muck, Furtwängler, Henry Wood, Steinbach und sogar Richard Strauss. All diese legendären Musiker nahmen von New York bis London und von Berlin bis Amsterdam begeistert Korngolds Werke in ihr Programm auf. Tatsächlich traf er mit seinen frühen Stücken den Geschmack des breiten Publikums. Die Kompositionen tauchten nicht als bloße Neuheiten mit Gelegenheitswert in den Konzerten auf, sondern wurden regelmäßig als Meisterwerke neben denjenigen von Strauss, Mahler und anderen Zeitgenossen Korngolds aufgeführt. Kein anderes Wunderkind der Geschichte konnte sich jemals über eine internationale Bekanntheit dieses Ausmaßes freuen.

Das Ballett *Der Schneemann*, komponiert im Alter von elf Jahren, wurde innerhalb weniger Jahre nach der Uraufführung an der Wiener Hofoper (4. Oktober 1910) in über 30 großen europäischen Theater- und Opernhäusern gegeben. Das Trio op. 1 befand sich im Repertoire aller bedeutenden Kammermusikensembles, und die größten Sänger der damaligen Zeit, darunter Elisabeth Schumann, Lotte Lehmann, Maria Ivogün, Leo Slezak und Hans Duhan, nahmen sich Korngolds früher Lieder an. Jedoch sagte man hinter vorgehaltener Hand, dass selbst namhafte Musiker die Werke nur deshalb auf ihre Programme setzten, um damit den berühmt-berüchtigten Vater in der Hoffnung auf eine gute Kritik zu beeindrucken. In Bezug darauf könnte ein fiktiver Kaffeehausklatsch, wie er in Wien die Runde zu machen pflegte, etwa so geklungen haben:

> Zu einem berühmten Pianisten:
> »Mir ist zu Ohren gekommen, Sie spielen die Sonate vom jungen Korngold. Ist sie dankbar?«
> Der Pianist antwortet:
> »Nein ... aber der Vater ist es!«

Das war nicht nur auf typisch wienerische Art gehässig, sondern darüber hinaus auch noch lächerlich. Denn Julius Korngold übte seinen stärksten Einfluss mit Sicherheit in Wien aus, und dieser Einfluss begann zu schwinden, je

---

11 Seit 1938 verloren, jedoch zitiert bei Luzi Korngold, *Erich Wolfgang Korngold. Ein Lebensbild*, Wien 1967 (= Österreichische Komponisten des 20. Jahrhunderts 10), S. 12.

weiter man sich von Wien entfernte. Vielmehr versuchte er zu verhindern, dass die Werke seines Sohnes in Wien uraufgeführt wurden, was ihm jedoch nicht gelang. Die vorhin erwähnten, international renommierten Musiker hatten es nicht nötig, sich beim ›alten‹ Korngold einzuschmeicheln. Die frühesten Werke des ›kleinen‹ Korngold wurden aufgrund ihrer Qualität und Originalität gespielt – *das* ist es, was ihn von anderen Wunderkindern abhebt und seine Stellung bis zum heutigen Tage einzigartig macht. Damit schließt sich der Kreis: Denn nachdem Korngolds Werke von den Nazis 1933 verboten worden waren, wurden sie 70 Jahre lang vernachlässigt. Erst jetzt finden sie allmählich wieder Eingang ins Repertoire und werden mehr denn je auf Tonträger eingespielt.

Wenn Korngold heute dafür kritisiert wird, sich als reifer Komponist nicht mehr in neue Richtungen entwickelt zu haben, könnte man dem die Erkenntnis entgegensetzen, dass er sich innerhalb seines eigenen stilistischen Metiers sehr wohl weiterentwickelte. Er machte sich mit Begeisterung die spätromantische Tonalität zu Eigen, von der Schönberg glaubte, sie sei ausgeschöpft, und erfüllte sie mit neuem Leben. Er versuchte, die Grenzen der klassischen Formen zu erweitern – diesbezüglich sind insbesondere seine kammermusikalischen Werke von Bedeutung. Darüber hinaus war er in den 1930er Jahren auf dem Gebiet der sinfonischen Filmmusik mit Sicherheit der bedeutendste Wegbereiter dieser speziellen Kunstgattung, und sein Einfluss auf das Genre ist bis zum heutigen Tage erkennbar. Es ist vielleicht in Vergessenheit geraten, aber Korngold war in den frühen 1920er Jahren der meistgespielte österreichisch-deutsche Komponist seiner Zeit, und gemessen an den Aufführungszahlen stellten seine Opern sogar jene von Richard Strauss und Franz Schreker in den Schatten.

Wenn nicht Erich Wolfgang Korngold das größte komponierende Wunderkind war, das es jemals gab – wer dann? Er hat es ganz gewiss verdient, in einem Atemzug mit dem anderen großen Wolfgang genannt zu werden. Denn in den beinahe 100 Jahren, die vergangen sind, seit Korngold zum ersten Mal in der Musikwelt von sich reden machte, wurde er bis heute von niemandem übertroffen und ist schon allein deshalb »das letzte Wunderkind«.

Übersetzung: Verena Paul

Nachweise der gedruckten Notenbeispiele

Mit freundlicher Genehmigung durch die jeweils genannten Verlage:
SCHOTT MUSIC GmbH & Co. KG, Mainz
Universal Edition A. G., Wien
G. Henle Verlag, München

Arne Stollberg
Der »Ismus des Genies«
Erich Wolfgang Korngolds musikgeschichtliche Sendung

Notenbeispiel 1:
Korngold, *Klaviersonate Nr. 2 in E-Dur op. 2*, Mainz u. a.: Schott Musik International GmbH & Co. KG (ED 1739), Copyright 1911

Notenbeispiel 2:
Der Ring des Polykrates. Heitere Oper in einem Akt frei nach dem gleichnamigen Lustspiel des H. Teweles. Musik von Erich Wolfgang Korngold [op. 7]. Vollständiger Klavier-Auszug mit Text von Ferd. Rebay, Mainz – Leipzig: B. Schott's Söhne, Copyright 1916

Notenbeispiel 3:
Korngold, *Drei Gesänge für mittlere Stimme op. 18 (H. Kaltneker)*, Mainz u. a.: Schott Musik International GmbH & Co. KG (ED 2033), Copyright 1925, 1952

Hans-Joachim Hinrichsen
»Melancholie des Vermögens«
Strukturelle Virtuosität in Korngolds Klaviersonaten

Notenbeispiel 1:
Korngold, *Klaviersonate Nr. 1 in d-Moll*, Wien: Universal Edition A. G. (UE 2765), Copyright 1910

Notenbeispiele 2, 3, 4, 5:
Korngold, *Klaviersonate Nr. 2 in E-Dur op. 2*, Mainz u. a.: Schott Musik International GmbH & Co. KG (ED 1739), Copyright 1911

Notenbeispiele 6, 7, 8:
Korngold, *Klaviersonate Nr. 3 in C-Dur op. 25*, Mainz u. a.: Schott Musik International GmbH & Co. KG (ED 2227), Copyright 1932, 1960

Michael Kube
Zwischen Intensität und Wirkung
Korngolds Kammermusik

Notenbeispiele 1, 2, 3:
Korngold, *Klaviertrio in D-Dur op. 1*, Wien: Universal Edition A.G. (UE 2766), Copyright 1910

Notenbeispiel 4:
Korngold, *Streichsextett in D-Dur op. 10*. Studienpartitur, Mainz u.a.: Schott Musik International GmbH & Co. KG (ED 3446), Copyright 1917

Arne Stollberg
»... das Muster und Vorbild meiner jungen Jahre«
Korngolds frühe Klavier- und Kammermusik als Reflex auf den Unterricht bei Alexander Zemlinsky

Notenbeispiele 1, 3:
Korngold, *Klaviersonate Nr. 1 in d-Moll*, Wien: Universal Edition A.G. (UE 2765), Copyright 1910

Notenbeispiel 2:
Ludwig van Beethoven, *Werke*, hrsg. vom Beethoven-Archiv Bonn unter Leitung von Joseph Schmidt-Görg, Abt. VII, Bd. 3: Klaviersonaten II, hrsg. von Hans Schmidt, München: G. Henle Verlag 1976

Notenbeispiele 4, 5, 6, 7, 8, 9, 10:
Korngold, *Klaviersonate Nr. 2 in E-Dur op. 2*, Mainz u.a.: Schott Musik International GmbH & Co. KG (ED 1739), Copyright 1911

Notenbeispiele 11, 12, 13:
Korngold, *Sonate für Violine und Klavier in G-Dur op. 6*, Mainz u.a.: Schott Musik International GmbH & Co. KG (VLB 76), Copyright 1913, 1941

Ivana Rentsch
Symmetrie als Prozess
Korngolds spätes Liedschaffen im Spiegel seiner frühen Werke

Notenbeispiele 2, 3, 6a:
Korngold, *Lieder aus dem Nachlass für Singstimme und Klavier*, hrsg. von Brendan G. Carroll, Bd. 1, Mainz u.a.: Schott Music GmbH & Co. KG (ED 8902), Copyright 2006

Notenbeispiele 4, 5, 6b, 7:
Korngold, *Fünf Lieder für mittlere Stimme und Klavier op. 38*, Mainz u.a.: Schott Musik International GmbH & Co. KG (ED 4533), Copyright 1956, 1984

Klaus Pietschmann
Ein »Ausweg aus der Sackgasse des zeitgenössischen Opernschaffens«?
Korngolds *Ring des Polykrates* dies- und jenseits der Wunderkind-Euphorie

Sämtliche Notenbeispiele:
Der Ring des Polykrates. Heitere Oper in einem Akt frei nach dem gleichnamigen Lustspiel des H. Teweles. Musik von Erich Wolfgang Korngold [op. 7]. Vollständiger Klavier-Auszug mit Text von Ferd. Rebay, Mainz – Leipzig: B. Schott's Söhne, Copyright 1916

Janine Ortiz
Violanta
Korngolds Aufbruch in die Moderne

Sämtliche Notenbeispiele:
Violanta. Oper in einem Akt von Hans Müller. Musik von Erich Wolfgang Korngold [op. 8]. Vollständiger Klavier-Auszug mit Text von Ferd. Rebay, Mainz – Leipzig: B. Schott's Söhne, Copyright 1916

Autorinnen und Autoren

Brendan G. Carroll, geb. in Southport (England), arbeitet regelmäßig als Publizist für verschiedene Zeitschriften und den Rundfunk sowie als Marketing-Berater im künstlerischen Bereich. Seine Texte erschienen beispielsweise in *The New Grove Dictionary of Music and Musicians, The Musical Times, Opera Now, BBC Music Magazine, Österreichische Musikzeitschrift, Gramophone, Opera News* (New York) und *Die Musikforschung*. 1997 veröffentlichte er die bislang umfassendste Korngold-Biografie mit dem Titel *The Last Prodigy*, deren deutsche Übersetzung 2008 erscheint. Als Präsident der Internationalen Korngold-Gesellschaft initiierte Carroll in den letzten drei Jahrzehnten zahlreiche Einspielungen und Aufführungen der Werke des Komponisten. 2007 war er in eine Reihe internationaler Projekte aus Anlass von Korngolds 50. Todestag eingebunden und fungierte unter anderem als wissenschaftlicher Berater der Ausstellung *Die Korngolds – Klischee, Kritik und Komposition* im Jüdischen Museum Wien.

Kevin Clarke, geb. 1967, studierte Musik- und Literaturwissenschaft an der Freien Universität Berlin. Promotion 2005 mit einer Arbeit zum Thema *Im Himmel spielt auch schon die Jazzband. Emmerich Kálmán und die transatlantische Operette 1928–1932* (erschienen 2007). Umfangreiche Tätigkeit als Publizist, Wissenschaftler und Kritiker, unter anderem für den Rundfunk (SWR), die Staatsoperette Dresden (Tagung »Operette unterm Hakenkreuz« 2005), die Berliner Philharmoniker und das Filmmuseum Berlin. Seine Forschungsschwerpunkte bilden die Operette und das Musical der 1920er bis 1950er Jahre mit besonderer Berücksichtigung der Rezeption im Nationalsozialismus sowie der Frage einer »historisch informierten Aufführungspraxis«. 2007 publizierte er *Im Weißen Rössl – Auf den Spuren eines Welterfolgs* und *Glitter and be Gay. Die authentische Operette und ihre schwulen Verehrer*. Seit 2006 ist Kevin Clarke Direktor des Operetta Research Center Amsterdam (www.operetta-research-center.org.).

Jens Malte Fischer, geb. 1943 in Salzburg. Studium der Germanistik, Geschichte und Musikwissenschaft in Saarbrücken, Frankfurt am Main und München. 1982-1989 Professor für Neuere Deutsche, Vergleichende und Allgemeine Literaturwissenschaft an der Universität/Gesamthochschule Siegen, seit 1989 Professor für Theaterwissenschaft an der Universität München. Fellow des Wissenschaftskollegs zu Berlin, ordentliches Mitglied der Abteilung Literatur der Bayerischen Akademie der Schönen Künste und der Deutschen Akademie für Sprache und Dichtung. Forschungsschwerpunkte: Kultur um 1900, Geschichte der deutsch-jüdischen Kultur und des Antisemitismus, Geschichte und Analyse der Oper und des Films sowie Geschichte des Sprechtheaters im 19. und 20. Jahrhundert. Jüngste Buchveröffentlichungen: *Jahrhundertdämmerung. Ansichten eines anderen Fin de siècle* (2000), *Richard Wagners »Das Judentum in der Musik«* (2000), *Gustav Mahler. Der fremde Vertraute. Biographie* (2003), *Carlos Kleiber – Der skrupulöse Exzentriker* (2007), *Vom Wunderwerk der Oper* (2007).

Harald Haslmayr, geb. 1965 in Graz. Studium der Geschichte und der Deutschen Philologie in Graz; 1994 Promotion (*Die Zeit ohne Eigenschaften. Geschichtsphilosophie und Modernebegriff im Werk Robert Musils*, Wien u. a. 1997), 2003 Habilitation im Fach »Wertungsforschung und kritische Musikästhetik« an der Kunstuniversität Graz. 1991-2001 Lehrbeauftragter und Assistent, 2001-2004 Assistenzprofessor, seit 2004 Inhaber einer außerordentlichen Professur am Institut für Wertungsforschung der Kunstuniversität Graz. 1996-2002 zudem Lehrbeauftragter am Institut für Österreichische Geschichte der Karl-Franzens-Universität Graz sowie an der Universität Klagenfurt. Zahlreiche Publikationen zu kulturhistorischen, ästhetischen und philosophischen Themen mit den Schwerpunkten Wiener Klassik und Kulturgeschichte des Donauraumes, etwa die Monografie *Joseph Haydn. Sein Werk – sein Leben* (Wien 1999, ²2003). Darüber hinaus ist Haslmayr als Musikkritiker tätig und seit 2006 Präsident von LIVE MUSIC NOW Steiermark.

Christoph Henzel studierte Musikwissenschaft, Musikerziehung, katholische Theologie und Philosophie; 1993 Promotion (*Die italienische Hofoper in Berlin um 1800. Vincenzo Righini als preußischer Hofkapellmeister*, Stuttgart u. a. 1994). 1990-1995 Wissenschaftlicher Mitarbeiter an der Hochschule der Künste Berlin, 1996-1998 Dozent für Musikgeschichte im Programm Weiterbildung brandenburgischer LehrerInnen Potsdam, 1999-2003 Wissenschaftlicher Mitarbeiter an der Universität Rostock (DFG-Projekt *Graun-Werkverzeichnis*, publiziert 2006). 2001 Habilitation (*Studien zur Graun-Überlieferung im 18. Jahrhundert*, erscheint 2009). 2006 Wissenschaftlicher Mitarbeiter der Staatsbibliothek zu Berlin (DFG-Projekt *Erschließung des Notenbestandes der Singakademie zu Berlin*), 2006-2007 Wissenschaftlicher Mitarbeiter am Musikwissenschaftlichen Seminar der Freien Universität Berlin. Seit 2007 ist Christoph Henzel Professor für historische Musikwissenschaft an der Hochschule für Musik Würzburg.

Hans-Joachim Hinrichsen, geb. 1952, studierte Germanistik und Geschichte an der Freien Universität Berlin (Staatsexamen 1980), danach Unterrichtstätigkeit am Gymnasium. Studium der Musikwissenschaft an der FU Berlin (M. A. 1987, Promotion 1992 mit *Untersuchungen zur Entwicklung der Sonatenform in der Instrumentalmusik Franz Schuberts*, Tutzing 1994). 1989–1994 Wissenschaftlicher Mitarbeiter an der FU Berlin. 1998 Habilitation mit einer Arbeit über die Geschichte der musikalischen Interpretationspraxis und die Methodenprobleme ihrer historiografischen Erfassung (*Musikalische Interpretation. Hans von Bülow*, Stuttgart 1999). Seit 1999 Ordinarius für Musikwissenschaft an der Universität Zürich. Mitherausgeber unter anderem des *Archiv für Musikwissenschaft* sowie der *Schubert: Perspektiven*. Publikationen zur Musikgeschichte und Musikästhetik des 18. bis 20. Jahrhunderts, insbesondere auch zu Fragen der Rezeptionsgeschichte und Interpretationsforschung.

Theo Hirsbrunner, geb. in Thun (Schweiz), studierte zunächst Violine in Bern und Paris. 1956 begann er mit dem Studium der Komposition und Musiktheorie bei Sándor Veress, Wladimir Vogel und Pierre Boulez (bis 1962). Am Konservatorium Bern (heute Fachbereich Musik der Berner Hochschule der Künste) unterrichtete er Violine und Musiktheorie (bis 1965), anschließend nur noch Musiktheorie, Werkanalyse und neuere Musikgeschichte (bis 1987). 1989–1993 gab er Kurse am Institut de Recherche et de Coordination Acoustique/Musique (IRCAM) in Paris. Zahlreiche Vortragsreisen führten ihn durch Europa und nach Übersee. 1996 verlieh die Universität Bern Theo Hirsbrunner die Ehrendoktorwürde, 1998 wurde er vom französischen Kulturministerium zum »Chevalier dans l'ordre des Arts et des Lettres« ernannt, 2006 erhielt er den Musikpreis des Kantons Bern. Neben tschechischer und deutscher Musik bildet die französische Kultur von 1871 (Wagnérisme) bis in die jüngste Gegenwart sein wichtigstes Forschungsgebiet.

Michael Kube, geb. 1968 in Kiel, studierte Musikwissenschaft sowie Kunstgeschichte und Volkskunde. 1996 Promotion mit einer Arbeit über Paul Hindemiths frühe Streichquartette. Seit 1998 Wissenschaftlicher Mitarbeiter bei der Neuen Schubert-Ausgabe (Tübingen), seit 2002 zudem Mitglied der Editionsleitung. Ebenfalls seit 2002 gemeinsam mit Siegfried Oechsle Editionsleiter der *Denkmäler norddeutscher Musik* (Kiel) sowie Generalherausgeber von *Katzbichlers Kammermusik-Bibliothek* (Musikverlag Katzbichler, München), darüber hinaus Mitglied der Editionsleitung der Joseph Martin Kraus-Ausgabe und der Jury des Preises der deutschen Schallplattenkritik. Verschiedene Lehraufträge an den Universitäten Karlsruhe und Tübingen sowie an der Musikhochschule Mannheim. Veröffentlichungen vor allem zur Musik des 19. und frühen 20. Jahrhunderts sowie zur skandinavischen Musikgeschichte.

Janine Ortiz studierte Musikwissenschaft, Germanistik und Philosophie in Würzburg und Frankfurt am Main. Nach einem Forschungsaufenthalt an der Yale University promoviert sie zur Zeit über die späten Opern Franz Schrekers. Sie ist Stipendiatin der Studienstiftung des deutschen Volkes und Autorin der Monografie »*Feuer muss fressen, was Flamme gebar*« – *Franz Schrekers Oper »Irrelohe«*, Mainz 2008. Als Beitrag zur Korngold-Forschung erschien ihr Essay *Erich Wolfgang Korngold – »Between two Worlds«* in dem Sammelband *Komponisten im Exil*, Berlin 2008.

Klaus Pietschmann, geb. 1972 in Köln, studierte Musikwissenschaft und Mittlere Geschichte in Köln, Florenz und Münster. Nach dem Magisterabschluss in Mittlerer Geschichte und der Promotion in Münster (*Kirchenmusik zwischen Tradition und Reform. Die päpstliche Kapelle und ihr Repertoire unter Paul III.*, Vatikanstadt 2007) war er zunächst Wissenschaftlicher Mitarbeiter in Bonn und Köln bei dem DFG-Projekt *Die Oper in Italien und Deutschland 1770–1830*, dann Assistent am Musikwissenschaftlichen Institut der Universität Zürich, wo er sich 2006 mit einer Arbeit zum Wiener Opernrepertoire um 1800 habilitierte. Seit März 2006 ist Pietschmann Assistenzprofessor am Institut für Musikwissenschaft der Universität Bern und hatte im Wintersemester 2006/07 zudem eine Gastprofessur an der Universität Graz inne. 2008 erhielt er ein Jahresstipendium des Harvard University Center for Italian Renaissance Studies Villa I Tatti in Florenz. Schwerpunktmäßig widmet er sich der Renaissance- sowie der Opernforschung.

Ivana Rentsch, geb. 1974 im schweizerischen Olten. Studium der Musikwissenschaft, Publizistikwissenschaft und Deutschen Linguistik an der Universität Zürich. 2000–2005 Wissenschaftliche Mitarbeiterin und Assistentin am Institut für Musikwissenschaft der Universität Bern. 2004 Promotion mit einer Arbeit über *Anklänge an die Avantgarde. Bohuslav Martinůs Opern der Zwischenkriegszeit* (erschienen 2007). 2005 Forschungsstipendium des Schweizerischen Nationalfonds an den Universitäten Graz und Salzburg für das Projekt *Der Tanz in der Partitur. Eine historische Untersuchung zum Einfluss des Tanzes auf die Musikästhetik und die Kompositionspraxis vom späten 17. bis zum frühen 19. Jahrhundert*. Lehraufträge an den Universitäten Bern, Fribourg und Graz. Seit 2006 Assistentin am Musikwissenschaftlichen Institut der Universität Zürich, dort gegenwärtig Arbeit an einem Habilitationsprojekt zur Bedeutung des Tanzes für die Instrumentalmusik des 17. Jahrhunderts.

Giselher Schubert, geb. 1944 in Königsberg (Ostpreußen), studierte Musikwissenschaft, Soziologie und Philosophie an den Universitäten Bonn, Berlin (Freie Universität) und Zürich. 1973 Promotion mit einer Arbeit über Schönbergs frühe Instrumentierung. Seither ist Schubert als Editionsleiter der Hindemith-Gesamtausgabe im Hindemith-Institut Frankfurt am Main tätig, dessen Direktion er 1991 übernahm. 1985–1996 Mitherausgeber der Zeitschrift *Musiktheorie*, außerdem bis heute Mitherausgeber der Hindemith- sowie der Weill-Gesamtausgabe, Mitglied im Editionsrat der Martinů-Gesamtausgabe und Vorsitzender des Vereins zur Förderung der Schönberg-Gesamtausgabe. Darüber hinaus ist Schubert seit 1986 ständiger freier Mitarbeiter der Zeitschrift *Fono Forum* und unterrichtet als Honorarprofessor an der Hochschule für Musik und Darstellende Kunst Frankfurt am Main. Zahlreiche Publikationen, vor allem zur Musikgeschichte des 20. Jahrhunderts.

Arne Stollberg, geb. 1973 in Wetzlar, studierte Musikwissenschaft sowie Theater-, Film- und Medienwissenschaft in Frankfurt am Main (M. A. 2000). 2001–2004 Assistent, seit 2005 Oberassistent am Institut für Musikwissenschaft der Universität Bern. Promotion 2004; die Arbeit erschien 2006 unter dem Titel *Ohr und Auge – Klang und Form. Facetten einer musikästhetischen Dichotomie bei Johann Gottfried Herder, Richard Wagner und Franz Schreker*. Eine andere Buchpublikation ist der Oper *Die tote Stadt* von Erich Wolfgang Korngold gewidmet (*Durch den Traum zum Leben. Erich Wolfgang Korngolds Oper »Die tote Stadt«*, Mainz 2003, [2]2004). Daneben liegt eine Reihe von Lexikonartikeln, Handbuchbeiträgen und Aufsätzen vor, insbesondere zu Fragen der Musikästhetik und des Musiktheaters. Gegenwärtig arbeitet Stollberg an einem Habilitationsprojekt zur Kategorie des Tragischen in der Instrumentalmusik des späten 18. und 19. Jahrhunderts.

Antje Tumat, geb. 1971, studierte Musikwissenschaft, Germanistik, Anglistik und Pädagogik in Heidelberg und Stoke-on-Trent. 2003 Promotion an der Universität Heidelberg über Hans Werner Henzes und Ingeborg Bachmanns Oper *Der Prinz von Homburg* (ausgezeichnet mit dem Ruprecht-Karls-Preis der Universität Heidelberg und dem Walter-Witzenmann-Preis der Akademie der Wissenschaften). 2003–2006 Wissenschaftliche Mitarbeiterin beim Forschungsprojekt *Musik und Bühne am Stuttgarter Hoftheater im 19. Jahrhundert* und Lehrbeauftragte am Musikwissenschaftlichen Seminar Heidelberg sowie an der Musikhochschule Stuttgart, 2006–2008 wissenschaftliche Assistentin am Musikwissenschaftlichen Seminar Heidelberg. Seit 2008 Stipendiatin des Margarete von Wrangell-Habilitationsprogramms. Forschungsschwerpunkte: Schauspielmusik, Musikästhetik, Librettoforschung und Musik des 20. Jahrhunderts.

Till Gerrit Waidelich, geb. in Bremerhaven. Studium der Musikwissenschaft, Germanistik und Kunstgeschichte an der Freien sowie an der Technischen Universität Berlin. Promotion an der Hochschule für Musik »Carl Maria von Weber« in Dresden mit einer Arbeit über *Die durchkomponierte deutsche Oper vom ausgehenden 18. Jahrhundert bis 1825* (erscheint 2008). Dramaturgische Mitarbeit bei Opern- und Operettenproduktionen, insbesondere Projektleitung bei der »Ausgrabung« von Joseph Weigls *Die Schweizer Familie* in Wien, Zürich und Berlin. Mitarbeiter des Internationalen Franz-Schubert-Instituts in Wien. 1998–2004 Wissenschaftlicher Mitarbeiter an der Universität Tübingen, seit 2005 Forschungsassistent an der Universität Salzburg (*Briefwechsel der Schubert-Freundeskreise 1811–1830. Edition und Erschließung*). Zahlreiche wissenschaftliche Veröffentlichungen, Vorträge, Editionen und Lehrveranstaltungen, vor allem zu Franz Schubert sowie zum Musiktheater des späten 18. und 19. Jahrhunderts.

Dirk Wegner, geb. in Dinslaken, studierte parallel zur gymnasialen Oberstufe Kirchenmusik am Bischöflichen Kirchenmusikseminar Essen, später Schulmusik an der Staatlichen Hochschule für Musik und Darstellende Kunst Heidelberg-Mannheim sowie Germanistik an der Ruprecht-Karls-Universität Heidelberg. Hinzu kamen musikwissenschaftliche Studien an der Hochschule für Musik und Darstellende Kunst Frankfurt am Main sowie an der Universität Wien. 1998 absolvierte Wegner das erste, 2002 das zweite Staatsexamen in den Fächern Schulmusik und Deutsch. Seit 2002 ist er Lehrer an einem Stuttgarter Gymnasium, seit 2006 zudem Fachberater für das Fach Deutsch am Regierungspräsidium Stuttgart. Promotion 2007 an der Hochschule für Musik und Darstellende Kunst Frankfurt am Main mit *Studien zu den Musikquellen von Erich Wolfgang Korngolds Oper »Das Wunder der Heliane«* (Hildesheim u. a. 2007).

Register

Die musikalischen Werke eines Komponisten sind in der Regel – soweit vorhanden – nach Opuszahlen oder Werkverzeichnis-Nummern, sonst gemäß der Titel alphabetisch geordnet oder chronologisch durchgezählt. Beim Œuvre Erich Wolfgang Korngolds erfolgt zusätzlich eine Gliederung in Werkgruppen.

Aagard-Oestvig, Karl 180
Ábrahám, Paul 253
   Die Blume von Hawaii 237
Adelt, Leonhard 186
Adorno, Theodor W. 8–10, 12, 47, 178
Albert, Eugen d' 32, 103
   Die Abreise 142, 143
   Flauto Solo 140
Alpár, Gitta 252
Altmann, Wilhelm 82
Amar-Quartett 84
Andrian, Leopold von 176, 178
Aubert, François 297

Bach, Johann Sebastian 35, 43–44, 243, 292
Bahr, Hermann 18
Balanchine, George 255
Barnekow, Christian 72
Bartók, Béla 93
Bartsch, Rudolf Hans 215
Bauernfeld, Eduard von 182
Bebel, August 208
Becher, Christoph 92
Beer-Hofmann, Richard 183, 184
Beethoven, Ludwig van 10, 15, 35, 72, 93, 99, 105, 203, 308
   op. 2, 3: *Klaviersonate Nr. 3 C-Dur* 109
   op. 28: *Klaviersonate Nr. 15 D-Dur* 108
   op. 49, 1–2: *Klaviersonate Nr. 19 g-Moll, Klaviersonate Nr. 20 G-Dur* 57
   op. 113: *Die Ruinen von Athen* 179
Bekker, Paul 35, 210
Bellini, Vincenzo
   Norma 229
Benatzky, Ralph 237, 251
   Casanova 250
   Im weißen Rössl 231, 245, 254
Berg, Alban
   Lulu 183, 230
Bernstein, Leonard 93
Berté, Heinrich
   Das Dreimäderlhaus 250
Bie, Oscar 253
Bittner, Julius 32, 180, 250–251
   Das höllisch Gold 232
   Das Rosengärtlein 179
   Die Kohlhaymerin 179
Blau, Otto 222
Blech, Leo 143, 251
Bloch-Bauer, Adele 16
Boccaccio, Giovanni 228
Bolz, Norbert 93
Brahms, Johannes 15, 20, 35, 43, 50, 76, 82, 98, 99, 104, 309, 310
   op. 18: *Streichsextett Nr. 1 B-Dur* 79
   op. 36: *Streichsextett Nr. 2 G-Dur* 79
Brand, M. G. 72

Brandt-Buys, Jan 32
Bricht, Balduin 137–138
Britten, Benjamin 93, 243
   op. 44: *Spring Symphony* 100
Broch, Hermann 176, 204
Bronsart, Hans von 72
Bruckner, Anton 15, 50, 93
   WAB 108: *Achte Sinfonie* 87
Bruckner, Ferdinand 231
Brügmann, Walther 222
Büchner, Georg 231
Burckhardt, Jacob 154, 156
Busch, Fritz 313
Busoni, Ferruccio 96
   op. 45: *Die Brautwahl* 142
Byrns, Harold 88

Canetti, Elias 176, 204
Carroll, Brendan G. 43–44, 201, 293
Caruso, Enrico 177
Casals, Pablo 20
Cervantes, Miguel de 304
Charell, Erik 237, 240, 248, 250, 254
Chausson, Ernest
   op. 24: *Serres chaudes* 15
Chopin, Frédéric 309
Claus, Lillie 248
Cohan, George M.
   Over There 97
Copland, Aaron 291

Dahlhaus, Carl 11
Debussy, Claude
   L 88: *Pelléas et Mélisande* 22, 207
Decsey, Ernst 105, 215, 217–223, 225–231
Devaré, Ulric 292
Dieterle, William 295, 301
Dix, Otto 237
Döblin, Alfred 237
Dohnányi, Ernst von
   op. 18: *Der Schleier der Pierrette* 183
Dollfuß, Engelbert 228

Duhan, Hans 180, 313

Eggerth, Marta 256
Eichendorff, Joseph von 122–123, 125, 128, 130, 131, 132
Eisler, Hanns 291
Enescu, George 309–310
   Fantasie für Klavier und Orchester 309

Fabri, Wilhelm 304
Fall, Bertha 244, 254
Fall, Leo
   Der Rebell 254
   Die geschiedene Frau 66, 253–255, 259
   Jugend im Mai 244
   Liebst du mich? 244
   Rosen aus Florida 244–245, 250
Feld, Leo 140
Feldhammer, Jakob 243
Fischer, Betty 241, 243
Fleming, Renée 209
Flesch, Carl 64
Fortner, Wolfgang
   Sinfonie 1947 100
Franc-Nohain (Maurice Étienne Legrand) 215
Franck, César 72
Freud, Sigmund 16, 34–35, 155–156, 157
Friedell, Egon 251, 259
Friedhofer, Hugo 289
Friml, Rudolf
   Rose-Marie 237
Fuchs, Robert 70, 101–102, 304
Furtwängler, Wilhelm 87, 313

Gänzl, Kurt 235
Gál, Hans 31
Gast, Peter (Johann Heinrich Köselitz)
   Der Löwe von Venedig 142
Georg, Rita 244

Gerster, Ottmar
   Ouvertüre zu »Enoch Arden« 90
Gerstl, Richard 16
Girardi, Alexander 181
Gluck, Christoph Willibald 243
Göring, Hermann 221
Goethe, Johann Wolfgang von 31, 206, 279
Goldmark, Karl 21
Goldschmidt-Rothschild, Marianne 184
Gotovać, Jakov
   op. 17: Ero s onoga svijeta 232
Grädener, Hermann 102, 313
Graener, Paul 32
Granichstaedten, Bruno 237, 240
Gregor, Hans 178
Grieg, Edvard 76
Grosz, George 237
Grosz, Wilhelm 31
Grothe, Franz 258
Gunzgen, Rosa 136

Händel, Georg Friedrich 307
Haller, Hermann 237, 240, 254
Hammerstein II, Oscar 257
Hansen, Max 251
Hanslick, Eduard 22, 25, 35
Hauptmann, Gerhart 231
Haydn, Joseph 15
   Hob. I:94: Sinfonie Nr. 94 G-Dur 143
   Hob. XXVIa:43: Das Kaiserlied 301–302
Hegel, Georg Wilhelm Friedrich 44–45
Herbert, A. P. 251
Hersche, Peter 181
Herzer, Ludwig 217–218, 226, 242, 252
Heymann, Werner Richard
   Das gibt's nur einmal 248
   Das muss ein Stück vom Himmel sein 248

Hilbert, Egon 34, 224–225
Hindemith, Paul 20, 22, 35, 43–44, 84, 96
   Sinfonie »Die Harmonie der Welt« 100
Hodler, Ferdinand 18
Hörbiger, Paul 181
Hoffmann, Rudolf Stefan 21, 31–32, 36, 70, 79, 120, 138, 139
Hofmannsthal, Hugo von 18–20, 23, 155, 170, 176, 178, 183, 206, 210, 231
Honegger, Arthur 258
   H 202: Fünfte Sinfonie »Di tre re« 100
Hornbostel, Erich von 308
Horváth, Ödön von 231
Humperdinck, Engelbert 21, 142, 232

Indy, Vincent d' 99
Isherwood, Christopher 237
Ivogün, Maria 138, 313

Jacob, Heinrich Eduard 215–219, 225, 229, 230
Janáček, Leoš
   Jenůfa (Její pastorkyňa) 22, 230
Janitschek, Maria 208
Jerger, Alfred 197, 248
Jeritza, Maria 138, 174, 180–181, 209, 240, 248
Jessel, Leon
   Schwarzwaldmädel 231
Joachim, Joseph 20
Joseph II., Kaiser des Heiligen Römischen Reiches Deutscher Nation 178

Kalenberg, Josef 248
Kálmán, Emmerich (Imre)
   Das Veilchen vom Montmartre 252
   Der Zigeunerprimas 250

Die Bajadere 236
Die Csárdásfürstin 237, 240
Die Herzogin von Chicago 238
Die Zirkusprinzessin 183
Gräfin Mariza 240
Kaltneker, Hans 199, 202, 203, 205, 206–207
Kant, Immanuel 204
Karczag, Wilhelm 240, 250
Karl I., Kaiser von Österreich 175, 184
Keller, Gottfried 228
Kelsen, Hans 175
Kempe, Rudolf 90, 91
Kerber, Erwin 222
Kern, Adele 248, 252
Kienzl, Wilhelm
  op. 45: *Der Evangelimann* 232, 233
  op. 85: *Der Kuhreigen* 179, 214–215, 230
  op. 90: *Das Testament* 232
Kiepura, Jan 256
Kirsch, Winfried 140
Klimt, Gustav 16
Koch, Howard 123, 128, 131
Kodály, Zoltán
  op. 15: *Háry János* 232
Kogler, Susanne 85
Kokoschka, Oskar 16
Kolisch, Rudolf 267
(Kollo, Walter)
  Wie einst im Mai 237
Kolpe, Max 254
Kornauth, Egon 31
Kornfeld-Ryba, Josef 190, 191
Korngold, Erich Wolfgang
  Bühnenwerke
    op. 7: *Der Ring des Polykrates* 37–39, 63, 65, 66, 68, 79, 137–151, 153, 261
    op. 8: *Violanta* 63, 65, 66, 68, 79, 137–138, 153–171, 274, 306

    op. 11: *Viel Lärmen um Nichts* 68, 261–262, 267–273, 278, 280, 281
    op. 12: *Die tote Stadt* 10, 11, 22, 34, 63, 65, 66, 68, 81, 150, 171, 173–186, 209, 221, 223, 230, 240, 273, 274, 290, 291
    op. 20: *Das Wunder der Heliane* 66, 69, 171, 187–197, 199–211, 274, 290, 306
    op. 28: *Die Kathrin* 34, 213–233, 261
    op. 36: *Die stumme Serenade* 235, 257–258
    Der Schneemann 21, 63, 66, 68, 71, 153, 170, 313
    Der Vampir 69, 261–262, 273–286
  Lieder
    op. 9: *Sechs einfache Lieder*
      Nr. 1: *Schneeglöckchen* 120
    op. 18: *Drei Gesänge* 125
      Nr. 1: *In meine innige Nacht* 39–40
    op. 29: *Songs of the Clown* 22
    op. 38: *Fünf Lieder* 136
      Nr. 1: *Glückwunsch* 88
      Nr. 2: *Der Kranke* 123, 132–135
      Nr. 3: *Alt-spanisch/Old spanish song* 88, 123, 125, 128–132
    op. 41: *Sonett für Wien* 88, 90
  Lieder aus dem Nachlass
    Angedenken 123, 132–135
    Das Mädchen 123, 125–132, 136
    Der Knabe 123
    Kleiner Wunsch 123–124
  Andere Vokalmusik
    op. 33: *Tomorrow* 292

Der Tod 304–306
Gold 304
Orchesterwerke
  op. 4: *Schauspiel-Ouvertüre* 68, 88, 103
  op. 5: *Sinfonietta H-Dur* 68, 307
  op. 13: *Sursum Corda* 68
  op. 24: *Baby-Serenade* 69
  op. 40: *Sinfonie in Fis* 23, 34, 87–100, 310
  op. 42: *Theme and Variations* 291
Konzerte
  op. 17: *Klavierkonzert in Cis* 69
  op. 35: *Violinkonzert D-Dur* 10, 23, 87, 88
  op. 37: *Violoncellokonzert in C* 87
Kammermusik
  op. 1: *Klaviertrio D-Dur* 64, 66, 67, 68, 71–78, 308, 313
  op. 6: *Violinsonate G-Dur* 64, 66, 67, 68, 70, 104, 116–120
  op. 10: *Streichsextett D-Dur* 66, 67, 68, 70, 79–81
  op. 15: *Klavierquintett E-Dur* 66, 69, 81–82, 84
  op. 16: *Streichquartett Nr. 1 A-Dur* 57–61, 66, 69, 70, 83–84
  op. 23: *Suite für 2 Violinen, Violoncello und Klavier (linke Hand)* 22, 66, 69
  op. 26: *Streichquartett Nr. 2 Es-Dur* 58–61, 66, 69
  op. 34: *Streichquartett Nr. 3 D-Dur* 58–61, 66, 87
Klaviermusik
  op. 2: *Klaviersonate Nr. 2 E-Dur* 36–37, 44–53, 57–61, 63, 68, 73, 103–104, 110–116, 304, 311–312
  op. 3: *Sieben Märchenbilder* 68, 73, 153, 154
  op. 19: *Vier kleine Karikaturen für Kinder* 69
  op. 21: *Geschichten von Strauß* 69
  op. 25: *Klaviersonate Nr. 3 C-Dur* 45, 53–61, 69
  »Don Quixote«. Sechs Charakterstücke 21, 153, 304, 306, 310
  Klaviersonate Nr. 1 d-Moll 21, 44–47, 58–61, 63, 104–110, 116, 120, 310–311
Filmmusik
  Anthony Adverse 97, 287
  Captain Blood 97, 288
  Juárez 97, 295–302
  The Adventures of Robin Hood 23, 189, 287, 294, 295
  The Constant Nymph 292
  The Private Lives of Elizabeth and Essex 97, 266
  The Sea Hawk 128, 131
  The Sea Wolf 23
Operettenbearbeitungen und -arrangements
  Cagliostro in Wien (Johann Strauß) 69, 235, 242–243
  Das Lied der Liebe (Johann Strauß) 69, 235, 251–253
  Die Fledermaus/A Wonderful Night/Rosalinda (Johann Strauß) 69, 235, 245–248, 251, 255–256, 259

Die geschiedene Frau (Leo Fall) 66, 69, 235, 253–255, 259
Die schöne Helena/Helen!/Helen Goes to Troy (Jacques Offenbach) 69, 235, 251, 256–257, 259
Eine Nacht in Venedig (Johann Strauß) 69, 235, 238, 240–243, 247, 248–249, 253, 255, 259, 290
Rosen aus Florida (Leo Fall) 69, 235, 244–245, 250
Walzer aus Wien/The Great Waltz (Johann Strauß jun., Johann Strauß sen.) 69, 235, 249–252
Korngold, George 87, 303
Korngold, Josefine 223, 304
Korngold, Julius 11, 12, 21, 22, 25–36, 41, 60, 67, 70, 72–73, 74, 82–83, 101–102, 103, 104, 120, 121–122, 123, 136, 138, 140–141, 142, 143, 153, 170, 186, 217, 223, 226, 288, 292, 304, 306, 311, 313–314
Korngold, Luzi 12, 33, 71, 87, 170, 173, 174, 181, 218, 245, 290
Kraus, Karl 16, 17, 26, 202, 204, 205
Krause, Christian Gottfried 123
Krauss, Clemens 220
Krenek, Ernst 25–26, 35
Kretzschmar, Hermann 21
Künneke, Eduard 236–237
Kurth, Ernst 122

Lamm, Emil 304
Laye, Evelyn 251
Lehár, Franz 241, 252–253
  Das Land des Lächelns 232, 252
  Der Zarewitsch 232
  Die lustige Witwe 237, 254, 256
  Giuditta 230, 232

Lehmann, Lotte 197, 201, 209, 221, 313
Lek, Robbert van der 265
Léon, Victor 254, 259
Lewandowsky, Hermann 34
Lichtfuss, Martin 243
Liszt, Franz 308, 310
  S 99: *Prometheus* 288
  S 100: *Mazeppa* 288
Löwe, Ferdinand 102
Loll, Werner 113–114
London, Jack 23
Loos, Adolf 16
Lorre, Peter 309

Mackeben, Theo 252–253
Maeterlinck, Maurice 15, 204, 207
Mahler, Gustav 11, 15, 20, 59, 93, 94, 96, 101, 105, 181, 292, 304, 311, 312, 313
  Dritte Sinfonie 94–95
  Vierte Sinfonie 57
  Fünfte Sinfonie 95
Mahler-Werfel, Alma 105, 108
Makart, Hans 16
Manet, Edouard 297
Mann, Klaus 237
Mann, Thomas 12, 155, 209
Mannheim, Lucie 254
Marben, Rolf 244
Marie Antoinette, Königin von Frankreich 214
Marischka, Hubert 240–241, 243, 244, 248
Markhoff, Franz 197
Marquardt, Odo 100
Marx, Joseph 31, 65
  Pierrot Dandy 183
Massary, Fritzi 244, 254
Mayr, Richard 173, 174, 180–181, 185
Mendelssohn Bartholdy, Felix 99, 243, 307, 308

op. 61: *Ein Sommernachtstraum* 262
Mengelberg, Willem 313
Mersmann, Hans 94
Messiaen, Olivier
 Turangalîla-Sinfonie 100
Milhaud, Darius 258
 op. 322: *Fünfte Sinfonie* 100
Miller, Alice 33
Millöcker, Carl
 Die Dubarry 252–253
Milva (Maria Ilva Biolcati) 183
Minelli, Liza 237
Mitis, Jeannette (Netti) von 182
Mörike, Eduard 182
Morini, Erika 87
Moser, Hans 251
Mozart, Leopold 22
Mozart, Wolfgang Amadeus 15, 22, 26, 31, 44, 182, 243, 307, 308, 314
 KV 196: *La finta giardiniera* 307
 KV 345: *Thamos, König in Ägypten* 266
 KV 492: *Le nozze di Figaro* 307
 KV 527: *Don Giovanni* 304, 307
 KV 620: *Die Zauberflöte* 181, 206
Muck, Karl 313
Müller, Hans 153–155, 157, 158, 159, 165, 197, 200–202, 205, 206, 207, 247, 261, 262, 273–276, 278, 280, 282
Musil, Robert 16, 175, 176, 183, 204
Mussolini, Benito 221

Napoleon I., Kaiser von Frankreich 217
Nedbal, Oskar 102
Nemeth, Maria 197
Neruda, Edwin 254
Nietzsche, Friedrich 28, 43, 154, 156, 203
Nikisch, Arthur 21, 308, 313
Niklew, Christiane 251
Norton, Richard C. 256

Novotna, Jarmila 222, 233, 251, 257
Nyiregyházi, Erwin 308–309

Offenbach, Jacques 236, 252
 La belle Hélène 251, 256–257, 259
 La Vie Parisienne 245–246, 255
 Les Contes d'Hoffmann 251, 255
 Orphée aux Enfers 256
Oppenheim, Harold von 254
Oswalda, Ossi 244

Pataky, Koloman von 248
Pavarotti, Luciano 307
Pfitzner, Hans 29, 180, 186
 op. 46: *Sinfonie C-Dur* 87
 Palestrina 179
Picasso, Pablo 184–185
Poe, Edgar Allan 207
Pöllmann, Helmut 33, 36, 85, 265, 266, 271, 280, 293–294, 295
Pommer, Erich 247
Powers, Richard 185
Preger, Miksa 254
Preussner, Eberhardt 94
Prokofjew, Sergej 20, 93
 op. 131: *Siebte Sinfonie* 100
Prunières, Henry 71
Przybyszewski, Stanisław 208
Puccini, Giacomo 93, 186, 208
 SC 64: *Manon Lescaut* 179
 SC 74: *Madama Butterfly* 218, 226
 SC 84: *Il trittico* 179
 SC 87: *Suor Angelica* 230
Purcell, Henry 243

Rachmaninow, Sergej 93, 312
Rajdl, Maria 254
Ravel, Maurice 20
 L'Heure espagnole 220
Rebay, Emmy 191
Rebay, Ferdinand 191
Redlich, Hans Ferdinand 47

Reichardt, Johann Friedrich 123
Reichert, Heinz 244, 250, 254
Reinhardt, Max 102, 176, 207, 221,
   245–247, 251, 255, 256, 259, 262
Reitler, Josef 238, 249
Renner, Karl 175
Révész, Géza 309
Reznicek, Emil Nikolaus von 32
Rilke, Rainer Maria 184–185
Rode-Breymann, Susanne 66, 106,
   178
Rodgers, Richard 257
   Oklahoma 256
Rössel-Majdan, Hilde 88
Rössler, Carl 246
Roller, Alfred 181
Romberg, Sigmund
   The Student Prince 237
Roosevelt, Franklin Delano 93
Rosé-Quartett 84
Rosenthal, Moritz 311
Roth, Joseph 176
Rutz, Hans 224

Salmhofer, Franz
   Dame im Traum 220
Sandberg, Herbert 223
Sandrock, Adele 252
Sardou, Victorien 227
Saßmann, Hans 251
Savonarola, Girolamo 154
Schalk, Franz 102, 173, 178–180,
   193, 197
Schaukal, Richard 184
Scherber, Ferdinand 79
Schiele, Egon 16
Schiffer, Marcellus 246, 259
Schiller, Friedrich 139, 140, 141
Schillings, Max von
   op. 10: *Der Pfeifertag* 142
   op. 31: *Mona Lisa* 155
Schmidt, Franz 94, 304
   Fredigundis 179
Schnabel, Artur 63–64, 311

Schnitzler, Arthur 18, 155, 176,
   183–184
Schober, Franz von 182
Schönberg, Arnold 12, 16–17, 27,
   28, 32, 35, 47, 94, 95, 99, 104,
   110, 121, 170, 204, 236, 258, 306,
   312, 314
   op. 4: *Verklärte Nacht* 79, 80
   op. 16: *Fünf Orchesterstücke* 40
   op. 17: *Erwartung* 11, 157
   op. 21: *Pierrot lunaire* 183
Schostakowitsch, Dmitri Dmitrije-
   witsch 93
   op. 29: *Lady Macbeth von
      Mzensk* 202
   op. 93: *Zehnte Sinfonie* 100
Schreiber, Ulrich 199
Schreker, Franz 35, 94, 95, 170, 171,
   180, 186, 199, 304, 306, 312, 314
   Der ferne Klang 11, 157, 207
   Der Schatzgräber 179, 207
   Die Gezeichneten 155, 179, 207
Schubert, Franz 15, 93, 182, 250,
   307
Schulz, Johann Abraham Peter 123
Schumann, Elisabeth 313
Schumann, Karl 90
Schumann, Robert 82, 99
Schuster, Friedl 251
Schwarz, Vera 248, 252
Schwind, Moritz von 182
Seidl, Lea 237
Shakespeare, William 22, 229, 255,
   261, 262, 267, 268, 270, 273, 281,
   282
Sherman, Vincent 296
Shubert, Lee 245
Sibelius, Jean 304
Skrjabin, Alexander Nikolajewitsch
   306, 312
Slezak, Leo 313
Sondheim, Stephen
   A Little Night Music 257
Sonnenthal, Adolf Ritter von 173

Sorge, Reinhard Johannes 276
Specht, Richard 144, 146, 148
Spengler, Oswald 96, 176
Sperber, Manès 176
Spoliansky, Mischa 237
Steinbach, Fritz 313
Steiner, Max 223, 287, 288, 294
   King Kong 292–293, 297
   The Adventures of Don Juan
      296–297
   The Informer 293
   The Lost Patrol 293
Stern, Ernst 237
Sternheim, Carl 231
Stollberg, Arne 45, 48, 59–60, 150, 200
Stolz, Robert
   Pierrot, komm trag mich nach Haus 183
Storck, Karl 65
Straus, Oscar 237
   Ein Walzertraum 250
Strauß, Adele 242, 246
Strauß jun., Johann 220, 249–250
   op. 325: G'schichten aus dem Wienerwald 256
   Cagliostro in Wien 242–243
   Das Spitzentuch der Königin 251–253
   Der Zigeunerbaron 238
   Die Fledermaus 238, 245–248, 251, 255–256, 259
   Eine Nacht in Venedig 238, 240–243, 247, 248–249, 253, 255, 259, 290
   Ritter Pásmán 256
Strauß sen., Johann 250
Strauss, Richard 21, 23, 47, 63, 93, 170, 171, 178–180, 186, 242, 243, 246, 307, 311, 313, 314
   op. 54: Salome 22, 157, 159, 208
   op. 58: Elektra 20, 157, 160
   op. 59: Der Rosenkavalier 20, 142, 143, 181, 202, 231, 258
   op. 60: Ariadne auf Naxos 174, 180, 230
   (op. 60): Der Bürger als Edelmann 179
   op. 63: Josephslegende 177
   op. 65: Die Frau ohne Schatten 177, 179, 180, 181, 206, 209–210
   op. 70: Schlagobers 177
   op. 75: Die ägyptische Helena 32–33
   op. 79: Arabella 181, 230, 233
   TrV 53 (= AV 37): Klaviertrio Nr. 1 A-Dur 308
Strawinsky, Igor 22, 35, 93
Strecker, Ludwig 32, 217–218
Strecker, Willy 195, 216–218, 229
Strindberg, August 204
Strobel, Heinrich 94
Sullivan, Arthur
   The Mikado 237

Tauber, Richard 209, 222, 233, 240–241, 243, 248, 252, 253, 290
Teichmüller, Robert 63
Teweles, Heinrich 139–141
Thiessen, Karl 84
Toller, Ernst 276
Tomowa-Sintow, Anna 208
Tschaikowsky, Peter Iljitsch 93

Verdi, Giuseppe
   La traviata 229, 230
Verlaine, Paul 18
Visconti, Luchino 94, 174
Vogeler, Heinrich 184
Vollmoeller, Karl 207

Wagner, Otto 16
Wagner, Richard 10, 153, 203, 243
   WWV 75: Lohengrin 180
   WWV 86D: Götterdämmerung 203

WWV 90: *Tristan und Isolde* 160, 181, 203
WWV 91: *Wesendonck-Lieder* 15
WWV 96: *Die Meistersinger von Nürnberg* 137, 142
WWV 111: *Parsifal* 205, 230
Wagner, Siegfried 142, 143, 232
Wallerstein, Lothar 197, 201, 222
Walter, Bruno 20, 222
Weber, Carl Maria von 309–310
   J 106: *Abu Hassan* 179
Webern, Anton 17, 312
   op. 10: *Fünf Stücke für Orchester* 94
Wedekind, Frank 183, 230, 231
Wegner, Dirk 200
Weigl, Karl 31, 102
Weill, Kurt 237
Weinberger, Jaromír
   Švanda dudák 232
Weingartner, Felix 102, 220–222, 308, 313
   op. 66: *Meister Andrea und die Dorfschule* 179
Weininger, Otto 203–206
Weißmann, Adolf 65, 84
Werfel, Franz 255
Wiedemann, Hermann 180
Wilbrandt, Adolf von 262, 267
Wilde, Cornel 309
Wilde, Oscar 159
Wilder, Thornton 255
Williams, John 288

Willner, Alfred Maria 244, 250
Wittgenstein, Karl 20
Wittgenstein, Ludwig 18, 20–21, 204
Wittgenstein, Margarete 21
Wittgenstein, Paul 20, 22
Wolf, Hugo 15, 304
Wolf-Ferrari, Ermanno 142
   op. 26: *Violinkonzert D-Dur* 90
Wood, Henry 313
Wymetal, Wilhelm von 180

Youmans, Vincent
   No, No Nannette 237
Yradier, Sebastián de
   La Paloma 297–300, 301

Zemlinsky, Alexander 10, 11, 17, 21, 35, 36, 45, 48–49, 71–72, 94, 101–105, 108–109, 117, 120, 124, 125, 139–140, 170, 171, 304, 305, 306, 311, 312–313
   op. 3: *Trio für Klarinette, Violoncello und Klavier d-Moll* 104, 113–114, 116
   op. 11: *Der Traumgörge* 157
   op. 12: *Kleider machen Leute* 142, 143
   op. 16: *Eine florentinische Tragödie* 155
   op. 17: *Der Zwerg* 179
   Streichquartett e-Moll 113
Zetkin, Clara 208

Music of Our Time

Erich Wolfgang Korngold
Sein Frühwerk bei Schott Music

BÜHNENWERKE

Der Ring des Polykrates, op. 7 (1913-1914)
Violanta, op. 8 (1914-1915)
Die tote Stadt, op. 12 (1916-1919)
Klavierauszug ED 3208 · Libretto BN 3480
Das Wunder der Heliane, op. 20 (1923-1926)
Eine Musik zu Shakespeares „Viel Lärmen um nichts", op. 11 (1918-1919)
Der Vampir (1922)

ORCHESTER

Märchenbilder, op. 3 (1911)
Schauspiel-Ouvertüre, op. 4 (1911)
Sinfonietta, op. 5 (1911-1912)
Militär-Marsch in B (1917)
Tänzchen im alten Stil (1917)
Suite aus der Musik zu Shakespeares „Viel Lärmen um nichts", op. 11 (1918-1920)
Sinfonische Ouvertüre („Sursum corda!"), op. 13 (1919)
Geschichten von Strauss, op. 21 (1927-1931)
Baby-Serenade, op. 24 (1928-1929)
Klavierkonzert in Cis, op. 17 (1922-1923)

AUSGEWÄHLTE KAMMERMUSIK

Sonate Nr. 2 für Klavier E-Dur, op. 2 (1910) · ED 1739
Sonate für Violine und Klavier G-Dur, op. 6 (1912-1913) · VLB 76
Sextett D-Dur für 2 Violinen, 2 Violen und 2 Violoncelli, op. 10 (1914-1916)
Partitur ED 3446 · Stimmen ED 3134

Quintett E-Dur für 2 Violinen, Viola, Violoncello und Klavier, op. 15 (1921-1922)
Partitur und Stimmen ED 3133
Quartett Nr. 1 für 2 Violinen, Viola und Violoncello A-Dur, op. 16 (1920-1923)
Partitur ED 8122 · Stimmen ED 8123

NEU

Lieder aus dem Nachlass
für mittlere Singstimme und Klavier
Texte von Joseph Freiherr von Eichendorff
Band 1 (1910-1911)
ED 8902
Band 2 (1911-1922)
ED 20232 (in Vorbereitung)

Das Aufführungsmaterial zu den Bühnen- und Orchesterwerken ist leihweise erhältlich:
com.hire@schott-music.com

Die Notenausgaben erhalten Sie im Musikalienhandel oder im Shop auf unserer Website. Weitere Informationen und kostenloses Werkverzeichnis:
infoservice@schott-music.com

www.schott-music.com

haas • webern • stockhausen • martinů
ligeti • malipiero • weill • schnittke
cerha • szymanowski • milhaud • zemlinsky
berio • pärt • staud • janáček • kagel
• furrer • schreker • rihm • schönberg •
birtwistle • schostakowitsch • r. strauss
casella • eisler • kurtág • von einem
• halffter • mahler • takács • wellesz •
schmidt • martin • krenek • messiaen
boulez • kodály • bartók • feldman • berg

Die zwei unverzichtbaren Fachzeitschriften der 20er Jahre im pdf-Format auf CD-ROM zum Nachlesen. Erhältlich über den Musikalienhandel, im Shop auf www.universaledition.com oder per e-Mail

Musikblätter des Anbruch (1919-1937)
UE 45014   anbruchorder@universaledition.com

Pult & Taktstock (1924-1930)
UE 45015   pultundtaktstockorder@universaledition.com

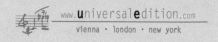

vienna • london • new york